黑龙江省“十四五”职业教育规划教材

《职业学校专业教学标准》贯标教材

课程思政建设探索教材　校企双元合作开发教材

全国行业紧缺人才、关键岗位从业人员培训教材

新时代新理念职业教育精品教材·城市轨道交通系列

城市轨道交通通信系统维护

（第 2 版）

主　编　杨大秋

副主编　王燕梅　迟卓刚　姚井晶　张凤志

北京交通大学出版社

·北京·

内容简介

本书全面系统地讲述城市轨道交通通信系统整体概况和各分系统基本知识及相关专业技能，从实用性的角度讲述典型的城市轨道交通通信系统结构及其应用、维护等方面的内容。具体内容包括：模块 1 通信检修工岗位，模块 2 城市轨道交通通信系统，模块 3 工器具仪表使用和基本技能训练。其中，模块 2 包括城市轨道交通通信系统整体、传输系统、电话系统、专用无线通信系统、闭路电视监控系统、广播系统、时钟系统、电源系统、乘客信息系统、办公数据网络。

本书编写内容详略得当，难度相对适度，具备较好的通用性和系统性，既适合高职院校开设城市轨道交通通信类专业学生使用，也可作为从事城市轨道交通通信专业技术人员的参考书。

图书在版编目（CIP）数据

城市轨道交通通信系统维护 / 杨大秋主编. —2 版. —北京：北京交通大学出版社，2023.7（2025.1 重印）

ISBN 978-7-5121-5032-4

Ⅰ. ① 城…　Ⅱ. ① 杨…　Ⅲ. ① 城市铁路–铁路通信–通信系统–维修　Ⅳ. ① U239.5

中国国家版本馆 CIP 数据核字（2023）第 123779 号

城市轨道交通通信系统维护
CHENGSHI GUIDAO JIAOTONG TONGXIN XITONG WEIHU

责任编辑：吴嫦娥
出版发行：北京交通大学出版社　　电话：010-51686414　　http://www.bjtup.com.cn
地　　址：北京市海淀区高梁桥斜街 44 号　　邮编：100044
印 刷 者：北京鑫海金澳胶印有限公司
经　　销：全国新华书店
开　　本：185 mm×260 mm　　印张：19　　字数：486 千字
版 印 次：2019 年 9 月第 1 版　　2023 年 7 月第 2 版　　2025 年 1 月第 2 次印刷
定　　价：49.80 元

本书如有质量问题，请向北京交通大学出版社质监组反映。对您的意见和批评，我们表示欢迎和感谢。
投诉电话：010-51686043，51686008；传真：010-62225406；E-mail：press@bjtu.edu.cn。

第 2 版前言

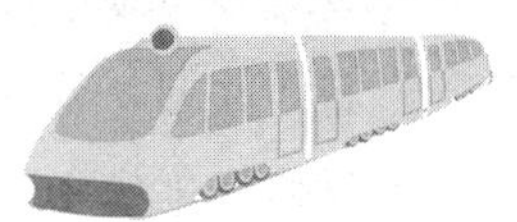

本书第 1 版于 2019 年 9 月出版，3 年多来得到很多高等职业院校城市轨道交通通信类专业师生的认可，先后印刷三次，销量一万余册。随着全国许多城市轨道交通系统的建设，城市轨道交通通信系统技术及设备也取得了快速发展，原教材中部分内容抽象难懂、通信检修工岗位工作内容略少的不足之处开始显现；另外，原教材思政目标不够明确，进行教材修订势在必行。

本次修订的主要工作如下。

1. 在每个模块目标内新增了思政目标，进一步明确了为党育人、为国育才的培养目标，有助于青年学生树立正确的人生观、价值观、职业观。

2. 修订教材在不改变第 1 版基本框架基础上，在原模块 2 的每个任务后，都新增了一个典型城市轨道交通通信系统仿真实验，该部分内容采用南京柯姆威科技有限公司所提供的教学仿真软件和华为公司 eNSP 仿真软件完成，目的是使读者能够更直观地感受到城市轨道交通通信系统设备维护时的情景，以使学习本书知识技能变得更加直观深入，进一步贴近通信检修工岗位实际工作。

添加的各个实验主要内容为：

（1）城市轨道通信系统探索仿真实验；

（2）传输网管故障处理仿真实验；

（3）专用电话调度台故障处理仿真实验；

（4）无线天馈系统故障处理仿真实验；

（5）视频监控系统业务调试仿真实验；

（6）车站广播故障维护仿真实验；

（7）中心母钟无法校时故障处理仿真实验；

（8）电源设备日常保养仿真实验；

（9）PIS 系统安装、调试、组网仿真实验；

（10）静态路由配置仿真实验。

3. 新修订教材勘误了原教材中存有的差错部分。

4. 进一步完善了教学辅助资料。本次修订，不仅修订了原有的教学课件 PPT，还补充了教案、教学计划、教学大纲、考试试卷（2 套），以及部分动画视频资源。

教材修订工作主要由黑龙江交通职业技术学院杨大秋、王燕梅、姚井晶、张凤志和齐齐哈尔技师学院迟卓刚完成，编写过程中得到了南京柯姆威科技有限公司赵强总经理、彭永龙高级工程师的大力支持和帮助，在此表示衷心的感谢。

由于编者水平有限，书中可能存在不足和欠妥之处，恳请各位读者提出宝贵意见。

编　者

2023 年 6 月

前言

城市轨道交通公司通信专业各系统设备的维修工作实行设备中心、通号部、通信班组三级管理。其中，城市轨道交通公司通号部通信检修工主要职责是对通信专业各系统的设备设施以及配属的各类弱电机房进行日常的保养检修工作。通信检修工应严格遵循公司的各项管理规定与安全条例，日常工作中需首先确保人员的人身安全。通信检修工的工作主要分为日常巡检与故障维修两类巡检，工作主要以日检为主。通信检修工应按照通号部的“年度维修计划”相关要求进行巡检，并执行各自的工作内容与工作要求。

对通信系统设备的管辖维护范围主要为传输系统、电话系统、专用无线通信系统、闭路电视监控系统、广播系统、时钟系统、电源系统、乘客信息系统、办公数据网络等。

本书将以 10 个分系统（因集中告警系统内容较少，本书不作描述）在哈尔滨城市轨道交通中的应用为案例，对其中主要系统相关知识及如何进行系统设备维护进行描述。

本书是一本面向城市轨道交通通信检修工岗位进行通信系统维护的教材，内容大部分为初级工岗位所应掌握的内容，也涵盖了部分中级工岗位和高级工岗位的内容。本书既适合高职院校开设城市轨道交通通信类专业学生使用，也可作为从事城市轨道交通通信专业技术人员的参考书。

本书主要由黑龙江交通职业技术学院杨大秋、王燕梅和齐齐哈尔技师学院迟卓刚编写，黑龙江交通职业技术学院刘晓南、李艳武、郭岩、赵龙厚也参与书中部分内容的编写。在本书编写过程中哈尔滨地铁集团公司通号部关萍萍和杨晶等企业技术人员提出了很多中肯的意见，在此表示衷心感谢。

由于编者的水平和学识有限，书中难免存在不妥和错误之处，希望广大读者提出批评指正。

编　者

2019 年 6 月

目　录

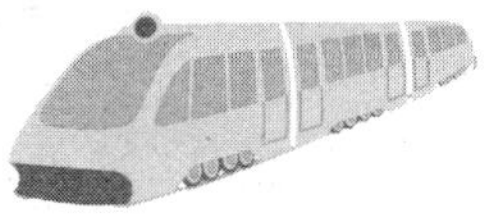

模块 1 通信检修工岗位

模块导学

城市轨道交通通信系统的维护工作由通信检修工岗位人员来完成。作为一名通信检修工，在独立上岗前，不但要对专业知识进行系统性的学习，还要对岗位作业标准有详尽的了解，特别要清楚相关安全措施及工作中的注意事项。

模块目标

1. 思政目标

（1）领会党的二十大关于“实施科教兴国战略、人才强国战略、创新驱动发展战略”精神；

（2）增强学生安全意识、服务意识，提升对岗位的热爱及荣耀感；

（3）树立学生成为德智体美劳全面发展的社会主义建设者和接班人的意识；

（4）引导学生深刻理解并自觉实践行业精神和职业规范，增强职业岗位责任感；

（5）培养学生遵纪守法、爱岗敬业、无私奉献、诚实守信、开拓创新的职业品格和行为习惯。

2. 知识技能目标

（1）知晓作为通信检修工需要掌握的知识和技能；

（2）熟悉通信检修工作业标准；

（3）熟悉安全生产的各项规定及注意事项；

（4）能在班组成员陪伴下，基本掌握如何安全地进行日常检修作业。

任务 1.1　通信检修工（初级）培训标准

通过学习通信检修工岗位（初级）培训标准，学生须总结出作为通信检修工应该具备哪些技能和专业知识；分析自己所欠缺的知识和技能，设计个人详细学习计划。

1.1.1　开展工作交接

1. 工作交接

工作交接业务活动主要包括以下 4 个方面：

① 当班工作情况交接；

② 设备运行状况填写；

③ 工器具材料使用情况交接；

④ 工区卫生情况交接。

工作交接中所涉及的技能主要包括以下 5 点要求：

① 能完成当班工作情况交接，无漏项；

② 能完成设备运行状况交接，无漏项；

③ 能完成工器具材料使用情况交接，无漏项；

④ 能完成工区卫生情况交接，无漏项；

⑤ 定时清扫清洁。

工作交接所涉及的知识和规章要求如下。

（1）相关规章：哈尔滨地铁集团有限公司颁布的《安全生产管理制度》的第 5 条（工作规范）。

（2）相关知识：工作前做到“三预想”，必须坚守岗位，遵章守纪知识。

工作交接中的培训方法及学时有以下几点要求。

（1）教学重点：交接班内容及注意事项。

（2）教学方法：现场讲解，实际操作。

（3）培训形式：现场根据当班的工作状况、设备运行情况、工器具使用情况及工区卫生情况进行讲解。

（4）课时：理论 6 学时，实操 16 学时。

工作交接所涉及的经验要求如下。

（1）培训练习要求：独立值班时间累计超过 336 小时，独立完成交接内容 7 次。

（2）工作经验要求：半年以上工作经验，当班期间工作内容清楚，交接内容清楚，无遗漏。

2. 台账填写

台账填写业务主要包括：

① 安全类台账填写；

② 班组日常台账填写；

③ 物资材料类台账填写；

④ 故障类台账填写。

台账填写的技能要求包括以下几点：

① 能独立填写安全会议、安全培训、安全检查、三级安全教育、特种作业登记，劳动用品登记，防火巡查记录，消防器材检查记录，员工安全培训记录例会等内容，无漏项；

② 能独立进行填写巡视设备情况记录，包括设备房、网管室及控制大厅、机房巡视本、无线车载台运行状态设备卫生情况等内容；

③ 能填写日志，包括班前预想、工作内容、班后总结、交接班记录、遗留问题等内容；

④ 能填写使用登记表等内容；

⑤ 能填写外单位作业配合登记表等内容，无漏项；

⑥ 能填写故障记录本、日常受理的内容；

⑦ 能填写故障设备返修记录本内容；

⑧ 能填写故障响应登记表格等内容，无漏项；

⑨ 能填写工器具与仪表借用登记表内容，无漏项；

⑩ 能填写耗材领用单及使用登记表等内容，无漏项。

台账填写的知识和规章要求如下。

（1）相关规章包括安全生产管理制度工作规范、消防管理制度工作规范、通号终端设备管理办法、通信设备录音文件管理办法和闭路电视监控系统管理办法。

（2）相关知识包括填写故障记录本、日常作业本、工器具台账、厂家质保相应登记表等要求。

对台账填写的培训方法及学时要求如下。

（1）教学重点：各类台账的填写及注意事项。

（2）教学方法：理论培训、现场讲解与实际操作。

（3）培训形式：集中授课交接相关规章，现场示范填写。

（4）课时：理论 6 课时，实操 16 课时。

台账填写对于初级岗位经验要求如下。

（1）培训练习要求：值班时间累计 504 小时，完成各类台账填写 7 次。

（2）工作经验要求：半年以上工作经验，了解危险源，会使用消防器材，清楚当班期间工作内容，了解通信专业各系统设备，对通信专业各系统设备故障处理过程清楚，认识通信专业各系统设备模块板卡及耗材，等等，对各类台账填写内容清楚，字迹工整。

3. 劳动安全防护

劳动安全防护所涉及的业务活动主要包括以下 3 个方面：

① 劳动防护用品使用；

② 安全预想；

③ 作业防护。

对初级岗位劳动安全防护的技能要求主要包括：

① 能佩带和使用劳动防护用品；

② 能进行作业前安全预想分析；

③ 能进行现场作业防护。

劳动安全防护所涉及的知识和规章要求主要如下。

（1）相关规章：《安全生产管理制度》的 3.12 条（员工安全职责），《设备维修安全规则》的 5.7 条（人身安全），《劳动安全卫生管理制度》的 7.1 条（劳动安全通用控制措施）、7.2 条（防止车辆伤害的控制措施），《施工管理规定》的 7.2 条（施工防护）。

（2）相关知识：设备维修安全规则规定，进入工作区域必须使用安全鞋、安全眼镜、安全帽、手套及工作服；施工管理规定，凡进入轨行区的施工作业人员都必须着荧光衣、穿绝缘鞋，并根据作业性质和作业要求使用其他安全防护用品。

学习劳动安全防护所采用的培训方法及学时要求如下。

（1）教学重点：通信维护人员作业前安全预想、作业中安全防护、正确佩戴和使用劳动防护用品。

（2）教学方法：理论培训、现场讲解。

（3）培训形式：集中授课讲解相关规章、现场操作。

（4）课时：理论 12 课时，实操 12 课时。

劳动安全防护的经验要求如下。

（1）培训训练要求：作业前有正确的安全预想、作业中有安全防护、正确佩戴和使用劳动防护用品 3 次。

（2）工作经验要求：半年以上工作经验，熟练佩戴和使用劳动防护用品。

4. 施工计划填写与申报

施工计划填写与申报的业务活动主要包括施工计划填写和施工计划申报两项内容。

施工计划填写与申报初级岗位的技能要求主要包括能进行填写施工计划和申报施工计划两项内容。

施工计划填写与申报所涉及知识和规章要求如下。

（1）相关规章：施工计划的申报、审批、编制。

（2）相关知识：月计划、周计划、日调整计划、临时计划的分类和申请。

施工计划填写与申报所涉及的培训方法及学时如下。

（1）教学重点：施工计划与申报及注意事项。

（2）教学方法：理论培训、实际操作。

（3）培训形式：集中授课讲解相关规章、现场操作。

（4）课时：理论 6 课时，实操 12 课时。

施工计划填写与申报对初级岗位的要求如下。

（1）培训练习要求：进行施工计划填写和申报 7 次。

（2）工作经验要求：半年以上工作经验，对施工计划申报和填写准确无误。

5. 流程化作业

流程化作业对于初级工岗位的技能要求有：

① 作业前，能联系行调、站务登记要点；

② 能进行标准化检修作业，作业中能按照检修工艺卡、检修记录本标准进行设备检修；

③ 作业后，能做到“三清”，按要求完成销点。

流程化作业对于初级工岗位的知识和规章要求如下。

（1）相关规章：《施工管理规定》的 10 条（施工组织），《行车组织规则》的 8.1 条（设备检修施工组原则）。

（2）相关知识：作业前要请点，作业时注意现场防护，作业后做到“三清”（清理作业现场遗忘工具和器件，清扫系统设备灰尘，清除现场的杂物垃圾），按要求完成销点。

流程化作业所涉及的培训方法及学时如下。

（1）教学重点：作业请销点、标准化检修作业。

（2）教学方法：理论培训、实际操作。

（3）培训形式：集中授课讲解相关规章、现场操作。

（4）课时：理论 12 课时，实操 24 课时。

流程化作业对于岗位的经验要求如下。

（1）培训练习要求：进行作业请销点、标准化检修作业 7 次。

（2）工作经验要求：半年以上工作经验，熟练掌握标准化作业流程。

1.1.2 工器具与仪表使用

工器具与仪表使用的业务活动包括以下 3 个方面：

① 通用工具使用；

② 尺类工具使用；

③ 表类工具使用。

工器具与仪表使用的技能要求如下：

① 能正确使用各类螺丝刀；

② 能正确使用尖嘴钳、老虎钳、斜口钳等工具；

③ 能正确使用卷尺、钢直尺、游标尺等测量工具；

④ 能正确使用万用表、兆欧表、测电笔等各类仪表。

工器具与仪表使用的培训方法及学时要求如下。

（1）教学重点：通用工具、尺类工具、表类工具使用方法及注意事项。

（2）教学方法：理论培训、实际操作。

（3）培训形式：集中授课讲解相关工器具的结构用途，现场示范、操作。

（4）课时：理论 12 课时，实操 16 课时。

工器具与仪表使用的经验要求如下。

（1）培训练习要求：各类工器具操作使用 7 次。

（2）工作经验要求：半年以上工作经验，熟练掌握各类工器具的使用方法及用途。

1.1.3 通信设备检修作业

通信设备检修作业培训方法及学时安排如下。

（1）教学重点：通信维护人员进行通信设备日检和月检时的作业内容及注意事项。

（2）教学方法：现场讲解、实际操作。

（3）培训形式：现场对照 OCC（运行控制中心）、车站、车场的“通信设备巡视本”和“通信设备月检本”讲解相关设备日检和月检时的操作内容和注意事项，具体讲解指示灯的状态和含义。

（4）课时：理论 66 课时（每个系统设备原理及工艺卡各 3 课时）；实操 58 课时。实操具体包括：传输系统实操培训 8 课时；专用无线通信系统实操培训 12 课时；电话系统、闭路电视监控系统、乘客信息系统、广播系统、时钟系统各 6 课时；办公数据网络 4 课时；其他 4 课时。

通信设备检修作业的经验要求如下。

（1）培训练习要求：在实际环境单独完成日检和月检的总数达到 7 次，操作流程准确，符合规范，相关台账填写正确，检修质量符合相关要求。

（2）工作经验要求：半年以上实习工作经验，其间要求无漏检、误检记录。

通信设备检修作业相关规章和知识要求如下。

（1）相关规章："通信设备检修工艺卡""通信设备维修规程"、传输系统设备周期与工作内容，无线系统设备检修周期与工作内容，公务电话系统设备检修周期与工作内容，专用电话系统检修周期与工作内容，乘客信息系统设备检修周期与工作内容，闭路电视系统设备检修周期与工作内容，广播系统设备检修周期与工作内容，时钟系统设备检修周期与工作内容，电源系统设备检修周期与工作内容，集中告警系统设备检修周期与工作内容，通信网管终端设备检修周期与工作内容，客服系统设备检修周期与工作内容。

（2）相关知识：通信各系统设备基础知识，包括设备名称、作用和指示灯状态含义等。

1. 传输设备检修

传输设备检修所涉及的业务活动包括：

① 传输设备日检；

② 传输设备月检；

③ 协助进行传输设备年检。

传输设备检修初级工的技能要求如下：

① 能进行传输设备日检，准确填写检修记录本，并符合检修工艺标准，发现设备异常时能够准确上报并描述故障现象；

② 能进行传输设备月检，准确填写检修记录本，并符合检修工艺标准，发现设备异常时能够准确上报并描述故障现象；

③ 能在中级工指导下进行传输设备年检。

2. 专用无线设备检修

专用无线设备检修所涉及的业务活动包括：

① 专用无线设备日检；

② 专用无线设备月检；

③ 协助进行专用无线设备年检。

专用无线设备检修对初级工的技能要求如下：

① 能进行专用无线设备日检，准确填写检修记录本，并符合检修工艺标准，发现设备异常时能够准确上报并描述故障现象；

② 能进行专用无线设备月检，准确填写检修记录本，并符合检修工艺标准，发现设备异常时能够准确上报并描述故障现象；

③ 能在中级工指导下进行专用无线设备年检。

3. 专用电话设备检修

专用电话设备检修的业务活动包括：

① 专用电话设备日检；

② 专用电话设备月检；

③ 协助进行专用电话设备年检。

专用电话设备检修的技能要求主要包括：

① 能进行专用电话设备日检，准确填写检修记录本，并符合检修工艺标准，发现设备异常时能够准确上报并描述故障现象；

② 能进行专用电话设备月检，准确填写检修记录本，并符合检修工艺标准，发现设备异常时能够准确上报并描述故障现象；

③ 能在中级工指导下进行专用电话设备年检。

4. 公务电话设备检修

公务电话设备检修的业务活动包括：

① 公务电话设备日检；

② 公务电话设备月检；

③ 协助进行公务电话设备年检。

公务电话设备检修的技能要求主要包括：

① 能进行公务电话设备日检，准确填写检修记录本，并符合检修工艺标准，发现设备异常时能够准确上报并描述故障现象；

② 能进行公务电话设备月检，准确填写检修记录本，并符合检修工艺标准，发现设备异常时能够准确上报并描述故障现象；

③ 能在中级工指导下进行公务电话设备年检。

5. 电源设备检修

电源设备检修的业务活动包括：

① 电源设备日检；

② 电源设备月检；

③ 协助进行电源设备年检。

电源设备检修的技能要求主要包括：

① 能进行电源设备日检，准确填写检修记录本，并符合检修工艺标准，发现设备异常时能够准确上报并描述故障现象；

② 能进行电源设备月检，准确填写检修记录本，并符合检修工艺标准，发现设备异常时能够准确上报并描述故障现象；

③ 能在中级工指导下进行电源设备年检。

6. CCTV 设备检修

CCTV 设备检修的业务活动包括：

① CCTV 设备日检；

② CCTV 设备月检；

③ 协助进行 CCTV 设备年检。

CCTV 设备检修的技能要求主要包括：

① 能进行 CCTV 设备日检，准确填写检修记录本，并符合检修工艺标准，发现设备异常时能够准确上报并描述故障现象；

② 能进行 CCTV 设备月检，准确填写检修记录本，并符合检修工艺标准，发现设备异常时能够准确上报并描述故障现象；

③ 能在中级工指导下进行 CCTV 设备年检。

7. 乘客信息设备检修

乘客信息设备检修的业务活动包括：

① 乘客信息设备日检；

② 乘客信息设备月检；

③ 协助进行乘客信息设备年检。

乘客信息设备检修的技能要求主要包括：

① 能进行乘客信息设备日检，准确填写检修记录本，并符合检修工艺标准，发现设备异常时能够准确上报并描述故障现象；

② 能进行乘客信息设备月检，准确填写检修记录本，并符合检修工艺标准，发现设备异常时能够准确上报并描述故障现象；

③ 能在中级工指导下进行乘客信息设备年检。

8. 广播设备检修

广播设备检修的业务活动包括：

① 广播设备日检；

② 广播设备月检；

③ 协助进行广播设备年检。

广播设备检修的技能要求主要包括：

① 能进行广播设备日检，准确填写检修记录本，并符合检修工艺标准，发现设备异常时能够准确上报并描述故障现象；

② 能进行广播设备月检，准确填写检修记录本，并符合检修工艺标准，发现设备异常时能够准确上报并描述故障现象；

③ 能在中级工指导下进行广播设备年检。

9. 时钟设备检修

时钟设备检修的业务活动包括：

① 时钟设备日检；

② 时钟设备月检；

③ 协助进行时钟设备年检。

时钟设备检修的技能要求主要包括：

① 能进行时钟设备日检，准确填写检修记录本，并符合检修工艺标准，发现设备异常时能够准确上报并描述故障现象；

② 能进行时钟设备月检，准确填写检修记录本，并符合检修工艺标准，发现设备异常时能够准确上报并描述故障现象；

③ 能在中级工指导下进行时钟设备年检。

10. 其他类检修作业

其他类检修作业的技能要求包括：

① 能进行客服系统设备（含终端）月检，准确填写检修记录本，并符合检修工艺标准，

发现设备异常时能够准确上报并描述故障现象；

② 能在中级工指导下进行设备年检。

学习自评

根据以上内容，在表 1-1-1 空格里填写自评。

表 1-1-1 学生自评表

评价内容	
本任务学习收获	
想继续深入学习内容	
任务完成中存在的问题或感悟	

任务 1.2　岗位作业标准

学习通信检修工岗位日常工作，根据某城市轨道交通公司通信检修工作业流程，学生在教师指导下进行模拟现场实习。通信检修工作业流程如表 1－2－1 所示。

表 1－2－1　通信检修工作业流程

时间区间	工作内容
08:15—08:30	值班人员按制度交接班，并跟踪遗留问题，开展值班工作
08:30—08:50	每日班前会，当班负责人根据管辖范围内的设备按照生产计划和临时性非生产计划的工作布置任务，安全负责人进行安全交底并记录
08:50—16:30 其中： 11:40—13:00	白班工作人员需遵循作业标准和安全标准完成班前会布置的作业任务。 临时性非生产计划的工作包括： ① 遗留故障分析跟踪； ② 整理故障记录； ③ 处理临时出现的故障； ④ 完成领导以及工程师交代的任务； ⑤ 整理库房、安全培训、技术培训、开会（文件学习）、公办外出； ⑥ 配合施工； ⑦ 中心班组协助正线班组处理故障。 值班人员交替午餐
16:30—17:00	当日工作总结与分析上报。时间范围：前日 16:30 至当日 16:30
17:00—17:15	值班人员按制度交接班，并跟踪遗留问题，开展值班工作
17:15—21:30	跟踪并处理白天遗留任务
21:30—03:50	停运以后，需进行以下两项工作： ① 按计划进行要点检修作业； ② 按施工计划配合施工
03:50—08:15	处理遗留任务（临时故障）
08:15—08:30	值班人员按制度交接班，并跟踪遗留问题，开展值班工作

1.2.1　作业标准相关知识

1. 作业标准概述

通信系统设备是城市轨道交通公司运营的必备条件，为保证行车安全，提升运营水平，为乘客提供“安全、准点、舒适、快捷”的乘车环境，城市轨道交通通号部坚持为客运一线服务的宗旨，坚持“安全第一，预防为主”的方针，贯彻国家的技术政策，维护好通信系统设备，做好本职工作，保证通信系统设备状态良好、正常运行。

通信系统设备修程分为“日常巡检”（一级维修）、“二级保养”（二级维修）、“小修”（三级维修)、“中修”(四级维修)、“大修”(五级维修)、“故障维修”(故障处理)。通号部应根据设计要求及部门实际情况，明确所辖系统设备维修工作必须具备的修程。

通信系统设备的维修工作实行设备中心、通号部、通信班组三级管理。

在维修过程中，要结合维修实践，认真总结经验，注意积累资料，供今后修订时参考。

维修过程中必须严格按照维修周期与工作内容、维修工艺和维修标准的要求进行维修作业。

维修人员必须严格遵守通信安全规则，做到“三不动”“三不离”。

维修作业前应准备好所需的工器具、材料和备件，并安排安全防护人员，在确保维修质量的条件下减少不必要的浪费，合理安排人力和物资消耗。

维修作业结束必须检查确认设备恢复正常使用后才能离开。

2. 维修组织

通信系统设备的管辖范围为传输系统、电话系统、专用无线通信系统、闭路电视监控系统、广播系统、时钟系统、电源系统、乘客信息系统、办公数据网络子系统，通信系统的维修组织工作由通号部负责。

3. 维修管理

1）维修安全管理

① 通信专业的维修工作，必须严格执行国家有关安全生产的法令法规，严格遵守运营分公司的有关规章制度；

② 通信工程师、通信各工班人员应该坚持“安全第一、预防为主”的方针，把安全工作放在第一位，落到实处；

③ 通信专业维修人员必须认真执行“三不动”“三不离”“四不放过”等基本安全生产制度；

④ 在进行维修作业时，应有安全防范措施，并严格遵守有关技术作业安全规定；

⑤ 通信检修工必须持证上岗，并进行必要岗前培训，上岗证应按规定进行审验。

2）维修计划管理

① 根据运营公司、设备中心的相关规定，制定相应的年度维修计划、月度（日）维修计划、临时维修计划；

② 设备年检修计划应均衡安排，年底留有一定的余地，下一年度检修计划应由通信工程师在本年度规定时间内完成编制、报批工作，待批准后执行；

③ 设备月度检修计划应由通信工程师根据有关规定按时完成编制工作，通号部会签，经设备中心批准后备案执行；

④ 年度、月度检修计划应严格认真执行，未经批准不得擅自更改，因客观情况变化影响计划执行时，应按审批程序申请修改。

3）维修技术管理

（1）通号部通信工程师应进行相应的维修技术管理工作。加强对技术文件、技术资料及相关标准化文本的管理，确保维修工作的需要；积极配合技术部门做好对所辖设备技术状态的检查工作；及时解决维修工作过程中出现的技术问题，并积极配合相关专业解决之间的技术接口问题。

（2）通号部建立通信系统设备技术档案。通信工程师定期对各子系统设备的档案进行检查、整理、更新。

（3）未经上级批准，不得移动设备的安装位置，不得修改系统（设备）软件，不得在设备上添加其他设备。

（4）各工班应按通信系统设备的技术要求定期对系统设备进行全面测试，应使设备所有技术性能与机械性能符合原设计或技术部门的要求。

（5）各工班应做到系统设备的技术资料、图表等与实际相符，并妥善保管有关资料。

4）维修质量管理

（1）各项维修工作的进行过程中及完成后，应根据通信设备检修标准的规定，立即对维修工作质量进行检查，并做好记录。

（2）通信工程师应组织对维修工作质量进行检查，并做好记录；各检查记录由通信工程师负责保存。

（3）各工班根据要求，每天按时上报故障情况统计表，每月按时做好月度故障情况统计。

5）维修设备管理

① 应建立所辖通信系统设备完整的台账，并保证固定资产完好；

② 应根据运营公司、设备中心的规定对系统设备进行管理，按时填报各类报表；

③ 应根据设备管理的相关规章制度，按要求填写各类报表；

④ 应建立定期核查设备台账的制度及相关要求；

⑤ 对设备故障进行统计分析，纳入设备台账；

⑥ 应明确通信各子系统设备修程及维修工作中的人力、材料、备品备件、工器具、仪表等消耗及使用定额，并要求维修工作实施者按规定进行作业；

⑦ 各类试验、测试所应达到的目的及相关技术要求应符合相关技术标准，实施者必须按规定进行相关操作。

4. 日常巡检（一级维修）

日常巡检（一级维修）基本要求：

① 检查设备外观是否良好，基础是否稳固，螺丝是否紧固，箱体、加锁装置是否完好；

② 检查设备运营是否正常、平稳，温升是否正常等；

③ 对设备运行状态、指示、标识进行监测与记录，检查指示是否超标，发现异常及时调校、排除；

④ 对设备表面进行清洁，并保证设备周围环境良好。

通信各班组实行24小时值班制，负责控制中心、车站、车辆段、停车场通信设备的日常巡检与当值期间的故障处理。

值班人员应对所管设备进行巡视、检查，认真填写相关记录，监控设备运行状态；并在不影响设备运行情况下或在运营停止后进行设备日常巡检，参加计划性检修。

值班人员在值班期间接到设备故障时，应立即按相应设备故障处理程序尽快进行故障抢修，以尽可能减少故障延续时间。当故障不能马上修复时，应按相关程序采取降级模式或停运设备，以免故障扩大到影响运营。

当与行车相关设备发生故障时，在处理故障前，应首先通过行车值班员与控制中心行车调度员联系，在取得同意后方可进行故障抢修。故障处理完毕后应通知行车值班员、控制中心行车调度员确认回复后，方可离开。

通信各班组实行岗位责任制，值班人员在当值期间对所管辖设备运行质量与运行安全负责。

5. 二级保养（二级维修）

二级保养（二级维修）基本要求：

① 对设备定期开盖、开箱检查，保持设备内、外部清洁，检查理顺引出（或引入）线、接线端子；

② 测试送、受电端电压、电流，进行绝缘检查或测试；

③ 对设备关键、主要部件精心测试、调整。

通信设备的月检与季检都属于二级保养。应将通信设备的二级保养纳入年度检修计划中。

通信月检与季检重叠时一并进行，检修内容应包括月检、季检的全部内容。

二级保养计划应严格按照年度及月度检修计划进行，因故不能按照计划日期进行，需报设备维修中心批准。

通信工程师应参加对关键、重要设备的二级保养，进行技术支援，确保设备检修质量。

通号部应定期召开工班长会议、设备维修技术讨论会，分析安全生产情况与设备故障原因，解决设备疑难问题，进行技术讨论和交流，总结维修经验，找出设备的薄弱环节，制定技术和安全措施。

6. 小修（三级维修）

小修（三级维修）基本要求：

① 对设备的引入线对地绝缘进行测量；

② 对设备主要和关键部位、部件进行检查、调整；

③ 对曾发故障的设备进行重点诊断、分析，消除故障隐患；

④ 对设备、箱体进行平整、调整、稳固，使设备表面保持清洁。

在进行三级维修的同时，测试通信设备电气特性，及时填写测试记录，掌握设备的电气特性变化。

对通信设备的小修应严格按照设备检修标准全面认真进行，确保检修质量，使经过小修后的设备完全符合检修标准，达到原设计的技术标准和要求。

7. 中修（四级维修）

中修（四级维修）基本要求：

① 对现场可拆卸、替换的设备采用运回车间的方法进行维修，对不易拆卸、替换的设备采用现场集中维修的方法进行维修；

② 对设备进行全面分解、整修、调整；

③ 对关键部件、主要部件进行修复、更换，对淘汰的设备、器材进行更换；

④ 对系统进行全面测试、调整，以保证设备的机械特性与电气特性符合原设计的技术要求。

为了保证中修的质量，通号部应加强对中修人员的专业技能培训，同时应配备专用仪器仪表与检修测试设施。

中修所用的设备、器材、材料应是标准设备、器材、材料，并经过测试、检验完全符合要求方可使用。经中修后的设备，应经过全面系统的测试与试验，各项功能与技术指标完全达到检修标准和原设计的技术要求后方可正式投入使用。通信设备的中修一定要保证检修质量与设备质量，以保证中修后的设备工作状态良好，安全运行到下一次中修。

如通号部通信专业对所辖各系统设备暂不具备中修能力，在设备中修工作进行时，应按照运营公司的有关规定积极参与、配合中修工作的开展。

8. 大修（五级维修）

在设备电气特性不符合标准，电缆、配线老化，设备质量下降，系统设备不合格达一定比例时，应对系统设备进行大修。

设备大修应与改变设备制式、技术改造相结合进行。大修设备应采用标准设计、标准定型器材，经大修的系统设备应在竣工验收完成后方可投入使用。

目前通信专业对所辖各系统设备不具备大修能力，一般由制造厂商或专业大修单位承担维修。在进行设备大修工作时，应按照运营公司的有关规定积极参与、配合大修工作的开展。

9. 故障处理（故障维修）

对发生故障的通信设备，应尽快组织对故障设备进行测试、诊断、分析，找出故障原因修复故障，恢复设备使用。

在故障修复时应详细记录故障现象及处理修复过程，以备分析故障及在其他修程开展时做出进一步的处理与修复。在故障处理后，应能保证设备恢复使用功能，正常投入运行；如无法到达时，应采用降级模式使用，不能使设备带病运行，以防故障扩大。通信设备的故障处理，要严格执行运营分公司的故障处理规定。

10. 基础安全知识

安全是在人类生产过程中，将系统的运行状态对人类的生命、财产、环境可能产生的损害控制在人类能接受水平以下的状态。

安全是指不受威胁，没有危险、危害、损失，人类的整体与生存环境资源和谐相处，互相不伤害，是免除了不可以接受的损害风险的状态；本质上安全是指通过设计等手段使生产设备或生产系统本身具有安全性，即使在误操作或发生故障的情况下也不会造成事故。

1）安全生产与安全生产管理

安全生产，是指在生产经营活动中，为了避免造成人员伤害和财产损失的事故而采取相应的事故预防和控制措施，以保证从业人员的人身安全，保证生产经营活动得以顺利进行的相关活动。

安全生产管理就是针对人们在安全生产过程中的安全问题，运用有效的资源，发挥人们的智慧，通过人们的努力，进行有关决策、计划、组织和控制等活动，实现生产过程中人与机器设备、物料环境的和谐，实现安全生产的目标。

安全生产是安全与生产的统一，其宗旨是安全促进生产，生产必须安全。搞好安全工作，改善劳动条件，可以调动职工的生产积极性；减少职工伤亡，可以减少劳动力的损失；减少财产损失，可以增加企业效益，无疑会促进生产的发展；而生产必须安全，则是因为安全是生产的前提条件，没有安全就无法生产。

2）事故与事故隐患

事故是指造成人员死亡、伤害、职业病、财产损失或其他损失的意外事件。

事故隐患泛指生产系统中可导致事故发生的人的不安全行为、物的不安全状态和管理上的缺陷以及环境因素。

3）危险源与重大危险源

危险源是指可能造成人员伤害、疾病、财产损失、作业环境破坏或这些情况的根源或状态，是指一个系统中具有潜在能量和物质释放危险的、可造成人员伤害、在一定的触发因素作用下可转化为事故的部位、区域、场所、空间、岗位、设备及其位置。

《中华人民共和国安全生产法》中定义的重大危险源为：长期地或者临时地生产、搬运、使用或储存危险物品，且危险物品的数量等于或者超过临界量的单元（包括场所和设施）。

4）安全生产方针

《中华人民共和国安全生产法》确定了“安全生产应当以人为本，坚持安全发展，坚持安全第一，预防为主，综合治理的方针”，在此方针的规约下形成了一定的管理体制和基本原则。

（1）安全生产所涉及的基本管理制度

安全生产责任制主要指企业的各级领导、职能部门和各岗位上的劳动者对安全生产工作应负责任的一种制度，也是企业的一项管理制度。

安全生产责任制是企业职责的具体体现，也是企业管理的基础。它以制度的形式明确规定企业内各部门及各岗位人员在生产经营活动中应负的安全生产责任，是企业岗位责任制的重要组成部分，也是企业最基本的制度。

安全生产责任制必须“纵向到底，横向到边”，这就明确指出安全生产是全员管理。“纵向到底”就是地铁运营公司从总经理到每一位基层一线通信检修工，都应有各自明确的安全生产责任；各业务部门都应对自己职责范围内的安全生产负责，这就从根本上明确了安全生产不是哪一个人的事，也不只是安全部门的事，而是事关全局的大事，这体现了“安全生产，人人有责”的基本思想。“横向到边”分为4个层面，即决策层、管理层、执行层、操作层。

（2）安全生产必须坚持的几项基本原则

①“以人为本”原则；

②“安全部门有否决权”原则；

③“管生产必须管安全，谁主管谁负责”原则；

④“三同时”原则，即基本建设项目中的职业安全、卫生技术和环境保护等措施和设施，必须与主体工程同时设计，同时施工，同时投产使用；

⑤“五同时”原则，即企业的生产组织及领导者在计划、布置、检查、总结、评比生产工作的同时，进行计划、布置、检查、总结、评比安全工作；

⑥“四不放过”原则，即事故原因未查清不放过，当事人和群众没有受到教育不放过，事故责任人未受到处理不放过，没有制定切实可行的预防措施不放过。

（3）红线意识

人命关天，发展绝不能以牺牲人的生命为代价，这必须作为一条不可逾越的红线。

5）通信检修作业预防事故几点要求

① 做到“三不伤害”，即“不伤害自己，不伤害别人，不被别人伤害”。

② 做到“三不违”，即“不违章指挥，不违章作业，不违反劳动纪律”。

③ 做到“五确认”，即：

- 确认周围环境是否有安全隐患；
- 确认使用工具是否完好正确；
- 确认使用设备是否安全正确；
- 确认工作岗位是否安全；

● 确认操作是否符合安全规范。

④ 做到“三不动”“三不离”。

●“三不动”：未联系登记不动；对设备性能状态不清楚不动；正在使用中的设备不动。

●“三不离”：影响正常使用的设备缺陷未维修之前不离；工作完成后，不彻底试验良好不离；发现设备有异状时，未查清原因不离。

⑤ 作业中，互保双方要对对方安全负责，应做到四个互相。

● 互相提醒：发现对方有不安全行为与不安全因素时，要及时提醒纠正，工作中要呼唤应答。

● 互相照顾：工作中要根据工作任务、操作对象合理分工，互相关心，互创条件。

● 互相监督：严格执行劳保防护用品穿戴标准，严格执行安全规程和有关制度。

● 互相保证：保证对方安全生产，不发生人身事故。

1.2.2 岗位作业实践

通号部通信检修工主要职责是对通号部通信专业各系统的设备设施以及配属的各类弱电机房进行日常的保养检修工作。通信检修工应严格遵循公司的各项管理规定与安全条例，日常工作中需首先确保人员的人身安全。

1. 巡检作业标准

通号部通信检修工的巡检工作主要以日检为主。

通信检修工应按照通号部的“年度维修计划”相关要求进行巡检，并执行各自的工作内容与工作要求。日检工作中，通信检修工应首先巡视车站内以及车控室内各通信相关设备是否正常运行，包括：乘客信息系统各显示器是否工作正常，内容播放是否有误，列车到站是否有语音广播，车控室内各电话是否能正常通话，监控屏幕能否正常显示 CCTV 摄像机画面。其次应对通信部门每个弱电机房及机房内设备进行检查，包括：机房供电、通风、消防气体灭火等环境条件是否正常，各设备外观是否良好，各设备运转是否良好，有无设备告警。每日巡检工作结束后，将巡检结果填写在巡检记录本上，并由工班长确认签字。

隧道巡检中，通信检修工应严格执行施工规范，确保人员与设备安全。检查内容包括：确认隧道内乘客信息系统天线、广播扬声器及各类线缆完好，确认无线手持台信号良好能正常通话，确认轨旁电话能与车控室进行联络。最终将巡检结果填写在巡检记录本上，并由工班长确认签字。

2. 维修作业标准及安全操作规程

通号部通信检修工的维修作业分为：各系统设备日常巡检与应急故障处理。

在日常巡检中，通信检修工应确保：设备外壳表面无积尘；设备各连接线缆无虚接无松动；设备具有风扇的，在不影响设备正常运转情况下应对风扇进行除尘作业；设备进行软件升级时，应核对升级软件来源是否可信，并在软件操作完毕后恢复至操作前画面与相关系统配置；设备养护后应稍作停留，确认设备未因养护不当发生故障告警问题。

在设备应急故障处理中，应遵循“先抢通，后修复”的原则。对于能够及时恢复的设备，应在记录好设备故障后尽快恢复设备功能。在不影响线路运营的情况下，择机进行故障彻底修复。故障处理应遵循逐级通报制度，工班内人员不能解决的故障，应及时联系主管工程师，并视故障情况通知部长等领导及设备厂家。故障处理完毕后应及时回报调度、主管工程师等

相关人员；同时形成书面记录，内容包括故障现象、故障维修过程、维修所用备品备件，故障处理结果等。

学习自评

根据以上内容，在表1－2－2空格里填写自评。

表1－2－2　学生自评表

评价内容	
本任务学习收获	
想继续深入学习内容	
任务完成中存在的问题或感悟	

模块自测

1. 通信系统设备修程分为“日常巡检”（　　　　　　）、“二级保养”（　　　　　　）、“小修”（　　　　　　）、“（　　　　　　）”（四级维修）、“大修”（五级维修）、“故障维修”（故障处理）。

2. 维修人员必须严格遵守通信安全规则，做到“（　　　　　　）”“三不离”。

3. 哈尔滨地铁通信系统的维修组织工作由（　　　　　　）负责。

4. 维修管理包括维修安全管理、维修计划管理、（　　　　　　）管理、维修质量管理和（　　　　　　）管理。

模块 2 城市轨道交通通信系统

模块导学

城市轨道交通是多种专业和系统有机结合的统一体，而通信系统及设备是城市轨道交通的主要技术装备。它担负着为旅客提供必要的信息服务，为运营管理和设备维修提供通信条件、传送各种调度命令信息的重要任务，是保证列车安全、快速、高效运行的一种不可缺少的信息化、自动化、智能化的综合系统。本模块主要学习城市轨道交通通信系统各子系统相关专业知识和日常维护知识。

模块目标

1. 思政目标

（1）厚植学生爱国主义情怀，培养奋斗精神，提升学生综合素质；

（2）学会把马克思主义立场、观点、方法与科学精神培养相结合，提高学生正确认识问题、分析问题和解决问题的能力；

（3）强化学生职业道德教育，培养学生精益求精的大国工匠精神，激发学生科技报国的家国情怀和使命担当。

2. 知识技能目标

（1）掌握城市轨道交通通信系统的基本概念；

（2）掌握通信各子系统的功能和作用；

（3）熟悉通信各子系统在城市轨道交通中的应用；

（4）掌握通信各子系统的日常维护方法；

（5）掌握通信各子系统设备日检、月检内容，并能准确填写检修记录和描述故障。

任务 2.1　城市轨道交通通信系统整体

（1）对城市轨道交通通信系统整体进行学习，掌握城市轨道交通通信系统各子系统组成、主要功能和作用；

（2）通过仿真软件漫游了解城市轨道交通系统的整体概况及组成，学习城市轨道交通通信系统，掌握城市轨道交通通信系统组成。

2.1.1　城市轨道交通通信系统整体概述

城市轨道交通通信系统是城市轨道交通行车调度指挥、运营服务管理、内外联络的重要设施设备，也是信息系统的基础设施；在轨道交通内它提供语言、数据和图像信息的传送和交换，并具有自身网络监控和管理功能；它具有技术成熟、安全可靠和经济合理的特点。在突发和紧急情况下，能为抢修抢险救灾提供一定的应急通信功能。

城市轨道交通通信系统应是一个能够承载音频、视频、数据等各种信息的综合业务数字通信网。一般情况下，一条城市轨道交通线路建立一个独立的通信网，一个城市建立多条线路的情况下，可通过数字交叉连接设备（DXC）和中继线路连接各条城市轨道交通线路的通信网。

城市轨道交通通信网由光纤数字传输系统、数字电话交换系统、广播系统、闭路电视监控系统、无线通信系统等组成。上述系统通过电缆、光缆、漏泄电缆和空间电磁波等传输媒介，在控制中心与各车站、列车之间构成多个互相关联、互相补充的业务网，为城市轨道交通提供综合通信的能力。 构成通信网的基本要素是传输设备、交换控制设备和终端设备。将传输设备（链路）和交换控制设备（节点）按照适当的方式连接起来，就可构成各种通信网。 若为一种业务网建立一个专用的传输网，会造成线路与传输设备的浪费。在城市轨道交通通信中，通常的做法是建立一个大容量的公共光纤传输网，利用复用、解复用设备和数字交叉连接设备（由软件控制的数字配线架）为城市轨道交通各种业务网提供骨干传输通道。 目前，传输系统的物理网络均采用光纤环网拓扑结构，其主要优点是在光纤中断或传输节点故障时仍能保证正常的通信，故亦称为光纤自愈环。在光纤环路中，根据所传送业务的不同，城市轨道交通各通信网的逻辑网络（承载在物理网络上）拓扑结构有总线和星形等拓扑结构组成。 根据城市轨道交通通信的需求，要求传输系统网络能够承载音频、视频和数据等综合业务。目前，传输系统多数采用基于 SDH 的多业务传输平台（MSTP）。MSTP 环路可以提供电路和分组两种传输通道。在分组传输中，因每个数据包均带有地址信息，故网络拓扑以总线方式为主；在电路传输中利用信令连接通信电路，故网络拓扑以点对点（星形）方式为主，但对音频、视频和数据的广播信息以及在电路数据通道中传送带地址编码的数据时，网络拓扑也可采用总线方式。传统的数字音频和视频均通过电路通道传输，随着 IP 电话、IP 视频技术的进展，城市轨道交通通信的音频、视频业务已开始进入分组通道传输，预计未来的城市轨道交通通信网将会演进为一个全 IP 网络。

1. 城市轨道交通通信系统的主要功能和作用

1）行车调度指挥

通信系统的专用电话功能为运营控制中心各类调度提供与各车站各类专业人员传递调度生产命令的语音通信手段，且这种语音通信是无阻塞的，以确保畅通。无线列调功能为运营控制中心行车调度提供与列车驾驶员间联络的无线通话手段，这是行车调度指挥的重要功能，作用日益凸显。

2）运营服务管理，内外联络

通信系统中的公务电话系统提供轨道交通内外部公务业务联系的服务；广播系统、乘客信息系统为乘客提供运营服务信息；视频监控系统为运营管理者提供重要的管理辅助手段，同时也是轨道交通安全防范系统的主要组成部分，为轨道交通安全运营提供技术手段。

3）信息传递

通信系统中的传输系统是线路站间的长距离传送平台，为各类轨道交通内专业系统提供传输通道，如信号、电力监控、自动售检票和其他各通信系统。

4）应急通信

城市轨道交通在发生事故和灾害时需要提供相应的应急通信手段。作为专用通信系统在承担日常运营作用外，还需要提供一定的应急通信功能；目前设计的通信系统只在各通信子系统中提供有限的应急通信功能（除消防无线系统外），没有单独的应急通信系统。目前在电话系统中提供轨旁电话、车站应急电话功能。

2. 对城市轨道交通通信系统的一般要求

对城市轨道交通通信系统的要求是能迅速、准确、可靠地传送和交换各类信息。

① 对于行车组织，通信系统应能保证将各站的客流情况、工作状况、线路上各列车运行状况等信息准确、迅速地实时传送到控制中心；同时，将控制中心发布的调度指挥命令与控制信号及时可靠地传送至各个车站及运行中的列车。

② 对于系统的组织管理，通信系统应能保证各轨道交通部门之间、上下级之间保持畅通、有效、可靠的信息交流与联系。

③ 通信系统应能保证本系统与外部系统之间便携畅通的联系。

④ 通信系统主要设备和模块应具有自检功能，系统具有降级使用功能，并采取适当的冗余，故障时自动切换并报警，控制中心可监测和采集车站设备运行和检测结果。

⑤ 作为专用系统的轨道交通通信系统，有别于公共通信系统，在满足技术先进性、成熟度、功能合理性外，更应考虑设备系统的稳定性和经济性。

⑥ 随着各城市轨道交通的网络化建设和运营，更要求通信系统具有可扩容、可联网的技术要求和条件。所以，通信系统要有总体的规划和布局，技术选型要有前瞻性。

3. 城市轨道交通通信系统的组成

城市轨道交通通信系统通常由各专业子系统组成，但随着轨道交通和通信技术的不断发展，一些子系统会发生变化，又会有新的子系统增加。

城市轨道交通通信系统主要由下列系统组成：传输系统、公务电话系统、专用电话系统、闭路电视监控系统、广播系统、时钟系统、乘客信息系统、通信电源和接地系统、专用无线通信系统、办公数据系统、集中告警系统。

4. 城市轨道交通通信系统各子系统功能介绍

1）传输系统

城市轨道通信系统组成

传输系统是轨道交通通信系统中重要的子系统，是轨道交通内各类专业系统传送各类信息的承载平台。通常，轨道交通传输系统是以光纤通信为主的传输系统网络，一般一部分采用光同步数字技术，也有一部分采用西门子的 OTN 技术，这其实也是一种数字光传输技术。

传输系统要求具有高可靠性和丰富的业务接口。传输系统的低层一般采用 SDH 光纤自愈环路，在光纤切断或故障时能自动进行业务切换，故具有很高的可靠性。

传输业务的多样性是城市轨道交通传输系统的主要特点。所传输的业务包括电话（窄带音频）、广播（宽带音频）、城市轨道交通信号（中/低速数据）、视频（高速数据）等业务。

在城域网（MAN）中，传输网按其功能划分为骨干层、汇聚层与接入层；而在城市轨道交通通信网中，传输网按其功能可分为骨干层与汇聚接入层。传输系统分为城市轨道交通专用传输网和民用传输网，（GSM、CDMA 接入）这是两个完全隔离的网。

在城市轨道交通专用传输网中具体传送的信息为：调度电话、广播、公务电话、专用无线通信系统基站的 2 Mbps 的数字链路；RS-232、RS-422、RS-485 接口点对点低速电路数据业务；10/100/1 000 Mbps 的以太网业务；ATM 业务。

2）公务电话系统

公务电话系统用于轨道交通内部各部门间公务通话及业务联络。目前在技术上采用基于电路交换的程控交换技术。一般公务电话系统由程控电话交换机、远端模块和自动电话终端组成。每条轨道交通线路通常设一台程控交换机和若干远端模块，且可与其他程控交换机及数字中继方式相连，还可与公用网本地电话局联网，以实现对外联络的目的。

城市轨道交通通信系统的公务电话相当于企业总机，采用通用的程控数字用户交换机组网，并通过中继线路接入当地市话网。一般情况下，中心交换机安装在控制中心和车辆段，而在各车站配置车站交换机或中心交换机的远端模块。中心交换机与车站交换机之间通过城市轨道交通专用传输网进行点对点的连接。为减少城市轨道交通通信设备的类型，目前城市轨道交通多数采用具有调度功能的交换机组成公务电话网。

3）专用电话系统

专用电话系统的作用是为控制中心的调度员、车站值班员、车辆段、各车站的运营服务管理人员等提供热线电话服务等专用功能，以组织指挥行车、运营管理及确保行车安全为目的，并为轨旁电话等专用电话提供自动交换功能。

专用电话系统主要包括：调度电话，站间行车电话，车站、车辆段/停车场内直通电话、站内应急电话以及区间电话。

城市轨道交通的调度电话子系统主要包括调度总机、调度台和调度分机 3 个部分，并通过传输系统或通信电缆相连接。在控制中心安装调度机或交换/调度机作为调度总机，为调度人员提供专用直达通信服务。一般在城市轨道交通中设有行车调度、电力调度、维修调度、环控调度、公安调度的（虚拟）调度专网和调度台（其中行车调度专网设 2 个调度台）。调度台应具有选呼、组呼、群呼、强插、强拆、会议、应急处理等特定功能。调度分机安装在控制中心、车辆段以及各车站。调度台可单键直接呼叫分机；分机呼叫调度台分为一般与紧急两类呼叫。站内的公务电话交换机具有热线功能，在提供公务电话业务的同时，也可提供站内、站间和区间（轨旁）电话业务。站内电话子系统由车站公务电话交换机、车站值班台（主机）和电话分机组成。站间电话可为车站值班员与相邻车站的车站值班员提供直达通信服务，也可以接公务电话网。区间电话通过站内电话子系统连接邻站的车站值班台或接入公务电话网，为隧道内的维修人员提供通信服务。

4）闭路电视监控系统

闭路电视监控系统（CCTV）为控制中心的调度员、车站值班员、列车司机及站台监视亭值班员等对车站的站厅、站台、出入口等主要区域提供监视服务。控制中心的行车调度员实时监视全线各车站的情况，车站值班员能够实时监视本站情况，列车司机能在驾驶室看到乘客上下车的情况（站台与列车间用无线传送视频信号）。监视画面要求具有 DVD 质量。采用控制中心和车站两级互相独立的监控方式，平常以车站值班员控制为主，控制中心的行车调度员可任意选择各车站各摄像头的监视画面。在紧急情况下则转换为以控制中心的行车调度员控制。出于安全与事故取证要求，车站和控制中心的 CCTV 设备还应具有录像功能。城市轨道交通的闭路电视监控系统有模拟、数字和网络 3 种组网方式。在模拟闭路电视网络中，摄像头与监视器之间传输的是模拟视频信号，图像的切换和分割由硬件（视频矩阵和图像分割设备）完成。各车站传送至控制中心模拟视频信号，采用点对点的模拟光纤传输。在数字闭路电视网络中，车站和控制中心仍以模拟组网，与模拟闭路电视区别仅在于：各车站与控制中心之间利用传输系统传送视频信号。因传输系统只能传输数字信号，为了将模拟视频信号从站点传到控制中心，需要经过编解码器进行模/数转换或数/模转换。在传输网采用 MSTP 技术后，目前也有将模拟视频信号经压缩编码、成帧后，利用传输系统的分组数据通道以总线方式传送视频信号，其主要优点为可以按需动态分配带宽。在闭路电视网络中，带有编码器的网络摄像头和带有解码器的数字监视器及数字录像硬盘均接入站点的 Ethernet 或 ATM 局域网，监视器可根据摄像头的 IP 地址调看图像；并用软件进行图像分割，省略了视频矩阵和图像分割等硬件设备。各站点局域网与控制中心局域网通过城市轨道交通传输系统互连成广域网，控制中心可以根据摄像头 IP 地址直接选调全线各摄像点的监控画面。

控制中心闭路电视监控系统拓扑

监控系统向行车组织人员及安防人员提供各个要害部位（如站台停车位、车站站厅、站台、出入口、机房等）的监视画面，便于管理监控处理和事后追溯。一般采用模数混合监控技术，监视画面要求具有类似 DVD 质量。由车站、控制中心和上级监控中心的三级视频监控系统组成。

5）广播系统

广播系统为控制中心调度员、车站值班员、站台工作人员、车辆段/停车场值班员提供相应区域的广播。在紧急情况下，防灾调度人员可以直接利用广播对其工作人员与乘客进行应急指挥、调度和疏导。广播系统由正线广播和车辆段/停车场广播两个系统组成。

正线广播又分成控制中心广播和车站广播两级，该系统为控制中心调度员、车站值班员、车辆段值班员提供对相应区域的有线广播，同时也为控制中心大楼提供广播功能。广播系统具有自动和人工广播，以及相应的选择功能及优先级功能，采用车站广播和控制中心广播两级控制方式。平时以车站广播为主，控制中心广播可以插入；但在紧急情况下，则以控制中心广播为主。

6）时钟系统

时钟系统为通信各子系统、信号系统、电力监控系统、自动售检票系统、防灾报警系统、门禁系统、计算机系统等各有关系统的设备及中心调度员，车站值班员等所在的运营管理主要工作场所提供统一、标准的时间信号，并且为乘客提供标准的时间信息。时钟系统由GPS标准时钟信号接收单元、一级母钟、二级母钟、子钟、监控设备组成。GPS标准时钟信号接收单元设于控制中心，为二级母钟提供同步时钟源信号。

一级母钟由时钟系统主机、转换单元检测主母钟的工作状态，实现母钟主、备的自动转换；在控制中心设置时钟系统的监控设备，与一级母钟相连，能够实现实时监控时钟系统主要设备运行状态。时钟子系统的一级母钟具有接收标准时间信号的功能，如接收GPS时间信息。

二级母钟系统设于各车站、车辆段的通信设备机房内。二级母钟由时钟系统主机、转换单元等组成。二级母钟是一个独立系统，可以接收一级母钟发来的标准时间信息和命令信息并控制子钟的运行，也可以独立于中心母钟单独运行。

子钟安装于各车站站厅、车站（场）值班室、车辆段值班室、控制中心调度室等需要显示时间信息的场所。子钟分两种类型：数字式子钟和指针式子钟。

7）乘客信息系统

乘客信息系统（PIS）与城市轨道交通信号系统相连接。乘客信息主要功能是及时为车站和列车上的乘客提供列车导乘信息，同时也可提供诸如时间、天气预报、新闻及广告等其他信息。为了在列车上提供实时的导乘信息、新闻、赛事等，可以在城市轨道交通中建设符合我国数字电视地面广播标准（DMB－TH）的移动数字电视系统。

8）通信电源和接地系统

接地保护实验

通信电源和接地系统是通信系统各设备正常工作、充分发挥效能的重要保障，除了要消除电网对通信设备的损害，还要保证对设备的供电要求和质量。电源系统一般包括交流配电屏、直流配电屏、UPS和蓄电池组及电源监控系统。接地系统由地线和接地装置构成。

城市轨道交通通信的电源系统必须是供电设备独立并具有集中监控管理的系统。通信电源系统应保证对通信设备不间断、无瞬变地供电，满足通信设备对电源的要求。城市轨道交通通信设备应按一级负荷供电。由变电所引接双电源双回线路的交流电源至通信机房交流配电屏，当使用中的一路出现故障时，应能自动切换至另一路。对要求直流供电的通信设备，采用集中方式供电。直流供电系统可由直流配电盘、高频开关型整流模块、直流变换器、逆变器、阀控式密闭铅蓄电池组等组成，并应具有遥信、遥测、遥控性能和标准的接口及通信协议。对要求交流不间断供电的通信设备，可根据负荷容量确定采用逆变器供电或交流不间断电源（UPS）供电方式。通信设备的接地系统设计，应做到确保人身、通信设备安全和通信设备的正常工作。城市轨道交通车站根据条件可采用合设接地方式，也可采用分设接地方式。分设接地方式由接地体、接地引入线、地线盘及室内接地配线组成。

9）专用无线通信系统

专用无线通信系统主要是为控制中心调度员、车辆段调度员与列车司机进行通信联络之用，同时也为车站服务人员、维修人员和公安人员提供移动通信手段。目前采用较多的技术是数字集群技术。专用无线通信系统主要包括中央交换机、基站、天馈系统和各类无线终端组成。

无线通信提供对位置不固定的相关业务工作人员以及列车司机的通信联络，作为固定设置的有线通信网的强有力的补充。

10）办公数据系统

办公数据系统是城市轨道交通办公自动化系统（OA）的基础信息网络平台，属于数据交换网。综合布线系统是一个完整的集成化通信传输（分布式）系统，通过使用符合标准规范的布线部件（配线柜/架、连接器、信息插座、插头、适配器、传输电子器件、电气保护设备和线路管理支持硬件），采用超五类屏蔽双绞线与 8 芯光缆混合布线方式，模块化组合压接连接车站、车辆段、停车场内的话音设备、数据设备、电子通信设备和网络交换设备等，并能使这些设备与外部通信网络相连接，为城市轨道交通的语音、数据及多媒体应用提供实用的、可靠的、灵活的、可扩展的介质通路，为信息基础链路的开通使用提供可靠保障。

11）集中告警系统

通信系统在控制中心设置集中告警设备，采集、显示、存储并打印通信各系统的故障告警信息。该告警终端利用计算机网络技术和计算机本身的高速数据处理能力，对通信各系统进行集中监测告警管理，将通信各系统的运行状态和告警信息集中反映到告警设备上，通过网络平台使有访问权的维护人员可以近、远程登录，以便维护人员快速、准确地处理各系统设备故障。

集中告警设备能对通信各系统的运行状况进行 24 小时不间断信息采集，当通信各系统的维护管理终端向集中告警设备发送故障告警信息时，集中告警设备可以屏幕显示告警信息并发出声音告警信息。集中告警设备记录下收到的故障信息并保存到数据库中。（因集中告警系统维护内容较少，本书不再描写该部分内容。）

2.1.2　城市轨道通信系统探索仿真实验

实验图片

1. 实验概述

通过漫游了解城市轨道交通系统的整体概况及组成，学习城市轨道交通通信系统，掌握城轨通信系统组成。

2. 实验步骤

进入“实验平台”，出现实验项目引导界面，选择“城轨探索”，进入实验。进入实验后出现实验介绍，单击“跳过”。来到任务场景，分别单击主任务流程中的“探索城轨组成”“探索城轨通信设备”“探索城轨通信系统”，展开详细任务分解。再分别单击详细任务分解中的任务，会出现任务提示，根据提示完成场景、设备、系统的探索。

1）探索城轨组成

进入“城轨探索”后，出现实验内容及实验目的介绍，单击右侧闪动手势，进入大厅场景，左侧出现“主任务流程”，选择“探索城轨组成”，如图 2-1-1 所示。选择相关场景，通过键盘“W”“A”“S”“D”键或方向键进行前、后、左、右的移动，进行场景漫游，根据路标指引，到达场景中手型指引圈内，显示该场景的介绍信息。

图 2－1－1　场景选择

根据任务内容和任务秘诀完成城市轨道交通通信系统八大组成场景的探索。八大组成场景分别为：通信机房、调度指挥中心、车站控制室、车站、车辆铁轨、办公室、工具房、耗材备件房。

（1）通信机房

单击详细任务分解中的“通信机房”，会出现介绍：通信机房是轨道交通通信系统设备安装的场所，为保障通信系统的稳定运行、设备维修提供必要的空间。是为通信系统设备提供运行环境、维护操作等的场所，其建设质量的优劣，将直接关系到系统运行的平稳性和可靠性，从而影响到轨道交通的正常运行。通信机房场景如图 2－1－2 所示。

图 2－1－2　通信机房场景

（2）调度指挥中心

单击详细任务分解中的“调度指挥中心”，会出现如图 2－1－3 所示场景。调度指挥机构主要有集中式、区域式、分散式三种设置形式。

集中式把整个城市轨道交通系统的运营指挥、控制集中到一处，对线网内所有线路的行车、供电、消防及环控、运营服务组织和信息收发等各环节进行集中控制，修建一座规模能满足城市近期路网规划要求的控制中心大楼。

区域式根据线网内主要的行车设备（如车辆、信号等）及线路所在区域的不同，划分若干个运营调度指挥区域，区域运营控制中心对其管辖线路的行车、供电、消防及环控、运营服务组织和信息收发等各环节进行集中控制。

分散式为城市轨道交通各线路独立建设运营控制中心，分别负责控制该条线路的行车、供电、消防及环控、运营服务组织和信息收发等各环节，线网内各运营控制中心互相独立工作。

图 2-1-3　调度指挥中心场景

（3）车站控制室

单击详细任务分解中的“车站控制室”，会出现如图 2-1-4 所示场景。车站控制室是车站的后备指挥中心，在车站起着中枢作用。日常情况下，车站值班员（又称综控员、行车值班员）和值班站长（值站）就是在车站综控室内实现列车运行的监视和控制（主要是行车调度业务调度控制）。

图 2-1-4　车站控制室场景

（4）车站

单击详细任务分解中的“车站”，会出现如图 2-1-5 所示场景。车站提供铁路列车停靠的地方，用以搬运货物或让旅客乘车。现阶段的地铁站不是指在地面以下环境建设的车站，而是指地铁系统沿线设置的车站，它可建于地下、半地下，也可建于地面或高架。

图 2-1-5　车站场景

（5）车辆铁轨

单击详细任务分解中的“车辆铁轨”，会出现如图 2−1−6 所示场景。城市轨道交通车型取决于各地客流量与建设传统，依据标准定制。主要分为：使用 A 型、B 型、As 型、Ah 型和 Lb 型车辆的地铁，使用 C 型和 LC 型车辆的轻轨。城市轨道交通是以电能为动力能源，采用轮轨运转体系的大运量快速公共交通系统。主要负责无障碍兼短距离的旅客运输，通常由轻型动车组或有轨电车作为运送载体。

图 2−1−6　车辆铁轨场景

（6）办公室

单击详细任务分解中的“办公室”，会出现如图 2−1−7 所示场景。办公室是处理一种特定事务的地方或提供服务的地方，是提供工作办公的场所。

图 2−1−7　办公室场景

（7）工具房

单击详细任务分解中的“工具房”，会出现如图 2−1−8 所示场景。工具房是用于存放定期维护轨道设备用到的工具房间。

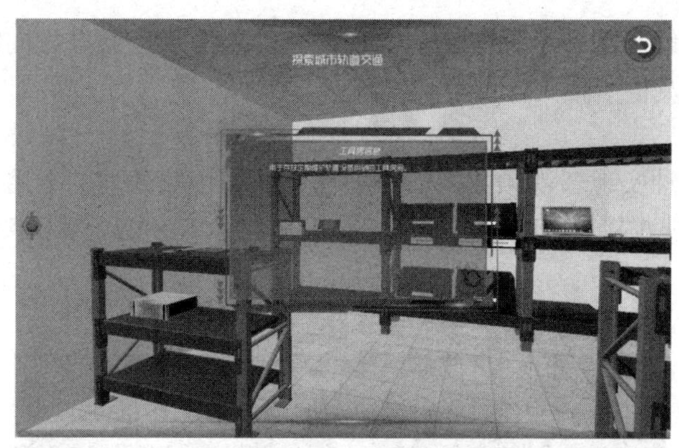

图 2－1－8　工具房场景

（8）耗材备件房

单击详细任务分解中的“耗材备件房”，会出现如图 2－1－9 所示场景。耗材备件房是用于存放因故障而需要维修替换的轨道设备的房间。

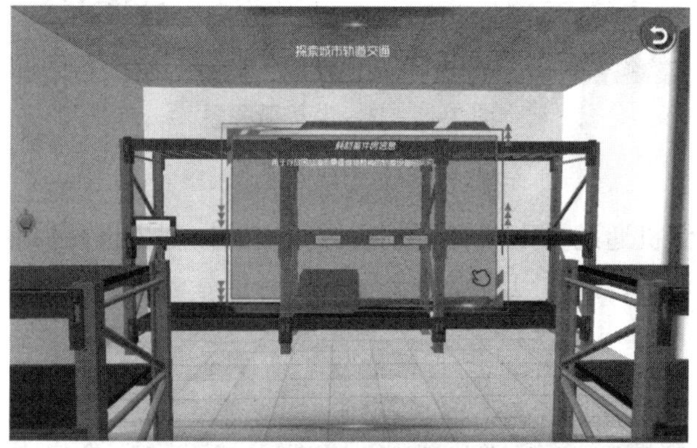

图 2－1－9　耗材备件房场景

2）探索城轨通信设备

单击“探索城轨通信设备”，再次单击下方的任务，可得到如图 2－1－10 所示界面。下面来学习和了解相关设备功能。

根据任务内容和任务秘诀完成城轨通信设备的探索。城轨通信设备包括监控服务器、视频服务器、广播服务器、分调度系统、交换机、主调度系统、路由器、动环监控。

图 2－1－10　任务选择界面

单击详细任务分解下的各个任务，会出现绿色闪光提示，通过方向键移动到提示处，单击提示会显示该设备及板卡相关介绍。

（1）监控服务器

监控服务器是一种实现音视频数据任务编码、网络传输处理的专用设备，它由音视频编码器、网络接口、音视频接口、RS-422/RS-485 串行接口、RS-232 串行接口等构成。监控服务器如图 2－1－11 所示。

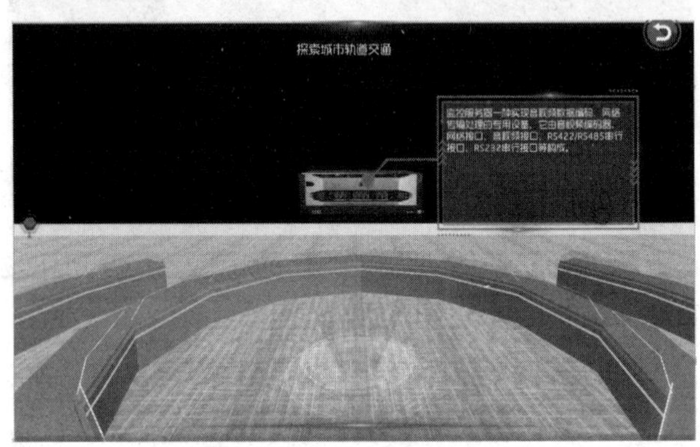

图 2－1－11　监控服务器

（2）视频服务器

视频服务器是摄像机通过以太网将视频图像传输到控制主机，控制主机再将视频信号分配到各监视器及录像设备，同时可将需要传输的语音信号同步录入录像机内。视频服务器如图 2－1－12 所示。

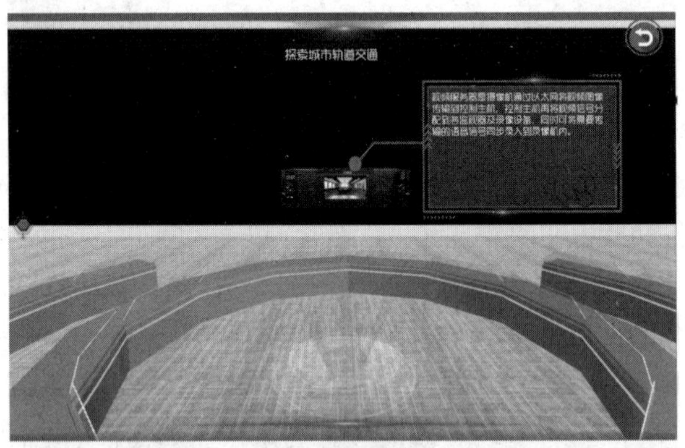

图 2－1－12　视频服务器

（3）广播服务器

广播服务器，即地铁广播设备，在地铁行车组织、客运服务、防灾救险、设备维护等方面具有十分重要的作用，为地铁客运、行车、防灾、设备维护等部门提供功能完善的先进作业工具。维持车站秩序，有效疏导乘客乘车先下后上，为缩短列车站停时间，确保列车正点，创造了条件。广播服务器如图 2－1－13 所示。

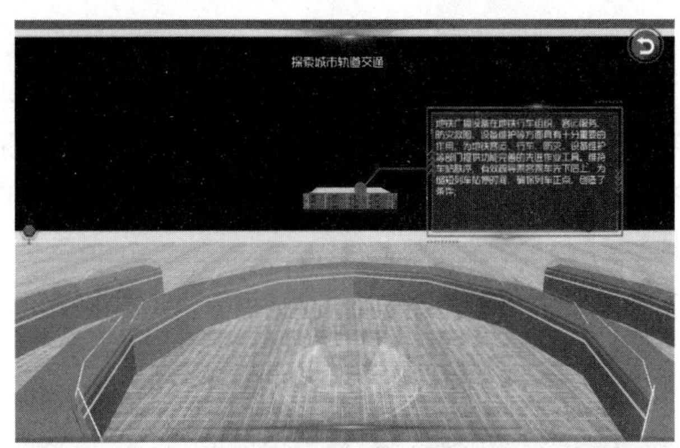

图 2－1－13　广播服务器

（4）分调度系统（multimedia dispatching system sub-system，MDSSUB）

调度指挥通信系统是新一代统一指挥调度通信平台，该系统有着强大调度指挥功能，通过 2B+D 连接各种智能调度台、指挥台，支持调度指挥所需的各种功能，如选呼、组呼、通播、强拆、分群等调度功能，支持多用户多级别设置。分调度系统具有多业务满足特性，可以实现由语音、数据向视频等多媒体业务的扩展，完全满足调度未来发展的需要。分调度系统包括以下单板。

① RNG 会议资源板：每块板提供 256 方会议资源。

② MPU 主控板：提供电控 CPU 系统，以及基本的信号音，收发号器的资源和会议等资源。

③ ASL 共电用户接口板：每块共电板提供 16 路共电用户接口，可以接入普通 PSTN 电话，实现站内站外在不同工作地点的工作人员进行电话联系。

④ DSL：提供 2B+D 接口与触摸屏调度台或键控式调度台连接，每板可以提供 4 路接口。

⑤ DLL 数字环板：提供数字环 E1 接口与其他分调度设备连接，每板可以提供 2 路 E1 接口即 1 个数字环接口，该接口支持铁路专用数字环信令。

分调度系统如图 2－1－14 所示。

图 2－1－14　分调度系统

（5）交换机

二层交换机工作于 OSI 模型的第 2 层（数据链路层），故而称为二层交换机。二层交换技术的发展已经比较成熟。二层交换机属数据链路层设备，可以识别数据包中的 MAC 地址信息，根据 MAC 地址进行转发，并将这些 MAC 地址与对应的端口记录在自己内部的一个地址表中。交换机如图 2－1－15 所示。

图 2－1－15　交换机

（6）主调度系统（multimedia dispatching system，MDS）

调度指挥通信系统是新一代统一指挥调度通信平台，该系统有着强大调度指挥功能，通过 2B+D 连接各种智能调度台、指挥台，支持调度指挥所需的各种功能，如选呼、组呼、通播、强拆、分群等调度功能，支持多用户多级别设置；MDS 系统具有多业务满足特性，可以实现由语音、数据向视频等多媒体业务的扩展，完全满足调度未来发展的需要。主调度系统包括以下单板。

① MPU 主控板：提供电控 CPU 系统，以及基本的信号音、收发号器的资源和会议等资源。

② ASL 共电用户接口板：每块共电板提供 16 路共电用户接口，可以接入普通 PSTN 电话，实现站内站外在不同工作地点的工作人员进行电话联系。

③ DSL：提供 2B+D 接口与触摸屏调度台或键控式调度台连接，每板可以提供 4 路接口。

④ DLL 数字环板：提供数字环 E1 接口与其他分调度设备连接，每板可以提供 2 路 E1 接口即 1 个数字环接口，该接口支持铁路专用数字环信令。

⑤ DTL 数字中继板，提供 E1 接口与其他调度设备连接，每板可以提供 2 路 E1 接口，该接口支持 NO.1、NO.7、DSS1 等信令。

⑥ DFE：提供两路 FE 接口，用于与 EPC 核心网的对接，实现调度系统与 CIR 之间的互通。

⑦ RNG 会议资源板：每块板提供 256 方会议资源。

主调度系统如图 2－1－16 所示。

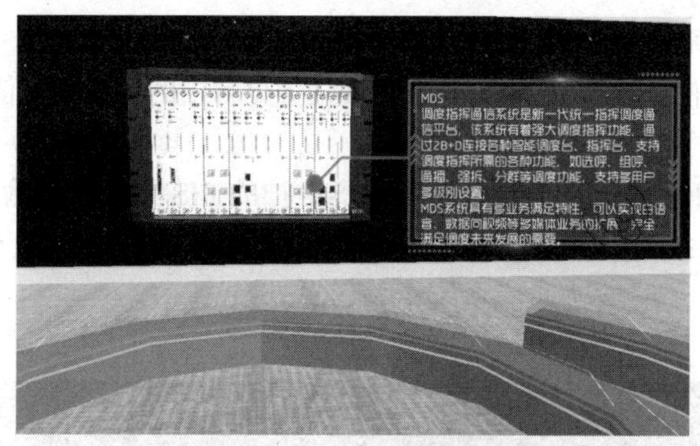

图 2-1-16　主调度系统

（7）路由器

路由器是连接因特网中各局域网、广域网的设备，它会根据信道的情况自动选择和设定路由，以最佳路径，按前后顺序发送信号。路由和交换机之间的主要区别就是交换机发生在 OSI 参考模型第二层（数据链路层），而路由发生在第三层，即网络层。这一区别决定了路由和交换机在移动信息的过程中需使用不同的控制信息，所以说两者实现各自功能的方式是不同的。路由器如图 2-1-17 所示。

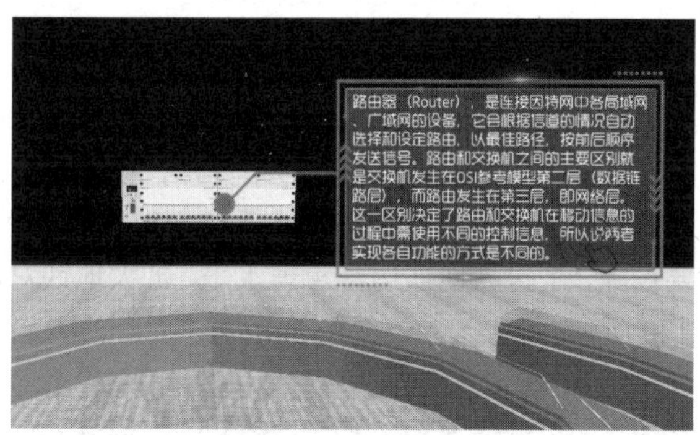

图 2-1-17　路由器

（8）动环监控

动环监控是指针对各类机房中的动力设备及环境变量进行集中监控，即动力环境监控。一套完善的综合动力环境监控系统可以对分布的各个独立的动力设备和机房环境、机房安保监控对象进行信息等采集，实时监视系统和设备、安保的运行状态，记录和处理相关数据，及时侦测故障，并做必要的远程控制操作，适时通知人员处理。动环监控如图 2-1-18 所示。

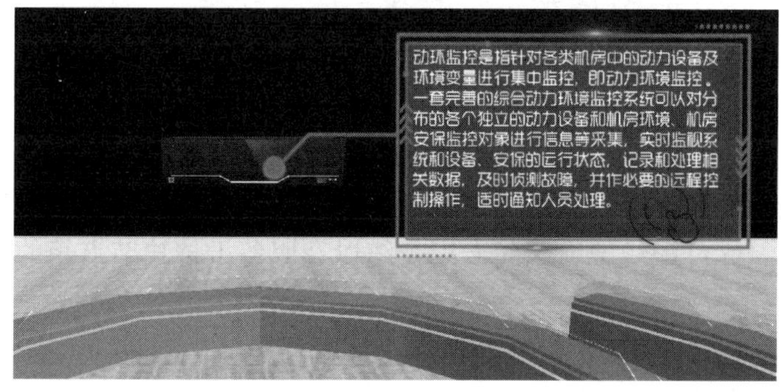

图 2-1-18　动环监控

3）探索城轨通信系统

单击“探索城轨通信系统”，再单击其下详细任务分解中的各任务。任务选择如图 2-1-19 所示。

城轨通信系统特指通号分公司通信专业负责维护的 PIS 系统、传输系统、无线系统、公务电话系统、专用电话系统、广播系统、时钟系统、视频监视系统、通信电源系统、车载视频系统等。通过任务指引，了解城轨通信系统相关信息。

图 2-1-19　任务选择

（1）PIS 系统

乘客信息系统（passenger information system，PIS）是依托多媒体网络技术，以计算机系统为核心，通过设置站厅、站台、出入口、列车的显示终端，让乘客及时准确地了解列车运营信息和公共媒体信息的多媒体综合信息系统；是地铁系统实现以人为本、提高服务质量、加快各种信息公告传递的重要设施，是提高地铁运营管理水平、扩大地铁对旅客服务范围的有效工具。PIS 系统如图 2-1-20 所示。

图 2-1-20　PIS 系统

（2）传输系统

传输系统特指地铁各类专业系统传送业务信息的承载平台。它主要包括光传输节点箱、传输网络管理设备、光纤配线架、区间专用光缆以及服务于传输节点箱的配线模块。传输系统如图 2-1-21 所示。

图 2－1－21 传输系统

（3）无线系统

无线系统特指用于地铁行车指挥和维修指挥的专用数字集群无线系统。它主要由 4 层设备组成。无线系统如图 2－1－22 所示。

图 2－1－22 无线系统

（4）公务电话系统

公务电话系统特指服务地铁运营公司内部各办公地点之间公务通话网络。它主要包括公务电话交换机、公务电话远端模块。公务电话系统如图 2－1－23 所示。

图 2－1－23 公务电话系统

（5）专用电话系统

专用电话系统特指以指挥行车、生产、故障检修为目的的快捷语音通话系统。它主要包括专用电话交换机、专用电话调度台、专用电话值班台和调度分机。专用电话系统如

图 2-1-24 所示。

图 2-1-24　专用电话系统

（6）广播系统

广播系统特指调度员、行车值班员对车站、车辆段和停车场进行语音播报的系统。它主要由中心广播子系统、车站广播子系统、车场广播子系统和车站自动播音子系统组成。广播系统如图 2-1-25 所示。

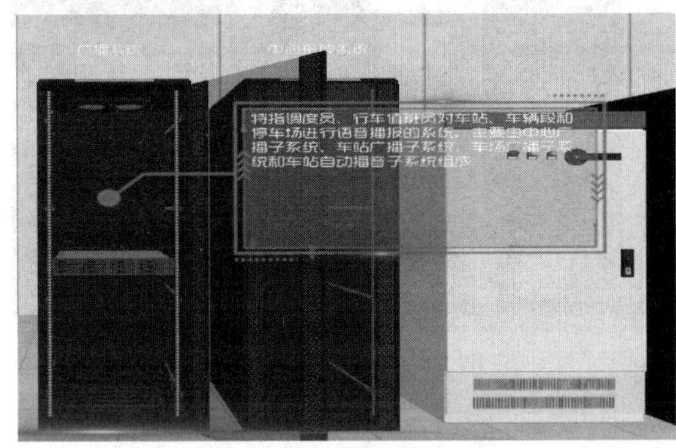

图 2-1-25　广播系统

（7）时钟系统

时钟系统特指为地铁各个车站、行车和乘客服务相关专业提供标准时间信号的设备系统。它主要包括 GPS 接收设备、中心母钟、二级母钟和各类显示子钟。时钟系统如图 2-1-26 所示。

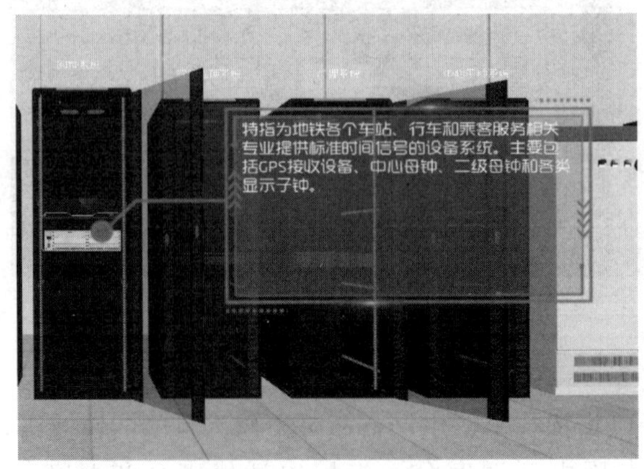

图 2-1-26　时钟系统

（8）视频监视系统

视频监视系统特指在车站和重要设备场所为行车组织、行车安全和乘客安全提供实时图像监控和图像存储的设备系统。它主要由中心视频监视子系统、车站视频监视子系统和车场视频监视子系统组成。视频监控系统如图 2－1－27 所示。

图 2－1－27　视频监控系统

（9）通信电源系统

通信电源系统特指连接车站输变电设备，为通信专业各系统供电的设备系统。它主要包括交流配电屏、不间断电源、高频开关电源和相关蓄电池组。通信电源系统如图 2－1－28 所示。

图 2－1－28　通信电源系统

（10）车载视频系统

车载视频系统特指在电客车车厢、司机室进行实时图像监控和图像存储的设备系统。车载视频系统如图 2－1－29 所示。

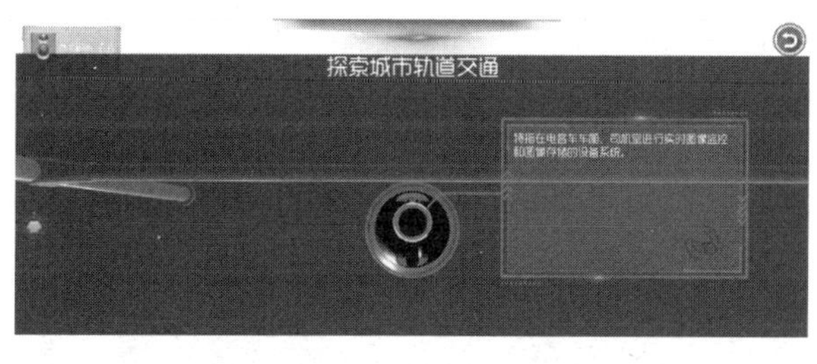

图 2－1－29　车载视频系统

3. 实验总结

本实验包含探索城轨组成、探索城轨通信设备、探索城轨通信系统 3 个部分。根据任务指引，陆续搜寻通信机房控制室、站台等地点或职能部门，探索城轨各组成部分；了解城轨通信主要设备，学习和了解相关设备功能；探索城轨通信系统，学习和了解传输、无线子系统等功能。

学习自评

根据以上内容，在表 2-1-1 空格里填写自评。

表 2-1-1 学生自评表

评价内容	
本部分内容学习收获	
想继续深入学习内容	
学习中存在的问题或感悟	

任务 2.2　传 输 系 统

（1）学习掌握传输系统基本概念知识，SDH 相关的知识，说出各类网元的特点和功能，了解网络结构和自愈网的原理，了解 MSTP 和 RPR 基本原理；

（2）分析哈尔滨地铁传输系统网络结构及相关设备组成情况，了解勤务电话功能和使用资源情况，说出各子系统与传输系统接口界面位置及相关接口特性；

（3）熟悉传输系统日、月、年维护具体内容，说出传输系统日、月、年维护项点的不同；

（4）根据所提供的故障案例，分析各故障解决思路，提升对传输系统的深入认识；

（5）学习传输网管故障处理仿真实验内容，深入领会传输系统维护工作流程。

2.2.1　传输系统相关知识

1. SDH 概述

SDH 全称叫作同步数字体制，它规范了数字信号的帧结构、复用方式、传输速率等级，接口码型等特性。它具有 PDH（准同步数字系列）无可比拟的优点，SDH 所具有的优势如下。

1）接口方面

（1）电接口方面

SDH 体制对网络节点接口（NNI）作了统一的规范。规范的内容有数字信号速率等级、帧结构、复接方法、线路接口、监控管理等。这就使 SDH 设备容易实现多厂家互连，也就是说，在同一传输线路上可以安装不同厂家的设备，体现了横向兼容性。

SDH 体制有一套标准的信息结构等级，即有一套标准的速率等级。基本的信号传输结构等级是同步传输模块——STM-1，相应的速率是 155 Mbps。高等级的数字信号系列如：622 Mbps（STM-4）、2.5 Gbps（STM-16）等，可通过将低速率等级的信息模块（如 STM-1）通过字节间插同步复接而成，复接的个数是 4 的倍数，如：STM-4 = 4 × STM-1，STM-16= 4 × STM-4。

（2）光接口方面

线路接口（这里指光口）采用世界性统一标准规范。SDH 信号的线路编码仅对信号进行扰码，不再进行冗余码的插入。

2）复用方式

由于低速 SDH 信号是以字节间插方式复用进高速 SDH 信号的帧结构中的，这样就使低速 SDH 信号在高速 SDH 信号的帧中的位置是固定的、有规律性的，也就是说是可预见的。这样就能从高速 SDH 信号如 2.5 Gbps（STM-16）中直接分/插出低速 SDH 信号如 155 Mbps（STM-1），这样就简化了信号的复接和分接，使 SDH 体制特别适合于高速大容量的光纤通信系统。

另外，由于采用了同步复用方式和灵活的映射结构，可将 PDH 低速支路信号如 2 Mbps 复用进 SDH 信号的帧中去（STM-*N*），这样使低速支路信号在 STM-*N* 帧中的位置也是可预见的，于是可以从 STM-*N* 信号中直接分/插出低速支路信号。由此，节省了大量的复接/分接设备（背靠背设备），增加了可靠性，减少了信号损伤、设备成本、功耗、复杂性等，使业务更加简便。

SDH 的这种复用方式使数字交叉连接（DXC）功能更易于实现，使网络具有了很强的自愈功能，便于用户按需动态组网，实时灵活的业务调配。

3）运行维护方面

SDH 信号的帧结构中安排了丰富的用于运行维护（OAM）功能的开销字节，使网络的监控功能大大加强，即维护的自动化程度大大加强。PDH 的信号中开销字节不多，以至在对线路进行性能监控时，还要通过在线路编码时加入冗余比特来完成。以 PCM30/32 信号为例，其帧结构中仅有 TS0 时隙和 TS16 时隙中的比特是用于 OAM 功能。

SDH 信号的开销占整个帧所有比特的 1/20，大大加强了 OAM 功能。这样就使系统的维护费用大大降低，而在通信设备的综合成本中，维护费用占相当大的一部分，因此 SDH 系统的综合成本要比 PDH 系统的综合成本低，仅为 PDH 系统的 65.8%左右。

4）兼容性

SDH 有很强的兼容性，这也就意味着当组建 SDH 传输网时，原有的 PDH 传输网不会作废，两种传输网可以共同存在，即可以用 SDH 网传送 PDH 业务。另外，异步转移模式的信号（ATM）、FDDI 信号等其他体制的信号也可用 SDH 网来传输。

2. SDH 帧结构和复用步骤

1）STM-*N* 帧结构

STM-*N* 信号帧结构的安排应尽可能使支路低速信号在一帧内均匀地、有规律地分布，这样便于实现支路的同步复用、交叉连接（DXC）、分/插和交换。为了方便从高速信号中直接上/下低速支路信号，ITU-T 规定了 STM-*N* 帧是以字节为单位的矩形块状帧结构，STM-*N* 帧结构图如图 2-2-1 所示。

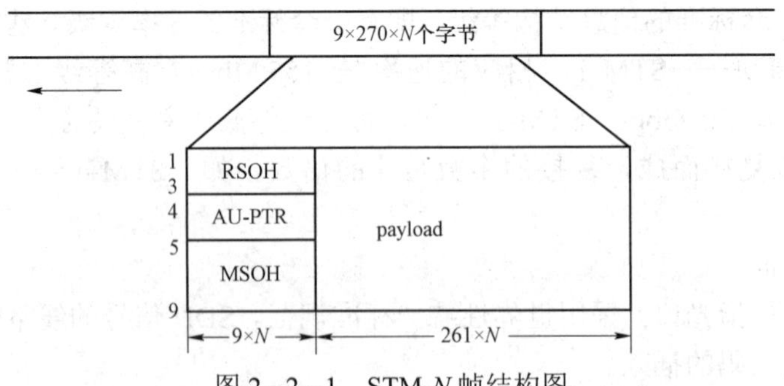

图 2-2-1　STM-*N* 帧结构图

从图 2-2-1 可以看出，STM-*N* 的信号是 9 行 × 270 × *N* 列的帧结构。此处的 *N* 与 STM-*N* 的 *N* 相同的取值范围为：1，4，16，64，…，表示此信号由 *N* 个 STM-1 信号通过字节间插复用而成。由此可知，STM-1 信号的帧结构是 9 行 × 270 列的块状帧。

SDH 帧传输的原则是：帧结构中的字节从左到右、从上到下逐个字节传输，传完一行再传下一行，传完一帧再传下一帧。

STM-*N* 信号的帧频是 8 000 fps，即帧周期为恒定的 125 μs。

从图 2－2－1 可以看出，STM-*N* 的帧结构由 3 部分组成：信息净负荷（payload）；段开销（SOH），包括再生段开销（RSOH）和复用段开销（MSOH）；管理单元指针（AU-PTR）。

（1）信息净负荷

信息净负荷是在 STM-*N* 帧结构中存放由 STM-*N* 传送的各种信息码块的地方。

（2）段开销

段开销是为了保证信息净负荷正常灵活传送所必须附加的供网络运行、管理和维护（OAM）使用的字节。

段开销又分为再生段开销（RSOH）和复用段开销（MSOH），分别对相应的段层进行监控。

RSOH 和 MSOH 的区别在于监管的范围不同。例如，若光纤上传输的是 2.5 Gbps 信号，那么，RSOH 监控的是 STM-16 整体的传输性能；而 MSOH 则是监控 STM-16 信号中每一个 STM-1 的性能情况。

再生段开销在 STM-*N* 帧中的位置是第 1 行到第 3 行的第 1 到第 $9\times N$ 列，共 $3\times 9\times N$ 个字节；复用段开销在 STM-*N* 帧中的位置是第 5 行到第 9 行的第 1 列到第 $9\times N$ 列，共 $5\times 9\times N$ 个字节。

（3）管理单元指针

管理单元指针位于 STM-*N* 帧中第 4 行的 $9\times N$ 列，共 $9\times N$ 个字节，AU-PTR 是用来指示信息净负荷的第一个字节在 STM-*N* 帧内的准确位置的指示符，以便收端能根据这个位置指示符的值（指针值）正确分离信息净负荷。

2）SDH 的复用结构和步骤

SDH 的复用包括两种情况：一种是低阶的 SDH 信号复用成高阶 SDH 信号；另一种是低速支路信号（如 2 Mbps、34 Mbps、140 Mbps）复用成 SDH 信号 STM-*N*。

第一种情况复用的方法主要通过字节间插复用方式来完成，复用的个数是四合一，即 4 × STM-1→STM-4，4 × STM-4→STM-16。在复用过程中保持帧频（8 000 fps）不变，这就意味着高一级的 STM-*N* 信号是低一级的 STM-*N* 信号速率的 4 倍。在进行字节间插复用过程中，各帧的信息净负荷和指针字节按原值进行间插复用，而段开销则会有些取舍。在复用成的 STM-*N* 帧中，SOH 并不是所有低阶 SDH 帧中的段开销间插复用而成，而是舍弃了一些低阶帧中的段开销。

第二种情况用得最多的，就是将 PDH 信号复用进 STM-*N* 信号中去。

SDH 网的兼容性要求 SDH 的复用方式既能满足异步复用（如将 PDH 信号复用进 STM-*N*），又能满足同步复用（如 STM-1→STM-4），而且还能方便地由高速 STM-*N* 信号分/插出低速信号，同时不造成较大的信号时延和滑动损伤，这就要求 SDH 需采用自己独特的一套复用步骤和复用结构。在这种复用结构中，通过指针调整定位技术来取代 125 μs 缓存器用以校正支路信号频差和实现相位对准，各种业务信号复用进 STM-*N* 帧的过程都要经历映射（相当于信号打包）、定位（相当于指针调整）、复用（相当于字节间插复用）3 个步骤。

尽管一种信号复用成 SDH 的 STM-*N* 信号的路线有多种，但是对于一个国家或地区则必须使复用路线唯一化。我国的光同步传输网技术体制规定了以 2 Mbps 信号为基础的 PDH 系列作为 SDH 的有效负荷，并选用 AU-4 的复用路线，其结构如图 2－2－2 所示。

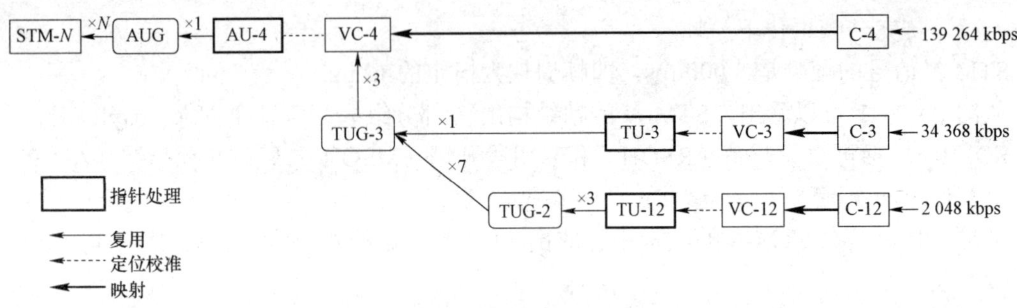

图 2-2-2　我国的 SDH 基本复用映射结构

3. SDH 网络的常见网元

SDH 传输网是由不同类型的网元通过光缆线路的连接组成的，通过不同的网元完成 SDH 网的传送功能：上/下业务、交叉连接业务、网络故障自愈等。

1）TM——终端复用器

终端复用器用在网络的终端站点上，如一条链的两个端点上。它是一个双端口器件，TM 模型如图 2-2-3 所示。

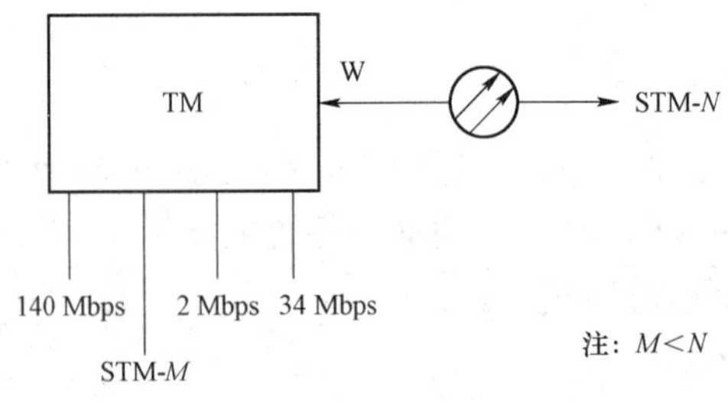

图 2-2-3　TM 模型

终端复用器的作用是将支路端口的低速信号复用到线路端口的高速信号 STM-N 中，或从 STM-N 的信号中分出低速支路信号。需要注意的是，它的线路端口输入/输出一路 STM-N 信号，而支路端口却可以输出/输入多路低速支路信号。在将低速支路信号复用进 STM-N 帧（将低速信号复用到线路）上时，有一个交叉的功能。例如，可将支路的一个 STM-1 信号复用进线路上的 STM-16 信号中的任意位置上，也就是指复用在 1～16 个 STM-1 的任一个位置上。将支路的 2 Mbps 信号可复用在一个 STM-1 中 63 个 VC12 的任一个位置上去。

2）ADM——分/插复用器

分/插复用器用于 SDH 传输网络的转接站点处，如链的中间节点或环上节点，是 SDH 网上使用最多、最重要的一种网元，它是一个三端口的器件，ADM 模型如图 2-2-4 所示。

ADM 有两个线路端口和一个支路端口。两个线路端口各接一侧的光缆（每侧收/发共两根光纤），为了描述方便，将其分为西（W）向、东（E）向两个线路端口。ADM 的作用是将低速支路信号交叉复用进东或西向线路上去，或从东或西侧线路端口接收的线路信号中拆分出低速支路信号。另外，还可将东/西向线路侧的 STM-N 信号进行交叉连接，如将东向 STM-16 中的 3#STM-1 与西向 STM-16 中的 15#STM-1 相连接。

ADM 是 SDH 最重要的一种网元，通过它可等效成其他网元，即能完成其他网元的功能，例如，一个 ADM 可等效成两个 TM。

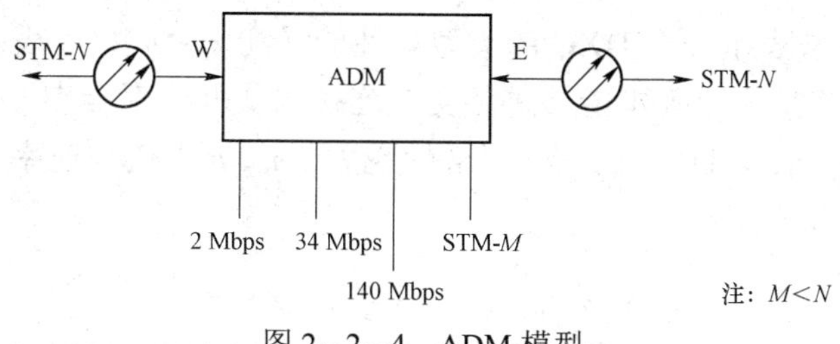

图 2－2－4　ADM 模型

3）REG——再生中继器

光传输网的再生中继器有两种：一种是纯光的再生中继器，主要进行光功率放大以延长光传输距离；另一种是用于脉冲再生整形的电再生中继器，主要通过光/电变换、电信号抽样、判决、再生整形、电/光变换，以达到不积累线路噪声，保证线路上传送信号波形的完好性。此处讲的是后一种再生中继器，REG 是双端口器件，只有两个线路端口——W、E。电再生中继器如图 2－2－5 所示。

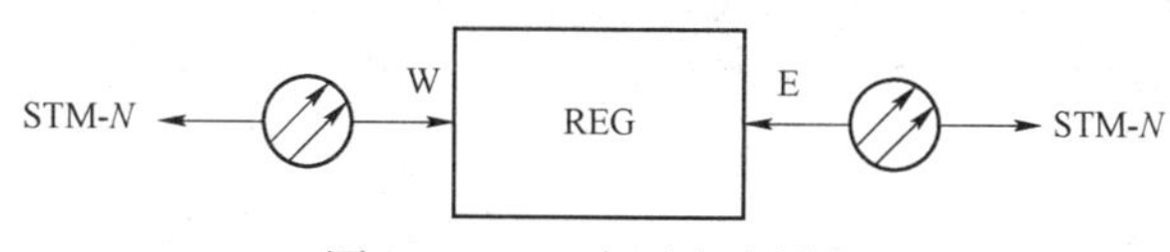

图 2－2－5　电再生中继器

REG 的作用是将 W/E 侧的光信号经 O/E、抽样、判决、再生整形、E/O 在 E 或 W 侧发出。REG 与 ADM 相比仅少了支路端口，所以 ADM 若本地不上/下话路（支路不上/下信号）时完全可以等效于一个 REG。

真正的 REG 只要处理 STM-N 帧中的 RSOH，且不需要交叉连接功能（W—E 直通即可），而 ADM 和 TM 因为要完成将低速支路信号分/插到 STM-N 中，所以不仅要处理 RSOH，而且还要处理 MSOH。另外，ADM 和 TM 都具有交叉复用能力（有交叉连接功能），因此用 ADM 来等效 REG 有点大材小用了。

4）DXC——数字交叉连接设备

数字交叉连接设备完成的主要是 STM-N 信号的交叉连接功能，它是一个多端口器件，实际上相当于一个交叉矩阵，完成各个信号间的交叉连接，如图 2－2－6 所示。

DXC 可将输入的 *m* 路 STM-N 信号交叉连接到输出的 *n* 路 STM-N 信号上，图 2－2－6 表示有 *m* 条入光纤和 *n* 条出光纤。DXC 的核心是交叉连接，功能强的 DXC 能完成高速（如 STM-16）信号在交叉矩阵内的低级别交叉（如 VC12 级别的交叉）。

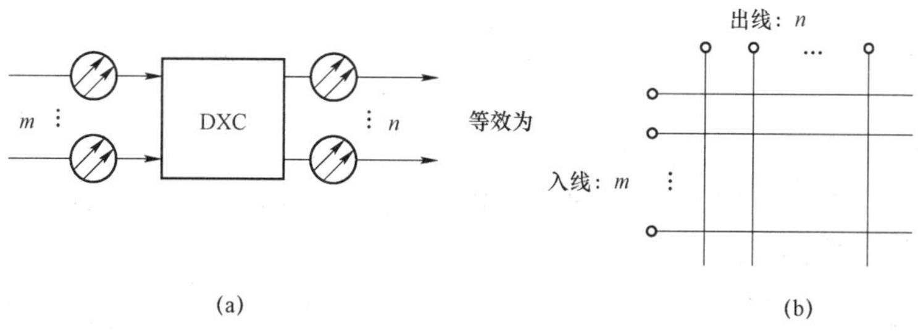

图 2－2－6　DXC 功能图

通常用 DXCm/n 来表示一个 DXC 的类型和性能（注 $m \geq n$），m 表示可接入 DXC 的最高速率等级，n 表示在交叉矩阵中能够进行交叉连接的最低速率级别。m 越大表示 DXC 的承载容量越大；n 越小表示 DXC 的交叉灵活性越大。m、n 数值与速率对应表如表 2－2－1 所示。

表 2－2－1　*m*、*n* 数值与速率对应表

m 或 n	0	1	2	3	4	5	6
速率	64 kbps	2 Mbps	8 Mbps	34 Mbps	140 Mbps 155 Mbps	622 Mbps	2.5 Gbps

小容量的 DXC 可由 ADM 来等效，如华为公司的 2.5 Gbps 设备可等效为 6 × 6 DXC5/1。

4. SDH 网络结构和网络保护机理

1）基本的网络拓扑结构

SDH 网是由 SDH 网元设备通过光缆互连而成的，网络节点（网元）和传输线路的几何排列构成了网络的拓扑结构。网络的有效性（信道的利用率）、可靠性和经济性在很大程度上与其拓扑结构有关。

网络拓扑的基本结构有链状、星形、树状、环形和网状，如图 2－2－7 所示。

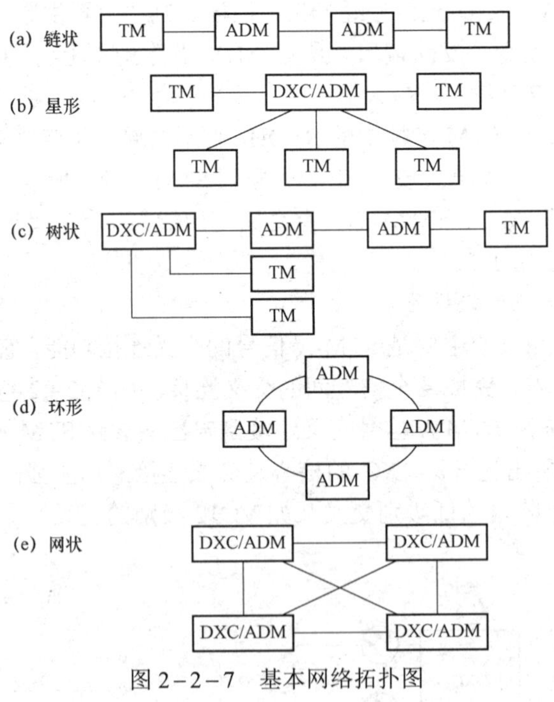

图 2－2－7　基本网络拓扑图

传输网上的业务按流向可分为单向业务和双向业务。以环形网络为例，说明单向业务和双向业务的区别，如图 2－2－8 所示。

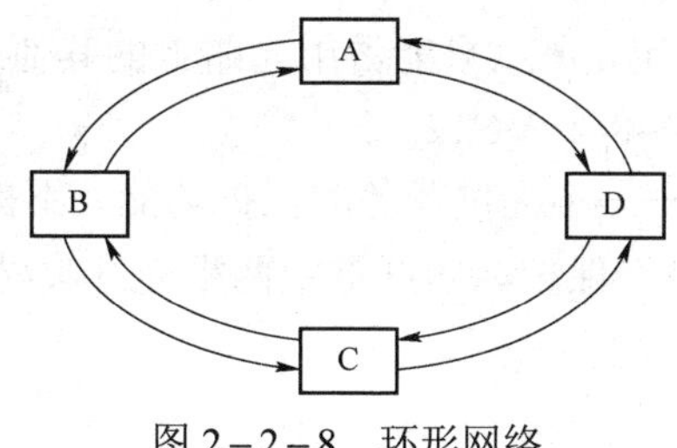

图 2-2-8 环形网络

若 A 和 C 之间互通业务，A 到 C 的业务路由假定是 A→B→C，若此时 C 到 A 的业务路由是 C→B→A，则业务从 A 到 C 和从 C 到 A 的路由相同，称为一致路由。

若此时业务从 C 到 A 的路由是 C→D→A，那么业务从 A 到 C 和业务从 C 到 A 的路由不同，称为分离路由。

称一致路由的业务为双向业务，分离路由的业务为单向业务。常见组网的路由和业务方向如表 2-2-2 所示。

表 2-2-2 常见组网的路由和业务方向

组网类型		路由	业务方向
链状网		一致路由	双向
环形网	双向通道环	一致路由	双向
	双向复用段环	一致路由	双向
	单向通道环	分离路由	单向
	单向复用段环	分离路由	单向

2）链状网

典型的链状网如图 2-2-9 所示。

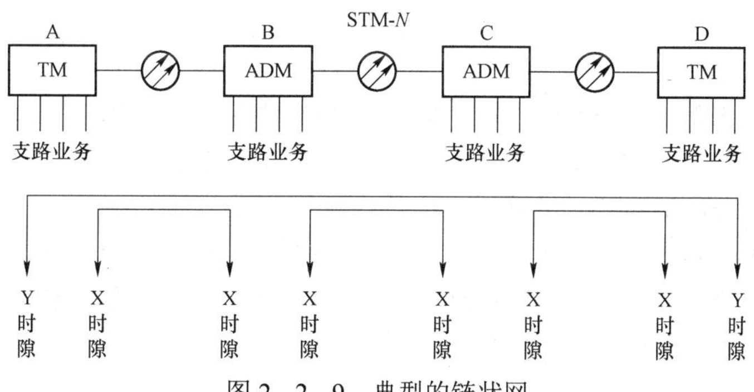

图 2-2-9 典型的链状网

链状网的特点是具有时隙复用功能，即线路 STM-*N* 信号中某一序号的 VC 可在不同的传输光缆段上重复利用。图 2-2-9 中 A—B、B—C、C—D、A—D 通有业务，这时可将 A—B 的业务占用 A—B 光缆段 X 时隙（序号为 X 的 VC，例如 3VC4 的第 48 个 VC12），将 B—C 的业务占用 B—C 光缆段的 X 时隙（第 3VC4 的第 48 个 VC12），将 C—D 的业务占用 C—D 光缆段的 X 时隙（第 3VC4 的第 48 个 VC12），这种情况就是时隙重复利用。这时 A—D 的业务因为光缆的 X 时隙已被占用，所以只能占用光路上的其他时隙 Y 时隙，例如第 3VC4 的第 49 个 VC12 或第 7VC4 的第 48 个 VC12。

常见的链状网有：二纤链——不提供业务的保护功能（不提供自愈功能）；四纤链——一般提供业务的“1+1”或“1:1”保护。四纤链中两根光纤收/发作主用信道，另外两根收/发作备用信道。

3）环状网——自愈环

（1）自愈的概念

所谓自愈，是指在网络发生故障（如光纤断开）时，无须人为干预，网络自动地在极短的时间内（ITU-T 规定为 50 ms 以内），使业务自动恢复传输，使用户几乎感觉不到网络出了故障。其基本原理是网络要具备发现替代传输路由并重新建立通信的能力。替代路由可采用备用设备或利用现有设备中的冗余能力，以满足全部或指定优先级业务的恢复。因此，网络具有自愈能力的先决条件是有冗余的路由、网元强大的交叉能力及网元一定的智能。

自愈仅是通过备用信道将失效的业务恢复，而不涉及具体故障的部件和线路的修复或更换，所以故障点的修复仍需人工干预才能完成。

（2）自愈环的分类

传输 E1 环通道保护控制中心设备安装

目前环状网络的拓扑结构用得最多，因为环状网络具有较强的自愈功能。自愈环的分类可按保护的业务级别、环上业务的方向、网元节点间光纤数来划分。

按环上业务的方向可将自愈环分为单向环和双向环两大类；按网元节点间的光纤数可将自愈环划分为双纤环（一对收/发光纤）和四纤环（两对收发光纤）；按保护的业务级别可将自愈环划分为通道保护环和复用段保护环两大类。

通道保护环和复用段保护环的区别如下。对于通道保护环，业务的保护是以通道为基础的，也就是保护的是 STM-*N* 信号中的某个 VC（某一路 PDH 信号），倒换与否是按环上的某一个别通道信号的传输质量来决定的，通常利用收端是否收到简单的 TU-AIS 信号来决定该通道是否应进行倒换。例如在 STM-16 环上，若收端收到第 4VC4 的第 48 个 TU-12 有 TU-AIS，那么就仅将该通道切换到备用信道上去。

复用段倒换环是以复用段为基础的，倒换与否是根据环上传输的复用段信号的质量决定的。倒换是由 K1、K2（b1～b5）字节所携带的 APS 协议来启动的，当复用段出现问题时，环上整个 STM-*N* 或 1/2STM-*N* 的业务信号都切换到备用信道上。复用段保护倒换的条件是 LOF、LOS、MS-AIS、MS-EXC 告警信号。

通道保护环往往是专用保护，在正常情况下保护信道也传主用业务（业务的“1+1”保护），信道利用率不高。复用段保护环使用公用保护，正常时主用信道传主用业务，备用信道传额外业务（业务的 1:1 保护），信道利用率高。

（3）四纤双向复用段保护环

四纤环是由 4 根光纤组成，这 4 根光纤分别为 S1、P1、S2、P2。其中，S1、S2 为主纤传送主用业务；P1、P2 为备纤传送备用业务，也就是说，P1、P2 光纤分别用来在主纤故障时保护 S1、S2 上的主用业务。应当注意的是，S1、P1、S2、P2 光纤的业务流向：S1 与 S2 光纤业务流向相反（一致路由，双向环），S1、P1 和 S2、P2 两对光纤上业务流向也相反，从图 2-2-10（a）可看出，S1 和 P2、S2 和 P1 光纤上业务流向相同（这是以后学习双纤双向复用段环的基础，双纤双向复用段保护环就是因为 S1 和 P2、S2 和 P1 光纤上业务流向相同，才得以将四纤环转化为二纤环）。另外，要注意的是，四纤环上每个网元节点的配置要求双ADM系统，因为一个ADM只有东/西两个线路端口（一对收发光纤称之为一个线路端口），而四纤环上的网元节点是东/西向各有两个线路端口，所以要配置成双ADM系统。

在环状网正常时，网元A到网元C的主用业务从S1光纤经B网元到网元C，网元C到网元A的业务经S2光纤经网元B到网元A（双向业务）。网元A与网元C的额外业务分别通过P1和P2光纤传送。网元A和网元C通过收主纤上的业务互通两网元之间的主用业务，通过收备纤上的业务互通两网之间的备用业务，见图2-2-10（a）。

当B—C间光缆段光纤均被切断后，在故障两端的网元B、C的光纤S1和P1、S2和P2有一个环回功能见图2-2-10（b）（故障端点的网元环回）。这时，网元A到网元C的主用业务沿S1光纤传到B网元处，在此B网元执行环回功能，将S1光纤上的网元A到网元C的主用业务环到P1光纤上传输，P1光纤上的额外业务被中断，经网元A、网元D穿通（其他网元执行穿通功能）传到网元C，在网元C处P1光纤上的业务环回到S1光纤上（故障端点的网元执行环回功能），网元C通过收主纤S1上的业务，接收到网元A到网元C的主用业务。

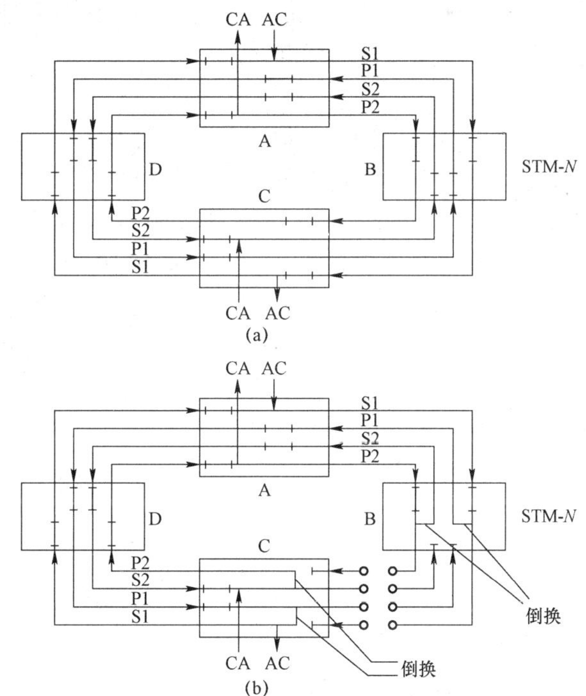

图2-2-10 四纤双向复用段倒换环

网元C到网元A的业务先由网元C将其主用业务环转到P2光纤上，P2光纤上的额外业务被中断，然后沿P2光纤经过网元D、网元A的穿通传到网元B，在网元B处执行环回功能将P2光纤上的网元C到网元A的主用业务环回到S2光纤上，再由S2光纤传回到网元A，由网元A下接主纤S2上的业务。通过这种环回，穿通方式完成了业务的复用段保护，使网络自愈。

四纤双向复用段保护环的业务容量有两种极端方式。一种是环上有一业务集中站，各网元与此站通业务，并无网元间的业务。这时环上的业务量最小为2×STM-N（主用业务）和

4×STM-*N*（包括额外业务）。因为该业务集中站东西两侧均最多只可通 STM-*N*（主）或 2×STM-*N*（包括额外业务），这是由于光缆段的数速级别只有 STM-*N*。另一种是其环形网上只存在相邻网元的业务，不存在跨网元业务。这时每个光缆段均为相邻互通业务的网元专用，例如 A—D 光缆只传输 A 与 D 之间的双向业务，D—C 光缆段只传输 D 与 C 之间的双向业务等。相邻网元间的业务不占用其他光缆段的时隙资源，这样各个光缆段都最大传送 STM-*N*（主用）或 2×STM-*N*（包括备用）的业务（时隙可重复利用），而环上的光缆段的个数等于环上网元的节点数，所以这时网络的业务容量达到最大：*N*×STM-*N* 或 2*N*×STM-*N*。

尽管复用段环的保护倒换速度要慢于通道环，且倒换时要通过 K1、K2 字节的 APS 协议控制，使设备倒换时涉及的单板较多，容易出现故障，但由于双向复用段环最大的优点是网上业务容量大，业务分布越分散，网元节点数越多，它的容量也越大，信道利用率要大大高于通道环，所以双向复用段环得以普遍应用。

5. 光接口类型和参数

传统的准同步光缆数字系统是一个自封闭系统，光接口是专用的，外界无法接入。而同步光缆数字线路系统是一个开放式的系统，任何厂家的任何网络单元都能在光路上互通，即具备横向兼容性。为此，必须实现光接口的标准化。

1）光纤的种类

SDH 光传输网的传输媒质是光纤。由于单模光纤具有带宽大、易于升级扩容和成本低的优点，国际上已一致认为同步光缆数字线路系统只使用单模光纤作为传输媒质。光纤传输中有 3 个传输“窗口”：850 nm、1 310 nm、1 550 nm，适合用于传输的波长范围。其中 850 nm 窗口只用于多模传输，用于单模传输的窗口只有 1 310 nm 和 1 550 nm 两个波长窗口。

光信号在光纤中传输的距离要受到色散和损耗的双重影响，色散会使在光纤中传输的数字脉冲展宽，引起码间干扰，降低信号质量。当码间干扰使传输性能劣化到一定程度时，则传输系统就不能工作了，损耗使在光纤中传输的光信号随着传输距离的增加而功率下降，当光功率下降到一定程度时，传输系统就无法工作了。

为了延长系统的传输距离，人们主要在减小色散和损耗方面入手。1 310 nm 光传输窗口称为零色散窗口，光信号在此窗口传输色散最小；1 550 nm 窗口称为最小损耗窗口，光信号在此窗口传输的衰减最小。

ITU-T 规范了三种常用光纤：G.652 光纤、G.653 光纤和 G.655 光纤。其中，G.652 光纤指在 1 310 nm 波长窗口色散性能最佳，又称为色散未移位的光纤（也就是零色散窗口在 1 310 nm 波长处），可应用于 1 310 nm 和 1 550 nm 两个波长区。G.653 光纤指 1 550 nm 波长窗口色散性能最佳的单模光纤，又称为色散移位的单模光纤。它通过改变光纤内部的折射率分布，将零色散点从 1 310 nm 迁移到 1 550 nm 波长处，使 1 550 nm 波长窗口色散和损耗都较低，主要应用于 1 550 nm 工作波长区。G.654 光纤称为 1 550 nm 波长窗口损耗最小光纤，它的零色散点仍在 1 310 nm 波长处，主要工作于 1 550 nm 窗口，主要应用于需要很长再生段传输距离的海底光纤通信。

2）光接口类型

光接口是同步光缆数字线路系统最具特色的部分。由于它实现了标准化，使得不同网元可以经光路直接相连，节约了不必要的光/电转换，避免了信号因此而带来的损伤（如脉冲变形等），节约了网络运行成本。

按照应用场合的不同，可将光接口分为 3 类：局内通信光接口、短距离局间通信光接口和长距离局间通信光接口。不同的应用场合用不同的代码表示，光接口代码一览表如表 2-2-3 所示。

表 2-2-3 光接口代码一览表

应用场合	局内	短距离局间	长距离局间
工作波长/nm	1 310	1 310，1 550	1 310，1 550
光纤类型	G.652	G.652，G.652	G.652，G.652，G.653
传输距离/km	≤2	2～15	15～40，15～60
STM-1	I-1	S-1.1，S-1.2	L-1.1，L-1.2，L-1.3
STM-4	I-4	S-4.1，S-4.2	L-4.1，L-4.2，L-4.3
STM-16	I-16	S-16.1，S-16.2	L-16.1，L-16.2，L-16.3

代码的第一位字母表示应用场合：I 表示局内通信；S 表示短距离局间通信；L 表示长距离局间通信。字母横杠后的第一位表示 STM 的速率等级：如 1 表示 STM-1；16 表示 STM-16。第二个数字（小数点后的第一个数字）表示工作的波长窗口和所有光纤类型：1 和空白表示工作窗口为 1 310 nm，所用光纤类型为 G.652；2 表示工作窗口为 1 550 nm，所用光纤类型为 G.652；3 表示工作窗口为 1 550 nm，所用光纤类型为 G.653。

3）光接口参数

SDH 网络系统的光接口位置示意图如图 2-2-11 所示。

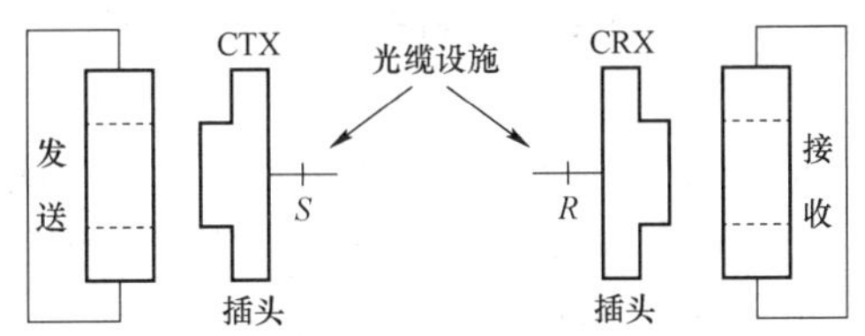

图 2-2-11 SDH 网络系统的光接口位置示意图

图 2-2-11 中 *S* 点是紧挨着发送机（TX）的活动连接器（CTX）后的参考点，*R* 是紧挨着接收机（RX）的活动连接器（CRX）前的参考点，光接口的参数可以分为三大类：参考点 *S* 处的发送机光参数、参考点 *R* 处的接收机光参数和 *S*—*R* 点之间的光参数。在规范参数的指标时，均规范为最坏值，即在极端的（最坏的）光通道衰减和色散条件下，仍然要满足每个再生段（光缆段）的误码率不大于 1×10^{-10} 的要求。

（1）光线路码型

SDH 系统的线路码型采用加扰的 NRZ 码，线路信号速率等于标准 STM-*N* 信号速率。

ITU-T 规范了对 NRZ 码的加扰方式，采用标准的 7 级扰码器，扰码生成多项式为 $1+X^6+X^7$，扰码序列长为 $2^7-1=127$（位）。这种方式的优点是：码型最简单，不增加线路信号速率，没有光功率代价，无须编码，发端需一个扰码器即可；收端采用同样标准的解扰器即可接收发端业务，实现多厂家设备环境的光路互连。

（2）*S* 点参数——光发送机参数

① 最大 -20 dB 带宽：单纵模激光器主要能量集中在主模，所以它的光谱宽度是按主模

的最大峰值功率跌落到 –20 dB 时的最大带宽来定义的。

② 最小边模抑制比（SMSR）：主纵模的平均光功率 P_1 与最显著的边模的平均光功率 P_2 之比的最小值，SMSR 的值应不小于 30 dB。

③ 平均发送功率：在 S 参考点处所测得的发送机发送的伪随机信号序列的平均光功率。

④ 消光比（EX1）：定义为信号“1”的平均发光功率与信号“0”的平均光功率比值的最小值。

ITU-T 规定长距离传输时，消光比为 10 dB（除了 L – 16.2），其他情况下为 8.2 dB。

（3）R 点参数——光接收机参数

① 接收灵敏度：定义为 R 点处为达到 1×10^{-10} 的 BER 值所需要的平均接收功率的最小值。一般开始使用时、正常温度条件下的接收机，与寿命终了时、处于最恶劣温度条件下的接收机相比，灵敏度余度为 2～4 dB。一般情况下，对设备灵敏度的实测值要比指标最小要求值（最坏值）大 3 dB 左右（灵敏度余度）。

② 接收过载功率：定义为在 R 点处为达到 1×10^{-10} 的 BER 值所需要的平均接收光功率的最大值。当接收光功率高于接收灵敏度时，由于信噪比的改善使 BER 变小，但随着光接收功率的继续增加，接收机进入非线性工作区，反而会使 BER 下降。

6. MSTP（多业务传送平台）

不断增长的 IP 数据、话音、图像等多种业务传送需求，使得用户接入及驻地网的宽带化技术迅速普及起来，同时也促进了传输骨干网的大规模建设。由于业务的传送环境发生了巨大变化，原先以承载话音为主要目的的城域网在容量及接口能力上都已经无法满足业务传输与汇聚的要求，于是，MSTP（多业务传送平台）技术应运而生。

1）MSTP 简要介绍

MSTP 是指，基于 SDH 的多业务传送平台同时实现 TDM、ATM、以太网等业务的接入、处理和传送，提供统一网管的多业务节点。基于 SDH 的多业务传送节点除应具有标准 SDH 传送节点所具有的功能外，还具有以下主要功能特征：

① 具有 TDM 业务、ATM 业务或以太网业务的接入功能；

② 具有 TDM 业务、ATM 业务或以太网业务的传送功能包括点到点的透明传送功能；

③ 具有 ATM 业务或以太网业务的带宽统计复用功能；

④ 具有 ATM 业务或以太网业务映射到 SDH 虚容器的指配功能。

基于 SDH 的多业务传送节点可根据网络需求应用在传送网的接入层、汇聚层。

城域网是当前电信运营商争夺的焦点，目前城域网组网技术种类繁多，大致包括基于 SDH 结构的城域网、基于以太网结构的城域网、基于 ATM 结构的城域网和基于 DWDM 结构的城域网。其实，SDH、ATM、Ethernet、WDM 等各种技术也都在不断吸取其他技术的长处，互相取长补短，既要实现快速传输，又要满足多业务承载，还要提供电信级的 QoS，各种城域网技术之间表现出一种融合的趋势。

2）MSTP 工作原理简介

MSTP 可以将传统的 SDH 复用器、数字交叉链接器（DXC）、WDM 终端、网络二层交换机和 IP 边缘路由器等多个独立的设备集成于一个网络设备，即基于 SDH 技术的多业务传送平台（MSTP），进行统一控制和管理。基于 SDH 的 MSTP 最适合作为网络边缘的融合节点支持混合型业务，特别是以 TDM 业务为主的混合业务。它不仅适宜于缺乏网络基础设施的新运营商，应用于局间或 POP 间，还适宜于大企事业用户驻地。而且即便对于已敷设了大量 SDH 网的运营公司，以 SDH 为基础的多业务平台可以更有效地支持分组数据业务，有助于实现从电路交换网向分组网的过渡。所以，它将成为城域网近期的主流技术之一。

这就要求 SDH 必须从传送网转变为传送网和业务网一体化的多业务平台，即融合的多业务节点。MSTP 的实现基础是充分利用 SDH 技术对传输业务数据流提供保护恢复能力和较小的延时性能，并对网络业务支撑层加以改造，以适应多业务应用，实现对二层、三层的数据智能支持。即将传送节点与各种业务节点融合在一起，构成业务层和传送层一体化的 SDH 业务节点，即融合的网络节点或多业务节点，主要定位于网络边缘。

3）MSTP 主要特点

① 业务的带宽灵活配置，MSTP 上提供的 10/100/1 000 Mbps 系列接口，通过 VC 的捆绑可以满足各种用户的需求。

② 可以根据业务的需要，工作在端口组方式和 VLAN 方式。

- 端口组方式：单板上全部的系统和用户端口均在一个端口组内。这种方式只能应用于点对点对开的业务。换句话说，也就是任何一个用户端口和任何一个系统端口（因为只有一个方向，所以没有必要启动所有的系统端口，一个就足够了）被启用了，网线插在任何一个启用的用户端口上，那个用户口就享有了所有带宽，业务就可以开通。
- VLAN 方式：分为接入模式和干线模式。其中的接入模式，如果不设定 VLAN ID，则端口处于端口组的工作方式下，单板上全部的系统和用户端口均在一个端口组内；如果设定了 VLAN ID，需要设定“端口 VLAN 标记”。这是因为交换芯片会为收到的数据包增加 VLAN ID，然后通过系统端口经由光纤发到同样 VLAN ID 的端口上。比如某个用户口 VLAN ID 为 2，则对应站点的用户端口的 VLAN ID 也应该设定为 2。这种模式可以应用于多个方向的 MSTP 业务，这时每个方向的端口都要设置不同的 VLAN ID，然后把该方向的用户端口和系统端口放置到一个虚拟网桥中（该虚拟网桥的 VLAN ID 必须与“端口 VLAN 标记”一样）。

③ 可以工作在全双工、半双工和自适应模式下，具备 MAC 地址自学习功能。

④ QoS 设置。

QoS 实际上限制端口的发送，原理是发送端口根据业务优先级上有许多发送队列，根据 QoS 的配置和一定的算法完成各类优先级业务的发送。因此，当一个端口可能发送来自多个来源的业务，而且总的流量可能超过发送端口的发送带宽时，可以设置端口的 QoS 能力，并相应地设置各种业务的优先级配置。当 QoS 不作配置时，带宽平均分配，多个来源的业务尽力传输。

QoS 的配置就是规定各端口在共享同一带宽时的优先级及所占用带宽的额度。

⑤ 对每个客户独立运行生成树协议。

4）MSTP 主要优势

① 现阶段大量用户的需求还是固定带宽专线，主要是 2 Mbps、10/100 Mbps、34 Mbps、155 Mbps。对于这些专线业务，大致可以划分为固定带宽业务和可变带宽业务。对于固定带宽业务，MSTP 设备从 SDH 集成了优秀的承载、调度能力，对于可变带宽业务，可以直接在 MSTP 设备上提供端到端透明传输通道，充分保证服务质量，充分利用 MSTP 的二层交换和

统计复用功能共享带宽，节约成本，同时使用其中的 VLAN 划分功能隔离数据，用不同的业务质量等级（QoS）来保障重点用户的服务质量。

② 在城域汇聚层，实现企业网络边缘节点到中心节点的业务汇聚，具有节点多、端口种类多、用户连接分散和较多端口数量等特点。采用 MSTP 组网，可以实现 IP 路由设备 10/100/1 000 Mbps POS 和 2 Mbps/FR 业务的汇聚或直接接入，支持业务汇聚调度，综合承载，具有良好的生存性。根据不同的网络容量需求，可以选择不同速率等级的 MSTP 设备。

5）MSTP 关键技术

MSTP 技术源于 SDH，是在传统的 SDH 设备上增加了以太网和 ATM 业务的接入、处理、传送能力，并提供统一网管的多业务节点。它既继承了 SDH 稳定、可靠的特性，又融合了数据网灵活、多样的业务处理能力。MSTP 的关键技术主要有以下几项。

（1）级联

VC 级联的概念是在 ITU-T G.707 中定义的，分为相邻级联和虚级联两种。相邻级联指 SDH 中用来承载以太网业务的各个 VC 在 SDH 的帧结构中是连续的，共用相同的通道开销（POH）；虚级联指 SDH 中用来承载以太网业务的各个 VC 在 SDH 的帧结构中是独立的，其位置可以灵活处理。

（2）通用成帧规程 GFP

GFP 是 ITU-T G.7041 定义的一种链路层标准，是一种对于以帧为单位组织的数据业务的简单有效的封装方式，它既可以在字节同步的链路中传送长度可变的数据包，又可以传送固定长度的数据块，是一种简单而又灵活的数据适配方法。GFP 采用了与 ATM 技术相似的帧定界方式，可以透明地封装各种数据信号，利于多厂商设备互联互通。

（3）链路容量调整机制 LCAS

LCAS 可以在不中断数据流的情况下动态调整虚级联个数，它所提供的是平滑地改变传送网中虚级联信号带宽以自动适应业务带宽需求的方法。LCAS 可以将有效净负荷自动映射到可用的 VC 上，从而实现带宽的连续调整，不仅提高了带宽指配速度，对业务无损伤，而且当系统出现故障时，可以动态调整系统带宽，无须人工介入，在保证服务质量的前提下，使网络利用率得到显著提高。

（4）多协议标签交换 MPLS

MPLS 是一种多协议标签交换标准协议，它将第三层技术（如 IP 路由等）与第二层技术（如 ATM、帧中继等）有机地结合起来，从而使得在同一个网络上既能提供点到点传送，又能提供多点传送；既能提供原来以太网的服务，又能提供具有很高 QoS 要求的实时交换服务。MPLS 技术使用标签对上层数据进行统一封装，从而实现了用 SDH 承载不同类型的数据包。基于 MPLS 的 MSTP 设备不但能够实现端到端的流量控制，而且还具有公平的接入机制与合理的带宽动态分配机制，能够提供独特的端到端业务 QoS 功能。通过嵌入二层 MPLS 技术，允许不同的用户使用同样的 VLAN ID，从根本上解决了 VLAN 地址空间的限制。此外，由于 MPLS 中采用标签机制，路由的计算可以基于以太网拓扑，大大减少了路由设备的数量和复杂度，从整体上优化了以太网数据在 MSTP 中的传输效率，达到了网络资源的最优化配置和最优化使用。

6）MSTP 应用

MSTP 技术在现有城域传输网络中备受关注，得到了规模应用，并且即将作为业界的一项行业标准而发布。它的技术优势与其他技术相比在于：解决了 SDH 技术对于数据业务承载效率不高的问题；解决了 ATM/IP 对于 TDM 业务承载效率低、成本高的问题；解决了 IP QoS 不高的问题；解决了 RPR 技术组网限制问题，实现双重保护，提高了业务安全系数；增强了数据业务的网络概念，提高了网络监测、维护能力；降低了业务选型风险；实现了降低投资、统一建网、按需建设的组网优势；适应全业务竞争需求，快速提供业务。

MSTP 使传输网络由配套网络发展为具有独立运营价值的带宽运营网络，利用自身成熟的技术优势提供质高价廉的带宽资源，满足城域带宽需求。由于自身多业务的特性，利用 B-ADM 设备构建的城域传输网可以根据用户的要求提供种类丰富的带宽服务内容，MSTP 技术体制下的 B-ADM 设备在网络调度、设备等一些方面融入运营理念、智能特性，实现业务的方便、快捷的建立，从而进一步保证带宽运营的可实施性，满足市场对于城域传输网络的需求。

综上所述，由于 MSTP 广泛应用于城域传输网络，激发了城域传输网络的活力，带给运营商更大的利益空间。各大设备供应商也在不断地针对 MSTP 进行研究与开发，MSTP 的内涵也在逐步得到丰富。

7. RPR 技术

1）RPR 产生背景

随着 IP 技术的发展，数据业务逐渐成为主要的通信业务，这对城域网（MAN）和广域网（WAN）都提出了更高的带宽要求。在网络的骨干层，随着 DWDM 技术的普遍应用，骨干带宽已经解决；在网络的接入层，FE 技术正得到大规模推广，GE 接入需求也在增加。网络中承上启下的城域网则成为主要瓶颈，正在成长为新的竞争焦点。

城域网具有业务种类多、业务调度转移多、业务流量变化大等特点，应用技术呈现多样化需求，具有通信网中最复杂的使用环境，需要在提供更高带宽的同时适应分组交换的突发特性，提高城域网的带宽利用率，降低每比特数据流的成本。目前主要的解决方案有基于 SDH、基于 ATM、基于以太网等。ATM 技术已成功地应用于城域网，主要优点是网络可靠性高，有 QoS 保证；但是其技术复杂、价格昂贵，而且灵活性较差（二层业务映射进物理层时仍然是静态带宽分配），不能满足数据业务对带宽的动态需求。以太网技术在局域网中得到了广泛应用，走的是低价、简单的技术路线，易于扩容、动态带宽共享；但是缺乏独立自主的 QoS、网络恢复与保护和网管机制，不能满足城域网的性能和可靠性要求。结合传统 SDH 网络和分组网络的优势，确保对每个业务流提供服务质量保证，并具有高带宽利用率特性、高可靠性的解决方案应运而生，RPR 就是在这样的背景下提出的，并很快受到了多个国际化标准组织、研究机构和网络设备厂商的重视。

弹性分组环 RPR 是一种新的 MAC 层协议，是为优化数据包传输而提出的，目的是建立传输媒质带宽公平共享的以太城域网标准。RPR 技术结合了以太网带宽使用效率高、多业务接入和光网络带宽大、自愈能力强的优点，具有双环结构、空间复用机制、灵活的业务带宽颗粒、带宽动态共享和分配、统计复用、支持业务级别、自动识别网络拓扑结构、基于源路由的保护倒换等主要特点。RPR 环网拓扑如图 2－2－12 所示。

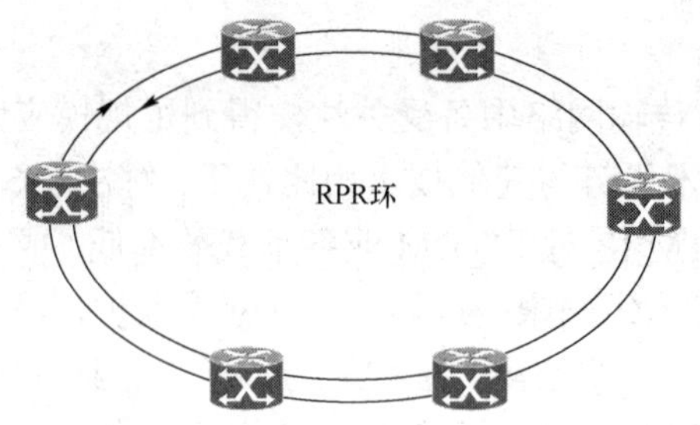

图 2-2-12　RPR 环网拓扑

2）RPR 技术优势

（1）高效的带宽使用策略

RPR 采用双环结构，并通过下列技术保证了带宽的高效使用。

① 空间复用技术：空间复用技术是 RPR 关键技术，通过目的节点剥离技术实现了在非重叠段复用带宽［出于可靠性考虑，还有源节点剥离和基于 TTL（生存时间）的剥离，有效避免了无效帧在环上死循环占用带宽］。

② 双环同时工作：SDH 需要保留相应的保护带宽，RPR 的双环同时用来传输数据和控制信息，并互为备份和保护，控制帧优先于数据帧发送，同时也会根据业务级别进行整形处理。

③ 带宽统计复用和动态争用：将业务进行优先级划分，并依此划分了保留带宽、可回收带宽和争用带宽，通过对可回收带宽的争用和非重叠段争用带宽的复用，实现了带宽的统计复用和动态争用。

（2）接入控制与全网公平机制

对于 RPR 环带宽的统计复用部分，管理和控制是分布式的，通过权重划分、按业务类别整形、双缓冲队列和拥塞指示控制等多方面技术，以及相应的公平算法和调速策略（包括优化带宽利用率和优化速率稳定性两种，其中优化速率稳定性的调速方法平滑了调速过程），保证了低优先级业务的带宽公平接入，并根据业务优先等级的划分［classA、classA1、classB（CIR、EIR）、classC］，保证了不同等级的 QoS（CoS），每个环都支持独立的公平操作。

（3）强大的保护和恢复能力

双环拓扑和分布式管理控制保证了当光纤中断或站点故障时改变路径进行保护，并通过设置站点穿通（根据站点硬件检测结果可选择设置穿通模式，穿通模式不影响环拓扑）或保护，将影响降到最低限度，保护有环回和源路由保护两种方式：环回保护方式（wrapping）是可选方式，响应时间短，有效减少了故障发生时的帧丢失；源路由保护方式（steering）是所有站点都默认支持的方式，可有效改善环带宽的使用效率，实现最佳路径传送，但响应时间较长（需要在拓扑稳定后根据新的拓扑决定新路由），故一般采用先环回后源路由的两步保护（华为公司专利技术），服务中断时间不大于 50 ms。在保护切换过程中，RPR 会按照业务流的不同服务等级决定倒换次序和带宽分配策略，实现多等级可靠的 QoS 服务。

（4）即插即用

自动拓扑发现、环保护信息和站容量信息的定期发布使系统能自动调度，无须手动干预。包括环初始化、环站点插入、移去或重选路由、保护切换等操作，都能实现自动配置。

（5）支持单播、多播和广播

多播帧、广播帧在环上传输，站点只需简单的转发，环上只需传送一个拷贝并采用源站点剥离，避免了向 SDH 的多点进行拷贝而带来的带宽浪费和广播风暴问题。

3）内嵌 RPR 技术及其应用

目前，RPR 技术在城域传送网中的应用方式可分为两种。

① 内嵌 RPR：基于 SDH 内嵌 RPR 的 MSTP 设备。

② 纯 RPR：基于分组传送技术的 RPR 设备。

内嵌 RPR 的 MSTP 方案在帧结构与光接口上仍然采用 SDH 的标准，在用户侧提供以太网接口 FE/GE，通过以太网业务处理后（包括透传、二层、L2VPN 等功能处理）适配到 RPR MAC，利用 RPR 核心技术处理多级 CoS、拓扑发现、环保护、公平算法和 OAM 管理等项功能，并通过 GFP/LAPS 等封装协议将 RPR MAC 数据映射到 SDH 的 VC 通道中，还可使用虚级联和 LCAS 协议提供多路径传输、带宽动态调整保护和灵活的带宽扩展。内嵌 RPR 方案的效率略低于纯 RPR 方案（多了 SDH 开销），但具有对多种业务的支持，对 SDH 设备的无缝兼容并拥有 SDH 的电信级可靠性，可利用已有 SDH 资源保护用户投资，更可利用现有的网络建设，组成大规模复杂网络，基本不受地域和网络拓扑的限制；还可将 SDH 固有的多种保护机制和 RPR 保护机制结合一起构成业务的双重保护机制，当 SDH 保护失败时，才启动 RPR 保护，大大保证了业务保护的可靠性。总的来说，将 RPR 业务在 SDH 上传送，其组网能力、保护能力都有很大提高，并能通过使用现有的 SDH 网络传输，最大限度地保护运营商的已有投资，降低运营风险。

基于 SDH 的 MSTP 补充了内嵌 RPR 功能后，在业务处理速度、扩展性、CoS、保护倒换时间、带宽利用率、抑制广播风暴、拓扑自动发现等多方面都具有较强的优势，特别是具有了环路带宽的公平分配机制，克服了生成树（STP）的固有缺陷，内嵌 RPR 作为 MSTP 的补充正成为 MSTP 技术的新亮点。

内嵌 RPR 的 MSTP 设备相比纯 RPR 设备的优势：MSTP 可以通过 SDH 提供高效、优质的 TDM 业务服务；利用 SDH 固有的多种保护机制和 RPR 保护机制可构成双重保护，优先启用 SDH 保护时可避免 RPR 倒换带来的带宽下降；带宽可动态调整，根据业务容量增长而增加环网带宽，真正做到带宽可运营；保证了用户的前期投资，对用户的网络不会带来任何冲击，提高了稳定性，并且在组网能力方面有了较大提升，支持大型组网的实现。

4）RPR 业务应用

（1）RPR 业务承载特点

可在现有城域网上开展以太专线业务和 VPN 业务等；在有 QoS 保证的前提下改善业务的带宽共享和公平竞争。

（2）RPR 业务分类服务

对 QoS 有较高要求的业务，如 VOIP、电视会议、可视电话、视频点播、远程教育等通过设置较高的业务优先级提供较好的带宽保证和服务保证，也可结合 MSTP 共同实现。

对于 QoS 要求较低的 Internet 上网业务、E－mail、FTP 等，设置为较低优先级，提供较好的带宽共享和竞争机制，而且考虑将不同时段使用网络的用户配置在相同的环上，方便分时使用可以达到更好的服务和资源利用。

（3）在不同网络层中使用 RPR 业务的策略

在城域网核心层的业务已经经过了汇聚和带宽收敛，主要使用点对点的透传方式，在带宽紧张时可以考虑采用内嵌式 RPR 作为补充解决方案。

在城域网汇聚层主要是环状网拓扑，使用 RPR 能同时满足 QoS 和带宽资源利用率，在 CoS 的保证前提下有效改善带宽动态复用，解决数据业务流量突发问题和带宽统计复用问题。

在城域网接入层，需要兼顾成本和性能，尤其是比较光纤通道和 RPR 环网附加成本，有选择地使用 RPR 技术。

2.2.2 传输系统在城市轨道交通中的应用举例

1. 概述

传输系统是通信系统中最重要的骨干系统，是一个基于光纤的宽带综合业务数字传输网络，为各种业务信息提供传输通道（包括透明通道），构成传送语言、文字、数据和图像等各种信息的综合业务传输网。哈尔滨地铁 1 号线一、二期工程光传输系统容量为 2.5 Gbps。

传输系统应该具备各种业务接入功能，为其他通信子系统和列车自动监控（ATS）、自动售检票（AFC）、FAS、BAS、电力监控及其他系统提供可靠的、冗余的、可重构的、灵活的信息传输及交换信道。

传输子系统具有集中维护管理功能，采用简明、直观的维护管理界面和系统安全机制，监视每个传输节点主要模块和用户接口模块的工作状态，可提供声光报警和打印告警数据。在控制中心配置网管设备，能够提供完善的网络管理系统。

哈尔滨地铁 1 号线一、二期工程传输系统利用分别敷设在上下行线路内的两条光缆内的光纤进行组网。光纤采用 ITU-T G.652 D 单模光纤，工作波长为 1 310 nm 和 1 550 nm 双窗口波长。光缆在各车站、控制中心、车辆段、停车场均环引入综合弱电设备室/通信设备室，对光缆进行合理的配盘，在沿线区间无光缆接头。

传输系统具备各种业务接入功能，为以下各系统提供传输通道：公务电话、专用电话、无线通信、广播、时钟、闭路电视监视、通信电源设备监控（UPS）、OA、乘客信息系统、信号系统、AFC 自动售检票、电力监控、防灾报警、设备监控。

2. 系统构成

哈尔滨地铁 1 号线一、二期工程传输系统采用光纤数字环路网络结构，系统的组网原则如下：传输网络无单节点失效；传输网络中某一节点失效不影响全线其他各节点之间的业务通道通信，不影响其他系统的业务切换，切换时间不超过 50 ms。

1）网络结构

哈尔滨地铁 1 号线一、二期工程采用智能 MSTP（多业务传送平台）光传输设备来构建哈尔滨地铁 1 号线一、二期工程的专用通信光传输系统。

在全线 18 个车站、1 个控制中心、1 个停车场、1 个车辆段设置传输节点设备，利用隧道内敷设的 2 根光缆，组成 2 个 2.5 Gbps 四纤复用段保护环，2 个环在控制中心相切。

哈尔滨地铁 1 号线一、二期工程传输网络在控制中心、车辆段、停车场及各车站设置相应的网络节点，通过光线路进行邻站相连，构成 2 个 2.5 Gbps 四纤复用段保护环网。在主用光接口或光纤出现故障时，可以方便地自动切换到备用通路上。

在控制中心配置 1 套 OptiX OSN 3500 型智能 MSTP 设备和 1 套 iManager T2000 光传输系统网管。

在车站、停车场及车辆段配置 1 套 OptiX OSN 3500 Ⅱ 型智能 MSTP 设备。组网结构图如图 2－2－13 所示。

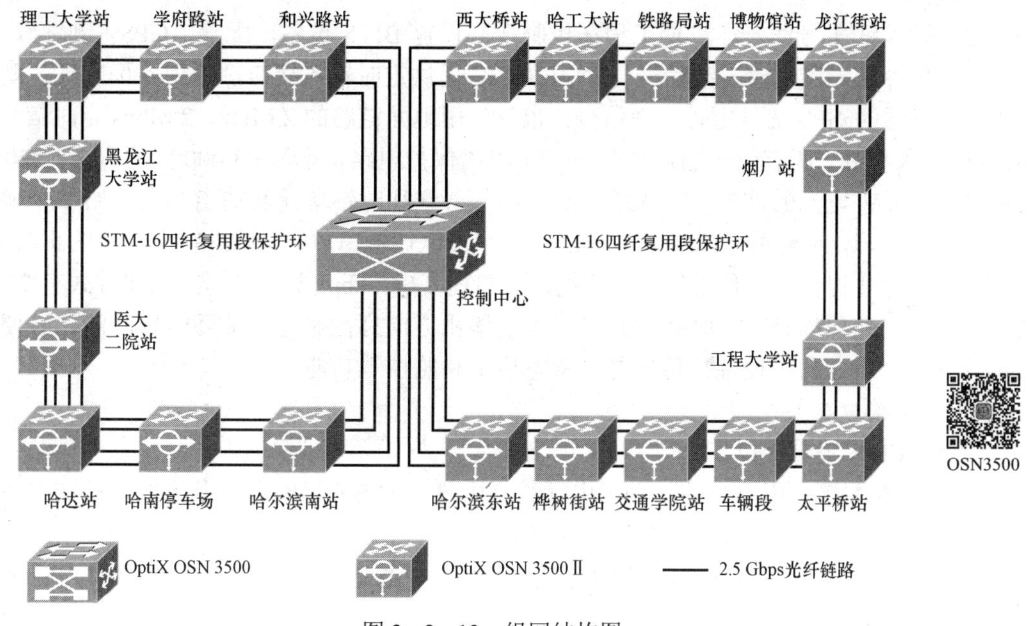

图 2－2－13　组网结构图

2）勤务电话

哈尔滨地铁 1 号线一、二期工程在 21 个站点的光传输设备上各配置了一套勤务电话，用于调试、维护人员相互联络，勤务电话采用普通的音频二线用户接口，在光传输系统中占用 RSOH 的 E1 字节传送。

勤务电话的号码设置根据实际需求可由传输网管设置号码位数，从而给各站的勤务电话分配号码地址。勤务电话连接在光传输设备上，当需要进行通话时，只需拨打车站的电话预先设定的电话号码，即可进行语音通话。

勤务电话具有选址呼叫、群址呼叫能力，接口符合 ITU-T 建议 64 kbps G.703 同向型接口规范。

3）系统同步

哈尔滨地铁 1 号线一、二期工程配置的 OSN 光传输设备均配备两个 2 048 kbps 的外同步时钟输入接口，接口特性符合 ITU-T 建议 G.703 的要求；同时具有从 STM-*N* 信号中恢复定时的能力。最小频率牵引范围和失步范围均为 $\pm 4.6\times 10^{-6}$。

当选定的定时基准丢失后，OSN 光传输设备均能自动地转换至另一定时基准输入。如果没有任何定时基准可用，时钟进入保持模式，其稳定度在 24 小时内不劣于 0.37×10^{-6}。

OSN 光传输设备内部定时源：再生器最大频偏为 $\pm 20\times 10^{-6}$。ADM 最大频偏为 $\pm 4.6\times 10^{-6}$（测试时间不少于一个月）。

OSN 光传输设备具备定时基准的自动恢复和手动恢复能力。存在定时情况下，自动恢复可在 10～20 s 范围内切回。

SYNLOCK 能与 SDH 全面对接，具备 2 048 kbps 输入信号的 SSM 信息提取、识别和应用控制功能；具备 2 048 kbps 输出信号的 SSM 信息插入、AIS 告警功能；对 2 048 kHz 信号具备独立的端口阻塞和开启功能；加上优良的 GPS 定时跟踪配置，更能有效灵活地给 SDH 提供定时和同步组网。

哈尔滨地铁 1 号线一、二期工程在控制中心设置 BITS 设备，配置“GPS＋铷钟”，向传输系统提供标准同步定时基准信号。SYNLOCK 提供定时输入接口，采用备份方式，既可以使用内部直通的 GPS 信号定时参考信号，也可使用地面链路的 2 MHz、2 Mbps 定时信号，具有 75 Ω 输入方式。所有输入端口均具有完全隔离保护电路，能防＋3 000 V 的雷击、220 V 交流市电或–48 V 电源的冲击。输入单元将基准信号送往时钟单元和输出单元，如 2 个输入单元同时发生故障，时钟单元能将定时基准信号直接送往输出单元，以维持网同步的正常运行。

网同步设备提供定时信号输出，可提供大量的 2 048 kbps 类型信号。匹配方式有 75 Ω 方式，所有输出端口均具有实时在线故障监测、输出方向标注和通道故障告警功能，方便维护人员管理和使用。同步设备具备告警、状态显示和监控等功能。

4）系统接口类型

（1）2 Mbps 数字接口

2 Mbps 数字接口用于公务、专用电话数字中继、PABX 局间中继及无线基站链路等。通道类别为点对点方式，接口类型为 G.703 75 Ω。

各车站、停车场及车辆段配置的无线 2 Mbps 中继通道均点对点至控制中心的集群交换机。

部分车站公务电话 2 Mbps 通道为车站点对点至车辆段，其他 2 Mbps 通道由各车站、车辆段/停车场分别点对点至控制中心。

（2）以太网接口（10/100 M 口、GE 口）

以太网接口（10/100 M 口、GE 口）用于专用通信、广播、时钟等其他系统以及其他专业以太网业务使用。

5）网管系统集成方案

哈尔滨地铁 1 号线一、二期工程在控制中心设置集中网管系统及设备，采用简明、直观的维护管理界面和系统安全机制，传输系统可通过本地管理接口和 OCC 网管终端相连。通过网管操作，可方便对节点、传输通道进行配置和管理，监视每个传输节点主要模块和用户接口模块的工作及运用状态，可提供声光报警功能和告警信号数据输出。

哈尔滨地铁 1 号线一、二期工程采用 iManager T2000 型产品作为 MSTP 系统网管，iManager T2000 可以统一管理 OptiX 系列光传输设备，包括同步数字体系（SDH）、同步光纤网络（SONET）和波分复用（WDM）。

网管设备提供 CLI 管理，支持终端、Telnet 和拨号登陆方式，并提供所需设备。

6）联网需求

哈尔滨地铁 1 号线一、二期工程将来能够通过标准接口与其他轨道交通线路设备进行联网。

可根据与其他城市轨道交通线路的信息交互的业务量以及哈尔滨市整体轨道交通通信系统的规划来设置哈尔滨地铁 1 号线与其他城市轨道交通线路或指挥中心的联网速率，可以通过 STM-1、STM-4、STM-16、STM-64 等多种等级速率的光口进行对接，并提供通道。

由于哈尔滨地铁 1 号线一、二期工程采用具有国际标准的智能 MSTP 传输设备，可通过国际标准的通用的光口与城市轨道交通其他线路的传输系统进行互联，同时也可实现与不同厂家传输设备通过国际标准的光口进行对接。

7）组网结构

哈尔滨地铁 1 号线一、二期工程采用 MSTP（内嵌 RPR）的传输技术来构建光传输系统。全线共 21 个通信节点，SDH 环网的组网方式为以控制中心为核心，组成两个 2.5 Gbps 四纤复用段保护环。

全线 18 个车站、1 个控制中心、1 个停车场、1 个车辆段设置传输设备，利用隧道内敷设的两根光缆，组成两个 2.5 Gbps 四纤复用段保护环，两个环在控制中心相切。在主用光接口或光纤出现故障时，可以方便地自动切换到备用通路上。

采用内嵌 RPR（弹性分组环）四纤复用段保护环的工作方式，环网的传输速率为 2.5 Gbps，其中 RPR 环网组网依照业务的实际需求，组成了 RPR 逻辑环网，提高了承载业务的可靠性。

当 RPR 处理提供的业务板发生故障时，RPR 会自动启动保护倒换，保证 RPR 通道内的各种业务不受影响，从而实现比传统 MSTP 设备更高级别的安全性和稳定性。

当光纤线路发生故障中断时，MSTP 设备首先进行光缆层的保护倒换，对各种业务没有影响；若此时 MSTP 设备的保护失效，则 RPR 业务设备会启动保护支持，保护 RPR 层面内提供的以太网业务，从而实现对专用通信系统中各种业务的双重保护。

8）设备组成

控制中心的 OSN 3500 设备以 8 个 2.5 Gbps 的线路光接口分别连接 8 个方向（四纤环）的站点，其余站点的设备以 4 个 2.5 Gbps 的线路光接口分别连接两个方向的站点，从而构成了以控制中心为切点的两个相切的 2.5 Gbps 的四纤通道自愈环。

各站点的光传输设备均对重要板件如主控板、交叉时钟板、电源板等都进行了“1+1”热备份配置。

在控制中心配置 OptiX OSN 3500 智能 MSTP 设备以及 iManager T2000 光传输网管系统等。

车站、停车场、车辆段设备配置都是 OptiX OSN 3500 Ⅱ 智能 MSTP 设备。

9）接口要求

（1）与专用无线通信系统接口

传输系统在控制中心、车站、车辆段等为专用无线通信系统提供 E1 接口。接口类型为 L9－75 Ω－直式/插头－公；使用 75 Ω 射频同轴线缆。

接口数量：控制中心 24 个，车辆段、停车场 3 个，每车站 1 个。

传输系统与专用无线通信系统 E1 接口界面如图 2－2－14 所示。

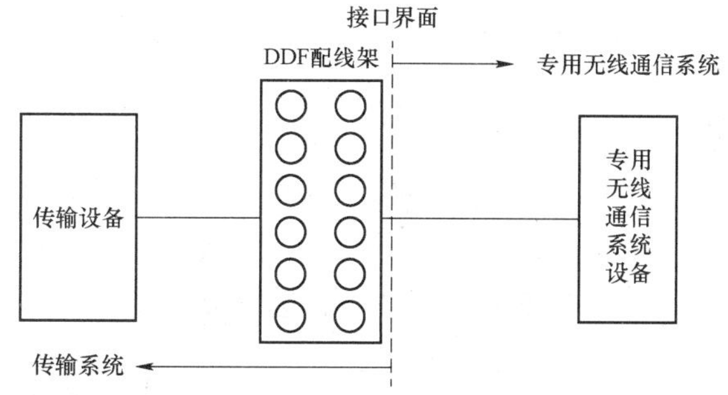

图 2－2－14　传输系统与专用无线通信系统 E1 接口界面

传输系统在控制中心、车辆段等为专用无线通信系统提供 10/100 M 以太网接口。接口类型为 RJ-45；使用 UTP 线缆；接口数量为控制中心 2 个，车辆段、停车场 2 个。

传输系统与专用无线通信系统以太网接口界面如图 2－2－15 所示。

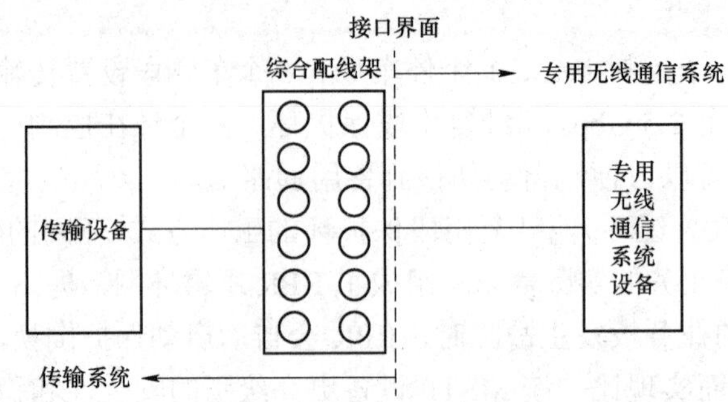

图 2－2－15　传输系统与专用无线通信系统以太网接口界面

（2）与专用电话系统接口

传输系统在控制中心、车站、车辆段等为专用电话系统提供 E1 接口。接口类型为 L9－75 Ω－直式/插头－公；使用 75 Ω 射频同轴线缆。

接口数量：控制中心 20 个，车辆段 3 个，停车场 2 个，农科院 4 个，太平桥 4 个，交通学院 4 个，哈尔滨南站 2 个，哈尔滨东站 2 个，其余车站 3 个。传输系统与专用电话系统 E1 接口界面如图 2－2－16 所示。

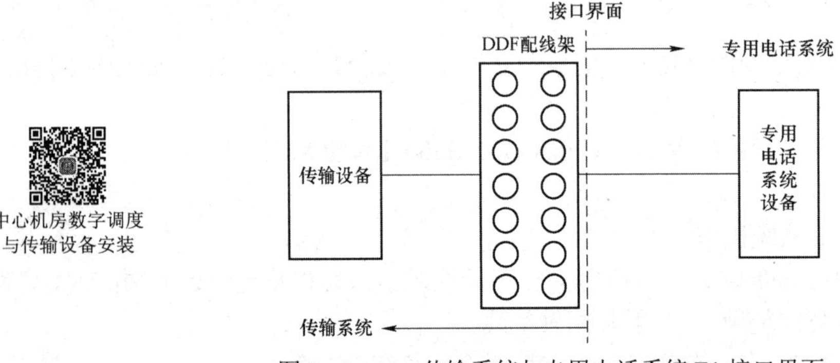

图 2－2－16　传输系统与专用电话系统 E1 接口界面

传输系统在控制中心、车辆段、停车场及各车站为专用电话系统提供 10/100 M 以太网接口。接口类型为 RJ-45；使用 UTP 线缆；接口数量为控制中心、车辆段、停车场、各车站分别 1 个。接口界面划分在综合配线架处。

（3）与广播系统接口

传输系统在控制中心、各车站、车辆段及停车场等为广播系统提供 10/100 M 以太网接口，用于实现车站、车辆段及停车场广播系统与控制中心广播系统间网管信息的传输。接口类型为 RJ-45；使用 UTP 线缆；接口数量为控制中心、车辆段、停车场、各车站分别 1 个。接口界面划分在综合配线架处。

（4）与公务电话网管接口

传输系统在控制中心、车站、车辆段及停车场等为公务电话系统提供 E1 接口。接口类型为 L9－75 Ω－直式/插头－公；使用 75 Ω 射频同轴线缆；接口数量为控制中心 14 个，车辆段 13 个，停车场 1 个，每个车站 1 个。接口界面划分在 DDF 配线架处。

传输系统在控制中心、各车站、车辆段及停车场为公务电话系统提供 10/100 M 以太网接口，用于实现车站、车辆段及停车场与控制中心公务电话系统间网管信息的传输。接口类型为 RJ-45；使用 UTP 线缆；接口数量为控制中心、车辆段、停车场各 1 个，各车站分别 1 个。接口界面划分在综合配线架处。

（5）与时钟系统接口

传输系统在控制中心、各车站、车辆段及停车场为时钟系统提供 10/100 M 以太网接口，用于实现车站、车辆段、停车场与控制中心时钟系统间网管信息的传输。接口类型为 RJ-45；使用 UTP 线缆；接口数量为控制中心、车辆段、停车场、各车站分别 1 个。接口界面划分在综合配线架处。

（6）与闭路电视监控系统接口

传输系统在控制中心、各车站、车辆段、停车场等为闭路电视监控系统提供 10/100 M 以太网接口，用于实现车站与控制中心系统网管信息的传输。接口类型为 RJ-45；使用 UTP 线缆；接口数量为控制中心、停车场、车辆段、各车站分别 1 个。接口界面划分在综合配线架处。

传输系统在控制中心、各车站、车辆段、停车场等为闭路电视监控系统提供 1 000 M 以太网接口，用于实现车站、车辆段、停车场与控制中心系统间图像信号、录像调用图像的传输。接口类型为 FC/PC 多模光口；使用尾纤线缆；接口数量为控制中心、停车场、车辆段、各车站分别 2 个。接口界面划分在综合配线架处。

（7）与集中告警系统接口

传输系统在控制中心、车辆段为集中告警提供 10/100 M 以太网接口。接口类型为 RJ-45；使用 UTP 线缆；接口数量为控制中心、车辆段分别 1 个。接口界面划分在综合配线架处。

（8）与电源系统接口

传输系统在控制中心、各车站、车辆段、停车场等为电源系统提供 10/100 M 以太网接口，用于实现车站、车辆段、停车场与控制中心系统间网管信息的传输。接口类型为 RJ-45；使用 UTP 线缆；接口数量为控制中心、车辆段、停车场、各车站分别 1 个。接口界面划分在综合配线架处。

（9）与办公网络系统接口

传输系统在控制中心、各车站、车辆段、停车场为办公网络系统提供 1 000 M 以太网光接口，用于实现车站、车辆段、停车场与控制中心系统间网管信息的传输。接口类型为 FC/PC 多模光口；使用光纤传输线缆；接口数量为控制中心、车辆段、停车场分别 2 个，每个车站 1 个。接口界面划分在综合配线架处。

（10）与 AFC 系统接口

传输系统在控制中心、车站、车辆段为 AFC 系统提供 10/100 M 标准以太网接口。接口类型为 RJ-45；使用 UTP 线缆；接口数量为控制中心、车辆段分别 2 个，每个车站 2 个。接口界面划分在综合配线架处。

（11）与信号系统接口

传输系统在控制中心、车站、车辆段、停车场为信号系统提供 10/100 M 标准以太网接口。

接口类型：RJ-45；使用 UTP 线缆；接口数量为控制中心、停车场分别 4 个，车辆段 5 个，每个车站 4 个。接口界面划分在综合配线架处。

（12）与乘客信息系统接口

传输系统在控制中心、车站、车辆段及停车场为乘客信息系统提供 1 000 M 标准以太网接口。接口类型为 FC/PC 多模光口；使用光纤传输线缆；接口数量为控制中心、车辆段、停车场、每个车站分别 2 个。接口界面划分在综合配线架处。

（13）与电力监控系统接口

传输系统在控制中心、车站、车辆段、停车场为电力监控系统提供 10/100 M 以太网接口。接口类型为 RJ-45；使用 UTP 线缆；接口数量为控制中心、停车场、车辆段、各车站分别 2 个。接口界面划分在综合配线架处。

（14）与杂散电流接口

传输系统在控制中心、车站、车辆段、停车场为杂散电流提供 10/100 M 以太网接口。接口类型为 RJ-45；使用 UTP 线缆；接口数量为控制中心、停车场、车辆段、各车站分别 1 个。接口界面划分在综合配线架处。

（15）与设备监控系统接口

传输系统在控制中心、车站、车辆段及停车场为设备监控系统提供 10/100 M 以太网接口。接口类型为 RJ-45；使用 UTP 线缆；接口数量为控制中心、停车场、车辆段、各车站分别 2 个。接口界面划分在综合配线架处。

（16）传输系统与防灾报警（FAS）专业接口

接口位置位于光纤配线架（ODF）外线侧输入端口处。

传输系统负责提供上下行光缆中各 6 芯光纤供 FAS 使用。将其所需光纤熔接至 ODF，FAS 设备至 ODF 外线侧的线缆及接头等由 FAS 专业提供。

3. 系统功能

1）系统保护

哈尔滨地铁 1 号线一、二期工程传输网络具有网络自愈保护倒换功能，节点设备具有自愈功能。

2）自愈功能

环路中的传输设备发生故障或电源中断或光缆断路时，传输环路可自动脱离故障设备并组成新的环路继续工作，并发出故障报警信息。网络无单节点失效。在故障排除或电源恢复时，系统能够在没有人工干预的情况下自动恢复正常工作。保护倒换时间不多于 50 ms。

3）MSTP 多业务传送

（1）内嵌 RPR

OSN 系列产品对内嵌 RPR 功能的支持，符合 YD/T 1345—2005［基于 SDH 的多业务传送节点（MSTP）技术要求——内嵌弹性分组环（RPR）功能部分］的要求。另外，还具有“Wrapping＋Steering”RPR 双重保护技术，采取“Wrapping＋Steering”两者结合的方式，先 Wrapping 后 Steering，结合两者的优点，达到最优的性能。

（2）以太网透传功能

OSN 系列 MSTP 产品支持以太网业务透传功能，即以太网接口的数据帧不经过二层交换，直接进行协议封装和速率适配后，映射到 SDH 的虚容器 VC 中，然后通过 SDH 节点进行传输。

（3）以太网二层交换功能

OSN 系列 MSTP 产品支持以太网二层交换功能，即在一个或多个用户侧以太网物理接口与一个或多个独立的系统侧的 VC 通道之间，实现基于以太网链路层的数据包交换。

（4）以太环网功能

MSTP 的以太环网功能是指在 SDH 环中分配指定的环路带宽来传送以太网业务，要求如下：

① 以太网环路的传输链路带宽可配置；

② 以太网环路带宽具有统计复用功能；

③ 以太网环路中各节点端口带宽可动态分配；

④ 以太网环路具有保护倒换功能。

（5）多方向汇聚功能

MSTP 支持以太网业务时，具有支持以太网业务的多方向汇聚的功能，最大可支持 1:48 的汇聚比。

（6）传统的 TDM 业务

传统的 TDM 业务主要指运用时分复用（TDM）技术实现语音通信业务。

传输 E1 环形通道保护中心机房调度电话连接

4）2 M 接口用途

用于 PABX 局间中继、公务/专用电话数字中继及无线基站链路等。通道类别为点对点方式，接口类型为 G.703 75 Ω。

5）以太网接口用途

用于电源网管、信号、乘客信息、AFC、CCTV、OA 等数据业务和视频业务的信息传输。

4. 系统供电及接地要求

1）系统供电

传输设备采用 –48 V 直流供电方式。单台光传输设备最大功率为 2 300 W，采用两路电源线线路备份方式工作。

2）接地要求

供电系统在控制中心、车站、车辆段的通信控制室提供接地端子，传输系统通过接地线与接地端子连接。

光传输系统各设备良好的地线设计是系统工作稳定、可靠的基础，是防雷击、抗干扰的首要保障，因此要求系统接地须遵循以下的原则：

① 设备使用工作接地、保护接地（包括屏蔽接地和配线架防雷接地）共同合用一组接地体的联合接地方式；

② 外露的金属部件均应作保护接地；

③ 接地导体必须采用铜导体，以降低高频阻抗，接地线尽量粗且短；

④ 接地引线与信号线注意不要平行走线或互相缠绕，以减少互相的干扰；

⑤ 机柜与机柜之间的地线连接线不得小于 10 mm^2；

⑥ 机柜接至防雷单元的地线连接线不得小于 25 mm^2；

⑦ 采用综合接地，接地电阻不大于 1 Ω。

3）设备防雷

OSN 设备在电源板上有防雷器件，可以有效抑制瞬间高压（如雷击）可能造成的危害。单板在电压过低时，将自动复位 CPU，软件重新初始化芯片。软件对影响业务的关键寄存器提供镜像保护，当电压不稳导致寄存器值发生变化时，能够恢复成正常值。另外，在电压过低时，电源系统会自动切断主回路电源，使系统得到保护。

2.2.3 传输系统维护

1. 传输设备日/月检

传输设备日/月检主要包括以下内容。

① 记录机房温湿度，检查机房是否存在异常（无漏水，无积水，无鼠迹，无异味，无异响）。

② 清洁机柜：要确保传输系统机柜、ODF 机柜和 DDF 机柜清洁，无灰尘。

③ 检查机柜风扇：检查机柜顶部风扇是否正常，避免因风扇停止影响散热。

④ 检查线缆连接情况：确保线缆整齐，无松动，无破损。

⑤ 单板硬件状态灯（STAT）绿色常亮。

⑥ 业务激活状态/单板主备状态指示灯（ACT）绿色常亮。

⑦ 单板软件状态灯（PROG）绿色常亮。

⑧ 业务板（EMR0、EFT8、PQ1）绿色常亮。

⑨ 交叉时钟板（CXLLN）绿色常亮。

⑩ 同步时钟状态灯（SYNC）绿色常亮。

⑪ 电源监控指示灯绿色常亮。

⑫ 以太网指示灯连接状态指示灯——LINK 绿色常亮，数据收发指示灯——ACT 橙色闪烁。

⑬ 风机盒运行状态灯（STATE）绿色常亮。

⑭ 电源指示灯（POWER）绿色常亮。

2. 传输设备年检

传输设备年检主要包括以下内容。

① 记录机房温湿度，检查机房是否存在异常（无漏水，无积水，无鼠迹，无异味，无异响）。

② 清洁机柜：要确保传输系统机柜、ODF 机柜和 DDF 机柜清洁，无灰尘。

③ 检查机柜风扇：检查机柜顶部风扇是否正常，避免因风扇停止运行影响散热。

④ 检查线缆连接及紧固情况：确保线缆整齐，无松动，无破损；OTN、ODF/DDF 架内连接线的连接紧固，对应机柜地线牢固；各类标牌字迹清晰齐全，紧固件牢固。

⑤ 单板硬件状态灯（STAT）绿色常亮。

⑥ 业务激活状态/单板主备状态指示灯（ACT）绿色常亮。

⑦ 单板软件状态灯（PROG）绿色常亮。

⑧ 业务板（EMR0、EFT8、PQ1）绿色常亮。

⑨ 交叉时钟板（CXLLN）绿色常亮。

⑩ 同步时钟状态灯（SYNC）绿色常亮。

⑪ 电源监控指示灯绿色常亮。

⑫ 以太网指示灯连接状态指示灯——LINK 绿色常亮，数据收发指示灯——ACT 橙色闪烁。

⑬ 风机盒运行状态灯（STATE）绿色常亮。

⑭ 电源指示灯（POWER）绿色常亮。

⑮ 传输主备光环路倒换测试，要求在不影响业务的情况下完成主备环倒换。

传输系统年检典型工作流程如图 2-2-17 所示。

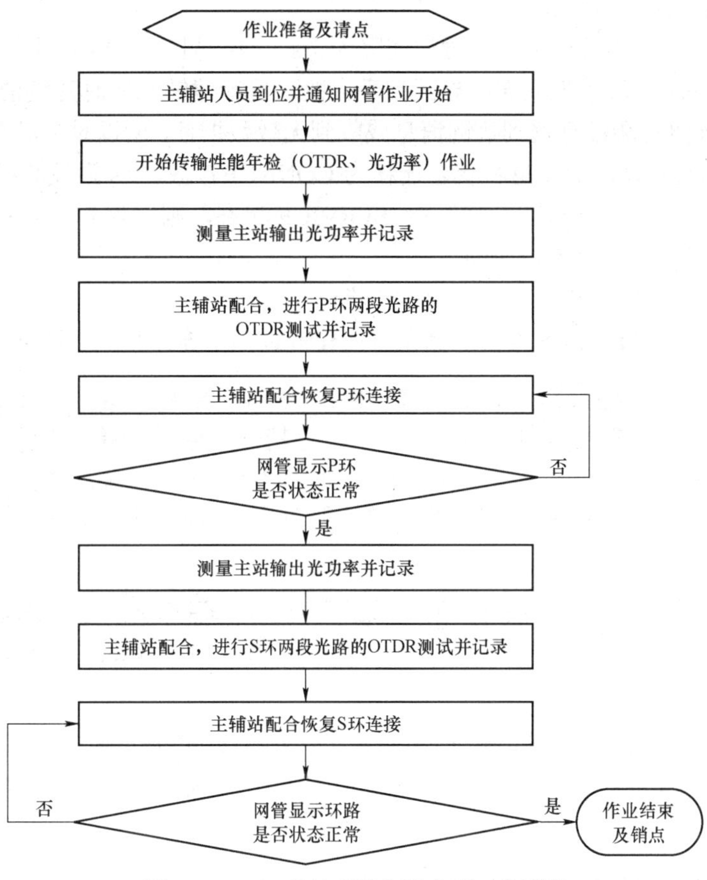

图 2-2-17　传输系统年检典型工作流程

3. 故障处理

案例　DSS1 链路故障告警

1）故障描述

某月某日某时开始，黑龙江大学站和相连的控制中心、医大二院站、理工大学站出现 DSS1 链路中断告警，各站无 E1 LOS 或 E1 远端告警，只有 DSS1 链路中断告警。

2）故障分析

查看历史告警记录，由于没有 E1 LOS 告警和 E1 远端告警，说明线路传输没有中断。而不断产生 DSS1 链路中断告警怀疑是传输误码造成。对历史告警信息进行了归类总结，共 4 种历史告警现象。

第一种，如图 2-2-18（a）所示。

类别：一对（连续两个）告警。

分析：可能握手消息（RR 帧）丢失或误码导致握手失败、重新建链。

第二种，如图 2-2-18（b）所示。

类别：单个告警，产生消失时间小于 7 s。

分析：可能握手消息丢失或误码导致握手失败、重新建链，同时建链消息丢失或误码改变为其他消息，导致对端没有收到建链消息或收到无效数据帧，所以对端没有出现 L2 链路告警。

第三种，如图 2-2-18（c）所示。

类别：单个告警，告警产生消失时间间隔为 7 s（网络侧）或 9 s（用户侧）。

分析：可能握手消息丢失或误码导致握手失败、重新建链，同时建链消息丢失或误码改变为其他消息，导致对端没有收到建链消息或收到无效数据帧，所以对端没有出现 L2 链路告警。Q921 层可能收到误码的消息将状态迁移为 CONNCET 态。9 s 后校验机制发现 Q921 状态为 CONNECT 而 linkAdmin 状态为非 IN_SERVICE 状态，则清除 L2 链路告警。

第四种，如图 2-2-18（d）所示。

类别：一端产生稳定告警，另一端不停闪断。

分析：这种场景也可能是不停闪断侧在每次建链过程中连续收到误码导致不停建链造成。

818059	黑龙江大学804:插箱_1:DTL-4板_1:1	DSS1链路中断告警	通信告警
818060	控制中心:插箱_1:DTL-4板_2:1	DSS1链路中断告警	通信告警

紧急告警	2014-05-16 10:37:08	2014-05-16 10:37:09	未确认	告警源消失
紧急告警	2014-05-16 10:37:10	2014-05-16 10:37:10	未确认	告警源消失

(a)

818320	黑龙江大学804:插箱_1:DTL-4板_1:3	DSS1链路中断告警	通信告警

紧急告警	2014-05-16 21:03:18	2014-05-16 21:03:19	未确认	告警源消失

(b)

818061	黑龙江大学804:插箱_1:DTL-4板_1:1	DSS1链路中断告警	通信告警

紧急告警	2014-05-16 10:56:27	2014-05-16 10:56:36	未确认	告警源消失

(c)

818121	黑龙江大学804:插箱_1:DTL-4板_1:3	DSS1链路中断告警	通信告警
818122	黑龙江大学804:插箱_1:DTL-4板_1:3	DSS1链路中断告警	通信告警
818123	理工大学803:插箱_1:DTL-4板_1:2	DSS1链路中断告警	通信告警
818124	黑龙江大学804:插箱_1:DTL-4板_1:3	DSS1链路中断告警	通信告警
818125	黑龙江大学804:插箱_1:DTL-4板_1:3	DSS1链路中断告警	通信告警

紧急告警	2014-05-16 17:26:39	2014-05-16 17:26:40	未确认	告警源消失
紧急告警	2014-05-16 17:26:41	2014-05-16 17:26:42	未确认	告警源消失
紧急告警	2014-05-16 17:26:41	2014-05-16 17:26:44	未确认	告警源消失
紧急告警	2014-05-16 17:26:43	2014-05-16 17:26:44	未确认	告警源消失
紧急告警	2014-05-16 17:26:45	2014-05-16 17:26:45	未确认	告警源消失

(d)

图 2-2-18　4 种历史告警现象

3）故障处理

需要排查如下几方面。

① 黑龙江大学站 MDS3400 设备和光传输设备是否共地。

② 黑龙江大学站 MDS3400 设备 1 槽位 DTL 板上的接地跳线是否连接。DTL 板跳线位置如图 2－2－19 所示。

图 2－2－19 DTL 板跳线位置

如果 MDS3400 设备和光传输设备连接了共地插箱，则 DTL 板的跳线不应该连接（应去掉插线帽）。

③ 黑龙江大学站 MDS3400 设备 1 槽位 DTL 板背板 E1 插线是否松动。插线右侧应有卡片卡紧（卡片是否插反），拔出时需要用力才能拔出。卡片正确使用方法如图 2－2－20 所示，带数字的一面向下贴到插线上。

(a) 卡片带数字的一面向下贴到插线上

(b) 插线插入 DTL 板

图 2－2－20 卡片正确使用方法

2.2.4 传输网管故障处理仿真实验

实验图片

1. 实验概述

网管软件平台提供网络系统的配置、故障、性能及网络用户分布方面的基本管理，网络管理的各种功能最终会体现在网管软件的各种功能的实现上。软件是网管系统的“灵魂”，是网管系统的核心。网管软件的功能可以归纳为 3 个部分：体系结构、核心服务和应用程序。

网络管理的需求决定网管系统的组成和规模，任何网管系统无论其规模大小，基本上都是由支持网管协议的网管软件平台、网管支撑软件、网管工作平台和支撑网管协议的网络设备组成。本实验目的是使学员了解网管软件或网管服务器可能出现的突发故障，熟悉网管突发故障的处理流程。

2. 实验步骤

1）软件介绍

在仿真软件里有一个网管界面和时刻关注网管界面的工作人员，并在网管界面展示 OSN 设备网元和单板类型，且网线连接到机房内一个小机柜安装的一台 OMS 服务器。传输网管软件界面如图 2-2-21 所示。

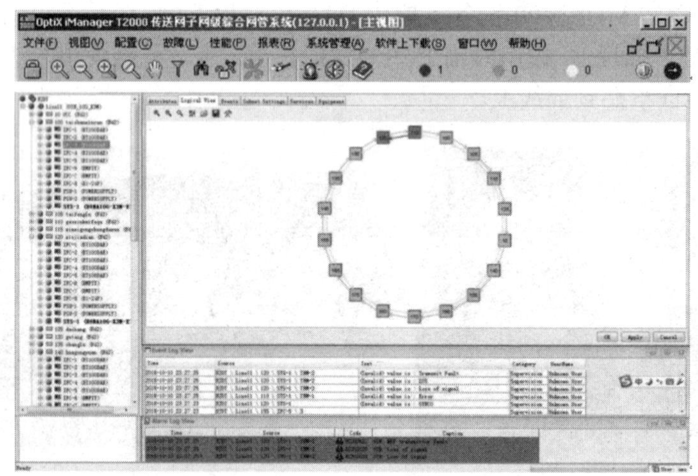

图 2-2-21　传输网管软件界面

时刻关注网管界面的工作人员上报：传输网管软件停止工作、卡死，无法对传输环网进行监控、设置。以下 3 个原因会导致这种现象。

① 网管软件卡死；

② 网管软件 OMS 配置文件损坏；

③ 网管服务器异常。

2）发现故障

单击“发现故障”进入如图 2-2-22 所示界面。此任务要用误码率测量 SDH 设备。只需根据引导仪器使用方法，完成测试即可。

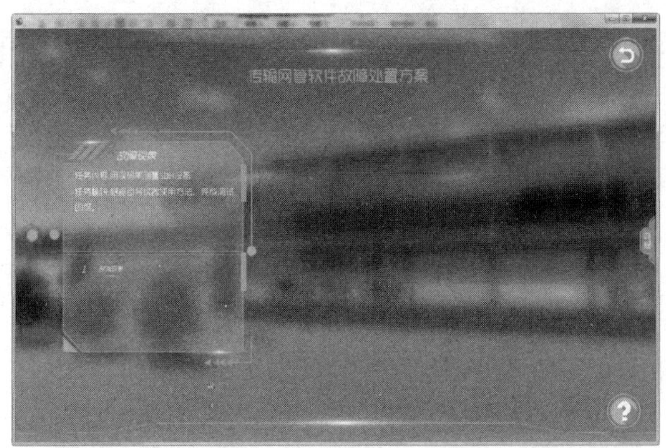

图 2-2-22　故障现象选择界面

单击图 2-2-22 中“故障现象”进入如图 2-2-23 所示界面，发现故障。网管软件卡死，停止工作。

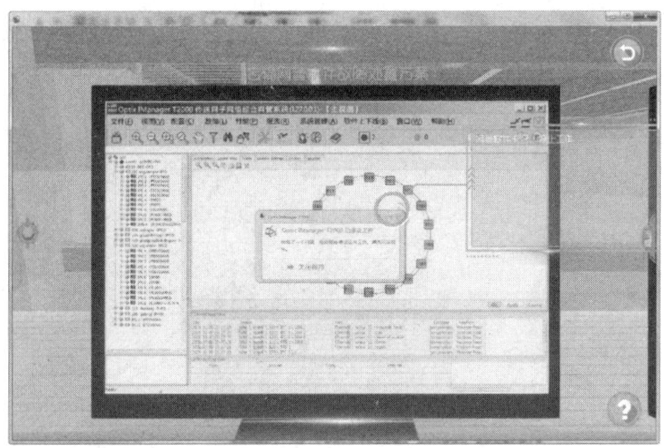

图 2-2-23　故障现象

3）故障流程步骤

单击“故障流程步骤”进入如图 2-2-24 所示界面，学习完成板卡故障的主要流程步骤。单击下方对应链接，查看板卡故障整体流程。

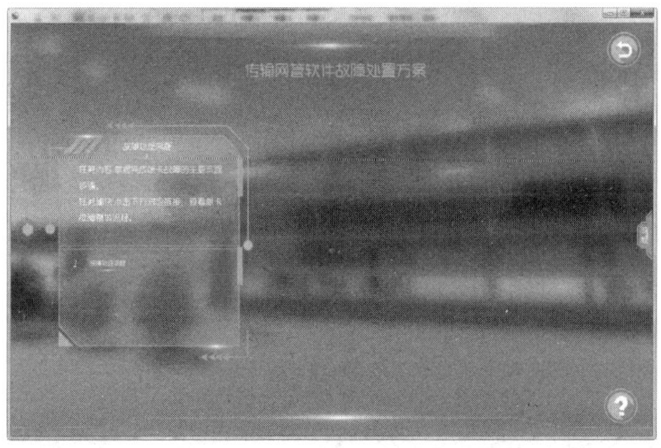

图 2-2-24　故障流程步骤

单击图 2-2-24 中“故障处理流程”，了解处理流程，如图 2-2-25 所示。

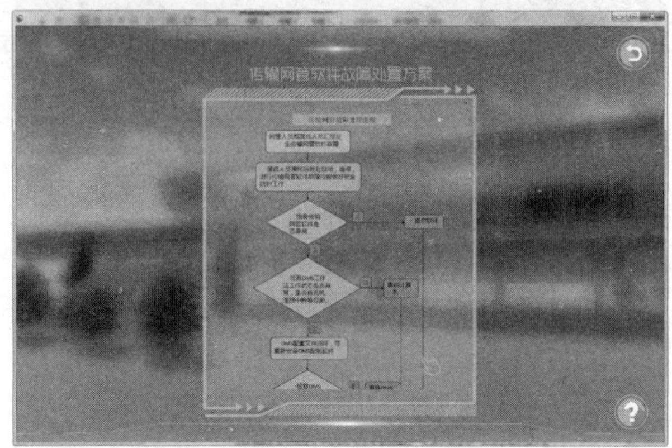

图 2-2-25　故障处理流程

4）信息上报

单击“信息上报”进入如图 2-2-26 所示界面，学习完成传输网管软件故障信息上报的主要流程。单击下方对应链接，完成以太网环网故障信息上报。

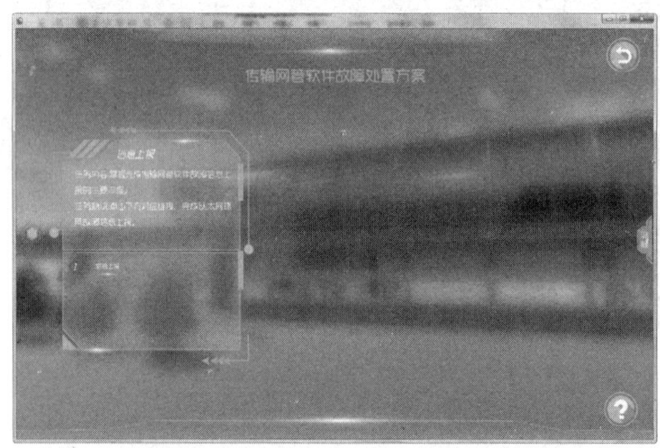

图 2-2-26　信息上报选择界面

单击图 2-2-26 中“信息上报”进入如图 2-2-27 所示界面，进行信息上报。

图 2-2-27　信息上报

网管界面发现告警后，网管人员拨打电话上报情况，通知上级部门，上级部门将通知应急处置小组，并通知抢修人员进行抢修。

网管班组发现告警后，通知工班人员，并上报分公司生产调度，如图 2–2–27 所示。

综合调度分公司通知相关受影响专业做好应急处置准备，如图 2–2–28 所示。

图 2–2–28　分公司通知相关受影响专业

分公司生产调度将此情况通知分公司相关人员及综合调度，如图 2–2–29 所示。

图 2–2–29　生产调度通知相关人员

通知分公司应急抢修小组，如图 2–2–30 所示。

图 2–2–30　应急抢修小组

5）工具准备

单击“工具准备”进入如图 2-2-31 所示界面。熟悉维修传输网管软件所需准备的工具和耗材，单击下方对应区域链接，完成工具准备工作。

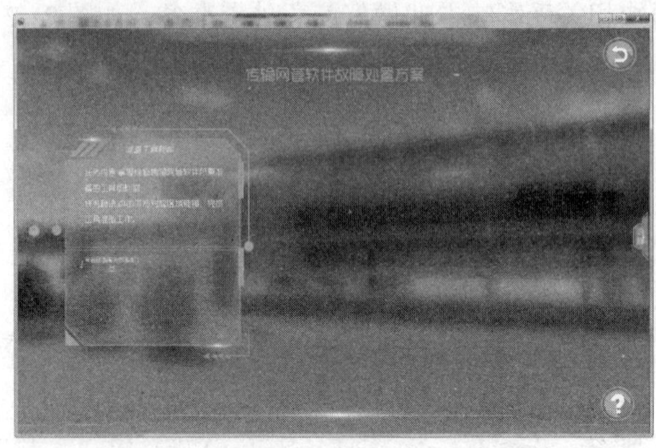

图 2-2-31 网管终端服务器选择界面

单击“网管终端服务器设备 1 台”进入如图 2-2-32 所示界面，进行工具准备。

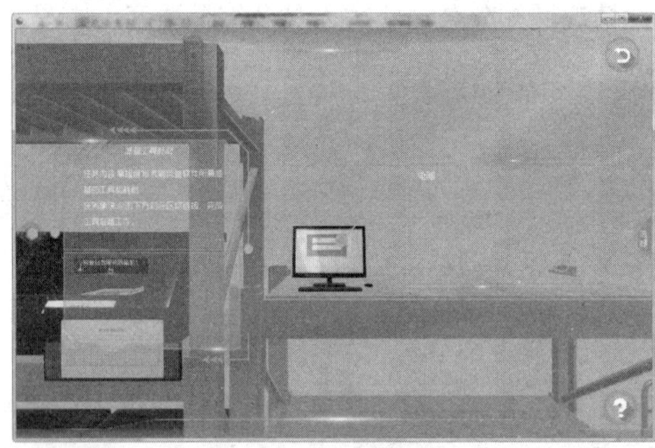

图 2-2-32 计算机

6）OMS 网管软件重启

单击“OMS 网管软件重启”进入如图 2-2-33 所示界面。

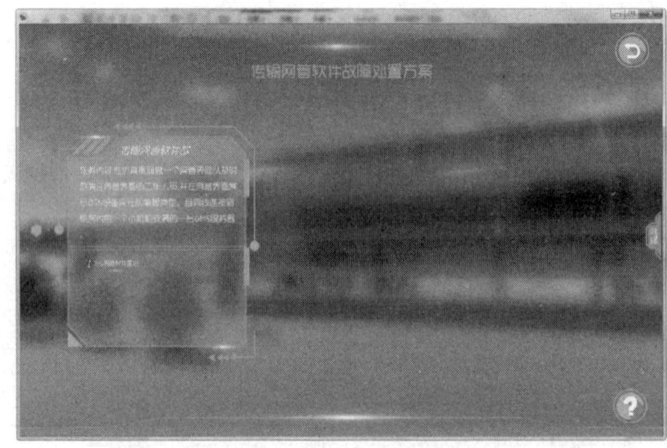

图 2-2-33 OMS 网管软件重启选择界面

单击“OMS 网管软件重启”进入如图 2-2-34 所示界面，进行软件重启和登录，如图 2-2-35～图 2-2-39 所示。

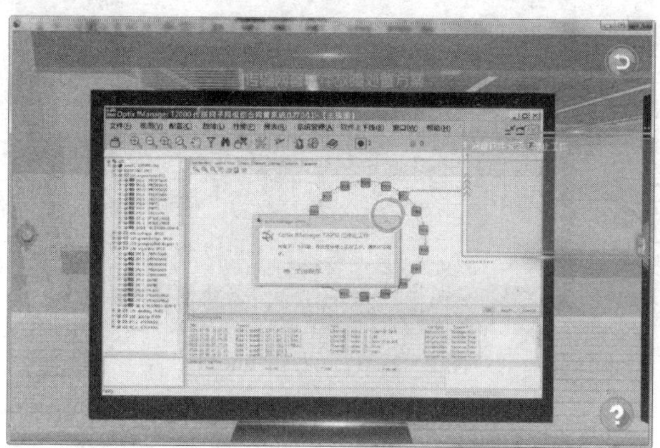

图 2-2-34　网管软件卡死

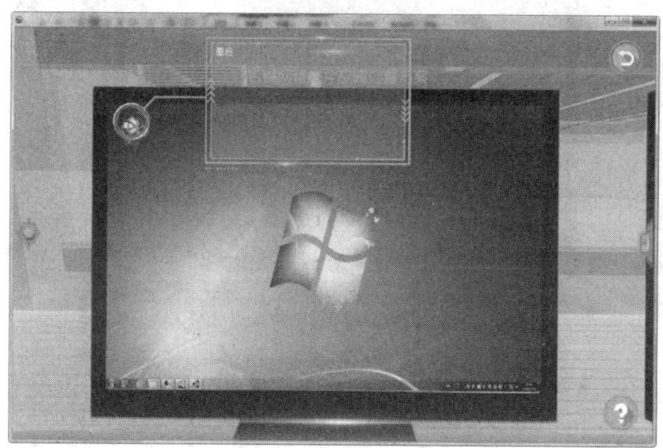

图 2-2-35　重启

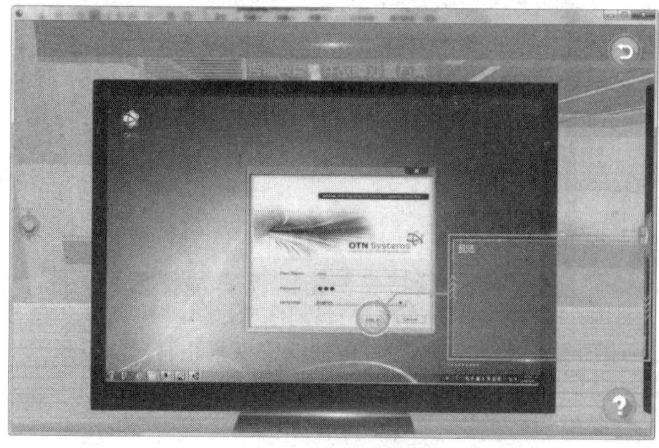

图 2-2-36　登录

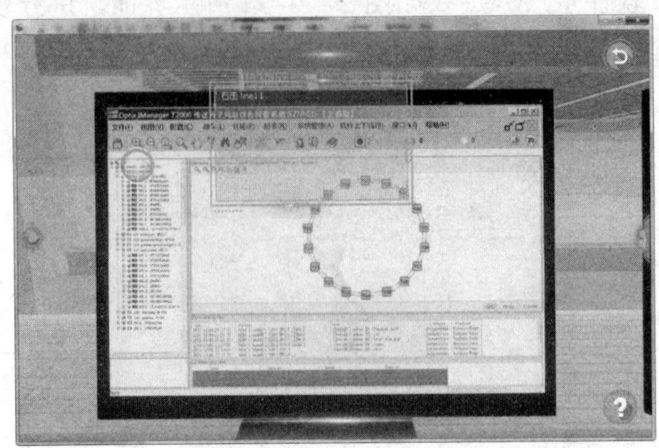

图 2-2-37　右击 line11

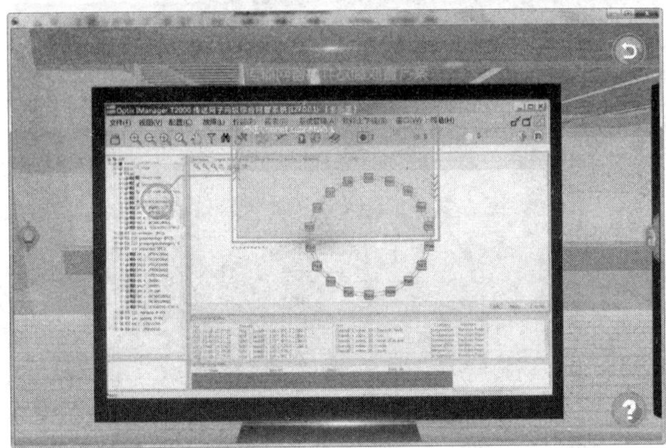

图 2-2-38　单击 connet subnetwork

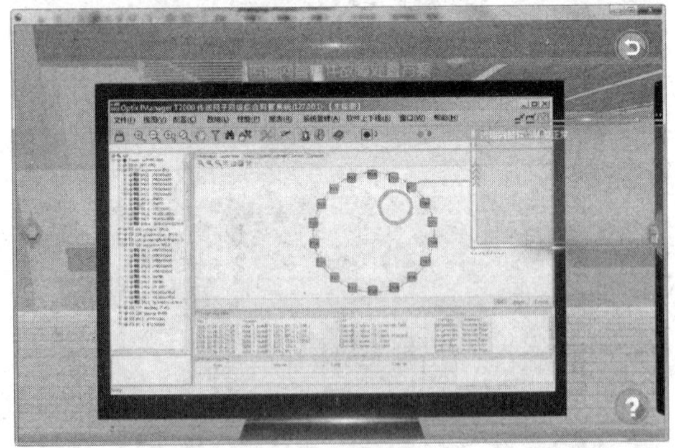

图 2-2-39　传输网管恢复正常

7）填写设备故障登记表

单击“填写设备故障登记表”进入如图 2-2-40 所示界面。

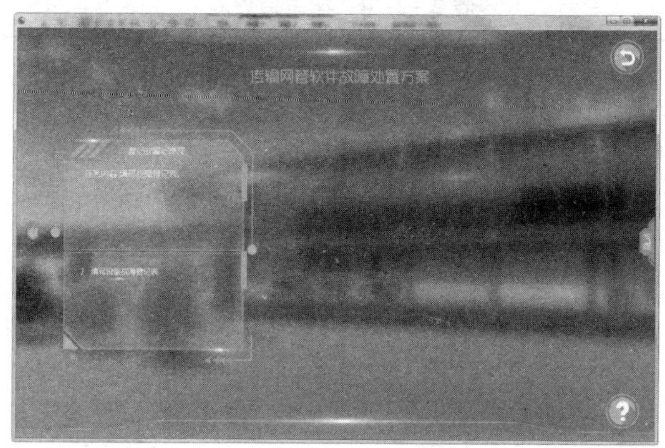

图 2-2-40　填写设备故障登记表选择界面

单击“填写设备故障登记表”进入如图 2-2-41 界面，进行设备故障登记。

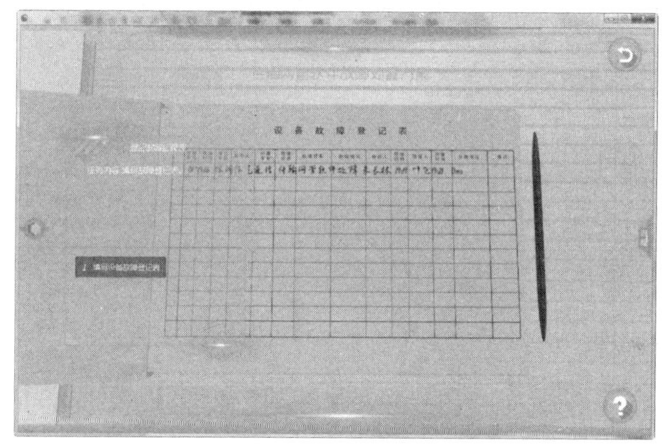

图 2-2-41　填写设备故障登记表

3. 实验总结

传输网管软件出现停止工作等生产突发类故障时，查明故障情况，选择故障处理工具，然后根据故障处理流程定位故障，解决故障。

学习自评

根据以上内容，在表 2-2-4 空格里填写自评。

表 2-2-4 学生自评表

评价内容	
本部分内容学习收获	
需要继续深入学习内容	
学习中存在的问题或感悟	

任务 2.3　电 话 系 统

(1) 学习掌握电话系统所涉及的基本知识，掌握话务量概念；

(2) 分析城轨通信系统公/专电话系统主要功能及主要设备组成；

(3) 根据附录 A 中“城轨通信专业维护巡检表”电话系统部分模拟进行电话系统日常巡检，掌握电话系统日、月、年维护具体内容，分析电话系统日、月、年维护项点的不同；

(4) 根据所提供的故障案例，分析电话系统故障解决思路，提升对电话系统的认识；

(5) 学习专用电话调度台故障处理仿真实验内容，深入领会专用调度电话故障的处理流程。

2.3.1　电话系统知识

1965 年美国贝尔公司投产开通了第一个程控交换机。全数字交换机的典型程控数字交换系统的基本结构如图 2-3-1 所示，图中交换机分为选组级（数字交换网络）和用户级（用户模块和远端模块）两部分，各有自己的处理机进行控制，处理机之间则通过通信信息进行联系。

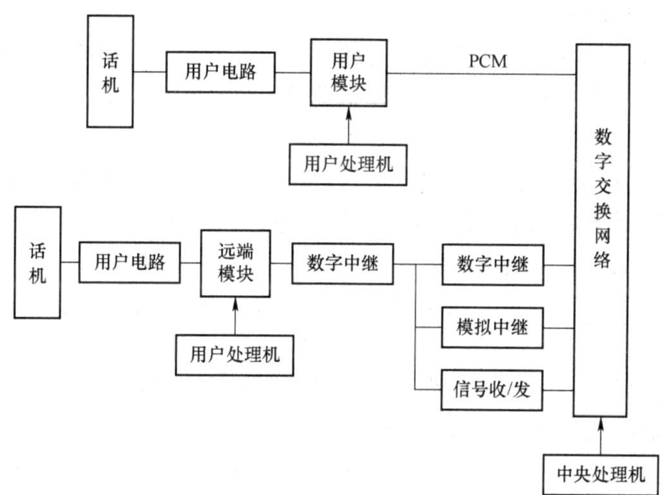

图 2-3-1　全数字交换机的典型程控数字交换系统的基本结构

总体上，交换机包括话路系统（交换网和用户模块）和控制系统两部分。

(1) 用户级的主要任务是集中用户的话务量，由用户模块将一群用户集中后，然后通过用户级和选组级间的数字中继线送至选组级。如果将用户级的设备放到用户集中点，形成一个“远端模块”（或叫模块局），它和选组级（也叫母局）之间也是通过数字中继线相连。这样大大提高了线路的利用率，节约了投资，传输质量也提高了。用户模块和远端模块之间的差别在于后者通过数字中继设备和选组级相连；而前者没有，这里数字中继设备的主要任务是码型转换和信号传递。

（2）用户电路：在数字交换机中，用户电路有 7 个功能。这 7 个功能分别是——馈电（BF）、过压保护（OP）、振铃控制（RC）、监视（S）、编译码和滤波（C&F）、混合电路（HC）与测试（T）。

（3）数字交换网络：交换网络的功能是根据用户的呼叫要求，通过控制部分的接续命令，建立主叫与被叫用户间的连接通路。数字交换网络由时分交换网络（随机存储器构成）和空分交换网络（电子开关阵列构成）构成。

（4）中继器：是中继线和交换网络间的接口电路。包括码型变换及反变换、时钟提取与帧同步、提取和插入随路信令等功能。

（5）控制系统：程控交换机的控制系统由处理机和存储器组成，处理机执行交换机程序，完成交换机的各项功能。从结构上讲，控制系统可分为集中控制和分散控制两种方式。如果交换机中的每一台处理机都可以担负起交换机的全部功能，则是集中控制方式；如果交换机中的每一台处理机只完成系统的部分功能，就是分散控制方式。集中控制方式经济，但是脆弱。分散控制方式优点是系统软、硬件模块化，提高了系统的可靠性，系统软件修改与升级也容易。现代数字程控交换机的发展方向是向着全分散的方向发展。

城市轨道交通电话系统网络相当于企业的内部电话网，分为公务电话网和专用电话网，采用程控交换机组网，并通过中继线路接入当地市网。

1. 话务量

话务量是电信业务流量的简称，也称为电信负载量。它既表示电信设备承受的负载，也表示用户对通信需求的程度。

话务量的大小与用户数量、用户通信的频繁程度、每次用户通信占用的时长及所考察的时长（一分钟、一小时或一天等）有关。如果单位时间内的通信次数越多，每次通信占用的时间越长，而且所考察的时间也越长，那么话务量也就越大。由于用户呼叫的发生和完成一次通信所需时间的长短，都是随机的和变化的，所以话务量是一个随时间变化的随机变量。

话务量分为流入话务量（流入负载）、完成话务量（完成负载）和损失话务量（损失负载）。它们的关系是：流入话务量=完成话务量+损失话务量。

完成话务量是指电信设备完成服务的话务量，即在考察的时间内，电信各设备被占用的时间总和。

流入话务量是指用户对通信需求程度的数量。如在考察时间内若发生的呼叫全部得到了服务，该完成话务量即为流入话务量。

发生的呼叫未必会全部得到服务，即会出现一些损失。在损失系统中，考察时间内的流入话务量大于完成话务量，二者之差即为损失话务量。

等待系统（又称为排队系统），不存在损失话务量，电信系统按一定的规则完成服务，因此等待系统的流入话务量等于完成话务量。

话务量强度是指单位时间的话务量。一天内最忙的一小时的话务量，是设计工作中一个重要数据，这个话务量称为忙时话务量强度。

话务量公式为：$A=C \cdot t$。A 是话务量，为量纲一的量，单位为 Erl（爱尔兰）；C 是每小时呼叫次数，单位是“个/h”；t 是每次呼叫平均占用时长，单位是“h/个”。一般话务量又称“小时呼”，统计的时间范围是 1 h。

1 Erl 就是一条电路可能处理的最大话务量。如果观测 1 h，这条电路被连续不断地占用了 1 h，话务量就是 1 Erl，也可以称作“1 小时呼”。然而，话路全部被占用只是一种理想状态，根据业界经验，当每信道话务量大于 0.7 Erl 时，接通率就可能会下降。

通俗地讲，话务量就是一条电话线一小时内被占用的时长。如果一条电话线被占用 1 h，话务量就是 1 Erl，如果一条电话线被占用（统计）时长为 0.5 h，话务量就是 0.5 Erl。

如果电话线占用的时间以百秒为单位的话，话务量单位就为“百秒呼”，用“CCS”表示。

不难得出，CCS 和 Erl 的关系：36 CCS = 1 Erl。

话务量分为电路话务量和交换机话务量，交换机话务量是指该交换机上所有用户线路话务量之和。

2. 电话呼叫处理流程

交换机所要完成的最基本的任务就是对呼叫的处理。在程控交换机里，呼叫处理是由软件控制硬件完成的，这个软件就是呼叫处理程序，或者是呼叫处理系统，它主要负责对整个交换机所有呼叫的建立与释放，以及交换机各种电话服务功能的建立与释放。

呼叫处理程序存储在各交换模块板上，由 CPU 执行该程序。呼叫处理程序的工作是检测各硬件电路上所发生的事件，对这些事件进行分析处理之后，再输出命令来驱动相关硬件的动作。在这个过程中，它需要调用操作系统和数据库管理系统。

一次呼叫主要包括下面几个过程。

① 主叫摘机：扫描周期 100 ms。

② 送拨号音：SIG 板、时隙 TS3。

③ 主叫拨号、收号：DRV 板。

④ 号码分析：字冠。

⑤ 接至被叫、振铃：PWX 板。

⑥ 被叫应答、通话：计费。

⑦ 主叫挂机。

⑧ 被叫挂机。

对每一个过程，交换机要做大量的处理，使相关电路做出相应的响应。

2.3.2 电话系统在城市轨道交通中的应用举例

1. 公务电话系统

1）系统概述

公务电话系统主要用于城市轨道交通内部各部门之间的电话联系，为哈尔滨地铁 1 号线一、二期工程的运营、管理、维修等部门的工作人员提供服务；公务电话系统能与哈尔滨市公用电话网连接，实现城市轨道交通用户与公网用户间的通信；可向城市轨道交通用户提供语音、数据、传真等通信服务业务。

哈尔滨地铁 1 号线一、二期工程在控制中心及车辆段各设置 1 套数字程控交换设备（近期 1 500 线，远期 2 000 线），沿线各车站、停车场各设置 1 套小交换机（近期 60 线，远期

120 线），构成哈尔滨地铁 1 号线一、二期工程公务电话交换网。

城市轨道交通电话网内程控交换机之间、程控交换机和无线集群交换机之间采用 2 Mbps 数字中继线连接，控制中心程控交换机与市话网连接采用 2 Mbps 数字中继线连接方式。

2）系统构成

哈尔滨地铁 1 号线一、二期工程公务电话系统由 1 个控制中心、1 个车辆段、1 个停车场和 18 个车站，共 21 个独立交换节点组成，并配置辅助业务操作，包括计费系统、电脑话务台、语音邮箱及电话查号系统、叫醒服务 PC 话务台、网络管理系统、管理维护终端（包括便携式维护终端）、多功能数字话机、轨旁电话机等。

（1）公务电话交换网络构成

在控制中心和车辆段各设置数字程控汇接交换机 1 台。在控制中心设置网管设备及计费系统 1 套，并配之以查号、语音邮箱话务台系统等配套设备。哈尔滨地铁 1 号线公务电话系统构成图如图 2－3－2 所示。

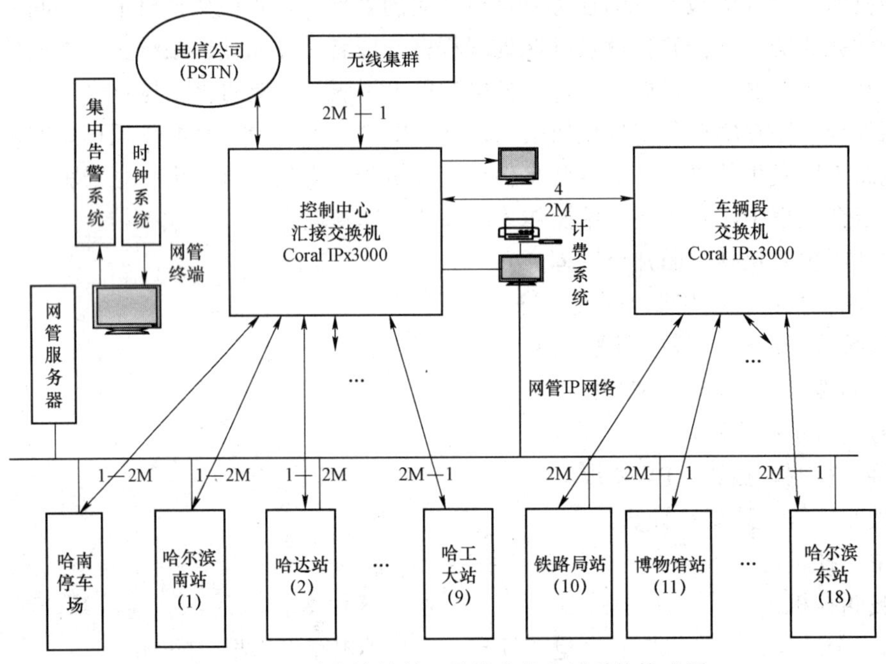

图 2－3－2　哈尔滨地铁 1 号线公务电话系统构成图

控制中心汇接交换机经传输系统的E1接口与设在哈尔滨南站至教化广场站共9个车站和哈南停车场的小交换机星形连接组网。

车辆段交换机经传输系统的E1接口与设置在铁路局站至哈尔滨东站共9个车站的小交换机以星形方式连接组网。

控制中心汇接交换机的中继接口与就近市话局交换机以及无线集群交换机中继相连。

配置的 Coral 公务电话交换机还具备 VoIP 功能，在需要使用 IP 电话时，只需增加网关和相应授权即可。开通 IP 电话功能，不会对运行中的系统造成影响。

哈尔滨地铁 1 号线一、二期工程公务电话系统在控制中心、车辆段、车站及停车场的程控交换机之间采用标准的 2 Mbps 数字中继线连接。模拟电话用户信令采用双音多频信令方式，数字电话用户接口采用符合 ITU 规定的 2B + D 接口。

（2）系统容量配置

控制中心交换机用户线容量为 1 500 线含 5 个数字用户。据此，Coral 公务电话系统，在控制中心配置 IPx3000 机型。近期配置容量为 1 500 线，具备平滑扩容到 4 000 线的能力。

车辆段交换机用户线容量为 1 500 线含 5 个数字用户。据此，Coral 公务电话系统，在车辆段配置 IPx3000 机型。近期配置容量为 1 500 线，具备平滑扩容到 4 000 线的能力。

停车场小交换机用户线容量为 120 线含 5 个数字用户。据此，Coral 公务电话系统，在停车场配置 IPx500 机型。近期配置容量为 120 线，具备平滑扩容到 500 线的能力。

车站小交换机用户线容量为 100 线含 1 个数字用户。据此，Coral 公务电话系统，在 18 个车站各配置 1 套 IPx500 型小交换机。近期配置容量为 100 线，具备平滑扩容到 500 线的能力。

（3）用户接口配置

Coral 公务电话系统，采用标准的模拟电话用户接口，即 Z 接口（FXS）来连接模拟公务电话机、传真终端、语音邮箱、电脑话务台/查号台等用户设备。

电话机设置地点为：数字电话设置在站长室；模拟电话设置在车站控制室（2 部）、更衣室、站长室、交接班室、收款室、AFC 维修室、AFC 配电室、客服中心、站务员室、各系统设备室、各系统电源室、主控室、开关柜室、各类工区办公室、消防泵房、气瓶间、工务用房、列检所、警务室、安全门管理室、控制中心各类办公室、车辆段各类办公室等。

上、下行区间每隔一定距离（隧道内 150 m）设置轨旁电话机，并通过区间电话电缆（5P 电缆）接入就近车站的小交换机，纳入控制中心和车辆段的公务电话交换网。Coral 公务电话系统在控制中心、车辆段使用一套设备而不是使用多套设备。用户板都带有来电显示功能，相同功能板卡的类型以及型号统一。

（4）交换机中继线配置

控制中心到其他地点的中继线容量设置如下。

控制中心——车辆段：4 × 2 Mbps。

控制中心——市话：8 × 2 Mbps。

控制中心——集群交换机：1 × 2 Mbps。

控制中心——停车场：1 × 2 Mbps。

控制中心——9 车站：9 × 2 Mbps。

车辆段中继线容量设置如下。

车辆段——控制中心：4 × 2 Mbps。

车辆段——9 车站：9 × 2 Mbps。

车站、停车场中继线容量设置如下。

各车站——车辆段：9 × 2 Mbps（共 9 个车站）。

各车站（停车场）——控制中心：10 × 2 Mbps（共 9 个车站、1 个停车场）。

中继板卡配置满足实际中继接口数量的要求，且在控制中心、车辆段还配置了实际使用中继板端口数量的 20%作为预留。车站、停车场 2 Mbps 数字中继端口配置数为 2 个（1 + 1 配置）。

各种接口板的预留数量如下。

控制中心：共 30 个 2 Mbps（实际使用 24，预留 6）。

车辆段：共 16 个 2 Mbps（实际使用 13，预留 3）。

车站、停车场：各 2 个 2 Mbps（实际使用 1，预留 1）。

（5）信令方式

哈尔滨地铁 1 号线一、二期工程公务电话交换网内控制中心交换机和车辆段交换机、控制中心交换机和各车站小交换机、车辆段交换机和各车站小交换机之间采用标准的 2 Mbps E1 数字中继线连接。中继接口采用 ISDN 30B＋D 的 PRI，信令采用 ISDN ETSI Q-SIG。

控制中心交换机和无线集群交换机之间，采用标准的 2 Mbps E1 数字中继线连接。中继接口采用 ISDN 30B＋D 的 PRI，信令采用 ISDN ETSI Q-SIG，中继方式及信令满足与无线集群交换机互联互通要求。

控制中心采用（DOD1＋DID）全自动方式一点出入市话网。控制中心交换机与哈尔滨市话网交换机之间，采用标准的 2 Mbps E1 数字中继线连接。中继接口拟采用 ISDN 30B＋D 的 PRI，信令采用 ISDN ETSI DSS1。接口信令与中继数量待与市话局协商后最终确定。

模拟电话用户采用 Z 接口，信令采用双音多频信令方式。

数字电话用户接口符合 ITU 有关 2B＋D 接口，支持交换机内部协议和标准 ITU 的 ISDN 协议，如 DSS1/ETSI 和 PSS1/QSIG 等。

哈尔滨地铁 1 号线一、二期工程程控数字公务电话交换机，跟从哈尔滨市话交换机同步信号，保证电话交换网同步。

（6）编号计划

首位号码分配按如下规则分配："0"为市话出引示号；"1"为特种业务，新业务首位号码；"2～9"自动电话用户首位号。

用户号码分配按如下规则：

全网采用统一 5 位编号，首位号码根据轨道交通网内交换机统一设置，首位号码为"6"；控制中心：62×××；车辆段：63×××。

全网内部采用统一的 5 位编号，对外与市话交换网统一采用 8 位编号。

（7）呼叫方式

① 网内用户之间呼叫采用直拨用户 5 位号码方式。

② 可将"119（火警）""110（匪警）""120（救护）"等特种业务呼叫自动转移至市话局的"119""110"和"120"等特种业务呼叫上。

③ 呼出至市话采用 DOD1 方式，市话呼入时采用 DID 方式。

④ 呼损率：局内，0.1%；市话，1%。

（8）传输方式

① 控制中心交换机与车辆段设备之间的传输，通过专用传输系统进行传输。

② 本网内交换机及车站的小交换机之间通过专用传输系统连接。

③ 小交换机与用户电话之间、小交换机与区间电话之间采用音频市话电缆连接。

④ 各交换机的网管信号，通过专用传输系统的 IP 网进行传输。

（9）网同步方式

Coral 公务电话系统程控数字交换机跟从市话交换机同步信号，采用主从同步方式保证电话交换网同步。

（10）时间同步

该系统在控制中心设有与时钟系统的接口，接收时钟系统中心母钟提供的标准时间信息，校准该系统内所有需要时间信息的设备，以使系统内各设备时间显示及存储信息的记录时间与哈尔滨地铁 1 号线一、二期工程运营时间（时钟系统）相统一。

（11）与市话网的连接方式

哈尔滨地铁 1 号线一、二期工程采用控制中心单点自动呼入、呼出方式，出入市话网。

（12）Coral 网络管理系统

哈尔滨地铁 1 号线一、二期工程公务电话系统具备 3 种管理维护方式：

① CoralCFM 专业网络管理维护系统；

② 现场管理维护；

③ 远程集中管理维护。

3）系统主要功能

（1）交换功能

① 哈尔滨地铁 1 号线一、二期工程控制中心、停车场、各车站和车辆段交换机都具有自动电话功能，能够完成本交换机内部呼叫及出入局呼叫。

② 通过联网，城市轨道交通内部的任意两个自动电话用户间能进行相互呼叫，且部分自动电话（通过软件设定）能与市话局自动呼入、呼出，国内及国际自动电话用户进行自动呼入、呼出，并具有话费立即通知性能。

③ 能将“119（火警）”“110（匪警）”“120（救护）”特种业务呼叫自动转接至市话局的“119”“110”“120”等特种业务呼叫上。

④ 系统可以内置远端分机。

⑤ Coral 公务电话系统除了具有自动电话功能外，还具有站内、站间及轨旁电话功能和电话系统备份保护功能。即车站、车辆段的交换机通过对各个分机用户的类别管理，可以将用户分成多类，不同类别的用户具备不同的功能，可以将用户设置成为自动电话、直通电话或具有前两种功能的综合电话。

通过对各个分机的连接类别控制，可以限制分机间的通话。

分机的热线功能可以实现紧急呼叫时摘机即通；常规呼叫时摘机后可以根据具体编号计划拨某个键实现呼叫，或经过延时后接通指定分机。

具有自动、直通功能的电话摘机后直接拨号，即成自动电话；延迟一定时间（5 s；可调）后能直接与车站（段）值班员通话。

轨旁电话机在区间中每隔 150 m 左右或在一些重要地点附近（如信号机、道岔、通风机房、消防栓、排水泵等处）设置。轨旁电话机采用共线方式连接。Coral 公务电话系统在 0.5 mm 芯线上每条用户线能接入 10 部以上共线电话，可 4 部同时摘机通话；在 0.7 mm 芯线上每条用户线能接入 10 部以上共线电话，可 5 部同时摘机通话。

（2）计费功能

Coral 公务电话系统具备完善的计费系统功能。

① 能对全线用户进行网内、网外、国内、国际长途等各种业务，分类按时间分段实时计费，并留有定期和脱机计费功能；可进行中继计费。

② 计费方式：在控制中心设置 1 套独立的计费系统（包括硬件终端、操作系统、计费软

件与话单分拣软件），对本网进行实时集中计费和管理。

③ 当交换机系统出现故障或瞬间停机时，计费系统能保存完整的计费信息，不会丢失话单；对国内、国际长途有权用户的长话计费，采用用户自动计费方式进行计费。

④ 计费软件具有良好的图形化人机界面、良好的安全保护系统，系统软件参数的设置简单方便；网内电话用户间通话，采用复式计次方式（按通话距离和通话时长计次），网内复式计次表分为网内通话、公网通话和特种业务，采用详细记录计费方式。

⑤ 通话记录内容为简体中文，包括主、被叫号码，通话时长，通话的起止时间，占用中继、主叫、被叫类别、通话费率等必要的信息；可由维护人员通过功能设置，实现网内通话记录的计费。

⑥ 可按维护人员要求对计费信息进行查询、分拣、统计并打印输出，所输出的信息皆为中文。

⑦ 具有针对计费系统数据和用户数据的备份和恢复功能。

⑧ 所有计费信息至少保留 1 年（保留时间可根据用户需要设置），超过 1 年的信息可根据运营要求自动清除。

⑨ 若将来业务需要，交换机能提供对被叫用户计费的功能。

（3）多方会议功能

Coral 公务电话系统具有多方会议功能，多方会议配置见表 2－3－1。

表 2－3－1　多方会议配置

交换节点	配置数量/方	备注
控制中心	2 × 15 + 2 × 6	能同时召开 4 组电话会议
车辆段	2 × 15 + 2 × 6	能同时召开 4 组电话会议
停车场	1 × 6	1 组会议
18 个车站	18 × 6	每个车站 1 组会议，共 18 组会议

（4）服务功能

① 可提供窄带 ISDN 的 2B＋D 等新业务的交换和接续。

② 系统可提供 16 路语音邮箱（存储时间不小于 200 h）。

③ 系统可提供 CTX（虚拟网）功能，可实现多交换机虚拟专网服务。

④ 系统具有自动判别用户传真、数据等非话业务的功能，并能保证此类业务接续的连续性。

⑤ Coral 公务电话系统，预留有与公网分组交换网相连的条件，具备下列与公网分组交换网、DDN 网以及因特网（IP 网）接口，供用户在系统功能扩展中启用：ISDN 2B＋D BRI 接口，能提供 144 kbps 的数据接口速率；ISDN 30B＋D PRI 接口，能提供 2 048 kbps 的接口速率；V.21/V.35 低速数据接口，能提供 300～19.2 kbps 的数据接口速率；CLA 以太网接口，能提供 10～100 Mbps 自适应接口速率。

⑥ Coral 公务电话系统能满足常规业务功能要求。公务电话系统常规业务见表 2－3－2。

表 2-3-2 公务电话系统常规业务

序号	业务功能	序号	业务功能	序号	业务功能
1	缩位拨号	6	三方通话	11	会议电话呼叫
2	热线服务	7	叫醒服务	12	优先分机插入
3	呼出限制	8	遇忙回叫	13	强插
4	主叫号码显示	9	恶意呼叫追查	14	预先录音通告
5	无条件呼叫前转	10	呼叫等待	15	语音邮箱

（5）查号系统及话务终端

① 话务台及查号系统：可实现自动查号、语音查号、呼叫转接。

② 话务台采用支持中文显示。

（6）呼叫中心功能

Coral 公务电话系统支持客户服务中心功能，以下为预留功能。

① 具备排队机（CAD）功能。

② 具备交换式语音应答（IVR）功能。

③ 具备电脑电话集成（CTI）功能，支持 CSTN 等标准呼叫中心接口软件。

④ 呼叫中心 CLA 接口，采用 10/100 M－T 自适应以太网接口。

⑤ 支持建设 8～100 个座席的客户服务中心（呼叫中心）。

⑥ Coral 客户服务中心（呼叫中心）各个座席台皆具有接听、通话等功能。

（7）分机热线功能

Coral 公务电话系统具备用户立即热线和延时热线功能。所有用户都可以通过软件设置激活立即热线或延时热线功能。

① 立即热线：当用户设置并激活立即热线功能，摘机及接通指定用户分级。

② 延时热线功能：当用户设置并激活延时热线功能，摘机不拨号延时一段时间后，自动转接至指定用户，摘机立即拨号进行正常接续，延时时长可通过软件设置。

（8）时间同步功能

Coral 公务电话系统能接收时钟系统中心母钟提供的标准时间信息，校准本系统内所有需要时间信息的设备，支持通用的网络时钟协议 NTP 和实时时钟协议 RTP。

当采用 RS-422 接口与城市轨道交通线路的时钟系统连接时，Coral 交换系统将在网管系统上开发一个中间软件，用以实现将城市轨道交通线路时钟系统的专用协议转换为 NTP、RTP 标准的网络实时时钟协议。转换后的标准协议，通过网管系统对全网各个交换节点进行时间校对。

2. 专用电话系统

1）系统概述

专用电话系统是调度员和车站、车辆段、停车场值班员指挥列车运行及下达调度命令的重要通信工具，是为列车运营、电力供应、日常维护、防灾救护、票务管理提供指挥手段的专用通信系统。

哈尔滨地铁 1 号线一、二期工程配置的 MDS3400 系统可为控制中心指挥人员，包括行车调度、电力调度、维修调度、防灾/环控调度、总调等提供专用直达通信，并且具有单呼、组呼、全呼、紧急呼叫和录音等功能，同时可为站内各有关部门提供与车站值班员之间的直达通话。

MDS3400 板件

MDS3400 专用电话系统设备具有高度安全可靠、操作方便快捷等特点。

根据哈尔滨地铁 1 号线一、二期工程运营需要和业务性质，专用电话系统提供调度电话、站内电话、站间电话（又称闭塞电话）等功能。

2）系统构成

MDS 系统外围设备连接示意图

根据工程要求，哈尔滨地铁 1 号线一、二期工程专用电话系统由 1 个控制中心、18 个车站、1 个车辆段、1 个停车场共 21 个独立交换节点组成。

哈尔滨地铁 1 号线一、二期工程中，在控制中心提供 MDS3400 MR2X 主系统 1 套，对各沿线车站实现各种调度电话业务。在沿线各车站、车辆段、停车场各提供 MDS3400 MRX 车站分系统 1 套，接受主系统的调度并组织本站内的站场通信、站间通信、区间通信。

MDS3400 的网管系统设在控制中心，完成管辖范围设备的日常维护、用户外线监控等管理功能，实现对调度专用通信系统的统一网管，同时还将提供集中告警接口将告警信息送至专用集中告警系统。哈尔滨地铁 1 号线一、二期工程配置一套便携网管设备。

在控制中心通信设备室提供 2 台 32 通道数字录音仪，采用“1+1”热备方式可实时录制专用电话系统各调度台语音，并为公务电话系统（控制中心部分用户）、无线系统（调度通话）和广播系统（调度广播）提供录音功能；车辆段设置 2 台 32 通道数字录音仪，采用“1+1”热备方式。

（1）专用电话网络构成

数字调度系统综合组网

为保证通道的安全，哈尔滨地铁 1 号线一、二期工程中专用电话系统采用 2 M 数字星状组网方式，即控制中心主系统分别与各个车站（车辆段、停车场）分系统通过 E1 通道连接，可保证每个车站调度业务独享 1 个 2 Mbps 通道，单个车站设备故障不会影响到其他车站的调度业务，相邻车站分系统通过 E1 通道连接，实现站间业务及调度迂回路由保护，使故障范围影响降到最小。

控制中心、车辆段、停车场及各车站 MDS3400 分系统之间采用 20P 区间电缆连接，作为行调和站间电话的模拟备份通道。

当控制中心主系统与车站分系统之间、车站分系统之间的 E1 数字中继发生故障时，可自动切换到模拟线缆实现行调和站间业务，保证通话需求，提高系统的安全可靠性。专用电话组网图如图 2－3－3 所示。图中虚线为区间电缆，作为行车调度和站间通信数字通道的模拟备份。

控制中心主系统 MPU 主控板和铃流板采用“1+1”热备的工作方式。当主用单板故障时，系统自动切换到备用单板，不会影响调度业务的正常进行。

专用电话系统包括如下部分。

① 调度电话：主要为列车运行、电力、防灾/环控、维修、总调等提供可靠的指挥手段。

② 站内电话：车站（段）值班员利用本系统与站（段）内重要部门用户直接进行通话的专用通信设备。

③ 站间电话：为车站值班员与相邻车站（段）值班员直接进行通话的专用通信设备。

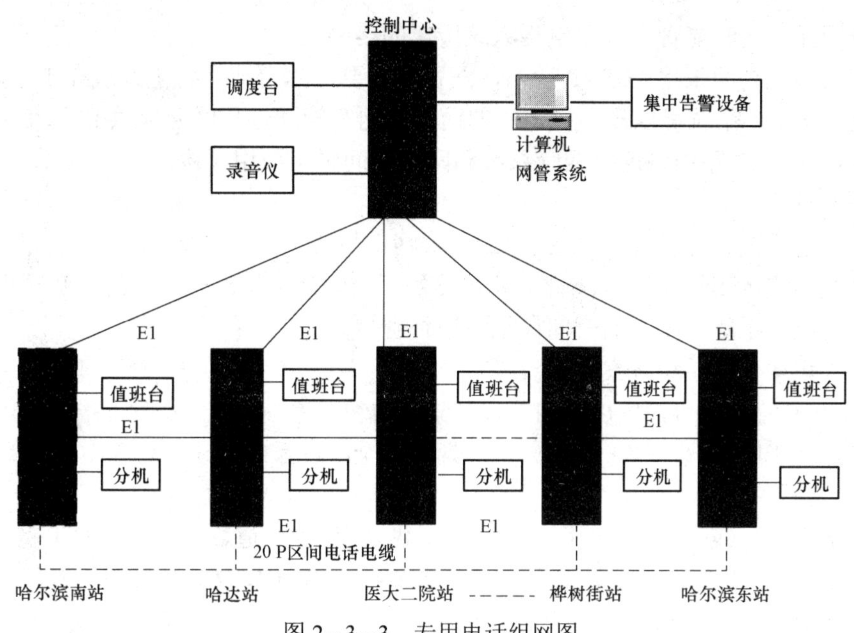

图 2－3－3　专用电话组网图

④ 站内、站间电话由专用调度系统车站分系统及值班台来实现。

（2）调度电话设置

根据列车运行组织和业务管理、指挥的需要，哈尔滨地铁 1 号线一、二期工程设置 6 种调度电话：行车调度电话、电力调度电话、防灾/环控调度电话、维修调度电话、总调调度电话、备用调度。

（3）中心调度电话设备

控制中心设备由 1 套 MDS3400 MR2X 主系统、8 台 104 键键控调度操作台、1 套网管系统、1 套 32 通道数字录音仪（“1＋1” 热备）等组成。

控制中心数字调度电话连接

（4）车辆段调度电话设备

车辆段专用电话系统由 1 套 MDS3400 MRX 分系统、1 台 144 键值班台、6 台 40 键值班台、3 台调度分机、2 台 32 通道录音仪（“1＋1” 热备）等组成。

（5）停车场调度电话设备

停车场专用电话系统由 1 套 MDS3400 MRX 分系统、1 台 144 键值班台、3 台 40 键值班台、3 台调度分机和若干内部分机等组成。

（6）车站专用电话设备

哈尔滨地铁 1 号线一、二期工程 18 个车站各设置 1 套 MDS3400 MRX 分系统，通过数字通道与控制中心专用电话主系统连接。相邻车站分系统通过用户线相连。每个车站调度、专用分机和值班台与车站专用电话分系统相连。每个车站由 1 套专用电话分系统及若干调度、专用分机组成。

（7）网管方案

哈尔滨地铁 1 号线一、二期工程专用电话设备提供的网管系统是基于数字传输通道和计算机监控技术开发的一整套系统。从逻辑上，把 1 台主系统当作 1 个网元，在主系统、车站分系统叠加组成更大容量的专用电话系统时也是如此。网管系统可以同时管理多个主系统、车站分系统网元，同时能管理专用电话系统所属的终端。

网管与主系统之间采用 TCP/IP 通信，网管只需要与 1 台或几台主系统在 1 个 LAN 里，其余主系统、车站分系统可以靠主控之间的通信为网管管理远程网元提供 IP 通信通道。网管上和主控上都支持 IP 路由协议。网管系统和网元之间采用应用层协议。

（8）统一时间方案

控制中心主系统可提供 RS-422 接口或以太网口与时钟系统连接，以引入标准时间，用于专用电话系统及其附属设备（如网管、录音设备、调度台、值班台等）的时间同步，能够保证全线的专用电话系统在统一的时间标记下进行管理。

（9）接入集中告警系统方案

MDS3400 网管系统可提供以太网接口与集中告警子系统相连，及时上报专用电话子系统的告警消息，便于哈尔滨地铁 1 号线一、二期工程全线各系统的统一管理。

（10）录音系统方案

哈尔滨地铁 1 号线一、二期工程控制中心提供 1 套 32 通道数字录音仪（“1+1”热备份），车辆段设置 1 套 32 通道数字录音仪（“1+1”热备）。数字录音仪音频接口与专用电话子系统相连，通过音频口与广播子系统、无线子系统、公务子系统相连。启动方式可以设置“D”信道检测控制、声控启动和电压控制启动方式。热备份录音仪结构如图 2-3-4 所示。

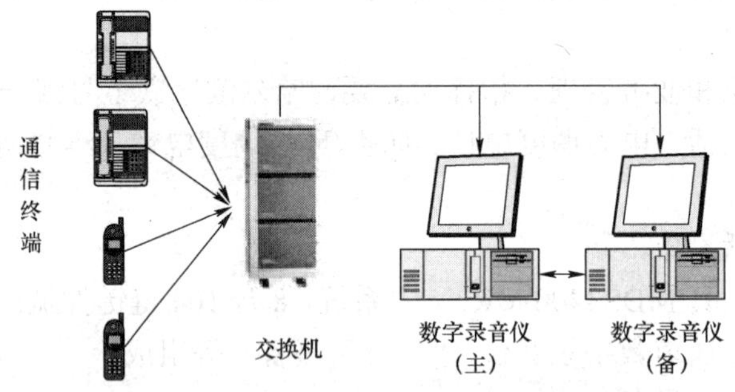

图 2-3-4　热备份录音仪结构

录音文件存储方式：录音系统在运行过程中会产生语音文件。语音文件是在录音时产生的存储语音信息的文件，存放在硬盘里。

录音仪调听方式：可通过计算机的界面对 FH8161 录音仪进行各项操作；可实时看到各个通道的工作状态，并可通过操作菜单中的各子菜单对语音资料进行管理、调听和监听。

（11）车辆段、停车场广播系统接口方案

扩音对讲终端通过共电接口接入车辆段、停车场专用电话系统，MDS3400 系统机柜通过一个干节点接口和一个音频接口与广播系统机柜连接。当库内司机或其他流动人员通过扩音对讲终端利用库内扬声器进行广播时，按下终端上的广播键，MDS3400 系统给广播系统送一个 10 mA 电流，通知广播系统打开此次呼叫的广播区扬声器；抬起终端上的广播键，呼叫结束后，MDS3400 系统切断送给广播系统的电流，关闭对应的广播区。按下扩音对讲终端上的直通对讲按键，可与值班台进行通话，并且本车辆段或停车场内的所有扩音对讲终端呼叫值班台时，值班台可定义一个按键不同时间显示各个扩音对讲终端的呼叫。车辆段和停车场的信号楼值班员或停车列检库值班员，通过其操作台按键直接对库内的司机或其他流动人员进行广播和对话。其系统连接示意图如图 2－3－5 所示。

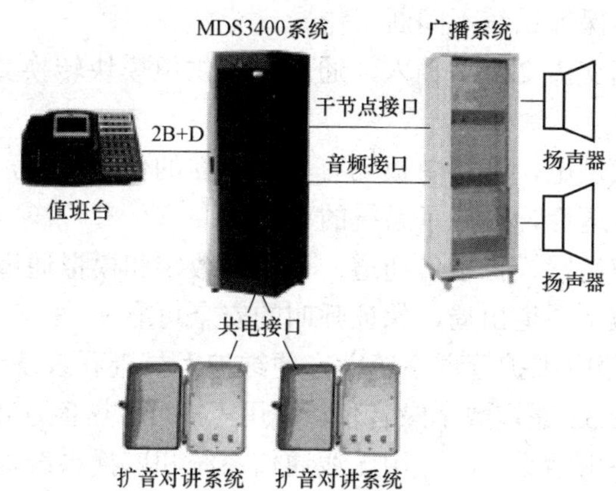

图 2－3－5　车辆段、停车场广播系统连接示意图

在车辆段设置 16 台扩音对讲终端，停车场设置 4 台扩音对讲终端，通过共电接口接入 MDS3400 主系统；与广播系统机柜之间通过 MDS3400 分系统的 EM 中继插板连接。

（12）车辆段会议电话实现方式

车辆段综合办公楼会议室设置 1 台 40 键按键式操作台，作为会议电话使用；同样通过 2B＋D 接口接入车辆段 MDS3400 分系统后台中。

操作台上的 40 个按键可根据需要定义成单呼键、组呼键、会议键、强插键、强拆键等，使用人员可以通过操作台实现会议电话的功能。

① 单呼：一键直通，可与车辆段内其他值班台、分机进行直接通话。

② 组呼：按下组呼键，可直接呼叫组内成员，并且开会过程中可随时一键增加或退出组内（外）成员。

③ 临时会议：操作台上设有临时会议键，使用人员按下临时会议键后，再按下想要呼叫用户对应的按键，即可召开双向的临时会议。增加或退出会议成员同样也可一键完成。

④ 通播：通播是一种特殊会议。通播由调度台发起，操作方式采用一键直通方式，调度员按一个通播键即可同时呼出事先定义的用户组中的全部用户。用户摘机后，调度台和所有用户在一个通播会议中，即调度台和各下级用户之间均具有双向通话链路，而各下级用户之间无通话链路。

⑤ 广播：广播是一种特殊会议。广播由调度台发起，操作方式采用一键直通方式，调度员按一个广播键即可同时呼出事先定义的用户组中的全部用户。用户摘机后，调度台和所有用户在一个广播会议中，即所有用户只能听到调度台的声音，但调度台听不到用户的声音，各用户之间也不能相互听声音。

MDS3400 系统设置了丰富的多方会议电路，会议主持人与参会用户组织任意的多组多方会议。调度台可组织任意多组多方（每组不超过 64 方）会议。

3）系统主要功能

（1）系统总体功能

MDS3400 系统的交换能力满足专用电话系统最大支持容量。MDS3400 主系统和车站分系统具有保护能力，主控板、交换矩阵、数据存储器等均采用双重热备，铃流等公共部件采

佳讯调度交换机

用负荷分担方式热备份，确保系统运行的可靠性。当系统出现故障时能实现自动和手动切换，保证系统不间断工作。

系统采用交流 220 V 输入，通过交流供电模块转换为 – 48 V，保证系统供电的安全可靠。

直流电源采用分散式供电，每块单板均有自己独立的供电单元，任何一块单板电源故障不会影响其他单板的正常运行，提高了系统的可靠性。

行调通信和站间通信设置模拟备份通道，可实现数字和模拟通道的手动与自动切换。

每个车站均有多个数字通道出局，保证呼叫的安全可靠。

MDS3400 系统具有集中维护管理系统，方便维护人员查看系统运行信息。

在控制中心设置 1 套 32 通道数字录音仪，采用“1 + 1”热备方式实时录制专用电话系统各调度台语音，并为公务电话系统、专用无线通信系统和广播系统提供录音功能。

MDS3400 系统采用模块化设计，由多块单板、多个机框、多个机柜组成，这种模块化的结构便于系统的安装、扩容和增加新设备，易于实现新功能。

（2）控制中心调度台功能

104 键操作台

控制中心侧采用 104 键按键式操作台。

调度员操作台采用按键式结构，操作台分为基本单元、扩展单元、对称单元，其中基本单元和对称单元各有 40 个用户键，扩展单元有 64 个用户键，最多可扩展至 336 键。

调度台的基本功能如下。

调度操作台采用按键式结构，控制中心调度员能通过调度台进行选呼、组呼、全呼、强拆、强插、会议等各种方式呼叫车站值班台、调度分机。调度操作台采用简体中文界面菜单式显示方式，呼叫能一键到位，操作简单、使用方便，呼出接通时有回铃音。

调度操作台上应配置功能键、选呼键、组呼键、全呼键、液晶显示屏等，以上各键应配相应发光管以指示其工作状态并有相关按键说明的书写位置。

行调及电调操作台应能提供两套独立的通话方式：主话路（内置麦克和喇叭，称为免提式）和副话路（即手柄）。调度操作台主话路应具有自动静噪及防振鸣功能。

行调、电调、防灾及维修调度操作台上均应配置外接话筒插孔，用于外接定向话筒；当不用外接话筒时可转换至内置麦克。

行调及电调台采用“全双工 + 强制键”的通话方式，当中心调度员需要向各站值班员发布调度命令时按下强制键，此时中心调度员处于送话状态；松开强制键，各站、段值班员听不到中心调度员的讲话。

控制中心各调度台具有台间联系功能，能相互进行通话。

当某一分机摘机呼叫调度台时，在调度台上有按键显示灯亮并同时伴有振铃。在此期间其他分机呼叫该调度台时，在调度台上也会有按键显示灯指示并听到振铃，此分机能听到回铃音，调度操作台根据具体情况接听，调度台具有回叫功能。

车站、车辆段、停车场值班员呼叫控制中心调度员时，控制中心调度员的控制台振铃并能按顺序显示呼叫分系统（分机）号码及用户名。

用户呼叫在通话的调度台时，调度台能显示该呼入的用户号，并具有回叫功能。对紧急呼叫与正常呼叫在显示及铃声上有区分。调度分机呼叫调度台，按热线功能连接，一键即通，响应迅速。

同一个调度电话系统内各调度分机间不允许通话，也不允许和其他调度电话系统的调度操作台所辖调度分机联系。

调度台与主系统后台的距离最远可至 5.5 km，采用音频电缆连接。

控制中心调度可同时召开 6 组电话会议（每组 64 方），或者多组小于 64 方的会议。会议进行中，中心调度员可随时增加和删除会议成员，并能控制成员（单个成员及全部成员）的发言权。增加和删除会议成员均只需要操作此成员对应的按键即可。

调度台能够对来话进行闭铃，即只通过显示器显示有新的来话，调度台不振铃。通话时进行闭铃操作，则调度台在本次通话过程中不再振铃，通话结束后，振铃恢复正常。

（3）车站、车辆段、停车场按键式值班操作台功能

哈尔滨地铁 1 号线一、二期工程提供 40 键操作台作为车站值班台使用。

值班台可作为调度电话分机接受调度台的呼叫，也可作为站间通信电话及站内电话使用。在允许接入自动电话网时还可通过拨号键区呼入呼出。其主要功能如下。

车站、车辆段值班员操作台有 3 个使用功能：与站内/段内直通用户通话；与相邻车站值班员（设直通键）通话；与区间电缆配合作为行车调度分机的备用。

车站、车辆段值班员（信号楼、运转室）、轮乘室操作台应采用按键式结构，值班员操作台具有单呼、组呼和全呼通话功能。一键到位，操作简单，使用方便。

操作台包括 40 个用户键，必要时可增加扩展单元或者对称单元，每个扩展单元包括 64 个用户键，每个对称单元包括 40 个用户键，最多可扩展至 336 用户键。

值班员操作台应配置功能键、选叫键、组呼键、液晶显示屏。以上各键应配相应发光装置以指示其工作状态。

值班台能够对来话进行闭铃，即只通过显示器显示新的来话，调度台不振铃。通话时进行闭铃操作，则调度台在本次通话过程中不再振铃，通话结束后振铃恢复正常。

值班台能按顺序显示各种呼叫，并区分是一般呼叫还是紧急呼叫；值班台可显示呼叫状态、呼叫顺序等信息。

值班员操作台与车站、车辆段调度专用分系统采用专用接口进行连接。

车站、车辆段各值班操作台具有台间联系功能，能相互进行通话，操作台上具有拨号键盘，可实现拨号功能。

采用双通道通信方式，值班员可同时采用免提或手柄方式呼叫应答，两个通道可同时使用，互不影响通信。

可接供接入录音系统的音频接口。

值班台与 MDS3400 分系统后台的距离最远可至 5.5 km，采用音频电缆连接。

（4）车站、车辆段、停车场内、间电话功能

车站、车辆段、停车场内电话分机可直接呼叫本站、本段、本场值班台；站间电话可直接呼叫上行或下行车站值班员（即呼即通功能）；站间电话具有紧急呼叫邻站及邻站呼入显示功能；站间电话不得出现占线（优先级高于站内直通电话）或通道被其他用户占用等情况。

站间电话有强插功能。站间电话中继优先级顺序为：车辆段汇接最高，站间中继最低。

调度分机具有 4 种及以上铃声可供选择，并在振铃时有明显的灯光提示。调度分机具有两种呼叫方式：一种为一般呼叫，另一种为紧急呼叫，在中心调度操作台上也有不同显示。

当一般呼叫调度台时，此用户对应的指示灯慢闪，并有铃声提示；当紧急呼叫调度台时，此用户的指示灯快闪，并且铃声急促，明显区别于一般呼叫铃声。行调分机具有单双工模式，可通过手柄上的按键进行单工通话。

PSL 电话应实现站内电话功能。该话机安装在轨道旁安全门侧，考虑防震措施，不会出现手柄误脱离情况，话机小巧便于摘挂机，具有噪声抑制功能。外壳防护等级达到 IP65 防护等级。可采用壁挂式安装。

各站站台端头设置紧急呼叫装置。在紧急情况下，相关人员可通过简单操作与车站值班员通话。

车辆段综合办公楼会议室会议电话可实行单呼、组呼、会议等功能，可与段内其他值班台直接通话，并可与段内不少于 20 部专用分机、值班台进行电话会议。会议电话包括扬声器及话筒。

站内电话主要用于车站值班员与站内工作人员之间以及站内工作人员相互之间的业务联络，车站值班员可召集多个站内用户同时通话。

站内的用户可以接入专用电话系统所提供的共电接口。这些接口通过专用电话系统内部的交换网络、多方会议电路方便灵活地组成了站内专用电话系统。

值班员可以通过操作台上的按键对站内电话任意实现单呼、组呼、全呼、强插、强拆。采用按键方式，一键代表一个站内用户，每个热键具有独立的显示。

站内直通电话分机呼叫方式有两种：第一种是将站内分机设置为热线方式，站内分机不可以拨打其他分机，分机用户摘机后直接接通值班台；第二种是将站内分机设置成延时热线，站内分机可以拨打其他分机，分机用户摘机后在时延时间内不拨号即自动与值班台接通，在值班台上对应这些分机有相应的热键及显示，每个热键有独立的显示，在对其各分机之间的通话时可进行插话和强拆。

调度分机摘机直接呼叫调度台时，在调度台上有振铃及热键显示灯指示。如同时有另一分机呼叫该调度台（除行调台）时，在调度台上也有热键显示灯指示和听提示音，此时分机可听到回铃音，调度台操作员可根据具体情况接听。分机之间不能直接进行通话。

当行调台正与某一调度分机通话时，如有另一个行调分机呼入行调台，自动接听加入会议。

（5）车辆段、停车场电话广播功能

车辆段、停车场分系统通过干节点接口和音频接口与广播机柜直接相连。车辆段、停车场的信号楼值班员或运用库、检修库及停车列检库值班员通过操作台按键直接对库内的司机或其他流动人员进行广播和对话。库内的司机或其他流动人员可通过现场设置的扩音对讲终端与值班员进行对话或利用库内扬声器进行广播。

扩音对讲终端通过共电接口接入车辆段、停车场专用电话系统。MDS3400 系统机柜通过一个干节点接口和一个音频二线接口与广播系统机柜连接。当库内司机或其他流动人员通过扩音对讲终端利用库内扬声器进行广播时，按下终端上的广播键，MDS3400 系统给广播系统送 10 mA 电流，通知广播系统打开此次呼叫的广播区扬声器。抬起终端上的广播键，呼叫结束后，MDS3400 系统切断送给广播系统的电流，关闭对应的广播区。按下扩音对讲终端上的直通对讲按键，可与值班台进行通话，并且本车辆段内的所有扩音对讲终端呼叫值班台时，值班台可定义一个按键不同时间显示各个扩音对讲终端的呼叫。车辆段的信号楼值班员或停车列检库值班员，通过其操作台按键直接对库内的司机或其他流动人员进行广播和对话。

扩音对讲终端考虑防震措施，具有噪声抑制功能，具有 2 个直通对讲按键、1 个广播按键（通过调度专用电话系统和广播系统互联实现）。

（6）中心维护管理功能

根据哈尔滨地铁 1 号线一、二期工程需求，在控制中心设置 1 套网管系统，实现对全线专用电话系统的维护管理功能，同时设置 1 套便携式网管，实现本地或远程维护管理。

MDS3400 网管系统参照 TMN 标准，通过 AnyManager 网管系统进行，涵盖了数据和配置管理、性能管理、告警与测试管理、安全管理四大功能，是一个综合统一的网管平台。

网管系统对专用电话系统（包括主系统、车站分系统、操作台）的整个网络资源、性能、故障、安全统一管理。

MDS3400 网管系统由主系统、车站分系统、操作台、录音系统中的统一网管接口以及一个或多个网管终端组成。

网管终端可以设置在系统的任何一个或多个站点。

MDS3400 主系统和分系统均支持远程集中维护功能，通过传输系统提供以太网通道，完成对全线设备的统一维护管理。MDS3400 组网方案如图 2－3－6 所示。

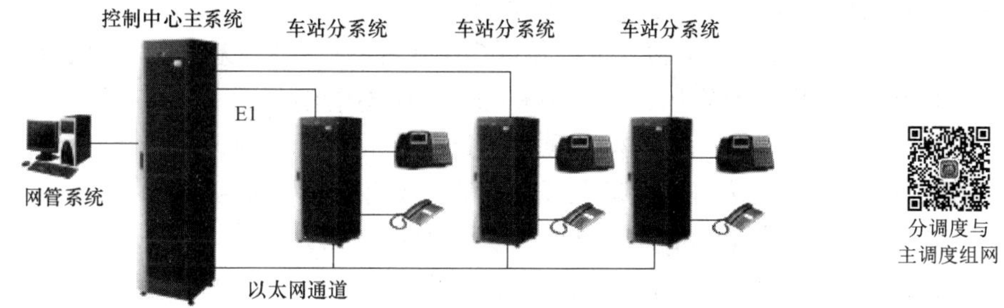

图 2－3－6　MDS3400 组网方案

（7）车站、停车场、车辆段站间电话录音功能

在各车站、停车场、车辆段增加带有录音功能的数字电话机，可以对车站、停车场、车辆段站间电话通话进行录音。录音电话机采用 SD 卡进行录音数据存储，并可按照录音次序、录音时间及录音号码查询录音。

（8）数字录音设备功能

哈尔滨地铁 1 号线一、二期工程在控制中心提供 2 台 32 通道数字录音仪（“1+1”热备），车辆段提供 2 台 32 通道数字录音仪（“1+1”热备）。录音设备可通过音频接口与专用电话子系统相连，通过音频口与广播子系统、无线子系统、公务子系统相连。启动方式可以设置“D”信道检测控制、声控启动和电压控制启动方式。

（9）调度电话功能

调度电话包括行车调度电话、电力调度电话、维修调度电话、防灾/环控调度电话、总调度电话功能。

调度电话业务通过主系统呼叫车站分系统接入的调度分机用户实现，每种调度业务占用数字通道中的一个时隙，采用点对点的方式实现与沿线调度分机的通话。

（10）集中告警上传功能

MDS3400 网管系统可通过以太网接口与集中告警系统相连，向集中告警系统实时传递专用电话子系统的告警信息。

当专用电话子系统有故障告警时，则立即发送故障告警信息，集中告警终端回应确认信息。当故障修复时，专用电话子系统网管要向集中告警终端发送故障修复信息，以便消除集中告警终端告警提示并回发修复确认信息。

（11）系统安全保护功能

本系统采用数字星形组网方案。采用数字星形组网方案进行行调和站间通道模拟备份，以提高系统的安全可靠性。某个车站的故障或某条传输路由中断不影响整个系统的使用，为整个系统的安全可靠性提供了保障。

通过区间电缆连接主系统和车站分系统，作为行调数字通道的模拟备份；同时通过市话缆将相邻两车站的磁石接口对接起来，作为对数字站间通信的模拟备份。在数字通道发生故障时，MDS3400 系统将自动切换到模拟传输通道实现行调和站间通信业务，形成数字/模拟通道互为热备份，提高了系统的安全可靠性。切换时间小于等于 50 ms。

2.3.3 电话系统维护

1. 电话系统设备日检

电话系统设备日检主要包括以下内容。

① 记录机房温湿度，检查机房是否存在异常（无漏水，无积水，无鼠迹，无异味，无异响）。

② 清洁机柜：要确保公专电话和综合配线柜清洁，无灰尘。

③ 检查机柜风扇：检查机柜顶部风扇是否异常，避免风扇停止运行影响散热。

④ 检查线缆连接情况：确保线缆整齐，无松动，无破损。

⑤ 检查公务电话 30B + D 中继卡板：2DT－PRI。

正常情况下：LOS 指示灯常灭，GEN 指示灯常灭，CRC 指示灯常灭，RAI 指示灯常灭。

⑥ 检查专用电话主控板 MPU 的工作状态。

正常情况下：ACT 指示灯绿色常亮，RUN 指示灯绿色闪烁，ALM 指示灯常灭，MOD 指示灯绿色常亮。

⑦ 检查专用电话驱动板 DRV 的工作状态。

正常情况下：ACT 指示灯绿色常亮，RUN 指示灯绿色闪烁，ALM 指示灯常灭。

⑧ 检查专用电话扩展板 EXT：ACT 指示灯绿色常亮。

⑨ 检查专用电话模拟用户板 ASL 共电板、数字用户板 DSL，U 口板、资源板 RES、数字中继板 DTL、数字环板 DLL、多功能接口板 MIL 的工作状态。

正常情况下：ACT 指示灯绿色常亮，RUN 指示灯绿色闪烁，ALM 指示灯常灭，COM 指示灯绿色常亮，STA1～STA8 指示灯绿色常亮。

⑩ 检查专用电话铃流板 RNG 的工作状态。

正常情况下：RING 指示灯绿色常亮，SRING 指示灯绿色常亮，ALM 指示灯常灭。

2. 电话系统设备月检

电话系统设备月检项目除要进行日检内容外，还要包括以下两方面。

① 检查综合配线柜内配线及用户信息：跳线牢固；更新配线资料，资料准确。

② 检查值班调度台工作状态：外观无损坏，毁坏；连线牢固可靠；显示屏清晰完整；按键灵活有效；通话测试正常。

3. 电话系统设备年检

电话系统设备年检项目除要进行日检内容外，还要包括以下两方面。

① 检查综合配线柜内配线及用户信息：保证跳线牢固、无脱落；更新配线资料，要求资料准确。

② 检查值班调度台工作状态，保证：外观无破损、损坏；连线牢固可靠；显示屏清晰完整；按键灵敏有效；通话测试正常；更换性能不良或工作状态不稳定的调度台；调度台键值数据和组呼数据备份。

4. 故障处理

电源模块

案例 1　公务电话故障处理报告

公务电话故障处理报告见表 2－3－3。

表 2－3－3　公务电话故障处理报告

故障日期	2017.2.19	故障地点	网管中心
故障影响范围	1 号线全线公务电话出局业务	故障处理人员	×××
故障系统	公务电话		
故障描述	2 月 19 日全线公共电话无法出局		
故障分析	电源模块损坏，导致控制中心配电柜公务电话机柜内 3 块电源板损坏，公务电话机柜断电		
故障处理	2017 年 2 月 19 日 22 时 30 分在结束运营后，首先将公务电话机柜内现有 3 块电源板的开关关掉，将另一块没有损坏的电源模块开关关掉；然后将交流配电柜上公务电话的两路空气开关关掉，拔出损坏的电源模块及 3 块电源板，插入新的电源模块及 3 块电源板，将交流配电柜上公务电话的两路空气开关打开，打开两个电源模块的开关，打开电源板上的开关		

案例 2　专用电话故障处理

1. 故障描述

专用电话系统于 20××年 5 月 17 日 12:05 出现行调一台、行调二台、电调二台、维调无法呼出的故障，至 12:46 又间歇性地产生几次，每次都是无法呼出，然后几十秒内自动恢复。通过查看相关时间段的网管告警发现主用的 8 号槽位的 MPU 板出现连接网管失败又自动恢复的告警。当时考虑有可能是 8 号槽位的 MPU 板有问题，13:28 切换备用 7 号 MPU 板，后测试各个调度台能正常使用。5 月 30 日 14:24 太平桥站断电，控制中心又出现 4 个调度台间歇性无法呼出的故障，与 5 月 17 日故障有很大相似性。通过查看 5 月 17 日日志文件，发现 5 月 17 日也进行过分系统站点的断电。

2. 故障分析

结合两次故障产生的条件，重点复现测试单站全断电、只传输设备断电和只专用电话系统断电这 3 种情况，发现只要传输设备断电，进行多次组呼就有一定产生故障。故障产生的直接原因是当调度台组呼时，调度台对断电站点会产生无限次呼叫的迂回路由判断，致 MPU 板业务繁忙而使调度台无法呼叫各站，等几十秒后 MPU 板自恢复后故障消失。根本原因是在正常情况下，当某站传输设备断电瞬间，专用电话系统的断电站点 2M 板、控制中心 2M 板和断电站点的上下行邻站 2M 板会立刻产生 2M 告警。调度台组呼各站时，当呼叫断电站点时，会根据 2M 告警进行呼叫路由的判断，直通路由和迂回路由都有告警（控制中心 2M

板卡和上下行邻站 2M 板卡都有告警）的情况下，会在调度台提示断电站点线路错误无法参与，从而跳过断电站点正常呼叫其他站点；而故障情况下，某站断电，直通路由有告警（控制中心 2M 板卡有告警），而 2 个上下行邻站没有产生 2M 告警，从而导致当组呼时，呼叫断电站点时，根据 2M 告警进行路由选择。由于 2 个上下行邻站没有 2M 告警，系统会选择迂回路由通过上下邻站无限次的呼叫断电站点失败，从而导致 MPU 板业务繁忙而影响调度台呼叫其他站点。所以，问题的根本原因是，某站传输设备断电，系统相邻上下站 2M 板卡没有正常地产生 2M 告警。

3. 故障处理

通过和传输系统工程师沟通，工程师解释为某站传输设备断电时，上下相邻站点的传输设备收到告警后会进行 2M 的倒换，有可能倒换出现断电站的上下行邻站的 2M 告警消失，从而出现电话系统上下行邻站的 2M 板卡没有 2M 告警，或者 2M 告警产生后又消失的情况。解决方法为：修改传输系统各站的数据，使某站断电时，相邻上下站点能正常产生告警并且不会 2M 倒换后消失告警。

总结：某子系统故障原因可能来自其他子系统，所以故障处理要综合分析，难度相对较大。表 2–3–4 为专用电话系统常见故障汇总。

表 2–3–4　专用电话系统常见故障汇总

故障地点	故障现象	发生时间	恢复时间	故障分析及处理
哈工大站	车控室专用电话与行调、维调通话时好时坏	18:06	18:58	AM 线接触不良，紧固后恢复
工程大学	专用调度台打客服中心打不通客服中心可回拨成功	18:25	19:05	客服中心电话故障（振铃损坏）更换客服中心电话后恢复
烟厂站	车控室专用调度台间断无来电振铃，接通能正常通话	7:34	7:46	重启调度台，故障消除，调度台恢复正常
医大一院	车控室调度台免提键不好使	7:18	9:17	按键损坏更换调度台
车辆段	场调总自动呼叫行调	15:52	21:10	更换话机后恢复
西大桥	专用电话调度台手柄通话声音时有时无	6:30	9:10	更换话筒线后恢复
烟厂站	车控室专用电话调度台通话声音小	22:02	22:08	紧固调度台麦克风线后恢复
交通学院	专用电话调度台杂音特别大，影响正常通话	7:00	7:35	中心切换路由后恢复
黑大站	专用电话调度台手柄通话有杂音	19:26	10:16	更换话机与座机连线后恢复
医大一院	车控室调度台经常自动重启	12:40	14:45	电源线接触不良，更换后恢复
车辆段	场调总是自动呼叫行调	9:45	10:30	专用电话配线架上线虚接，重新卡线后恢复
OCC	专用电话调度台时间与时钟时间不一致	21:49	22:28	更换专用电话网管主机后，把网管服务器与时钟系统给的时间信号同步后恢复

2.3.4　专用电话调度台故障处理仿真实验

实验图片

1. 实验概述

通过该实验，让学员了解专用电话调度台故障的常见故障现象，并熟知处理问题的常用方法，掌握一定的处理和维护专用电话调度台故障现场处置方案。

专用电话调度台故障主要是公务电话软交换服务器 CPM2 状态显示未知，由于公务电话软交换系统采用 CPM1、CPM2 主备切换模式，此时 CPM1 工作正常，所以未对正常运营造成影响。该实验内容即完成专用电话调度台故障处理。

2. 实验步骤

进入“实验平台”，出现实验项目引导界面，选择专用调度故障，进入实验。进入实验后出现实验介绍，单击“跳过”。完成对专用调度故障的处理流程的学习。

专用电话调度台故障处理流程如图 2-3-7 所示。

图 2-3-7　专用电话调度台故障处理流程

1）流程选择

单击主界面的“监控故障”，进入如图 2-3-8 所示界面。了解故障提示，单击“关闭”。

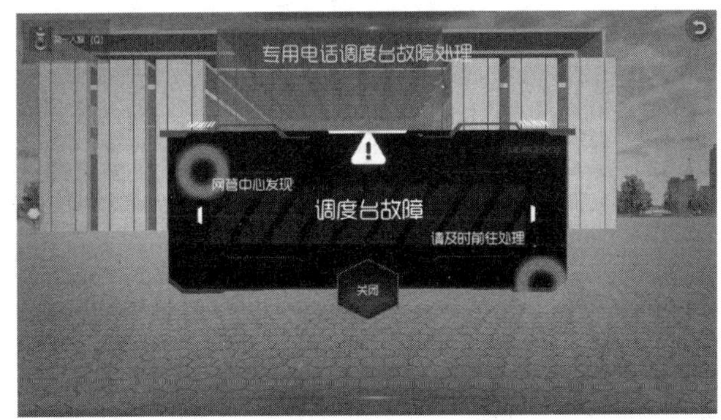

图 2-3-8　高频开关故障

如图 2-3-9 所示，进行流程自选，依次将其拖入左侧流程框。（提示：若选错可再单击该流程，则该流程会退回到备选区。）

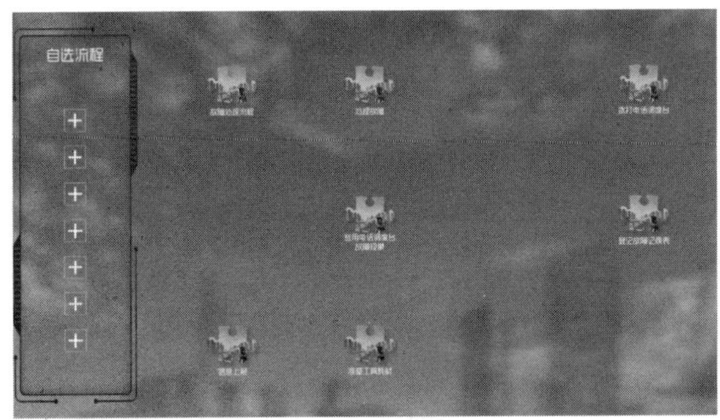

图 2-3-9　自选流程

检修作业务必符合标准流程，如图 2–3–10 所示。（提示：如自选流程和标准流程有差异，请按标准流程进行。）

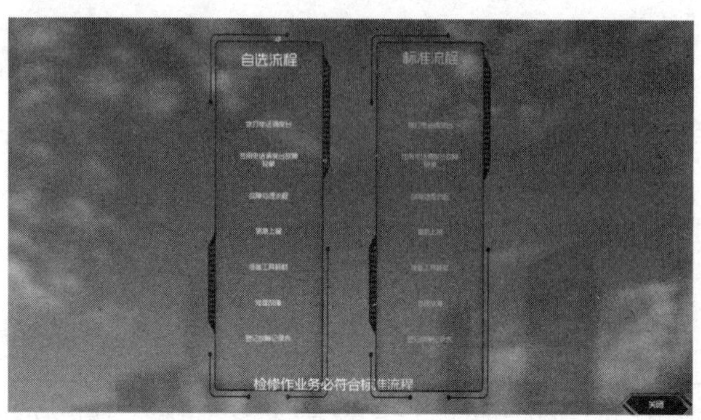

图 2–3–10　正确流程

2）拨打电话调度台

单击左侧主任务流程里的“拨打电话调度台”，再单击下方详细任务分解中的“拨打电话调度台”，会出现如图 2–3–11 所示的任务提示。右下角有标准流程，单击其展开，查看详细流程。

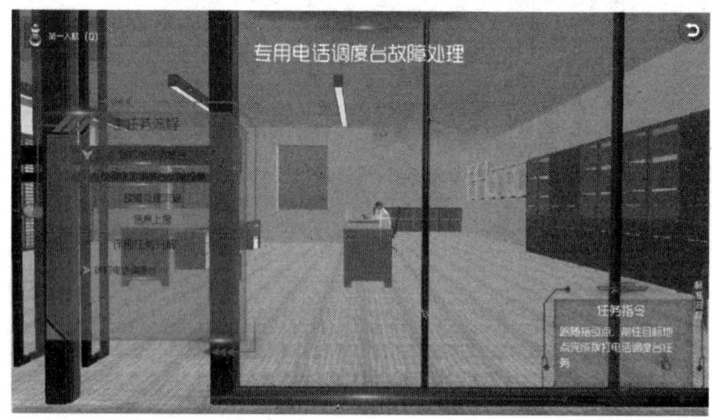

图 2–3–11　任务提示

单击“拨打电话调度台”，如图 2–3–12 所示，电话拨打不通。

图 2–3–12　拨打电话调度台

3）专用电话调度台故障现象

根据任务指令，前往目的地完成故障处理任务。要求掌握以及了解专用电话调度台故障的表现形式，检查专用电话调度台故障状态。

任务主界面如图 2–3–13 所示。

图 2–3–13　任务主界面

单击“故障现象”，电话调度台故障，停止工作，如图 2–3–14 所示。

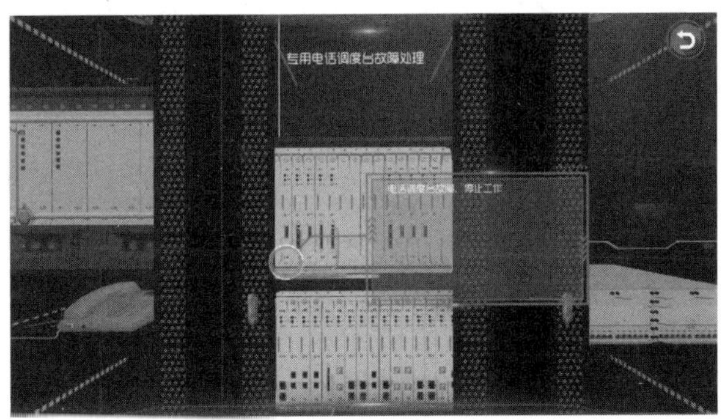

图 2–3–14　故障现象

4）故障处理流程

如图 2–3–15 所示，根据任务，单击详细任务分解中的“故障流程处理”，展开详细任务，单击后出现任务提示，完成电话调度台处理的主要流程查看。

图 2–3–15　任务主界面

单击“故障处理流程”，单击紫色闪动手势后，会将故障流程收纳到右侧，再次单击即可展开。专用电话调度台故障处理流程图如图 2-3-16 所示。

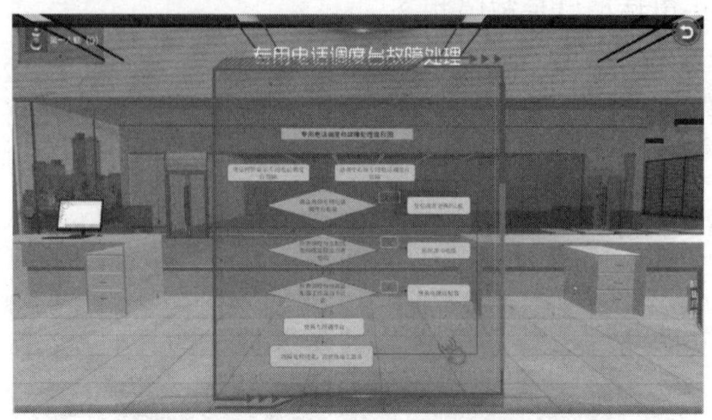

图 2-3-16　专用电话调度台故障处理流程图

5）信息上报

根据任务指引，单击详细任务分解中的“信息上报”。如图 2-3-17 所示，了解专用电话调度台故障信息上报的主要流程。

图 2-3-17　任务主界面

根据系统指引，单击“信息上报”。

① 如图 2-3-18 所示，网管班组发现告警后，通知工班人员，并上报分公司生产调度。单击图中手型指引进行下一步。

图 2-3-18　发现告警

② 如图 2-3-19 所示，综合调度通知相关受影响专业做好应急处置准备。单击图中手型指引进行下一步。

图 2-3-19　应急处置准备

③ 如图 2-3-20 所示，分公司生产调度将此情况通知通号分公司相关人员及综合调度。单击图中手型指引进行下一步。

图 2-3-20　通知通号分公司

④ 如图 2-3-31 所示，通号分公司应急抢修小组。单击图中手型指引进行下一步。

图 2-3-21　应急抢修小组

6）工具准备

如图 2-3-22 所示，单击“准备工具耗材”，展开详细任务列表。学习和了解每个工具的用途。

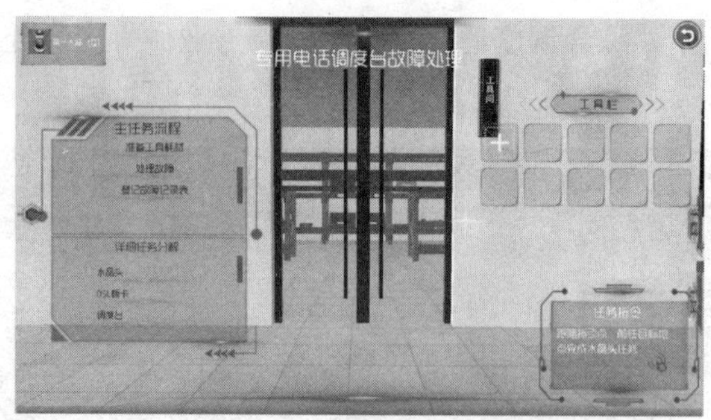

图 2-3-22　任务主界面

① 如图 2-3-23 所示，根据系统指引，单击下方工具，如水晶头。

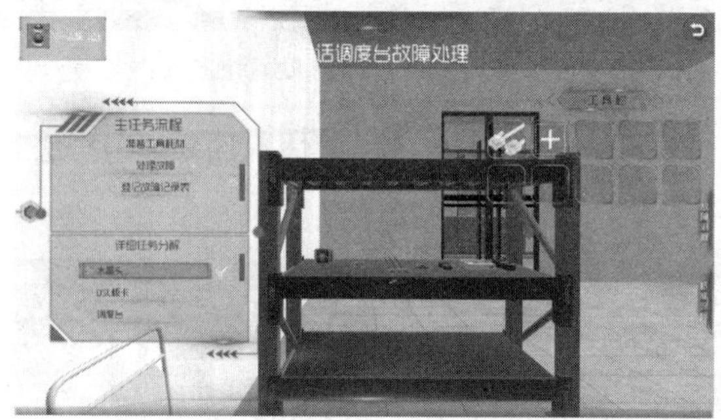

图 2-3-23　水晶头

② 如图 2-3-24 所示，根据系统指引，单击下方工具，如 DSL 板卡。

图 2-3-24　DSL 板卡

③ 如图 2-3-25 所示，根据系统指引，单击下方工具，如调度台。

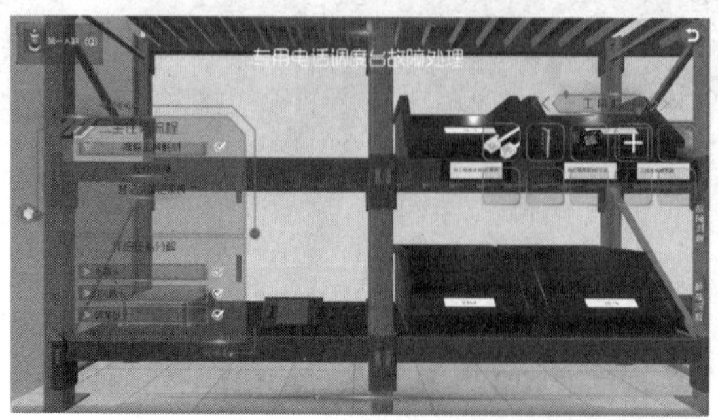

图 2-3-25　调度台

7）故障排除

单击主任务流程中的“处理故障”，展开详细任务列表。完成专用电话调度台故障的检查及排除故障。

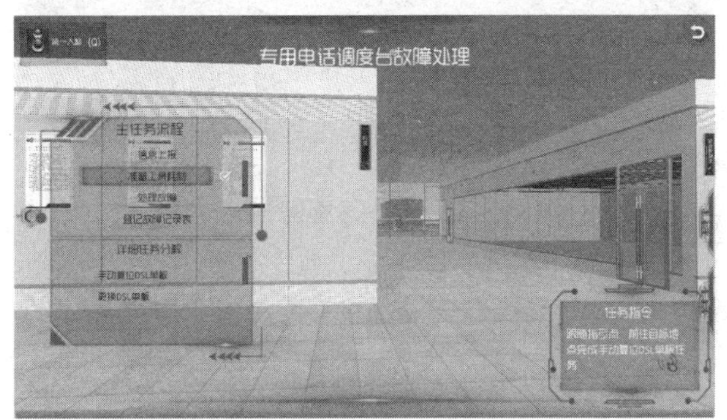

图 2-3-26　任务主界面

数字调度其他板卡安装及供电

调度设备更换单板。

① 如图 2-3-27 所示，关闭开关。单击图中手型指引进行下一步。

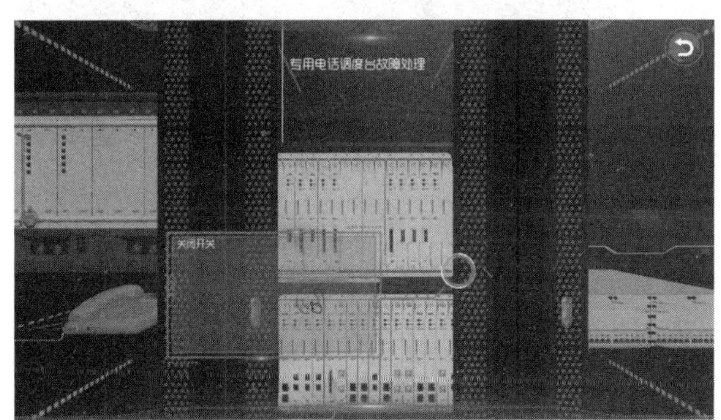

图 2-3-27　调度设备

② 如图 2-3-28 所示，手动复位 DSL 单板。单击图中手型指引进行下一步。

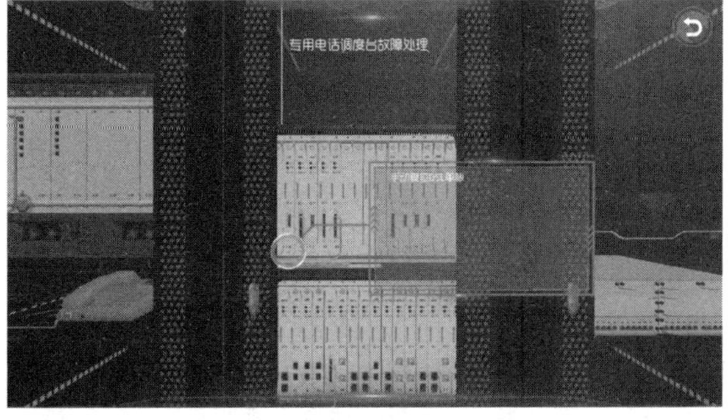

图 2-3-28　DSL 单板

③ 如图 2-3-29 所示，打开开关。单击图中手型指引进行下一步。

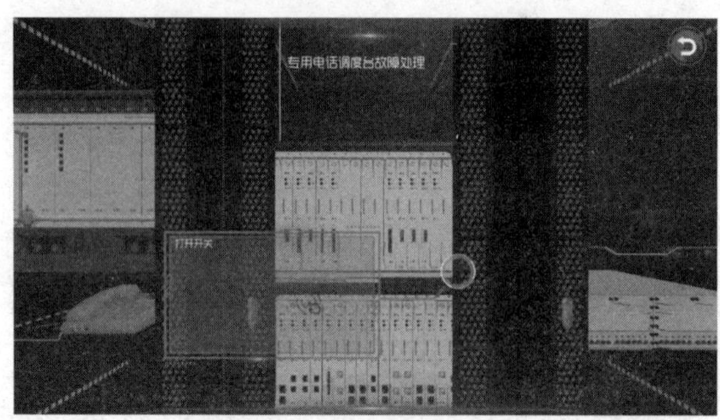

图 2-3-29　打开开关

④ 如图 2-3-30 所示，电话调度台恢复正常工作状态。单击图中手型指引进行下一步。

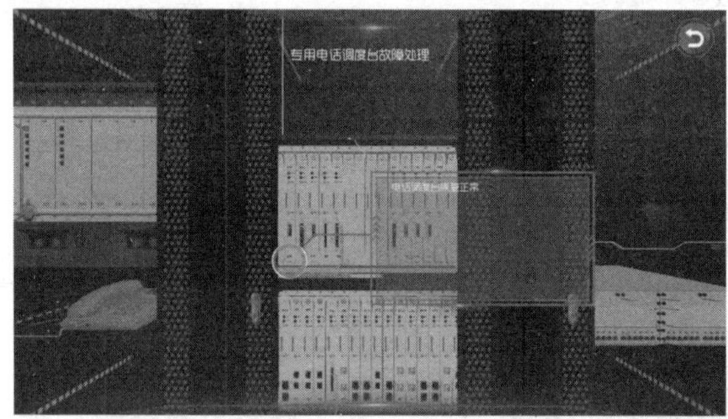

图 2-3-30　恢复正常工作状态

8）登记故障记录表

如图 2-3-31 所示，单击主任务流程中“登记故障记录表”，展开详细任务列表，完成专用电话调度台故障填写的相关流程。

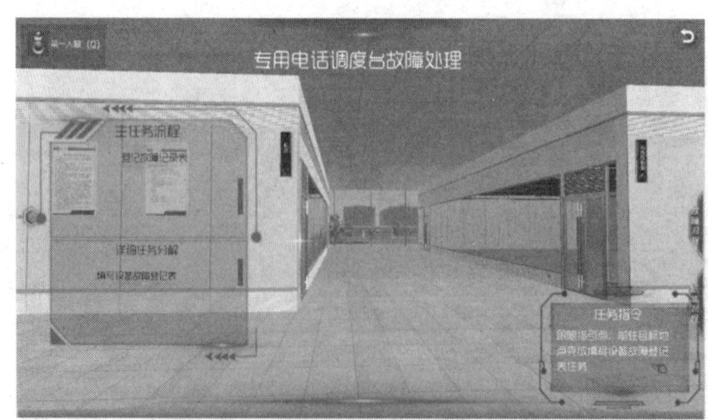

图 2-3-31　任务主界面

如图 2-3-32 所示，单击详细任务分解中“填写设备故障登记表”。

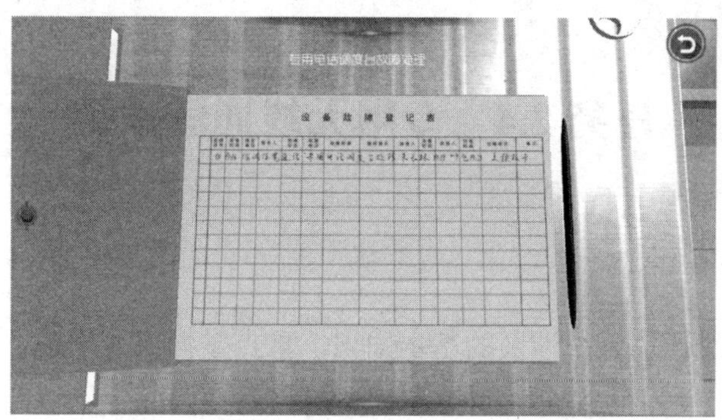

图 2-3-32　填写设备故障登记表

3. 实验总结

本次实验帮助我们了解调度电话基本原理。专用电话调度台故障主要是公务电话软交换服务器 CPM2 状态显示未知，由于公务电话软交换系统采用 CPM1、CPM2 主备切换模式，此时 CPM1 工作正常，所以未对正常运营造成影响。通过了解专用电话调度台故障的表现形式，检查专用电话调度台故障状态，掌握专用电话调度台故障处理流程。

学习自评

根据以上内容，在表 2-3-5 空格里填写自评。

表 2-3-5　学生自评表

评价内容	
本部分内容学习收获	
需要继续深入学习内容	
学习中存在的问题或感悟	

任务 2.4　专用无线通信系统

任务布置

（1）掌握专用无线通信系统涉及的基本知识，重点掌握天线增益、极化、衰减、驻波比概念；

（2）分析哈尔滨地铁 1 号线一、二期工程专用无线通信系统场强覆盖范围；熟悉无线设备在各点的分布和台套数；

（3）根据附录 A 中城轨通信专业维护巡检表专用无线系统部分模拟进行无线系统日常巡检，掌握专用无线通信系统日、月、年维护具体内容，分析该系统日、月、年维护项点的不同；

（4）根据所提供的故障案例，分析专用无线通信系统故障解决思路；

（5）学习无线天馈系统故障处理仿真实验内容，掌握无线天馈系统故障处理流程。

相关知识

2.4.1　专用无线通信系统概述

1. 无线通信知识

1）无线通信概念

无线通信是利用电磁波在空间的传播进行信息传递的一种通信方式。常见的无线通信方式有移动通信、微波通信和卫星通信等。近些年，在信息通信领域中发展最快、应用最广的是无线通信。

无线通信系统一般由发射机、接收机及与其相连接的天线（含馈线）构成。

在无线通信系统中，对信号变换起重要作用的是调制和解调。

用所要传送的基带信号控制高频振荡信号的某一个参数（如幅度、频率或相位），即把基带信号“附加”到高频振荡上，使基带信号变换为适合传输的高频带通信号，这一过程就是调制。

通常将待传输的基带信号称为调制信号；将高频振荡信号称为载波信号，而将加载了基带信号的高频信号称为已调信号。

调制的种类很多。按调制信号的形式可分为模拟调制和数字调制。模拟调制包括幅度调制（AM）、频率调制（FM）和相位调制（PM）；数字调制包括幅移键控（ASK）、频移键控（FSK）、相移键控（PSK）以及快速频移键控（FFSK）、高斯最小频移键控（GMSK）等。

解调是调制的逆过程，其作用是从接收的已调信号中恢复原调制信号，即基带信号。常用的解调方式有两种：相干解调和非相干解调（包络检波、鉴频器）。

无线通信的工作方式主要有单工通信、双工通信和半双工通信 3 种。

在无线通信中，由于众多电台之间的相互作用、相互影响，可产生互调干扰、邻道干扰和同频干扰等。

2）天线

在无线通信系统中，发射机输出的射频信号功率，通过馈线（电缆）输送到天线，由天线以电磁波形式辐射出去。电磁波到达接收地点后，由天线接收下来并通过馈线送到无线电接收机。因此，天线是能够有效辐射和接收电磁波的装置，没有天线就没有无线通信。

发射天线能够有效地将高频电流能量转换为电磁波能量并辐射出去；接收天线能够有效地将电磁波能量转换为高频电流能量并送入接收机。因此从能量观点来看，天线是一种能量变换器。

天线具有互易性，天线的输入阻抗、方向性等在发射状态、接收状态均相同，这样同一天线既可用于发射又可用于接收，其性能完全相同。

天线根据工作波段、方向性、频带宽度、用途等有不同的分类。

按照工作频段，可分为长波天线、中波天线、短波天线、超短波天线以及微波天线等；按方向性分类，可分为全向天线和定向天线；按照结构形式来分类，可分为线天线和面天线。

把天线和发射机或接收机连接起来的系统称为馈线系统。馈线的形式随频率的不同而分为双导线传输线、同轴线传输线、波导或微带线等。由于馈线系统和天线的联系十分紧密，有时把天线和馈线系统看成一个部件，统称为天线馈线系统，简称天馈系统。

天线的基本特性有天线的方向性、输入阻抗、增益和极化等。

（1）天线的方向性

天线的方向性是指天线向一定方向辐射电磁波的能力。对于接收天线而言，方向性表示天线对不同方向传来的电磁波所具有的接收能力。天线有了方向性，就能在某种程度上相当于提高发射机或接收机的效率，并使之具有一定的保密性和抗干扰性。

天线的方向性通常用方向图来表示。天线方向图是天线辐射出的电磁波在自由空间存在的范围，是表示天线方向性的特性曲线，即天线在各个方向上所具有的发射或接收电磁波能力的图形。

方向图通常都有两个或多个瓣，其中辐射强度最大的瓣称为主瓣，其余的瓣称为副瓣或旁瓣。通常将主瓣的两个半功率密度点之间的夹角称为主瓣宽度，用 $2\theta_{0.5}$ 表示（图 2－4－1）。显然，主瓣宽度越小，说明天线辐射能量越集中，其定向辐射性能越好，也就是天线的方向性越强。主瓣宽度是天线的一个很重要的电参数和电指标。

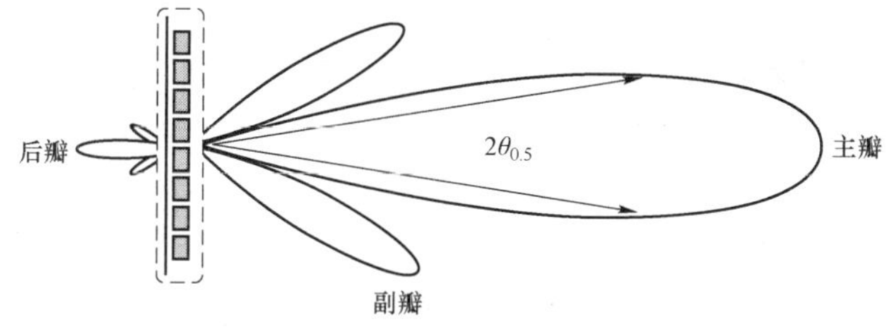

图 2－4－1　天线的波瓣图

（2）输入阻抗

天线和馈线的连接端，即馈电点两端感应的信号电压与信号电流之比，称为天线的输入阻抗。

天线与馈线的连接，最佳情形是天线输入阻抗是纯电阻且等于馈线的特性阻抗，这时馈线终端没有功率反射，馈线上只有反射波，即行波。天线的输入阻抗随频率的变化比较平缓。

天线的匹配工作就是消除天线输入阻抗中的电抗分量，使电阻分量尽可能地接近馈线的特性阻抗。匹配的优劣一般用 4 个参数来衡量，即反射系数、行波系数、驻波比和回波损耗，4 个参数之间有固定的数值关系。在日常维护中，用得较多的是驻波比和回波损耗。

驻波比（VSWR）定义为波腹电压与波节电压之比。其值在 1 到无穷大之间。驻波比为 1，表示天线与馈线完全匹配；驻波比为无穷大表示全反射，完全失配。在移动通信系统中，一般要求驻波比小于 1.5，但实际应用中 VSWR 应小于 1.2。过大的驻波比会减小基站的覆盖并造成系统内干扰加大，影响基站的服务性能。

回波损耗定义为反射系数绝对值的倒数。回波损耗的值在 0 到无穷大之间。回波损耗越小表示匹配越差，回波损耗越大表示匹配越好。回波损耗为 0 表示全反射；无穷大表示完全匹配。在移动通信系统中，一般要求回波损耗大于 14 dB。

当天线和馈线不匹配时，也就是天线阻抗不等于馈线特性阻抗时，负载就只能吸收馈线上传输的部分高频能量，而不能全部吸收，未被吸收的那部分能量将反射回去，形成反射波。此时馈线上既有入射波，又有反射波，行波与驻波并存。在入射波和反射波相位相同的地方，电压振幅相加，为最大电压振幅，形成波腹；而在入射波和反射波相位相反的地方，电压振幅相减，为最小电压振幅，形成波节；其他各点的振幅介于波腹与波节之间。

（3）增益

天线增益是用来衡量天线在某一特定方向收发信号的能力，是选择天线最重要的参数之一。天线增益有两种定义，即 dBi 和 dBd。dBi 是天线相对于点源天线（全向天线）的增益；dBd 是天线相对于半波对称振子天线的增益。两者之间的关系是：dBi = dBd + 2.15。例如：3 dBd = 5.15 dBi。

一般说来，天线的主瓣波束宽度越窄，天线增益越高。天线增益对移动通信系统的运行质量极为重要。相同的条件下，增益越高，电波传播的距离越远。一般地，GSM 定向基站的天线增益为 18 dBi，全向天线的增益为 11 dBi。

（4）极化

天线向周围空间辐射的电磁波由电场和磁场构成。通常将电场的方向规定为天线的极化方向。如果电波的电场方向垂直于地面，称之为垂直极化波；如果电波的电场方向与地面平行，则称之为水平极化波，如图 2－4－2 所示。

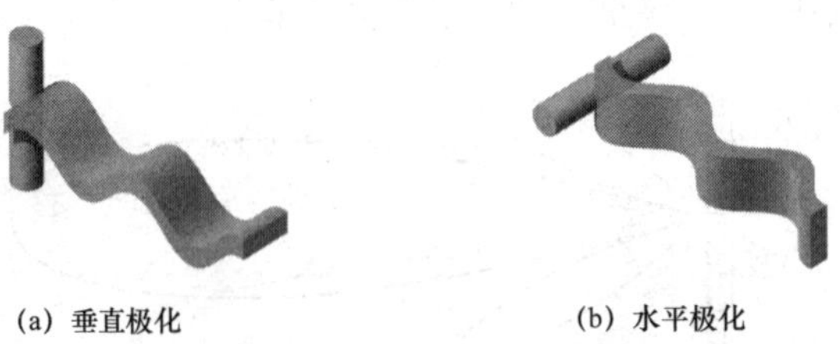

(a) 垂直极化　　(b) 水平极化

图 2－4－2　天线极化示意图

当来波的极化方向与接收天线的极化方向不一致时，在接收过程中通常都要产生极化损失。当接收天线的极化方向（如水平极化）与来波的极化方向（相应为垂直极化）完全正交时，接收天线也就完全接收不到来波的能量，这时称来波与接收天线极化是隔离的。因此，在实际应用中一定要注意收发天线要极化匹配，即垂直极化波要用具有垂直极化特性的天线来接收，水平极化波要用具有水平极化特性的天线来接收。

3）馈线

天馈线安装

连接天线和发射机（或接收机）输出（或输入）端的导线称为馈线或传输线。馈线的主要任务是有效地传输信号能量。因此，它应能将天线接收的信号以最小的损耗传送到接收机输入端，或将发射机发出的信号以最小的损耗传送到发射天线的输入端，同时它本身不应拾取或产生杂散干扰信号。这样，就要求馈线必须屏蔽或平衡。

在实际应用中，由于平行双线传输的损耗大，很少采用平行双线传输作为馈线，都采用同轴电缆作为馈线，同轴电缆特性阻抗规格多（50 Ω、75 Ω、120 Ω），较易与实际阻抗匹配。由于同轴电缆两根导体对地不对称，因此称为不对称式或不平衡式传输线。

馈电系统主要涉及两个问题：一是天线与馈线的阻抗匹配问题；二是天线与同轴线连接时的平衡、不平衡的变换问题。

2. 专用无线通信系统知识

城市轨道无线通信系统是一个以信息网络为基础，集话音、数据和图像于一体的无线调度指挥系统。该系统由自动列车调度、行车调度系统、车场调度系统、公安调度系统、环控调度系统和维修调度系统等组成。

城市轨道交通无线通信系统的基本功能包括：建立调度台与列车司机之间的运行调度通信；建立沿线线路维修、公安、防灾、环境控制等工作人员的移动调度通信。根据城市轨道交通运输管理系统的不同，无线系统还具有特殊的功能：高速率的数据传输能力，用于传输各种数据、图像等；为列车信号提供无线传输通道。除此之外，无线通信系统还具有其他功能，如调度对司机的车次号呼叫、运行机车进入车辆段后通话组的变换、调度通过机车台对列车的广播等。

现阶段城市轨道交通无线通信系统一般采用 TETRA 数字集群通信系统。数字集群通信系统是一种用于集团调度指挥通信的移动通信系统，主要应用在专业移动通信领域。和普通的移动通信不同，集群通信最大的特点是，话音通信采用 PTT（push to talk）按键，以一按即通的方式接续，被叫无须摘机即可接听，且接续速度较快，并能支持群组呼叫等功能。

1）TETRA 系统的概述

TETRA 数字集群通信系统是一种基于数字时分多址（TDMA）技术的无线集群移动通信系统。TETRA 数字集群通信系统可在同一技术平台上提供指挥调度、数据传输和电话服务，它不仅提供多群组的调度功能，而且还可以提供短数据信息服务、分组数据服务以及数字化的全双工移动电话服务。TETRA 数字集群系统还支持功能强大的移动台脱网直通（DMO）方式，并可实现鉴权、空中接口加密和端对端加密。TETRA 数字集群系统同时还具有虚拟专网功能，可以使一个物理网络为互不相关的多个组织机构服务。TETRA 数字集群系统具有丰富的服务功能、高频率利用率、高通信质量、灵活的组网方式，许多新的应用（如车辆定位、图像传输、移动互联网、数据库查询等）都已在 TETRA 中得到实现。因此，近两年 TETRA 数字集群系统在世界上得到了快速的发展。

2）TETRA 系统的规格

TETRA 通信系统主要工作在 380～400 MHz、410～430 MHz、806～825 MHz、851～870 MHz 频段。接入方式为时分多址（TDMA），其中每载频 4 个时隙，调制方式为 7/4 QPSK。其载频间隔为 25 kHz，信道数据速率为 36 kbps。话音编码方式为 ACELP，4.567 kbps，用户数据传输速率在不保护的情况下为 7.2/14.4/21.6/28/28.8 kbps，在低保护的情况下为 4.8/9.6/14.4/

19.2 kbps，在高保护的情况下为 2.4/4.8/7.2/9.6 kbps。基站发射功率为 0.6～25 W，基站接收灵敏度为– 106 dBm，移动台功率为 1、3、10 W。移动台功率控制范围为 15～40 dBm（每步进为 5 dBm），手机发射功率为 30 mW 至 3 W。手机接收灵敏度为 – 112 dBm（静态）、103 dBm（动态）。

3）TETRA 系统的特点

TETRA 在系统设计上采用了诸多技术来保障系统的指挥调度功能，以及强大的可靠性和抗毁性，主要体现在以下方面。

（1）虚拟网概念

可使多个功能要求不同的机构共用一个物理网络。各机构只要配置调度台和移动台后，便可建立自己的虚拟网，并可像在传统的专用网中一样工作。

（2）直通工作方式

指移动台不经网络基础设施便可相互通信的工作模式。这种工作方式适合未设置集群基站地区及覆盖范围外的地区使用。也就是说，在 TETRA 系统中，脱网工作的移动台可以与未脱网工作的移动台保持通信联络。

（3）良好的互联特性

为了保证与其他系统和设备相互连接，TETRA 定义了各种标准接口：移动台和手机的数据设备接口；与各种公众网的 PSTN、ISDN、PDN 接口；与不同 TETRA 厂家设备的 ISI 接口；与其他专网的 PABX 接口；LAN/WAN 及计费管理接口。

（4）多业务特性

TETRA 支持话音业务和多种数据通信业务。其中，话音业务包括单呼、群呼和应急呼叫；数据通信业务包括短数据消息、状态消息、分组数据消息和电路交换数据等。短数据消息用于传送调度员的简短指令及车辆定位信息，传送时不必中断呼叫；状态消息总共有 32 000 种，用于跟踪设备和数据库状态；分组数据多用于传送电子邮件和数据库查询；电路交换数据则用于需要快速传送大量数据的业务（如视频图像传送等）。在网络构成方面，TETRA 系统一般由数字交换机、基站、调度工作站和网管系统等设备构成。这些设备可以组成数字集群共网，也可以组成数字集群专网；可以组成单区制网，也可以组成多区制网。在单区制网中，移动交换机负责本地交换业务，控制和管理若干基站控制器，基站控制器负责若干基站的管理。多区制 TETRA 系统则是一个多层次控制的多区系统。

TETRA 的数字交换机设有调度工作站接口及与现有各种公众网和专业网相连的接口，个别系统还设有与模拟系统相连接的接口。根据用户要求，交换机可以模块化地进行扩容。TETRA 系统采用模块化基站，便于扩展信道容量。为了提高接收能力，基站和终端还可脱网工作，以增加网络的覆盖范围和应急通信能力。TETRA 调度工作站设人机接口，保证调度员可以在调度站实现单呼、群呼、建立和撤销用户群、收发电文以及状态信息等业务。计算机是调度工作站的主要设备，调度员通过屏幕了解用户请求和其他信息。通常，大型 TETRA 通过网管系统进行管理，在数字集群共网中一般还需配备自动计费系统。中小型系统可直接使用网管终端设备进行管理。

4）常见的 TETRA 系统

（1）Motorola 紧凑型 TETRA 系统

紧凑型 TETRA 系统可以满足各种不同的系统配置和对覆盖的需求，即可以实现单站和多站的配置。它采用的是分散智能的配置方式和最先进的技术，以及分散智能系统所具有的高可靠性，即可以容忍个别单元及链路的故障，而不会对整个系统造成影响，比如一个收发信机出现故障时，另几个收发信机可以取代它的工作。在多基站的配置中，由于所需的智能交换分散在所有的基站，因此即使其中的一个基站出现故障，系统内的其他基站仍能继续工作。整个系统采用数字化的语音编码，因此可以提供很好的端到端的话音质量和快速的呼叫建立时间。除此之外，整个系统还便于搭建和配置，强大的监控软件简化了系统搭建时间，减少了整体的运营成本，并提供在线的监视和记录。

（2）Nokia—TETRA 系统

作为世界领先的 TETRA 数字集群网络和终端供应商，诺基亚为公共安全等政府部门及其他专业用户提供基于 IP 技术的最先进并可扩展的数字化指挥调度集群解决方案。针对中国市场而开发的 800 MHz TETRA 系统，是目前世界上唯一具备中文功能的 TETRA 系统。目前，诺基亚在中国已签署并实施了多个 TETRA 项目，包括深圳地铁、南京地铁、宁启铁路和广州地铁 4 号线等。

5）TETRA 标准定义的实体

我国目前正在进行数字集群标准的优选和制定工作，以开发适合我国国情的数字集群系统并投放市场，振兴我国移动通信的民族事业，所以优选适合我国国情的数字集群标准除了权衡各种标准技术的先进性、成熟性、开放性外，更重要的是要结合我国的实际情况，我国采用 TETRA 标准的优势如下。

① 我国分配给数字集群的频段是 806～821 MHz（上行）及 851～866 MHz（下行），可拓展到 450 MHz 频段，随着业务的发展可扩展到 80 MHz。

② 目前 TETRA 的主要标准已比较详细，但尚不完善，更高级的应用还需进一步完善，这对我国也是一个机会。

③ TETRA 标准只是定好用户到基站接口的标准，而基站到用户的接口没有标准，便于各厂家深入研究，研制出适合自己的产品。

6）TETRA 的物理信道

在 TETRA 标准中“物理信道”一次被用来描述在上下行无线电脑载波上分配的时隙对。因为 TETRA 在每一个上下行载频对分 4 个时隙，因此每一个上下行载波对就分 4 个物理信道，一个呼组、单工话音或低速率数据通信需要一个物理信道。在同一小区内的一个全双工通信需要两个物理信道。

物理信道可以分为 3 种类型。

① 控制物理（CP）信道——仅能传输控制信道信息。在一个小区内控制物理信道智能占用某些特定分配的时隙。每一小区必须有一个载波被确定为主载波。在这个主载波上时隙 1 中的控制物理信道叫主控制信道（MCCH）；当用户多时，可以在这个载波上另外分配 1 个控制物理信道，这个信道被称为辅助控制信道。

② 业务物理（TP）信道——当时隙被分配给 1 个或多个移动台用作业务信道时，这个时隙就是业务物理信道。

③ 未分配物理（UP）信道——当时隙未被分配给任何移动台时，这个时隙就是未分配物理信道。

7）TETRA 的逻辑信道

在 TETRA 标准中，使用了逻辑信道的概念。逻辑信道是指两方或多方通信的逻辑通信路径。它们代表无线电链路上的协议和协议使用者之间的接口。TETRA 逻辑信道如图 2－4－3 所示。

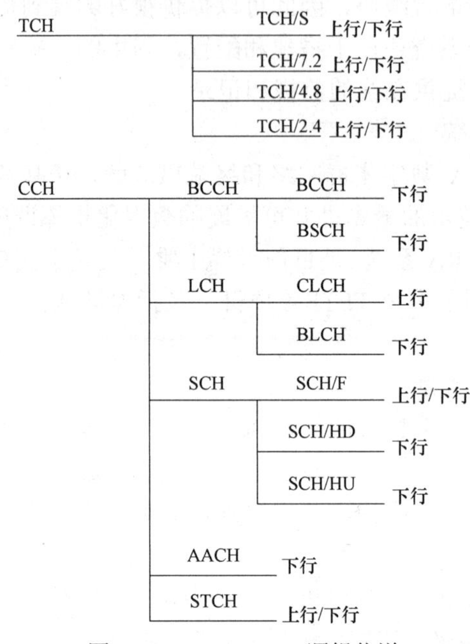

图 2－4－3　TETRA 逻辑信道

逻辑信道分两类。第一类是传输电路交换话音或数据的业务信道（TCH），第二类是传输信令消息或分组交换数据的控制信道（CCH）。以上两类信道都可以进一步细分。

（1）业务信道（TCH）

业务信道主要是传输用户信息。根据传送的话音和数据的速率不同，业务通道又可细分为：

① TCH/S，传输 4.8 kbps 的话音；

② TCH/7.2，传输 7.2 kbps 的数据；

③ TCH/4.8，传输 4.8 kbps 的数据；

④ TCH/2.4，传输 2.4 kbps 的数据。

（2）控制信道（CCH）

控制信道主要是用于传输控制信令，也能传输分组交换的用户信息。控制信道又分成 5 种，有的还可以再细分为更细的逻辑信道类型。

① 广播控制信道（BCCH）：单向广播信道，通过它对所有移动台广播常用的系统信息。广播控制信道（BCCH）分两类。

广播网络信道（BNCH），通过它不断地向移动台广播网络系统的信息；

广播同步信道（BSCH），通过它向移动台传输定时和同步信息。

② 线性化信道（LCH）：分为两类，分别用于对移动台和基站的发信机线性化。

公共线性化信道（CLCH），它是一个上行链路信道，它为所有 MS 共用，使 MS 的发信机线性化。

基站线性化信道（BLCH），它只是一个下行链路信道，用以使基站的发信机线性化。

③ 信令信道（SCH）：被所有 MS 共享，但是也可能专为单个 MS 或指定的 MS 组传输信息。

④ 接入指配信道（AACH）：是下行链路信道，给用户分配上行链路和下行链路的时隙。它占用了所有下行链路时隙的广播块。

⑤ 借用信道（STCH）：当需要快速信令时，需要临时借用部分业务信道容量来传送信令消息。在半双工工作时，实际上它是单向的。它总是与一个业务信道有关，和相关的业务信道具有相同的方向。信道被借用时，由原来的上层协议来决定是否对被丢弃的那一段业务信息进行重传。

2.4.2　专用无线通信系统在城市轨道交通中的应用举例

1. 专用无线通信系统在哈尔滨地铁中应用的概述

哈尔滨地铁 1 号线一、二期工程专用无线采用 800 MHz 频段的 TETRA 数字集群。系统满足本线路轨道交通固定用户和移动用户（控制中心及车辆段/停车场调度员、车站值班员、列车司机、防灾人员、环控人员、维修人员）之间话音、数据通信的需要；同时，在地铁运营出现异常情况和有线通信出现故障时，能满足迅速提供防灾救援和事故处理指挥的需要。

2. 系统构成

1）系统方案

无线通信系统在城轨中的构成

哈尔滨地铁 1 号线一、二期工程无线通信系统由 1 套集群交换控制设备（MSO）、20 套双载频基站、3 套光纤直放近端机、7 套光纤直放远端机、1 套调度服务器（冗余热备）、6 套调度终端设备、1 套网络管理设备、24 套 TETRA 固定电台（4 套备用）、44 套 TETRA 车载电台及 300 套手持终端等设备所构成。

控制中心设备到各基站之间采用专用传输系统所提供的通道（2M）星状连接。在沿线 18 个车站分设 18 套集群基站，在车辆段/停车场各设置 1 套集群基站，并在和兴路站以及车辆段/停车场区间增设直放站设备，共同完成对全线车站、区间、控制中心、车辆段及停车场的无线信号覆盖。

哈尔滨地铁 1 号线一、二期工程专用无线通信系统的调度系统采用调度服务器/终端配置，实现对本线的调度管理。考虑到系统的可靠性及调度系统的重要性，调度服务器采用冗余热备方式，同时配置 6 套调度终端：4 套调度终端设在控制中心，分别为环控防灾调度台 1 套、行车调度台 2 套、维修调度台 1 套；车辆段设置 1 套远端调度台；停车场设置 1 套远端调度台，完成对全线及车辆段/停车场的调度管理。

各调度终端与 MSO 之间采用 E1 连接，实现供二次开发使用的数据传输。各调度台的话音及控制信令经过 MSO，通过有线通道、基站及漏泄同轴电缆传给列车司机、车站值班员及其他流动人员。车站值班员及其他流动作业人员的话音及呼叫信息经无线基站、漏缆及有线通道传给调度台，从而达到上、下行不间断互通信息的目的。

系统设置一套综合的无线网管系统，能够对系统的 TETRA 设备、二次开发设备、直放站等设备进行故障监测、告警及信息上传，充分保证了系统的安全可靠。

在全线列车车头及车尾配置车载（电台）设备。在全线车站车控室及车辆段和停车场运转值班室配置固定电台，为全线相关移动运营人员及列车司机配置手持台。

2）设备组成

专用无线通信系统由全线（控制中心、车站、车辆段/停车场）TETRA 基站、调度设备、网管设备（含二次开发）、无线终端和天馈系统组成。

（1）控制中心设备

主要由 1 套集群交换控制设备（MSO）、1 套集群调度服务器（冗余热备）、4 套调度终端设备、1 套网管服务器、1 套综合无线网管设备（含打印机）、1 套以太网交换机（24 端口）、1 套中心设备柜等组成。

车站固定台

（2）车站（含区间）设备

主要由基站设备、固定台设备、车站设备柜及天馈设备组成。

（3）车辆段/停车场设备

主要由基站设备、车辆段/停车场值班调度设备、固定台设备、无线设备柜及天馈设备组成。

车载台

（4）其他设备

为满足车辆、车辆段/停车场、维修、线路、供电、环控/防灾及其他专业人员无线通信要求而配备的车载设备、手持台及配套的附件。

车载设备 44 套。其中，初期 17 辆车配置车载设备 34 套；轨道牵引车 1 列配置车载设备 2 套；接触网检测作业车 2 列配置车载设备 4 套；调车机车 2 列配置车载设备 4 套。

固定集群双工电台 24 套。其中，20 套配置在车站和车辆基地，4 套备用。

手持台 300 套，即 8×18（站）+2×22（司机）+40×2（车辆段/停车场）+32（预留）。

（5）二次开发设备及其他配套

系统开通需要的一切软件及数据库、图形化可视软件等，含网管软件、二次开发软件包等。

3）场强覆盖

专用无线天馈系统采用收发共用方式。

（1）覆盖范围

哈尔滨地铁 1 号线一、二期工程专用无线通信系统场强覆盖范围如下：双正线区间线路、折返线、避车线；建筑限界内联络线；车辆段/停车场与正线的出入线；车辆段/停车场内车库及重要建筑区域；全线车站各车站站台、站厅、主要设备用房、办公用房公共区域、相关通道（建筑限界内）及出入口内大部分区域；控制中心 1 至 5 层（OCC 机房、中心调度大厅）。

（2）覆盖方式

① 区间场强覆盖：采用 $1\frac{5}{8}$ 英寸漏缆覆盖。漏缆敷设在隧道侧壁上部。

② 站台场强覆盖：地下车站岛式站台采用漏缆覆盖，漏缆敷设在站台轨行区隧道壁上部区域，收发共用 1 条漏缆。其他类型站台采用吸顶小天线覆盖。收发共用 1 条漏缆。

③ 站厅场强覆盖：站厅、办公、设备区域采用吸顶小天线覆盖。

④ 换乘通道及出入口：采用吸顶小天线覆盖。

⑤ 车辆段/停车场内场强覆盖：按定向天线覆盖方式考虑，天线架设在新设的铁塔顶部

（铁塔高 30 m 左右）。由于车辆段/停车场内运用组合库、检修组合库、内燃机及特种车库采用全封闭钢结构，三大库内信号采用“光纤直放站＋室内小天线”覆盖，直放站信号取自车辆段/停车场基站。

⑥ 控制中心室内场强覆盖：采用“光纤直放站＋室内小天线”覆盖，直放站信号取自和兴路基站。无线信号严格限制在室内。

（3）场强覆盖要求

在满足信噪比和可靠性（时间地点覆盖概率为 95%）的要求，最小接收电平取以下参数作为无线覆盖设计参数：

① 下行（从基站至手持台，基站最大输出功率按每载波 40 dBm 考虑），每载波不低于－85 dBm（在手持台天线输入端）；

② 上行（从手持台至基站，手持台最大输出功率按每载波 30 dBm 考虑），根据基站实际给出的动态灵敏度指标并结合上/下行链路平衡要求，确定上行链路覆盖指标（每载波不低于－95 dBm）。

4）传输通道

专用传输系统为控制中心、各车站、车辆段/停车场各站点专用无线系统之间的连接提供标准的 E1、TCP/IP。

① 基站传输通道：传输系统为每个基站提供 1 个 E1 通道，车站、停车场/车辆段到集群交换机采用点对点方式。

② 远程调度台（车辆段/停车场）传输通道：每远程调度台占用 2 个 E1 通道（含录音通道）及 1 个 10/100 Mbps 通道，远程连接到控制中心。

③ 直放站近端机：传输系统为直放站近端机提供一个 10 Mbps 通道，以共享方式连接到中心直放站网管系统。

5）频率配置

工作频段：上行，806～821 MHz；下行，851～866 MHz。

机车上无线测试仪测试

频道间隔：25 kHz。

双工间隔：45 MHz。

频率配置原则如下。

① 采用三频组的分配方式，三组频率配置于全线所有的基站。全线各基站为双收发信机、两载频配置方式，同时系统需要 1 对脱网直通频点，共占用 7 对频点。

② 专用无线系统具体频点以哈尔滨市无线电管理部门分配的为准，设备销售方承诺配合城市轨道交通公司通号部门完成无线频点申请的工作；具体频点在设计联络阶段确定。

6）编号计划

① 专用无线系统用户号码根据业务需求进行分配。

② 通过增加适当的字冠号，公务电话用户和移动用户之间的通话通过中继转接和调度台转接两种方式实现。

3. 系统主要功能

1）总体要求

① 专用无线系统操作简单，维护方便，提供完整的系统软件和专用软件，主要的控制及

监测功能的实现均可通过编程进行灵活的编辑、修改。

② 系统构成满足行车调度、环控/防灾调度、维修调度、车辆段/停车场调度子系统通话的相互独立性，使其在各自的通话组内的通信操作互不妨碍，同时又可以实现车—地数据信息的传输功能，并实现设备和频率资源的共享、无线信道话务负荷平均分配、服务质量高、接续时间短、信令系统先进、可灵活的多级分组、具有自动监视、报警及故障弱化等功能的智能化网络。

③ 系统采用各项新技术，达到运营及管理的高水平。具有强大的扩展功能，扩展时不影响既有设备的使用，增加的设备较少且软件基本不变，以便构成轨道交通全程全网的无线专用通信网。

2）服务对象

城市轨道交通专用无线通信系统用户包括：中心行车调度员，沿线各站的车站值班员和站内移动值班人员，运行线路上的列车司机，中心环控/防灾调度员，线路和车站内的相关移动人员，中心维修调度员，线路和车站内的移动维修人员，车辆段/停车场调度员、值班员，停车场内列车司机、列检及停车场移动工作人员。

3）通话功能

数字集群系统本身具备全双工、半双工、单工等各种通话方式，在城市轨道交通专用无线通信系统中有多种不同种类的用户，根据不同种类用户的性质、功能，可组成相互独立的通话组。实现固定用户与移动用户之间，以及移动用户之间的通话呼叫功能。

通话功能是城市轨道交通专用无线通信的主要功能，负责调度人员和被调度人员之间的通信联系，包括：控制中心调度员与在线列车司机之间的通信；车站值班员与在线列车之间、车站值班员与站内移动值班人员之间的通话；列车司机之间的通话（通过调度台）；控制中心防灾环控调度员与相关移动人员之间、相关移动人员之间的通话；控制中心维修调度员与移动维修作业人员之间、移动维修作业人员之间的通话；车辆段/停车场值班员与场内列车司机之间的通话；车辆段/停车场值班员与场内持便携台人员之间的通话；车辆段内持便携台人员之间的通话；公务电话用户与专用无线调度用户之间的通话；不同组成员之间的通话（通过调度台转接）；控制中心调度员对在线列车的广播。

4）呼叫功能

在城市轨道交通专用无线通信系统中有很多不同的用户，所有的用户根据其特定的操作需求分成不同的通话组。采用组呼方式通话为单工，采用私密呼叫方式通话为单工或双工。

（1）组呼

Dimetra IP 系统能够根据不同通话组的特别要求进行灵活编组。一旦编组确定后，调度台或移动台就可以用 Dimetra IP 的组呼功能向预定义的通话组发起一点对多点的呼叫。组呼为半双工通信。

组呼允许单个用户机和调度台与一组用户进行一对多的通信，用户机缺省工作模式为组呼，非常便于发起和接收组呼。

每个用户机可被编程 1 024 个通话组，用户可以简单地通过旋钮选择进入某个通话组，同时用户机可以显示当前进入的通话组识别码（GSSI）。在接收到呼叫时，接收方可以显示当前正在讲话的一方的短用户识别码（ISSI）。除此之外，用户机可为每个 ISSI 和 GSSI 设置别名，并同时显示出来。调度台可以同时被分配到多个通话组，并被包含在所有这些通话组的组呼中。

通过旋钮选择一个通话组，不需任何其他操作，便可自动接收所有有关那个组的呼叫。要发起一个呼叫，用户仅需按下 PTT，呼叫发送的结果可通过音频指示，整个通话过程中随时可以调节音量。

组呼通常用于快速多变的工作环境下，同一时间仅有一个用户可以发送。在按下 PTT 时，发起方的用户机的喇叭被关闭。在每次通话结束后，系统启动一个信道保留时间。如果在信道保留时间内，另一个组员发送呼叫，信道重新启用，不会有重新建立呼叫的延迟。对于正在进行的呼叫，没有呼叫建立的延迟会给快速转换的工作环境带来很多好处。如果呼叫时间超过最大允许时长，系统会中断这个组呼。信道保留时间和最大允许时长都是可以配置的。

（2）通播组呼叫

除了调度台之外，普通的无线用户也可通过通播组呼叫来实现多方通话。

本部门的调度员可以向所管辖的全体成员发起呼叫。被呼叫的成员无须手动转组即可自动纳入通播组的通话中，并且可以进行双向通话。

Dimetra IP 通过通播组呼叫服务可以延展组呼服务的内容。通播组同时包括多个组，这一功能极大地增强了系统操作的灵活性。为了能够满足更大范围的操作需求，通播组呼叫功能可由系统管理员进行配置。

每个通播组包括一个通话组列表，每个通话组可以隶属一个通播组。

用户转换到一个通播组，按下 PTT 即可发起呼叫。只要基站覆盖范围内有通播组所包含通话组的成员注册，系统即在此基站分配信道，用户机仅需处于其中的任何一个通话组即可接收到通播组呼叫。通播组也可以紧急呼叫的形式发起。

系统管理员可以配置每个通播组的工作模式，分为等待模式和打断模式。

系统管理员同时可以配置每个通播组在通播呼叫期间的工作模式：回应是针对整个通播组，或是仅对他们自己的通话组。

（3）紧急呼叫

紧急呼叫具有最高优先级。当移动台发起紧急呼叫时，如遇系统繁忙，则系统将立即强拆最低优先级的呼叫，建立紧急呼叫通话。被呼叫的调度台上将会有相应紧急告警提示以提醒调度员有紧急呼叫发生。

网络管理员能针对不同通话组设定这个服务。紧急呼叫是一种具有最高排队优先级的组呼叫。当系统信道忙时，正常操作将紧急呼叫（优先级 1）放在忙队列的顶部。紧急呼叫也可被选择立即起动，抢占正在进行中的最低优先级呼叫。当最低优先级呼叫被放弃后，所需资源被立即授予给紧急呼叫。网管系统能给不同的通话组设置各自的强拆选项。

系统紧急呼叫还支持“热麦克”功能，即紧急呼叫时麦克风自动打开一定时间（0～300 s 可设），用户无须按下 PTT 键即可说话。

紧急呼叫的信道保留时间可以独立于正常组呼叫的信道保留时间。

默认情况下，在无线用户机上按下紧急呼叫按钮后，会在其当前守候的通话组发起紧急呼叫，同时伴随紧急告警的产生，同组成员及调度台均可收到。另一种可选的方式是，通过在无线用户机上的编程设置，将紧急呼叫发送到一个专门用于处理紧急事务的通话组；同时伴随紧急告警的产生，负责处理紧急事务的调度台及个别用户均能收到此紧急呼叫。

（4）单呼（即私密呼叫）

移动台之间或移动台、固定台与调度台间可发起一对一的选择呼叫。对于此种选择呼叫系统可支持全双工的或半双工的两种方式。

Dimetra IP 支持用户机之间或调度台与用户机之间的私密呼叫。当处于私密呼叫时，仅通话双方可以听到通信内容，系统管理员可以配置用户是否具备私密呼叫能力。

调度台或移动台可以非常容易地发起私密呼叫，发起呼叫的一方首先切换到私密呼叫模式，输入被呼叫方的号码，然后按下 PTT 即可发起呼叫。在另一端，接收用户机会收到提示音，呼叫方的识别码也会在屏幕上显示，如果接收方按下 PTT，系统就会分配业务信道给此私密呼叫。

大多数的私密呼叫处于半双工方式，即仅通信一方可以在一个时间讲话。然而，在某些环境下，双工通信也非常有用，为此系统提供了调度员与用户机之间的双工私密呼叫。

在每次传送结束后，系统启动信道保留定时。如果通话的任何一方在信道保留时间内均未发送，系统将终止呼叫，这样可以保护系统资源不被浪费；当通话超过最大允许时间时，系统也将中断呼叫，此时间参数可通过系统管理器设置。

（5）电话互联呼叫

公务电话用户可以向被授权的移动用户或授权的移动用户向有线电话用户发起全双工的电话互联呼叫。

电话互联呼叫服务可以实现用户机和电话用户之间的全双工通信。所谓全双工是指，通话的双方可以同时发送和收听。

同样，电话用户也可以通过拨打一个预留的“用户机直接拨入”（DDI）分机号，向某用户机发起电话互联呼叫。这种呼叫通过专用自动小交换机接入本系统。在发起呼叫的过程中，主叫方可以听到呼叫过程音。

这种呼叫可由用户机清除、电话用户清除，系统资源繁忙时因紧急呼叫由系统清除。此外，网络管理员可以设定电话互联呼叫的最长通话时间。如果超过最长通话时间，系统会在向用户提示本次通话将被终止后清除本次呼叫。

（6）车次号/车组号呼叫

通过 ATS 获取的信息，通过二次开发后的调度台软件可以对列车发起车组号和车次号呼叫。

调度员、车站值班员可以按车次号呼叫司机，同时调度员、车站值班员也可以按车组号（列车号）呼叫司机。

列车通过车次号进行呼叫。随着时间的推移，车次号会被调度台或由司机（通过调度台授权）改变或重新设定，在正常的运行操作过程中，利用车次号建立通信。用户终端的 ID 是固定的，在日常工作情况下不会改变。在正常运行过程中，调度台不用 ID 来呼叫某个或一组列车，而利用车次号进行呼叫。信息流顺序如图 2－4－4 所示。

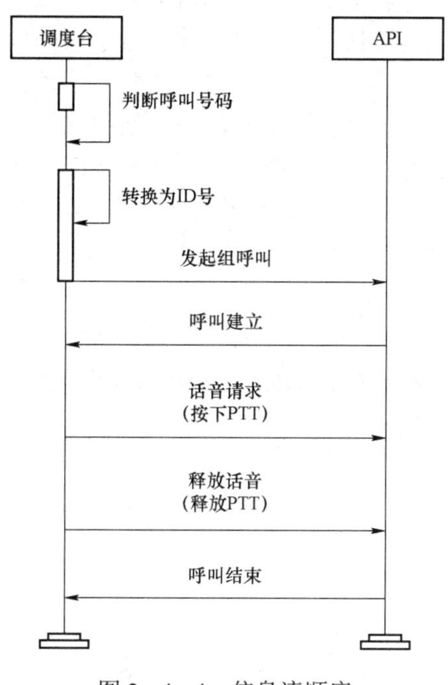

图 2-4-4　信息流顺序

（7）集中站管区呼叫

车站值班员可以通过派接实现呼叫本站管区的列车移动用户，处于站管区内的列车移动用户呼叫该站管区内的行车值班员。

5）*数据传送功能*

Dimetra IP 系统支持状态信息传输、短数据信息传输和分组数据传输等数据传输功能。

6）*移动用户功能*

（1）场强指示

移动台（MS）带有 RSSI 指示，能向用户指示从 MS 当前登记基站接收到的信号的强度。天线指示灯不断闪烁，表明 MS 不能接收任何信号。当接收到信号之后，天线指示灯则不再闪烁。当接收到的信号强度越来越强时，天线指示灯附近的状态条会显示出信号强度。

（2）自动越区切换

移动台（含车载台和手持台）在通话过程中跨越一个无线基站覆盖区时通话不能中断。小区重选过程（又称切换）由监控下行信号强度的移动台进行。移动台根据一些参考参数做出最终切换决定，其中参考参数从基站发送至移动台。为了便于系统优化，由基站广播所有相邻小区频率信息、移动台的功率电平、信号强度门限电平以及滞后值，都是移动台在切换决定过程中需要用到的信息。这样，如果在系统优化过程中需要变动，无须单独对这些可配置参数进行编程。

自动越区切换

（3）自动登录功能

用户台必须在系统内注册。Dimetra IP 可以追踪用户台隶属哪个通话组，以及处于哪个基站，用户台在下列情况下注册。

上电：在可接入系统之前，每个用户台在系统数据库中进行认证。

变组：不论任何时候，用户转换通话组时，用户台都向系统注册。

改变基站注册

改变基站：在适当的条件下，每个用户台会改变它所注册的基站。用户台注册到新的基站后，系统上层网将其从旧基站中注销。

关电：当无线用户台关电时，便不再被分配呼叫。

Dimetra IP 支持呼叫切换，也就是自动地将呼叫过程转换到新的基站，Dimetra IP 支持所有级别呼叫的切换。

4. 系统指标

1）总体要求

专用无线通信系统的基本性能符合 ETSI TETRA 标准，并满足《数字集群移动通信系统体制》（SJ/T 11228—2000）的规定。

2）系统技术指标

工作频率：下行为 851～866 MHz，上行为 806～821 MHz。

双工间隔：45 MHz。

频道间隔：25 kHz。

工作方式：全双工/半双工。

无线覆盖区域：全线所有车站、全线隧道及车辆段/停车场。

系统可用性：大于等于 99.99%。

载频数量：每基站 2 载频。

3）系统网络构成

哈尔滨地铁1号线无线通信系统框图

哈尔滨地铁 1 号线一、二期工程无线 TETRA 数字集群系统，采用控制中心集群交换控制设备（MSO）加各基站，并在相应区间设置光纤直放站进行覆盖的一个有线、无线相结合的网络。为了提高系统的可靠性和稳定性，针对哈尔滨地铁 1 号线一、二期工程无线通信系统，控制中心集群交换控制设备（MSO）和各基站间采用星状组网解决方案。

该系统 TETRA 数字集群移动通信系统由网络基础设施和移动台组成，其中网络基础设施主要单元和设备包括控制中心集群交换控制设备（MSO）、基站、光纤直放站、调度台、二次开发平台和网管系统。网络各构成元素通过标准通信接口接入传输系统，由传输系统提供的通道有机协调运行，行使网络职能，最终使网络设施在逻辑上呈现以控制中心集群交换控制设备（MSO）为中心的星状拓扑结构；移动台包含便携台、固定台和车载台。网络设施和移动终端相互作用共同完成无线通信系统的通信功能。该系统可以保证位于控制中心（OCC）、车辆段、停车场的调度员与列车司机、运营人员、维护人员及车辆段、停车场人员等不同的用户之间进行有效的话音和数据通信。

系统设有独立的调度服务器设备（冗余热备），能够接入 ATS 信号系统及时钟系统，管理全线的调度终端设备。另外，系统设置了一套完整的综合网管系统，可以监测和管理全线设备，显示全线设备运行状态并对故障信息进行告警。

哈尔滨地铁 1 号线一、二期工程专用无线通信系统包含以下子系统。

① 行车调度员子系统：供行车调度员、列车司机、车站值班员、站台值班员之间进行通信联络，满足行车要求。

② 维修调度员子系统：供维修调度员与现场值班员之间进行通信联络，满足线路、设备日常维护及抢修要求。

③ 环控（防灾）调度员子系统：供环控调度员、车站值班员、现场指挥人员及相关人员之间进行通信联络，满足事故抢险及防灾需要。

④ 车辆段调度员子系统：供车辆段信号楼值班员、列检库运转值班员、列车司机、场内作业人员之间进行通信联络，满足段内调车及车辆维修需要。

⑤ 停车场调度员子系统：供停车场信号楼值班员、列检库运转值班员、列车司机、场内作业人员之间进行通信联络，满足场内调车及车辆维修需要。

5. 主要设备

1）数字集群交换机

采用 IP 核心交换的摩托罗拉 TETRA 系统通过以太网交换机、路由器来传递数据，同时由基于服务器平台的各功能模块来实现系统的各项功能，包括控制、数据、话音、管理等。

2）基站

基站的关键部件（不限于基站控制器、电源）采用主备用冗余配置，基站采用双收发信机工作方式，射频接口采用双工方式。传输接口支持星状、环形等网络结构。

3）无线终端

无线终端为 TETRA 厂商的设备。无线终端分为手持台、固定台和车载系统设备 3 种。其中，固定台和车载系统设备在原 TETRA 设备的基础上进行二次开发。

4）网管设备

网管设备（或计算机）性能指标、便携式维护终端性能指标、打印机性能指标、机柜性能指标此处不再描述。

5）直放站设备

直放站近端机设备采用 19 英寸支架结构，远端机设备采用壁挂结构。技术安全要求符合有关规定，并用模块化的结构设计来满足可靠性要求。

2.4.3　专用无线通信系统维护

1. 无线设备日检

无线设备日检主要包括以下项目。

① 记录机房温湿度，检查机房是否存在异常（无漏水，无积水，无鼠迹，无异味，无异响）。

② 清洁机柜：要确保无线设备机柜清洁，无灰尘。

③ 检查机柜风扇：检查机柜顶部风扇是否正常。避免因风扇停止运行影响散热。

④ 检查线缆连接及紧固情况：确保线缆整齐，无松动，无破损；系统各类连线的连接紧固，对应机柜地线牢固；各类标牌字迹清晰齐全，紧固件牢固。

⑤ 检查基站控制器：确认 Active 指示灯绿色常亮，Mode 指示灯绿色常亮，GPS 灯绿色常亮。

⑥ 检查基站电源：确认 Ac in 指示灯绿色常亮，Dc out 指示灯绿色常亮，Fan 1、Fan 2、Fan 3 指示灯绿色常亮。

⑦ 检查基站收发信机：确认 Tx 指示灯绿色常亮，Status 指示灯绿色常亮。

⑧ 检查射频分配系统：检查射频分配系统线缆及连接、连线外表、电缆无老化受损。

2. 无线设备月/年检

无线设备月/年检项目除了包括所有日检项目外，还包括以下项目。

① 固定台：确保检查设备外表及天线是否完好，无损坏；检查电缆及接头是否牢固；测试通话情况是否良好、清晰。

② 场强测试：确保机房、通道、运用库等天线场强最小值是否大于等于 –90 dBm；试车线漏缆场强最小值是否大于等于 –90 dBm；轨行区场强最小值是否大于等于 –90 dBm。

③ 检查天线：目测机房、通道、运用库等天线是否完好，无损坏。

无线车载台检修流程如图 2–4–5 所示。

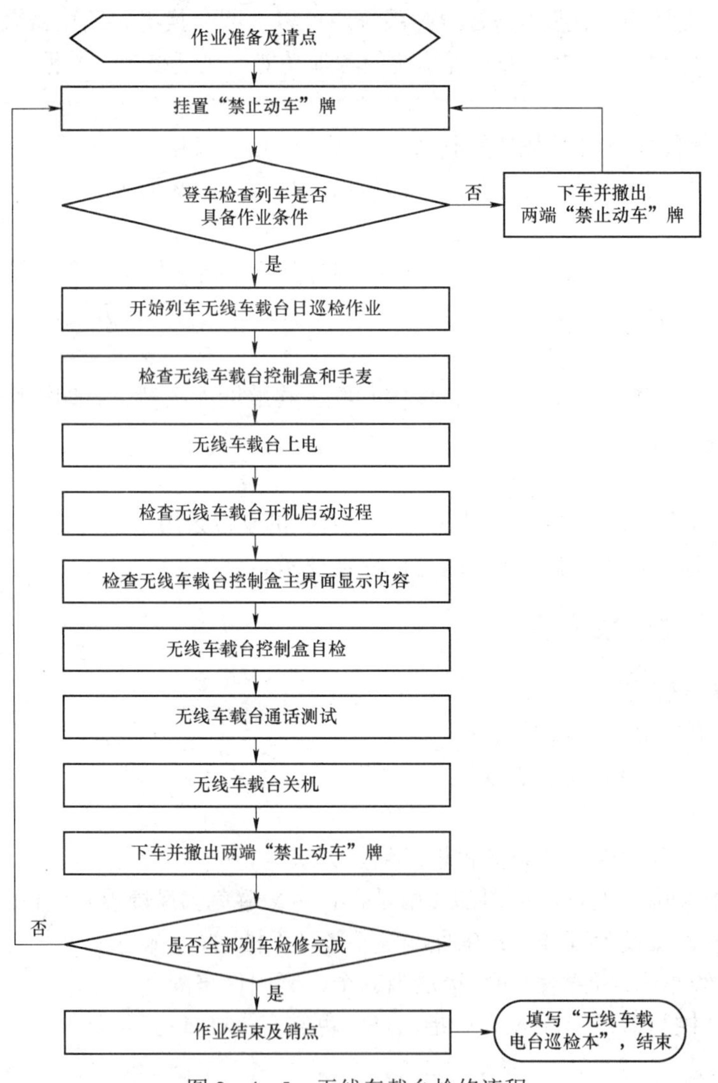

图 2–4–5 无线车载台检修流程

3. 故障处理

无线系统典型故障汇总见表 2–4–1。

表 2-4-1 无线系统典型故障汇总

故障地点	故障设备	故障现象	发生时间	恢复时间	故障分析及处理
OCC	专用无线	无线调度台只能组呼，不能个呼	22:25	00:00	重启二次开发软件后恢复
OCC	无线调度台	无法与司机联系使用	4:50	6:08	CAD 软件死机，重启后恢复
14 车	车载台	车载台时间显示块黑屏	6:27	22:30	车载台时钟软件故障，重启车载台后恢复
OCC	无线调度台	三楼三台无线调度台出现乱码，无正确信息	6:30	9:30	切换 CAD 服务器由主用到备用，主用数据问题
车辆段	无线调度台	信号楼无线调度台与司机联系不上	10:13	11:30	无线原装调度台司机，重启后恢复
车辆段	车载台	14 车 1 端车载台故障	8:20	10:06	车载台音频死机，重启后恢复
0113 车	车载台	06 端车载台无时间显示	6:34	23:12	重新启动车载主机模块，时间加载成功

案例 无线车载台故障的检修方案

由于近期无线车载台故障较多，针对典型故障类型，就近期无线车载台故障做简要分析，以方便日后发生类似故障的处理。

1. 车载台没有时间显示问题或白屏

① 9 月 15 日，0116 车车载台第一栏无时间显示，但可以正常与行调通话。

② 11 月 15 日、17 日，0115 车车载台第一栏无时间显示，但可以正常与行调通话。

③ 11 月 28 日，0112 车 TC2 端车载台白屏。

④ 12 月 10 日，0108 车 TC2 端车载台无时间显示，但可以正常与行调通话。

⑤ 10 月 12 日、14 日，12 月 11 日，0113 车 TC1 端第一栏无时间显示，但可以正常与行调通话。

⑥ 12 月 22 日，0112 车车载台第一栏无时间显示。

解决方案：经工班人员跟车查看后，发现车载台终端内部 up 文件损坏，夜班人员配合厂家将 up 文件重新写入后故障解除。终端版本为 HEBL01TV0.3，并继续观察，如果没有问题，其他车次按照此版本进行整改。凡出现此类故障的列车，都按照此版本进行修复。

2. 车载台司机能听到行调，行调听不到司机声音的故障（车载台终端单方通话故障）

① 8 月 2 日、8 日，0107 车 TC1 端车载台不能与行调联系。

② 12 月 4 日、6 日、7 日，0102 车 TC2 端司机能听到行调，行调听不到司机声音的故障。

③ 12 月 29 日，0102 车 TC2 端司机能听到行调，行调听不到司机声音的故障。

解决方案：经勘察，初步分析，车载台终端问题的概率较大，工班人员将终端设备进行更换，后发现为语音控制板软件在运行时出现问题导致，重新对语音板模块并对其 FLASH 文件进行加载后恢复。

2.4.4 无线天馈系统故障处理仿真实验

实验图片

1. 实验概述

本次实验的目的是让学员学会处理正线部门中心机房载频基站系统天馈故障，了解无线天馈系统故障处理方案、处理流程。其中，天馈系统处理过程及安全注意事项严格遵循国家相关法律法规。具体内容如下：根据国家标准《重大危险源辨识》《关于开展重大危险源监督管理工作的指导意见》《关于规范重大危险源监督与管理工作的通知》和其他有关法律法规，按照公司《危险源识别、风险评价与控制措施策划程序》要求，进行风险分析，落实管控措施，并持续更新，确保运营安全。

2. 实验步骤

1）作业工具准备

单击“任务目标”，根据任务指引进入工具间，选择完成测试所需要的工具。作业工具准备示意图如图 2–4–6 所示。

图 2–4–6　作业工具准备示意图

2）故障排查作业

根据任务安排，完成无线天馈系统的故障排查并解决。

（1）检查并分析故障

单击“任务目标”，根据任务指引，跳转到列车驾驶室，单击“车载电台”，检查故障操作示意图如图 2–4–7 所示。如发现无法呼叫，则系统出现故障。

图 2–4–7　检查故障操作示意图

完成系统故障检查后，自动跳转至系统故障处理流程图，分析故障操作示意图如图 2-4-8 所示。根据正确的故障处理顺序，将右边操作项拖入表中。

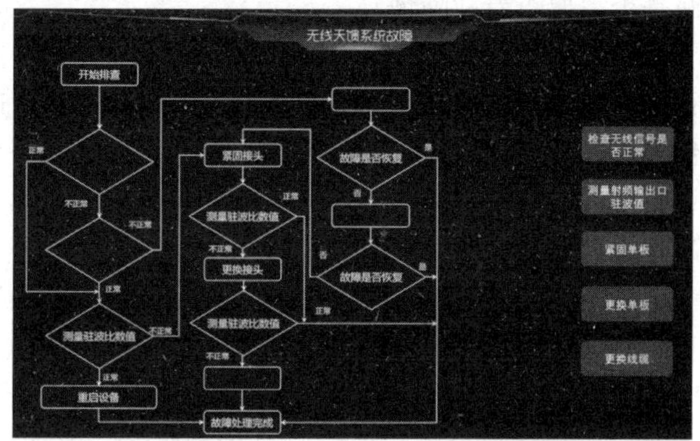

图 2-4-8　分析故障操作示意图

分析故障操作正确顺序示意图如图 2-4-9 所示。

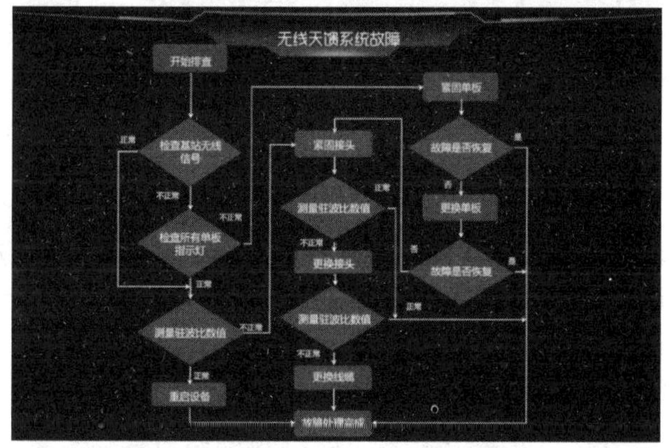

图 2-4-9　分析故障操作正确顺序示意图

（2）更换单板

根据排查结果自行判断是否更换单板。更换单板示意图如图 2-4-10 所示。

图 2-4-10　更换单板示意图

第一步：单击“任务目标”，跟随指引去往通信设备房。

第二步：单击“设备”，选择“更换单板”，完成更换单板任务。

第三步：自行判断是否需要查看故障恢复。

（3）紧固单板

根据排查结果自行判断是否紧固单板。紧固单板示意图如图 2-4-11 所示。

第一步：单击“任务目标”，跟随指引去往通信设备房。

第二步：单击“设备”，选择“更换单板”，完成紧固单板任务。

第三步：自行判断是否需要查看故障恢复。

图 2-4-11　紧固单板示意图

（4）重启设备

根据排查结果自行判断是否重启设备。重启设备示意图如图 2-4-12 所示。

第一步：单击“任务目标”，跟随指引去往通信设备房。

第二步：单击“设备”，选择“重启设备”，完成重启设备任务。

第三步：自行判断是否需要查看故障恢复。

图 2-4-12　重启设备示意图

（5）检查无线信号

根据排查结果自行判断是否检查无线信号。检查无线信号示意图如图 2-4-13 所示。

第一步：单击“任务目标”，跟随指引去往通信设备房。

第二步：单击“设备”，选择“检查无线信号”，在示波仪进行操作，完成检查无线信号任务。

第三步：自行判断是否需要查看故障恢复。

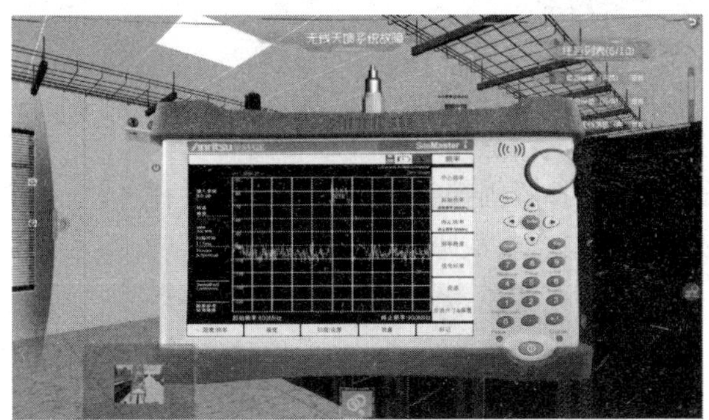

图 2-4-13　检查无线信号示意图

（6）测量驻波比

根据排查结果自行判断是否测量驻波比。测量驻波比示意图如图 2-4-14 所示。

第一步：单击“任务目标”，跟随指引去往通信设备房。

第二步：单击“设备”，选择“测量驻波比”，在示波仪中进行操作，完成测量驻波比任务。

第三步：自行判断是否需要查看故障恢复。

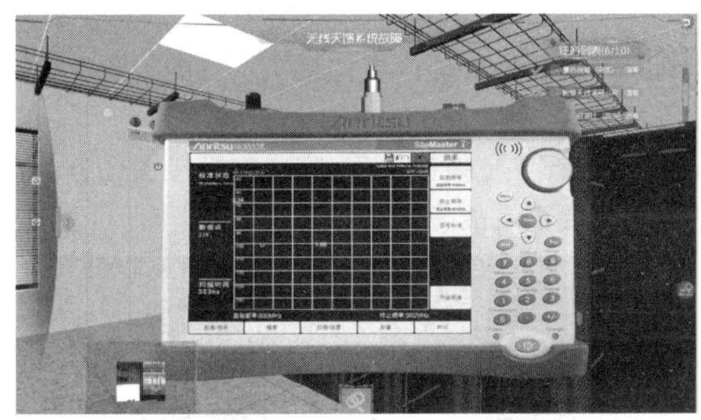

图 2-4-14　测量驻波比示意图

（7）更换线缆

根据排查结果自行判断是否更换线缆。更换线缆示意图如图 2-4-15 所示。

第一步：单击“任务目标”，跟随指引去往通信设备房。

第二步：单击“设备”，选择“更换线缆”，完成更换线缆任务。

第三步：自行判断是否需要查看故障恢复。

图 2-4-15　更换线缆示意图

（8）紧固接头

根据排查结果自行判断是否紧固接头。紧固接头示意图如图 2-4-16 所示。

第一步：单击“任务目标”，跟随指引去往通信设备房。

第二步：单击“设备”，选择紧固接头，完成紧固接头任务。

第三步：自行判断是否需要查看故障恢复。

图 2-4-16　紧固接头示意图

（9）更换接头

根据排查结果自行判断是否更换接头。更换接头示意图如图 2-4-17 所示。

第一步：单击“任务目标”，跟随指引去往通信设备房。

第二步：单击“设备”，选择“更换接头”，完成更换接头任务。

第三步：自行判断是否需要查看故障恢复。

图 2-4-17　更换接头示意图

（10）检查指示灯

根据排查结果自行判断是否检查指示灯。检查指示灯示意图如图 2-4-18 所示。

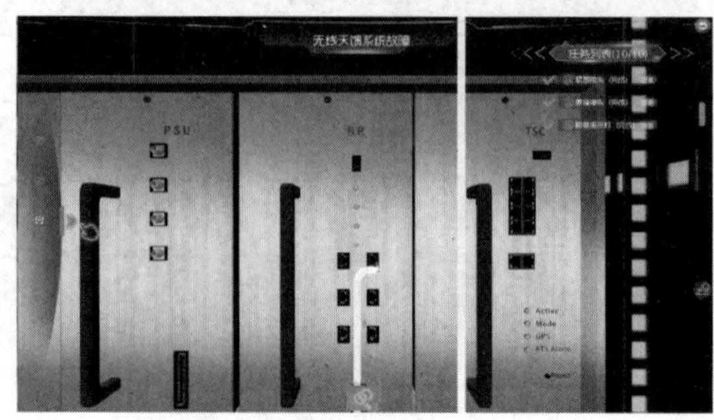

图 2-4-18　检查指示灯示意图

第一步：单击“任务目标”，跟随指引去往通信设备房。

第二步：单击“设备”，选择“检查指示灯”，完成检查指示灯任务。

第三步：自行判断是否需要查看故障恢复。

（11）填写故障登记表

完成故障排查作业后，系统恢复正常，单击“任务目标”，寻找到设备故障登记表，将发现的故障问题填写到表中。故障登记表示意图如图 2-4-19 所示。

故障状态下使用无线电测试仪测试

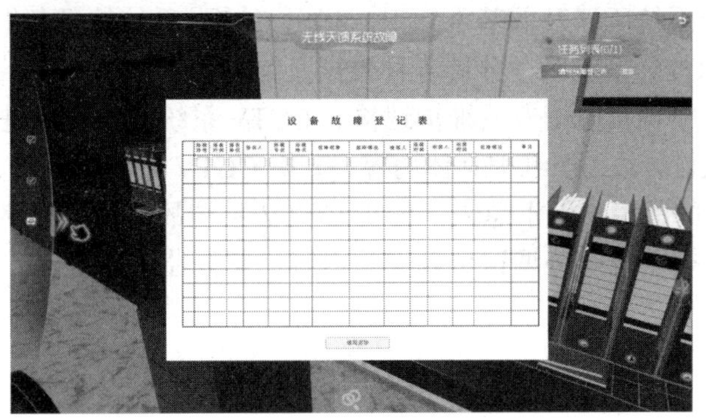

图 2-4-19　故障登记表示意图

3. 实验总结

本实验结合实际工作岗位，完成无线天馈系统的故障处理，并完成相关排序问题。本实验能够使学员掌握处理正线部门中心机房载频基站系统天馈故障，了解无线天馈系统故障处理方案、处理流程。

学习自评

根据以上内容，在表 2-4-2 空格里填写自评。

表 2-4-2　学生自评表

评价内容	
本部分内容学习收获	
需要继续深入学习内容	
学习中存在的问题或感悟	

任务 2.5　闭路电视监控系统

（1）了解 CCTV 系统所涉及的基本知识，列出 CCTV 系统的设备组成及基本功能；

（2）绘制车站 CCTV 系统图，分析各种数据及控制信号的流向；

（3）根据附录 A 中城轨通信专业维护巡检表 CCTV 系统部分模拟进行 CCTV 系统日常巡检，掌握 CCTV 系统日、月、年维护具体内容，分析 CCTV 系统日、月、年维护项点的不同；

（4）根据所提供的故障案例汇总表，分析 CCTV 系统故障解决思路；

（5）学习视频监控系统业务调试仿真实验内容，掌握监控服务器、路由器、摄像头各参数配置过程。

2.5.1　闭路电视监控系统知识

闭路电视监控系统一般由图像摄取设备，图像显示、录制和存储设备，控制设备及视频信号传输设备构成。

1. 图像摄取设备

图像摄取设备是闭路电视监控系统的前沿部分，安装在被监视场所的某一位置上，使其视场角能覆盖整个被监视的部位。它的功能是对被摄体进行摄像并将其转换成电信号。图像摄取设备包括摄像机、镜头、支架、防护罩和云台。

1）摄像机

摄像机的分类

摄像机分为彩色摄像机和黑白摄像机两种。一般黑白摄像机要比彩色的灵敏度高，比较适合用于光线不足的地方。如果使用的目的只是监视景物的位置和移动，则可采用黑白摄像机；如果要分辨被摄像物体的细节，如分辨衣服和景物的颜色，则采用彩色摄像机比较好。

摄像机是图像摄取部分的重要设备。早期使用的是摄像管式摄像机，由于其固有功率大、低照度指标差等原因，基本处于被淘汰状态；现行闭路电视监控系统使用的摄像机，一般都是基于 CCD 图像传感技术的固态摄像机。近年来，由于网络技术与多媒体技术的飞速发展，出现了基于 CMOS 图像传感技术的 PC 摄像机，且逐渐应用于网络多媒体监控系统上；同时，受数字化技术的推动，出现了数字信号处理摄像机，即 DSP 摄像机。

CCD 是一种半导体成像器件，具有灵敏度高、抗强光、畸变小、体积小、寿命长、抗振动等优点。其工作方式如下：被摄物体的图像经过镜头聚焦至 CCD 芯片上，CCD 根据光的强弱积累相应比例的电荷，各个像素积累的电荷在视频时序的控制下，逐点外移，经滤波、放大处理后，形成视频信号输出。视频信号连接到监视器或电视机的视频输入端便可以看到与原始图像相同的视频图像。CCD 器件由硅材料制成，对近红外光比较敏感，光谱响应可延伸至 1.0 μm 左右，其响应峰值为绿光（550 nm）。夜间隐蔽监视时，可以用近红外灯照明，人眼看不清环境情况，在监视器上却可以清晰成像。由于 CCD 传感器表面有一层吸收紫外的透明电极，所以 CCD 对紫外光不敏感。彩色摄像机的成像单元上有红、绿、蓝三色滤光条，所以彩色摄像机对红外光、紫外光均不敏感。CCD 的成像尺寸常用的有 1/2、1/3 英寸等，成像尺寸越小的摄像机的体积可以做得更小些。在相同的光学镜头下，成像尺寸越大，视场角越大。

2）镜头

镜头的种类，根据与应用的场合的不同，镜头可分为以下几种。

① 广角镜头：视角 90° 以上，观察范围较大，近处图像有变形。

② 标准镜头：视角 30° 左右，使用范围较广。

③ 长焦镜头：视角 20° 以内，焦距可达几十毫米或上百毫米。

④ 变焦镜头：镜头焦距连续可变，焦距可以从广角变到长焦，焦距越长，成像越大。

⑤ 针孔镜头：用于隐蔽观察，经常被安装在如天花板或墙壁等地方。

镜头的几个性能参数是焦距、光圈、自动光圈。

选配镜头原则：为了获得预期的摄像效果，在选配镜头时，应着重注意 6 个基本要素：被摄物体的大小、被摄物体的细节尺寸、物距、焦距、CCD 摄像机靶面的尺寸、镜头及摄像系统的分辨率。

3）支架

支架是固定云台及摄像机防护罩的安装部件。一般在支架上安装云台，再将摄像机（带或不带防护罩）固定在云台上。

普通支架有短的或长的，直的或弯的，根据不同的要求选择不同的型号。室外支架主要考虑负载能力是否合乎要求和安装位置。制作支架的材料有塑料、金属镀铬、压铸铁等。支架多种多样，依使用环境不同和结构不同，主要有以下类型。

① 天花板顶型支架：一端固定在天花板上，另一端为可调节方向的球形旋转头或可调倾斜度平台，以便摄像机对准不同的方位。它有直管圆柱形和 T 形之分。

② 墙壁安装型支架：一端固定在墙壁上，其垂直平面用于安装摄像机或云台。对于无云台的摄像机系统，其摄像机可以直接固定在支架上，也可以固定在支架上的球形旋转接头或可调倾斜度平台上。

③ 墙用支架加上安装连板可构成墙角支架；墙角支架加上圆柱安装连板，可将其安装在圆柱杆上。

4）防护罩

防护罩也是监控系统中最常用的设备，是保证摄像机和镜头有良好工作环境的辅助性装置，功能主要是防尘、防破坏。

选择摄像机防护罩时，首先要考虑其应能包容所使用的摄像机与镜头，并留有适当的富余空间；其次要依据使用环境选择适合的防护罩类型；在此基础上，考虑到将包括防护罩及云台在内的整个摄像前端的重量，选择具有相应承重值的支架；再次要看整体结构，安装孔越少越利于防水，同时考虑内部线路是否便于连接；最后要考虑外观及是否安装底座；等等。

防护罩除了球形防护罩外，还有圆柱形、长方形等不同形状，并根据应用场合，分室内型和室外型两大类。防护罩材料主要有铝质、合金、不锈钢等。

5）云台

云台是可以水平和垂直地运动，将摄像机安装于其上，实现摄像机多个自由度运动的装置，用于满足对固定监控目标的快速定位，或对大范围监控环境的全景观察。在挑选云台时要考虑满足安装环境、安装方式、工作电压、负载大小，也要考虑性价比和外形是否美观。

2. 图像显示、录制和存储设备

图像显示、录制和存储设备把从现场传来的电信号转换成图像在监视设备上显示，如果有必要，可以用录像机录下来。主要设备有监视器和录像机。

1）监视器

监视器的功能是显示各监视点摄像机传送过来的图像。在电视监视系统中，特别是在多台摄像机组成的电视监控系统中，一般都不是一台监视器对应一台摄像机进行显示，而是几台摄像机的图像信号用一台监视器轮流显示，这样可以节省设备，减少空间的占用。在一般的系统中通常都采用 4:1、8:1、16:1 的摄像机对监视器的比例设置监视器的数量。监视器的位置应适合操作者的观看。监视器的选择，应满足系统总的功能和总的技术指标的要求，特别是应该满足长时间连续工作的要求。

监控器的清晰度远远高于电视机。一般电视机的清晰度只有 270 线，而专业监视器一般都能达到彩色 400 线、黑白 500 线。

监视器分彩色和黑白两种，按其构造机理，监视器可分为阴极射线管型、液晶显示器件、等离子显示器件。按尺寸分有 9、10、12、14、15、17、21、29 英寸等。

2）录像机

硬盘录像机已经成为当今闭路电视监控系统的主流配置，它采用数字压缩存储技术，将图像以数字化形式存储在硬盘上，集磁带录像机、画面分割器、视频切换器、控制器、视频服务器、远程传输系统的全部功能于一体，可连接报警探头、警号实现报警联动功能，还可以进行图像移动侦测，通过解码器控制云台和镜头，通过网络传输图像和控制信号等。与传统的模拟监控系统相比，硬盘录像机最显著的特点就是功能强大，可方便实现网络监控，具有模拟系统无法比拟的优越性。

3. 控制设备

控制设备部分负责所有设备的控制与图像信号的处理，是实现整个系统该功能的控制中心。其主要功能有视频信号放大与分配、图像信号的校正与补偿、图像信号的切换、图像信号（或包括声音信号）的记录、摄像机及其辅助部件（如镜头、云台、防护罩等）的控制（遥控）等。

在上述的各功能中，对图像影响最大的是视频信号放大和分配、图像信号的校正与补偿、图像信号的切换 3 部分。对某些传输距离较远或有特殊传输方式要求的闭路电视监控系统而言，校正与补偿是非常重要的。因为图像信号经过传输之后，往往其幅频特性（由于不同频率成分到达控制设备时，其衰减是不同的，因而造成图像信号中不同频率成分的幅度不同，此称为幅频特性）、相频特性（不同频率的图像信号通过传输部分后产生的相移不同，此称为相频特性）无法绝对保证指标的要求，所以在控制设备要对传输过来的图像信号进行幅频和相频的校正与补偿。经过校正与补偿的图像信号，再经过分配和放大，进入视频切换部分，然后送到监视器上。

控制设备的另一个重要方面是能对摄像机、镜头、云台、防护罩等进行遥控，以完成对被监视的场所全面、详细的监视或跟踪监视。总控制台对摄像机及其辅助设备（如镜头、云台、防护罩等）的控制一般采用总线方式，把控制信号送给各摄像机附近的“终端解码箱”，在终端解码箱上将总控制台送来的编码控制信号解码，成为控制动作的命令信号，再去控制摄像机及其辅助设备的各种动作（如镜头的变焦、云台的转动等）。在某些摄像机距离控制中心很近的情况下，为节省开支，也可采用由控制台直接送出控制动作的命令与信号——“开”“关”信号。总之，根据系统构成的情况及要求，可以综合考虑，以完成对总控制台的设计要求。

1）视频矩阵切换/控制设备

多路视频信号要送到同一处监控，可以一路视频对应一台监视器，但监视器占地大，价格贵，如果不要求时时刻刻监控，可以在监控室增设一台切换器，把摄像机输出信号接到切换器的输入端，切换器的输出端接监视器。切换器有手动切换、自动切换两种工作方式，手动方式是想看哪一路就把开关拨到哪一路；自动方式是让预设的视频按顺序延时切换，切换时间通过一个旋钮调节，一般为 1～35 s。切换器连接简单，操作方便，但在一个时间段内只能看输入中的一个图像。要在一台监视器上同时观看多个摄像机图像，就需要用画面分割器。

视频矩阵一般由电源模块、控制模块、视频输入模块和视频输出模块组成。

2）视频信号均衡放大器

当视频传输距离比较远时，可以在线路内增加视频信号均衡放大器增强信号强度达到远距离传输目的。视频信号均衡放大器可以增强视频信号的亮度、色度和同步信号，但线路内干扰信号也会被放大。另外，回路中不能串接太多视频信号均衡放大器，否则会出现饱和现象，导致图像失真。

3）视频分割器

视频分割器有二分割、四分割、九分割、十六分割几种，可以在一台监视器上同时显示 2、4、9、16 个摄像机的图像，也可以送到录像机上记录。四分割是最常用的设备之一，其性能价格比较好，图像的质量和连续性也可以满足大部分要求。九分割和十六分割价格较贵，而且分割后每路图像的分辨率和连续性都会下降，录像效果不好。另外，还有六分割、八分割、双四分割设备，但图像比率、清晰度、连续性并不理想，市场使用率也小。大部分分割器除了可以同时显示图像外，也可以显示单幅画面，可以叠加时间和字符，设置自动切换，连接报警器材。

4）控制键盘

控制键盘用于摄像机画面的选择/切换、云台及电动镜头的全方位控制等。控制键盘上有很多数字键、功能键。其中，数字键选择摄像机输入及监视器输出，功能键则是对选定的前端设备进行各种操作。很多控制键盘允许对系统进行编程设置。在控制键盘上，通常还有 LED 显示屏，以显示控制键或系统内各监视点的工作状态（国内有些厂家开发的产品还可以显示汉字操作菜单）。各按键状态一般以指示灯是否点亮来表明。中、小系统的控制键盘一般都以数码管显示工作状态。

每个系统只有一个主控制键盘，但可以有若干分控制键盘。

5）视频分配器

一路视频信号对应一台监视器或录像机；若想一台摄像机的图像送给多个管理者看，可选择视频分配器。由于并联视频信号衰减较大，送给多个输出设备后由于阻抗不匹配等原因，图像会严重失真，线路也不稳定。视频分配器除了阻抗匹配，还有视频增益，使视频信号可以同时送给多个输出设备而不受影响。

6）传输光端机

光端机是光纤通信中采用的一种设备，是一个电信号到光信号、光信号到电信号的转换器。从传输方式上，光端机分为数字光端机和模拟光端机两类。数字光端机是将所要传输的图像、语音以及数据信号变换成“1”“0”表示的脉冲信号，并以它作为传输信号，在接收端再把它还原成原来的信号。模拟光端机就是将要传输的信号进行幅度或频率调制，然后将调制好的电信号转化成光信号，在接收端将光信号还原成电信号，再把信号进行解调，还原出图像、语音或数据信号。

4. 视频信号传输设备

传输部分的任务是把现场摄像机发出的电信号传送到控制中心，它一般包括线缆、调制与解调设备、线路驱动设备等。

一般来说，传输部分指的是传输图像信号。但是，由于某些系统中除传输图像外，还要传输声音信号，同时，由于需要由控制中心通过控制台对摄像机、镜头、云台、防护罩等进行控制，因而在传输系统中还包含控制信号的传输，所以这里所讲的传输部分，通常是指所有要传输的信号形成的传输系统的总和。

对图像信号的传输，重点要求是在图像信号经过传输系统后，不产生明显的噪声、失真（色度信号与亮度信号均不产生明显的失真），保证原始图像信号（从摄像机输出的图像信号）的清晰度和灰度等级没有明显下降等。这就要求传输系统在衰减方面、引入噪声方面、幅频特性和相频特性方面均有良好的性能。

在传输方式上，目前电视监控系统多半采用视频基带传输方式。如果在摄像机距离控制中心较远的情况下，也有采用射频传输方式或光纤传输方式。对以上这些不同的传输方式，所使用的传输部件及传输线路都有较大的不同。

目前常用的传输线缆有同轴电缆和光纤。光纤被用于站与站之间的视频信号传输，而同轴电缆一般用于摄像机等外部设备与机柜设备的连接以及与机柜内部设备之间的连接。视频同轴电缆的特性阻抗为 75 Ω。

2.5.2 闭路电视监控系统在城市轨道交通中的应用举例

闭路电视监控系统

闭路电视监控系统是城市轨道交通系统运营管理的配套设备，供控制指挥中心调度管理人员、车站值班员、站台工作人员及司机实时监视车站内的运营情况和乘客的安全情况，及时记录突发事件的现场情况，以提高运行组织管理效率，保证列车安全、正点地运送旅客。

1. 城市轨道交通中闭路电视监控系统的构成

闭路电视监控系统主要由视频均衡放大器、视频分配器、视频分割器、视频矩阵、数字硬盘录像机、摄像机等组成。

1）视频均衡放大器

用于消除视频信号长距离传输引起的衰减及干扰，为后端视频设备提供具有完整的幅度、对比度和清晰度的视频信号。

2）视频分配器

视频分配器将各均衡器传输的视频信号分配到各个输入点，如画面合成器、数字硬盘录像机、视频切换矩阵。

3）视频分割器

视频分割器将视频矩阵的多路全交换视频输出信号合成一路视频信号，形成一个多画面视频信号，可在监视器上同时调看任意多幅画面，并将合成的视频信号输出到视频矩阵和数字硬盘录像机。

4）视频矩阵

视频矩阵提供监视图像的处理、切换与控制平台。

5）数字硬盘录像机

数字硬盘录像机用于记录并保存各个车站的图像信息。

6）摄像机

摄像机用于获取视频模拟信号。

2. 城市轨道交通中闭路电视监控系统的组网

城市轨道交通的闭路电视监控系统按功能和结构一般可分为车站本地监控及中心远端监控两部分，设备包括摄像机、视频控制矩阵、录像设备、图像合成器、多画面处理器、视频服务器、监视控制设备等。CCTV 系统构成图如图 2－5－1 所示。

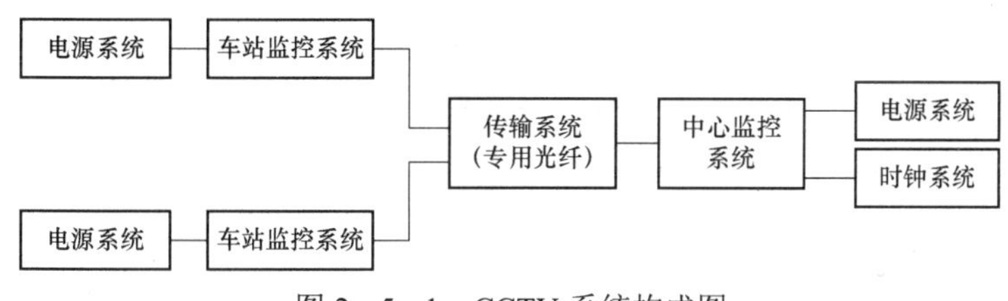

图 2－5－1　CCTV 系统构成图

1）系统概述

① 闭路电视监控系统是维护城市轨道交通安全运输的重要手段，它能够为控制中心的调度员、各车站值班员、列车司机等提供有关列车运行、防灾救灾、旅客疏导以及社会治安等方面的视觉信息。

② 系统组成简单，易扩容，易升级，易维护；在瞬间电源倒换时不死机；设备及板卡允许带电热插拔；监控操作程序简便；系统的网管功能强大，可对车站电视设备进行遥控开关机；车站设置网络视频录像存储设备；控制中心可任意调看全线任意画面。

③ 车站的图像摄取范围为每站的站台、站厅、自动扶梯等处，还能覆盖 AFC 的售票机和闸机、出入口自动扶梯等处。

④ 本系统由两大部分构成：控制中心调度员的行车监视、防灾环控监视；车站值班员客运管理监视和防灾监视，还包括一部分控制中心本地视频监视系统。采用中心远程监控和车站本地监控方式，组成完整的两级监视网络。各车站视频信号除本站监视外，可通过视频数字编码器编码后送至车站的传输设备，再由传输系统传输至控制中心，控制中心接收并进行相应解码处理后，送入控制中心视频显示设备。对于高速变化的图像，其画面质量保证不发生边缘模糊等现象。中心不同调度员对同一幅图像的调用不会重复占用传输带宽。

⑤ 公安值班员可在公安值班室内对本地所有专网图像进行监控。由于公安通信系统暂不设置独立的电视监控系统，因此哈尔滨地铁 1 号线公安通信相关设备暂由专网电视监控系统提供。

⑥ 主要设备使用寿命，如表 2–5–1 所示。

表 2–5–1　主要设备使用寿命

设备名称	耗电量/W	散热量（kJ/h）	使用寿命（维修）/年
枪型固定摄像机	5.0	10	12
摄像机防护罩	15	5	20
半球摄像机	3.6	10	12
室内一体化快球摄像机	20	50	12
室外一体化快球摄像机	80	50	12
隔离地变压器	0	0	22
多功能控制器	150	840	16
多级调用管理器	25	90	16
网管主机	50	180	16
电源机箱	10	90	18
8 路视频编码器	最大 80	200	10
视频解码器	15	50	10
32 英寸液晶监视器	120	420	10
22 英寸液晶监视器	80	420	10
以太网交换机	155	110	12
核心交换机	800	420	12
机架式存储设备	300	1 100	12
服务器	964	900	12
计算机终端	450	110	10
单模 4 路视频光端机	＜10（单端）	400	15

2）系统构成及安装

闭路电视监控系统由图像摄取、图像显示及录制、车站控制处理、以太网交换机、中心控制处理及显示、视频信号传输、网管等设备组成。

公安视频监控系统远期建设时可共享专用闭路电视监控系统的所有前端设备（摄像机、隔离地变压器、分配器等）。为了方便运营维护，闭路电视监控系统设置网管操作系统，可对闭路电视监控系统设备进行参数设置、编程及故障告警等综合管理。下面以车站本地监控系统为例讲述。

（1）车站本地监控系统设备组成

单个车站电视监控系统设备如下（共 18 个车站）。

视频监控系统球机实验

① 前端设备：室内枪式固定彩色摄像机、防暴半球彩色摄像机、室内/外一

体化球形彩色摄像机。

② 车站通信机房设备：多台 16 路隔离地变压器、1 台多功能控制器（含矩阵输出）、1 台多级调用管理器、1 台车站网管主机、2 台四画面处理器、4 台 8 路视频编码器、1 台以太网交换机、1 套数字视频存储设备（48 路视频）、1 台电源机箱、1 台机柜。

③ 车站控制室设备：2 台 22 英寸彩色液晶监视器、2 台行车视频监控终端、1 个电源紧急启动开关。

④ 车站警务室设备：1 台 22 英寸彩色液晶监视器、1 台警务视频监控终端。

⑤ 站台列车驾驶室停车位置：2 台 32 英寸彩色液晶监视器。

⑥ 完成本系统功能所需的其他设备及软件。

（2）车站系统说明

车站监控网络主要完成对本车站管辖范围内的视频信号的监控和录像，摄像机输出的模拟信号经视频分配器分别输出至视频编码设备、本站切换矩阵，然后经以太网交换机接入录像存储设备及传输通道。本站值班员可通过彩色液晶监视器监视本站视频图像，通过录像存储设备对本站图像进行录制，并在授权的情况下可通过监控终端调看本站存储的历史图像，并可利用便携笔记本接入预留接口进行存储图像调看。

车站公安值班室设置彩色液晶监视器及监控终端，并可在授权的情况下在本站调看本站存储的历史图像。

本系统设置的前端摄像机的视频信号经隔离地变压器消除干扰后接入多功能控制器，多功能控制器可以提供叠加字符的视频分配信号和矩阵输出信号。

多功能控制器视频分配输出：一路视频分配输出提供给编码器，一路视频分配输出提供给 2 画面合成器（司机监视用），一路视频分配输出给公安系统，其余为预留。

多功能控制器视频 9 路矩阵输出：5 路输出提供给车站控制室的 2 台液晶监视器（1 台液晶监视器为 4 画面合成图像，1 台液晶监视器为单画面图像）；另 4 路输出提供给车站警务室的 1 台液晶监视器（1 台液晶监视器为 4 画面合成图像）。

编码器将接收到的模拟视频信号转换为两路数字视频信号（MPEG2、MPEG4），并接入车站以太网交换机。

车站以太网交换机将 MPEG2 格式的数字视频监控信号提供给传输设备后进入通信传输网络传输至中心，同时可将该信号送入车站控制室值班员的视频监视终端等；将 MPEG4 格式的数字视频信号送入数字录像存储设备，以进行数字视频的录像存储。

车站视频监控采用模拟监控方式。车站值班员视频监视终端通过 RS-422 通信方式与多级调用管理连接，视频监视终端发出视频切换指令时，控制指令通过多级调用管理发送至多功能控制器（该设备具有矩阵切换功能），实现切换车控室监视器模拟视频图像切换；视频监视终端发出的云台控制指令为直接发送至多级调用管理（多级调用管理器前端接云台），实现云台控制。

中心调度员的视频终端所发出的数字视频切换指令则通过交换机网络发送给视频编解码系统，通过编解码系统的数字视频传输功能来实现数字视频的调用。

车站前端云台设备的控制线缆接入车站设置的多级调用管理器。车站控制室值班员和中心调度员的视频终端所发出的云台控制命令均通过多级调用管理器控制云台；同时在软件界面上显示云台占用信息，并将云台占用信息叠加在图像上。

多级调用管理器已预留今后其他线路 CCTV 系统的控制信号（任何开放的协议）进行二

次转码，以使本系统可任意调用对方的图像；其他线路换乘站的控制信号接入多级调用管理器，可对本系统矩阵进行控制和图像调用。

多级调用管理器可提供 8 个开关量接口，通信系统内其他子系统的报警信号可通过此接口接入多级调用管理器，以实现其与电视监视系统的联动功能。

经授权后，各值班员及中心调度员的控制终端可对本站点的任一图像进行录像回放调用。并可在车站利用便携笔记本接入预留接口进行存储图像调看。

车站数字视频存储设备可实现的功能有本地编码器管理、数字视频录像管理。

车站网管主机可以对模拟视频设备进行网管，并将网管信号通过以太网交换机送入通信传输网络。

车站编码器、数字视频存储设备、以太网交换机等由其设在中心的相应服务器进行网管。所有网管信息最终接入设在中心的综合网管服务器。时钟信息同步由网管系统进行。

所有本地 CCTV 设备均由电源机箱供电，电源机箱接受车站网管主机的管理，可根据需要设置开关机时间。

另外，使用车站及中心的紧急启动开关，通过控制网管主机及电源机箱可紧急启动车站设备的电源。

（3）车站本地监控系统图

车站本地监控系统图如图 2－5－2 所示。

（4）摄像机安装位置

哈尔滨地铁 CCTV 工程均采用彩色摄像机。平均每个车站约设置 26 个彩色摄像机，其摄像机设置位置如下。

① 自动光圈手动变焦固定彩色摄像机：站内自动扶梯等处。

② 自动光圈定焦镜头固定彩色摄像机：上行、下行站台，一侧站台安装 2 台。

③ 一体化球形彩色摄像机：站厅层公共区、自动/人工售票处、检票口等处。

④ 半球式固定彩色摄像机：高低压开关柜室、客服中心、车控室、收款室、TVM 等处。

（5）摄像机的安装方式

① 站厅、站台等处的摄像机吊装在水泥结构顶板上生根固定，吊杆长度按 1 m 和 2.5 m 两种情况配置，吊杆可以按现场要求调节，承诺根据现场实际测量情况随时调整。

② 自动扶梯等处的固定式摄像机可选侧装或吊装方式。

③ 云台的底部按距离吊顶 10 cm 位置安装。

（6）监视器和监控设备的安装位置及数量

① 在车站控制室内行车值班员处设置 2 台 22 英寸彩色液晶监视器：1 台监视器（4 画面显示/行车）及监控设备；1 台 22 英寸彩色液晶监视器（单画面循环播放/防灾）及具有云台占用显示功能和应急开启车站设备电源的监控设备。

② 在车站公安值班室内公安值班员处设置 1 台 22 英寸彩色液晶监视器（4 画面显示/公安）及监控设备。

③ 在车站上下行站台各设置 1 台 32 英寸彩色液晶监视器（2 画面显示）。

（7）车站数字监控录像存储设备的安装位置及容量

① 系统采用网络存储方式，并在每个车站均配置了 1 台数字录像存储设备，用于视频存储和视频管理。为本系统配置视频存储和管理为 48 路。

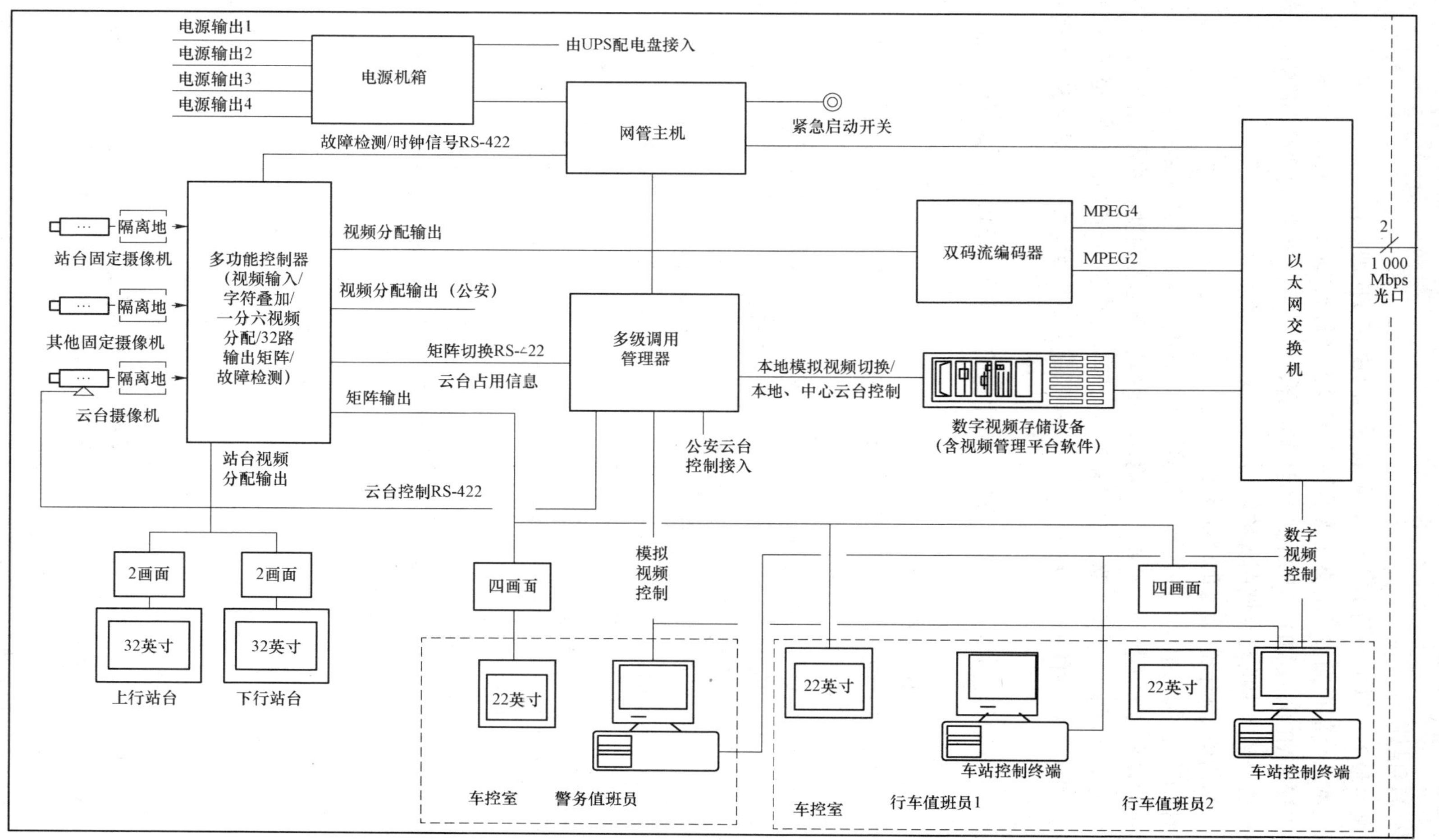

图 2-5-2　车站本地监控系统图

② 存储容量计算。

站点硬盘最多可以扩展到 12 个，容量高达 12 TB（1 TB 硬盘时）。

可满足本站全部视频实时动态录像存储 7 天以上（每天 24 h）的要求，可提供电源冗余保护，并支持 RAID0、RAID1、RAID5 的盘阵组合，具有至少一块磁盘损害不影响视频的正常存储及不丢失盘阵中的已存储图像的能力。

（8）车站的图像和控制信号的远距离传输

① 摄像机输出的模拟信号经视频分配器进入本站的视频编码器（采用全编码方式），再经车站的传输设备传输至控制中心进行解码，送至控制中心各调度员的彩色液晶监视器（电调 4 路，防灾 4 路，值班主任 4 路，行调 8 路，大屏 9 路，1 路预留），共计 30 路解码。

② 控制中心至车站的控制和网管信号，均由传输系统提供以太网数据通道，采用共线传输方式。

③ 由于个别车站视频监视终端距离交换机比较远，因此需要增加以太网延长器。

3）系统功能

（1）云台控制及图像选择功能

在控制中心、车辆段、停车场、车站分别设置一套视频监视系统，主要包括多台监视器和多台控制终端，可实现如下功能。

① 控制中心调度员可以通过监控终端及监视器，控制全线任意车站任何一台球形一体化云台的转动以及对变焦镜头的调节，对各车站的云台摄像机执行远程俯仰、左右以及焦距等控制操作，所有云台摄像机的预置位以图形方式设置，并可编辑和修改。还能以各种程序进行多画面显示、循环显示或手动选择在彩色监视器、大屏上显示任意一个画面。

② 在中心未占用时，各车站值班员可以通过设置在本站的防灾监控终端控制本站任意一台球形一体化云台的转动以及变焦镜头的调节，还能以各种程序进行循环显示或手动选择在监视器上显示单画面或 4 画面。

③ 车站监视器能显示球形一体化云台被占用的情况。车站方只有在高优先级用户释放本站云台控制后，才可对该路云台进行操作。

对车站的云台控制可满足使用监控终端软件和键盘两种形式，当云台被占用时可直接将占用者的信息通过中文字符叠加器叠加至模拟视频图像上。车站控制设备预留模拟键盘接入条件，在工程需要的时候随时可以接入模拟键盘作为控制终端。

车站设置一套防灾专用的紧急启动设备电源的开关，可在车站控制室开启本站全部设备。

（2）视频监视功能

① 车站电视监视功能。本系统在车站控制室为车站值班员提供了 2 台液晶监视器（行车 1 台/4 画面，防灾 1 台/单画面）、2 台控制终端（行车 1 台，防灾 1 台）；本系统在警务室值班员提供了 1 台液晶监视器（4 画面）、1 台控制终端。

车站值班员可通过监视器监视本站站台、站厅及自动扶梯、出入口、 售票处、票务室、检票口等处情况，可以进行循环显示或手动选择显示单画面或 4 画面。利用控制终端安装的软件 JSD－VPK 可对车站模拟及数字视频图像进行调用并进行云台控制，同时可以利用视频控制软件调看多画面实时数字视频图像，点播历史图像。

② 控制中心电视监视功能。控制中心调度员可通过彩色监视器及监控终端监视全线各车站情况，可对各个车站所有摄像机摄取的画面进行选择。以各种程序进行循环显示或手动选

择预置位，观看任意车站的任意图像或不同调度员同时观看同一幅图像。控制中心的所有监控终端可以同时显示同一台摄像机的图像，也可以显示同一车站不同摄像机的图像，或不同车站摄像机的图像，并保持图像正常显示。行车、环控（防灾）调度员还能将各站、列车的图像任意切换到调度大厅的显示大屏上。

控制中心本地5路半球摄像机独立组网，同时设置1套视频监视终端及1台视频监视器用于监视5路视频及录像回放。

对控制中心配套设备及技术方案的说明如下。

彩色液晶监视器5台分别为：行车调度员2台（可进行单画面、4画面切换）、电力调度员1台（可进行单画面、4画面切换）、防灾调度员1台（可进行单画面、4画面切换）、值班主任1台（可进行单画面、4画面切换）。另外，其他系统提供了1套多路显示大屏幕。上述监视器及大屏幕的视频图像来源为本系统在中心所设置的数字视频解码器。

控制终端：防灾调度员1台、行车调度员1台、电力调度员1台、值班主任1台。控制终端安装了JSD－VPK视频监视软件。各调度员可以使用控制终端对各个车站所有摄像机摄取的画面进行选择监视及云台控制，并可按不同的帧率提供多画面实时或回放数字视频图像显示在显示器上。

录像回放终端1台，录像回放软件Viewer可为值班员提供多画面实时或回放数字视频图像。最多25个客户端可同时访问同一个车站的图像。

③ 车站司机电视监视功能。本系统在车站上、下行站台列车驾驶室停车位置的一端各设置1台彩色液晶监视器，接收本侧站台摄像机的4画面图像供机车司机观看本侧站台及车门情况。监视器固定于侧墙上，如侧墙无安装条件则采用吊装方式。

④ 停车场/车辆段电视监视功能。段/场值班员可通过监控终端自动循环监视和手动切换监视段/场内所有摄像机图像，并且与红外报警设备联动，在发生报警后自动将报警画面弹出在相应的监控终端上；同时在车辆段设置1套视频监视终端用于监视各个车站摄像机的图像。

⑤ 控制中心领导办公室图像监视功能。控制中心设置1台流媒体控制器，通过流媒体接入控制中心17层的楼宇办公交换机，同时在17层配置6台闭路电视监控终端（终端内置1套JSD－VIEW专用监控软件），可满足对闭路电视系统的图像监控需求。

（3）字符叠加、视频分配、视频矩阵、视频监测功能

在每个车站、停车场、车辆段分别配制集字符叠加、视频分配、视频矩阵输出及故障检测功能于一身的多功能控制器，可实现全线每台摄像机（包含正线运营、停车场、车辆段）的图像都可叠加简体中文字符；叠加的字符内容为车站站名、摄像机机号码、摄像机位置、摄像日期时间等信息，并可通过软件按照买方的使用要求进行更改。

（4）数字监控录像存储功能

数字监控录像存储系统采用网络存储方式，并在每个车站及车辆段/停车场均配置了1台华赛公司生产的数字录像存储设备，同时数字录像存储设备上安装NICE公司的DVS4800软件，每个数字录像存储设备可管理48路D1实时全帧、全解析度音视频流同步录像。

各车站配置的本地网络视频存储设备提供2个千兆网络接口，提供的存储容量、IO性能能满足本站全部视频存储7天（每天24 h，图像分辨率为D1，码流不低于2 Mbps）及支持10个客户端同时访问的能力；并提供电源冗余保护，支持RAID0、RAID1、RAID5的盘阵组合，可提供至少一块磁盘损害不影响视频的正常存储及不丢失盘阵中的已存储图像的能力。

数字录像存储设备上安装 NICE 公司的 DVS4800 软件，每个数字录像存储设备可管理 48 路 D1 实时全帧、全解析度音视频流同步录像，整个系统可以管理数以千计的视频流，可以管理 PB 级存储量，提供多达 5 种操作：实时监视、回放监视、录像、音视频归档和 PTZ 控制。每个数字录像存储设备每秒可以处理最多 3 000 帧的录像，采用专门的视频格式，基于 Web 的远程浏览。

（5）图像回放功能

控制中心能调看任意车站的任意一幅视频录像，能对所回放的录像进行光盘刻录复制。要实现即时回放，不可采用打包方式进行存储。

车站值班员能在授权情况下回放本站任一路图像的录像资料，并可利用便携笔记本接入预留接口进行存储图像调看。

在不影响正常视频存储、在授权许可的条件下，满足全网对所存储视频的检索、回放。

（6）优先级设置功能

每个车站/车辆段/停车场配置了一台多级调用管理器 JSD－YTKZ，用于设置电视监视系统优先级权限管理。

（7）车辆段/停车场周界防范设备与视频设备联动功能

① 周界报警功能。系统的周界报警功能是通过前端的红外探测器和后端的报警主机等设备共同完成的，并且在车辆段和停车场各设置 1 台报警管理终端可对前端探测器进行布撤防管理。

② 报警联动功能。本系统具有与车辆段/停车场的视频监视系统联动的功能，联动是通过报警系统的联动模块连接报警主机后输出开关量信号并接入监视系统编码器或多级调用管理器来实现的。

（8）车辆段/停车场的前端摄像机防雷功能

哈尔滨地铁 1 号线设有 1 个地面车辆段、1 个地面停车场。考虑到车辆段和停车场的所有地面室外摄像机的防雷问题，因此在上述两个地方设置避雷装置，以满足室外摄像机及其他室外设备的防雷需求。

（9）系统的网管功能

电视监视系统设置网管系统，可对电视监视系统的摄像机、监控终端、编解码器、画面分割器、存储设备、视频字符叠加及分配器等设备进行参数设置、编程、故障告警及电源控制等综合管理。对系统设备的运行情况进行综合的监视与管理，能对系统数据及配置作及时的修改。此外，网管具有前端摄像机检测的功能，根据设置手动或自动检测各摄像机状态，提供摄像机状态的报表，便于维护人员及时了解各摄像机的状态；对外可同时提供基于 TCP/IP 网络和 RS-232/422/485 的控制接口及协议。

① 系统网管的组成：综合网管系统、数字视频网管系统（含编解码、服务器、录像存储服务器网管）、以太网交换机网管系统和光端机网管系统，同时配置 1 台网管终端设备及打印机。

② 网管的故障管理功能：能识别系统故障，并能对设备发生的故障进行定位及迅速查询；能报告所有告警信号及其记录的细节；具有告警过滤和遮蔽功能（不产生误告警）；提供声光告警功能；对故障情况及时进行多媒体声音及图像报警并打印报警报告。

③ 网管系统的管理功能：能利用软件菜单对系统设备进行报警参数、报警门限数值的设

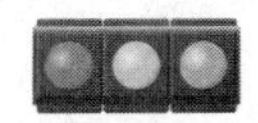

置和修改，每个前端视频设备的故障报警、设备输出参数在该操作平台上通过单击即可看到；可与其选用的切换矩阵控制设备配套使用。能自动适应光线变化不产生误报警。

④ 录像存储系统管理：控制中心配备录像存储管理中心软件，控制中心及车站所有录像存储设备的工作状态均要在网管终端上显示。

中心软件有如下功能：控制车站录像状态的开启和停止；可以提供给网管系统录像存储设备的各种故障报警信息等；录像存储设备的状态同时也可以被中心网管系统灵活控制；可实现录像存储设备的死机告警，开启实时录像、开启移动侦测录像、提高录像画质等。

⑤ 综合网管软件：综合网管软件 JSD－WG－SERVER 接收到车站报警信息后直接在主界面上进行显示，单击电子地图报警图标，进入子界面可看到故障设备的工作状态，在故障设备上单击，可以看到此设备的近期维修历史记录，以及处理故障的过程和判断维修此故障的链路关系，以便于鉴别故障情况，提供维护指导意见。

⑥ 数字视频网管：使用 DVS－4800 软件，可控制车站录像状态的开启和停止及控制车站设备的录像状态；可以提供给网管系统录像存储设备的各种故障报警信息等；可实现开启实时录像、开启移动侦测录像、提高录像画质等。

4）系统的主要技术指标及设备

（1）系统的主要技术指标

① 制式：PAL，彩色。

② 实时动态图像传输，不少于 25 fps。

③ 视频输入/输出阻抗：75 Ω。

④ 控制接口：RS-422/485、以太网接口。

（2）系统设备

固定枪式摄像机（SONY：SSC-G718），防暴半球摄像机（SONY：SSC-CD77P），室内球形一体化摄像机（Infinova：V1900），自动光圈镜头（腾龙：13VG2812AS），室外球形一体化摄像机（Infinova：V1900），室内外防护罩（警视达：JSD-401），地下站防护罩，监视器（三星：SMT-2231），视频编解码器，数字存储设备（华赛：RH2285），多功能控制器（视频中文字符叠加、分配、矩阵切换器），网管主机（警视达：JSD-WG），车站以太网交换机/接入交换机（H3C：S5500-52C-EI），控制中心以太网交换机（H3C：7506E-S），画面处理器（警视达：HXCTEX-X），车站矩阵切换器，站台液晶监视器（三星：SMT-322P），红外周界报警设备，隔离地变压器（警视达：JSD-GD×16），云台优先级管理器（警视达：JSD-YTKZ），电源机箱（警视达：JSD-DTDY），综合网管服务器/视频管理服务器/录像管理服务器，控制终端，单模视频光端机（微创：WTOS-02H-4V4D），以太网延长器（优特普：UTP704E-A1）。

5）接口要求及工程界面

（1）与传输系统接口

传输系统为本系统提供两条控制中心至各车站、车辆段、停车场之间的数据传输通道。该通道的传输方式采用共享式冗余配置 1 000 Mbps 以太网光接口。与传输系统分界点在配线架外线侧。与传输系统接口如图 2－5－3 所示。

系统需要通过传输系统进行以下信号的传送：实时图像信号、录像回放信号、控制信号、网管信号。

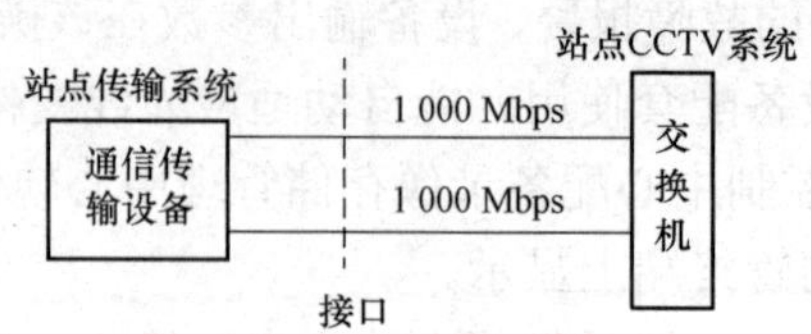

图 2-5-3　与传输系统接口

系统在各站点分别配置了 1 台以太网交换机，所有相关设备均接入此以太网交换机，然后再将需要上传的数据上传给传输系统。

（2）与控制中心大屏幕接口方案

闭路电视监控系统在控制中心通过解码器向大屏幕系统提供 9 路模拟视频，接口类型为 75 Ω BNC。大屏幕的图像选择和云台控制可通过设在各操作员处的控制终端完成。

（3）与时钟系统的接口方案

本系统在控制中心与时钟系统有一个接口，接口方式为 RS-422（或 NTP），时间信息格式由时钟厂商提供。与时钟系统分界点在综合配线架外线侧。与控制中心时钟系统接口如图 2-5-4 所示。

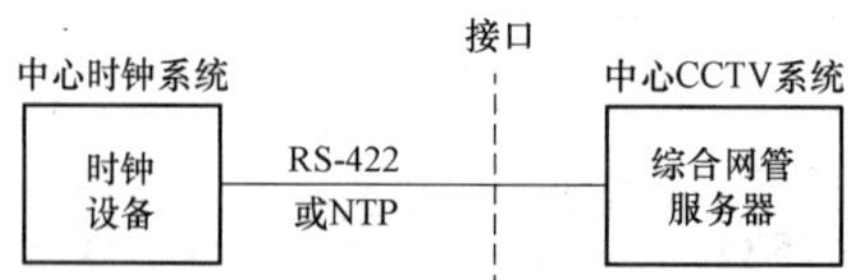

图 2-5-4　与控制中心时钟系统接口

（4）与集中告警系统的接口方案

本系统在控制中心与集中告警系统有一个接口，接口方式为以太网接口，接口位置在控制中心主机房通信集中告警设备输入端。

（5）与电梯系统接口方案

电梯专业输送模拟图像至视频切换矩阵，接口界面在电梯控制柜出线端。闭路电视监控系统在各车站的机柜的隔离地输入端预留电梯专业摄像机模拟视频输入口，接口类型为 75 Ω BNC，负责将相应线缆（含接头）从通信机房引至控制盒。

（6）与电源系统接口方案

电源系统在控制中心、车辆段、停车场、各车站通信设备室各为 CCTV 系统提供交流 220 V 电源，电视监视系统的站点设备的电源均引自站点通信设备机房的电视监视机柜。电源系统同时在上述地点提供接地端子。与站点电源系统接口如图 2-5-5 所示。

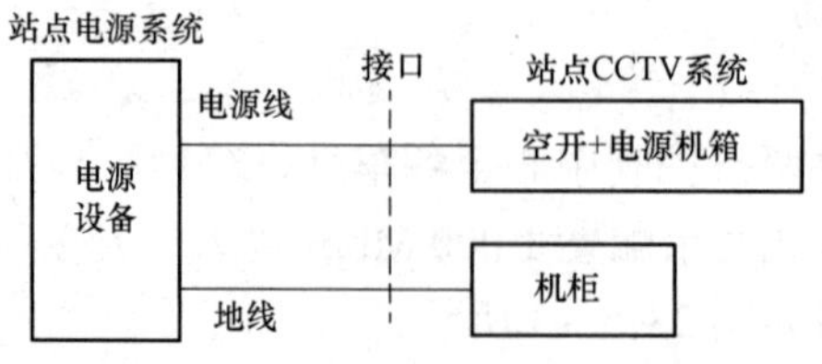

图 2-5-5　与站点电源系统接口

（7）与控制中心楼宇智能化系统接口

系统与控制中心楼宇智能化系统接口以太网接口，接口位置位于 17 层楼宇弱电配电间，接入交换机端口处。

配置流媒体转发设备为 2 路以太网接口，其中一个以太网接口通过光纤以太网传输器与 17 层接入交换机连接。

在控制中心 17 层领导办公室至弱电井间的网络布线由控制中心楼宇智能化系统负责，接口位于弱电井内综合布线网络配线架外线侧及办公室网络出线盒出口。

在通信设备机房设置地线排，接地电阻不大于 1 Ω；系统的接地系统通过设在通信机房的设备柜的接地端子引接至此处。

地线排

2.5.3　闭路电视监控系统维护

1. CCTV 系统日检

① 记录机房温湿度，检查机房是否存在异常（无漏水，无积水，无鼠迹，无异味，无异响）。

② 清洁机柜：要确保 CCTV 系统机柜清洁，无灰尘。

③ 检查机柜风扇：检查机柜顶部风扇是否正常，避免因风扇停止运行影响散热。

④ 检查线缆连接情况：确保线缆整齐，无松动，无破损。

⑤ 检查机柜接地线：检查机柜接地线是否完好，无破损，无老化。

⑥ 检查交换机状态：OUT、PWR 指示灯常绿。

⑦ 检查多功能控制器状态：后面板 VIEDO IN 记录在用业务数量。

⑧ 检查电源控制器状态：“手动”状态指示灯红色常亮。

⑨ 检查磁盘阵列状态：指示灯全绿。

⑩ 检查车站网管控制器状态：运行灯常亮，故障灭灯。

⑪ 云台控制器电源指示灯红色常亮。

⑫ 数字视频压缩编码器指示灯全绿。

⑬ 画面分割器电源指示灯、ENTER 指示灯红色常亮。

2. CCTV 系统月检

CCTV 系统月检除了进行所有日检项目外，还包括以下项点。

① 检查监视终端状态。包括：检查监视终端的连线和接头，连接牢固，接头无松动；检查外设的使用情况，鼠标、键盘、显示器等外设使用正常；依次检查所有图像显示情况，图像显示清晰，无抖动。

② 检查站台监视器状态（仅 CCTV 车站子系统需检查该项）。包括：检查监视器的工作状态，图像显示正常无失真；检查监视器的安装支架，支架安装牢固。

3. CCTV 系统年检

CCTV 系统年检项目除了进行所有日检项目外，还包括以下项点。

① 检查监视终端状态：检查监视终端的连接线和接头，连线牢固，接头无松动；依次检查所有图像显示情况，图像检查监视终端显示的图像信息能实时观察本站视频，图像清晰，无停滞，无马赛克；能在本站调看已存储的录像片段，图像清晰，无停滞，无马赛克，显示清晰，无抖动。

② 检查摄像机状态：判断摄像机的工作状态，图像应清晰，无失真；检查摄像机位置有无变动，是否需要调整应覆盖需要监视的范围；检查摄像机安装支架，确保牢固，无松动；清

洁摄像机护罩及玻璃，摄像机外部清洁无积尘；检查连接插头和线缆连线牢固，接头无松动。

4. CCTV 故障汇总（见表 2-5-2）

表 2-5-2　CCTV 故障汇总

故障地点	故障现象	发生时间	恢复时间	故障分析及处理
工程大学站	上行头端司机屏幕无显示	6:24	9:40	两画面分割器电源坏，更换后恢复
黑大站	站台上行首 CCTV 黑屏	10:23	16:38	编码器死机，重启后恢复
OCC	电调四画面其中之一蓝屏	8:19	8:21	解码器死机，重启后恢复
哈东站	全站 CCTV 黑屏	15:55	16:00	CCTV 服务器故障，远程重启后恢复
工程大站	车控室 CCTV 监控终端画面黑屏	10:05	11:20	硬盘离线造成，重启服务器后恢复
哈东站	操作终端黑屏不能切换画面	11:10	11:40	防火墙开启所致关闭后恢复
网管中心	电调 CCTV 无法监控	17:37	17:51	CCTV 软件死机，重启软件后恢复
和兴路站	收款室无画面	9:41	10:11	网络异常导致软件数据上不来，重启软件后恢复
哈达站	操作终端黑屏	7:30	8:10	计算机死机，重启后恢复
指挥中心	环调 CCTV 终端四画面黑屏	8:00	8:17	软件卡死，重启主机后恢复
哈尔滨南站	直流室二黑屏	8:34	10:12	软件数据参数不匹配，远程修改后恢复
理工大学站	35 kV 控制室黑屏	7:10	8:00	软件故障，重启后恢复
理工大学站	车控室 CCTV 四画面黑屏	6:50	7:40	四画面环回线路第八路视频线松动，重新固定后恢复
哈尔滨南站	CCTV 监控直流室一画面黑屏	8:04	9:29	视频头松动，重新插拔后恢复
医大二院站	三号口 CCTV 黑屏	8:15	8:50	视频线松动，紧固后恢复
哈尔滨南站	直流室 CCTV 监控终端黑屏	22:55	8:59	隔离地处视频线松动，紧固后恢复
理工大学站	35 kV 室内摄像机数字视频黑屏	6:24	8:30	编码器死机，重启后恢复
和兴路站	站台上行司机监控二画面黑屏	15:55	17:45	隔离地端口松动，紧固后恢复
和兴路站	和兴路上行首（直播）无数据，录播正常	7:20	9:05	软件故障，重启主机后恢复正常
哈东站	下行头端门外监视器黑屏	18:05	18:33	监视器电源松动，重新插紧后恢复
西大桥站	上行站台头端门外监视器黑屏	16:08	17:10	二画面被切换成四画面，切换回二画面后恢复正常

2.5.4 视频监控系统业务调试仿真实验

1. 实验概述

实验图片

视频监控系统枪机实验

实验目的：理解设备配置、线路连接原理；掌握监控服务器、路由器、摄像头各参数配置过程；熟悉仿真实验系统各项操作功能。

枪型摄像机，之所以叫作枪型，仅是针对外形，内在配置和质量有很大的差异，在中低端市场上可以看到很多外形完全一样的产品，但其质量和价格或许有天大的差别，主要注意设备的几个基本参数就可以了。

枪型摄像机监控的主要要求：适用于光线不充足地区及夜间无法安装照明设备的地区，在仅监视景物的位置或移动时，可选用枪式摄像机。智能监控是嵌入式视频服务器中集成了智能行为识别算法，能够对画面场景中的行人或车辆的行为进行识别、判断，并在适当的条件下，产生报警提示用户。

实验内容：根据视频监控系统安装的组网进行业务调试。

2. 实验步骤

本实验是基于视频监控系统环境完成的，需要在机房完成系统硬件部署并进行业务调试，视频监控系统的安装组网拓扑图如图 2-5-6 所示。

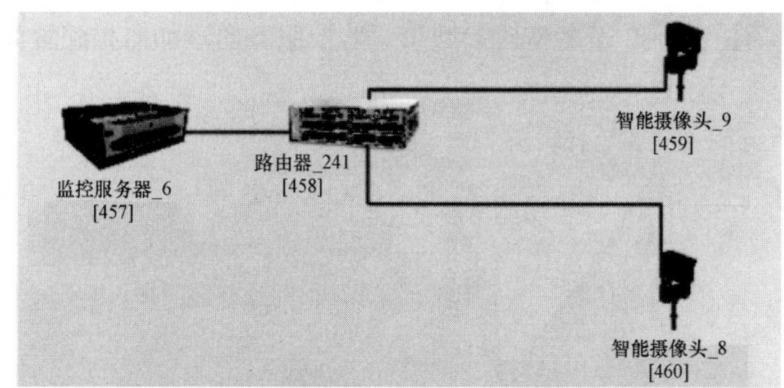

图 2–5–6　视频监控系统的安装组网拓扑图

1）集中网管

在实验平台完成安装之后，单击主界面的“网管中心”，进入控制软件，单击软件工具栏中“集中网管”按钮。如图 2–5–7 所示，选中设备图元，右键选择“参数配置”，进行设备工作参数配置。

图 2–5–7　集中网管

2）监控服务器参数配置

① 如图 2–5–8 所示，选中“监控服务器”进行硬件配置中的网卡 FE0 参数配置，修改 IP 地址、子网掩码、网关参数值。

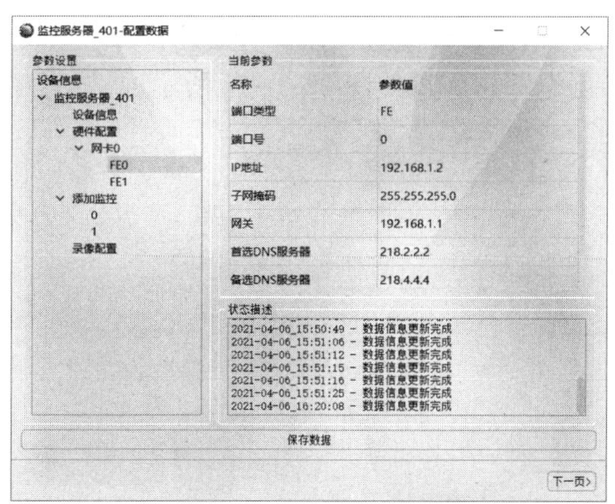

图 2–5–8　监控服务器参数配置

② 选中“监控服务器”并添加监控 0，修改监控 SN 码（监控 SN 码调用监控摄像头 1—

设备信息—SN 码)、IP 地址、子网掩码参数值。监控服务器添加监控配置如图 2-5-9 所示。

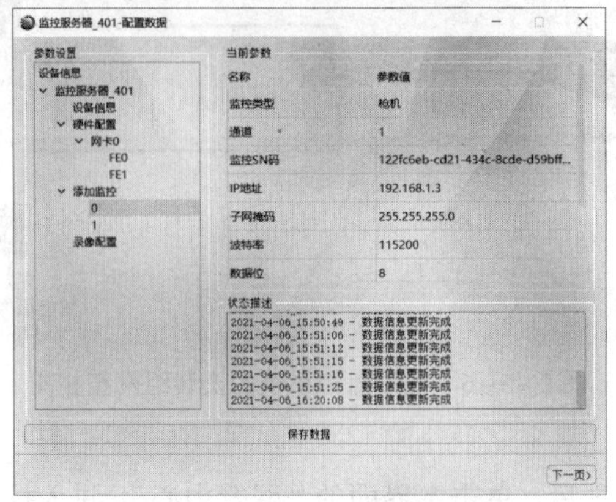

图 2-5-9 监控服务器添加监控配置

3）路由器参数配置

① 选中“路由器”进行硬件配置，添加路由器端口 FE0 进行参数配置，修改 IP 地址、子网掩码参数值。路由器接口参数配置如图 2-5-10 所示。

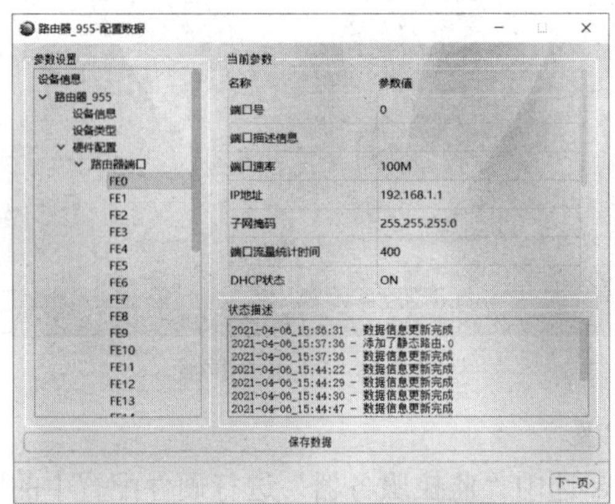

图 2-5-10 路由器接口参数配置

② 选中“路由器”进行路由协议配置，添加静态路由 0，修改目的网段、网络掩码、下一跳地址参数值。路由器静态路由配置如图 2-5-11 所示。

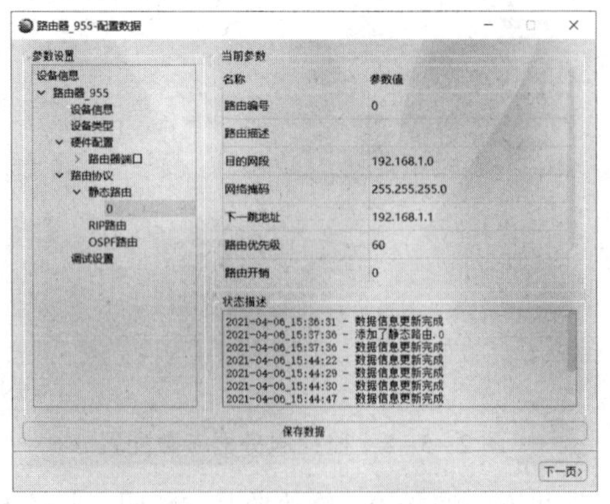

图 2-5-11 路由器静态路由配置

4）智能摄像头参数配置

选中“智能摄像头 1”并进行硬件配置，添加网卡 0-WiFi，修改 IP 地址、子网掩码参数值。智能摄像头参数配置如图 2-5-12 所示。

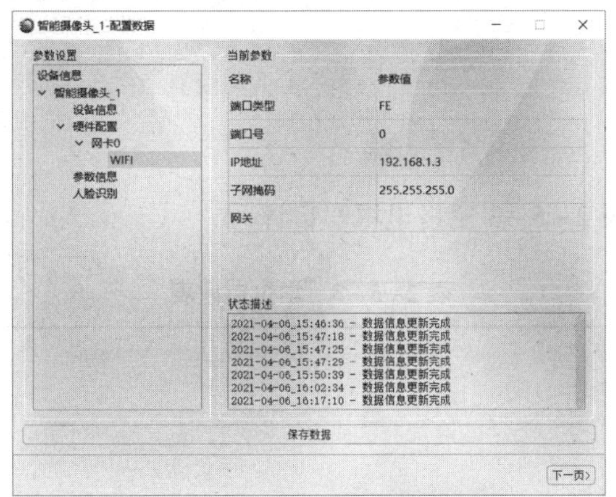

图 2-5-12　智能摄像头参数配置

5）实验验证

返回中心机房查看显示屏幕，单击“智能摄像头 1”，若可以看到机房监控情况则实验完成。智能摄像头 1 验证如图 2-5-13 所示。

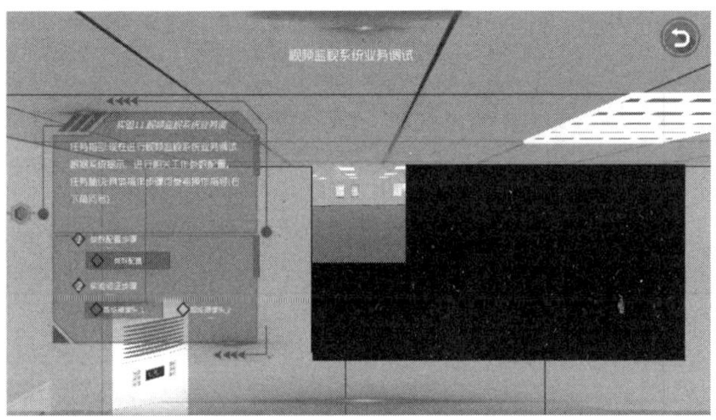

图 2-5-13　智能摄像头 1 验证

单击“智能摄像头 2”，若在监控室可以查看列车行驶情况则实验完成。智能摄像头 2 验证如图 2-5-14 所示。

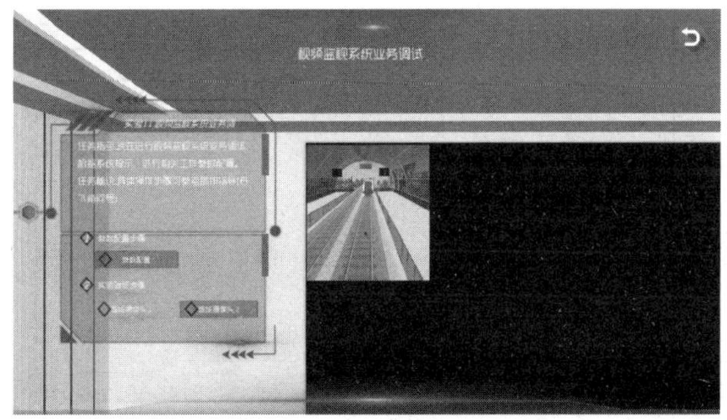

图 2-5-14　智能摄像头 2 验证

3. 实验总结

通过该实验，学员可以进一步理解设备配置、线路连接原理，掌握监控服务器、路由器、摄像头各参数配置过程，熟悉仿真实验系统各项操作功能，可以根据参数规划表独立完成系统调试。

学习自评

根据以上内容，在表 2-5-3 空格里填写自评。

表 2-5-3　学生自评表

评价内容	
本部分内容学习收获	
需要继续深入学习内容	
学习中存在的问题或感悟	

任务 2.6 广 播 系 统

任务布置

（1）掌握广播系统所涉及的基本知识；

（2）总结城轨通信系统广播系统主要功能及主要设备组成；

（3）根据附录 A 中城轨通信专业维护巡检表广播系统部分模拟进行广播系统日常巡检，掌握广播系统日、月、年维护具体内容，分析广播系统日、月、年维护项点的不同；

（4）根据所提供的故障案例，分析广播系统故障解决思路，归纳常见故障原因；

（5）学习车站广播故障维护仿真实验内容，掌握广播系统维护工作流程。

相关知识

2.6.1 广播系统相关知识

广播系统主要组成设备包括音源设备、传声器、扬声器、功率放大器等。

1. 音源设备

音源设备是产生高质量声音的信号源，供扩音设备选用。主要包括 CD 激光唱机、影碟机和数字磁带录放机，也包括卡座录放机，微型多媒体播放器、微机多媒体播放器等。下面只介绍前三种音源设备，其他音源设备可查阅相关资料。

1）CD 激光唱机

用半导体激光器产生 780～630 nm 范围内的一束长波长红光，经光学系统聚焦成光点，照射到数字音频光盘上的信号坑上，产生强度不同的反射光，经光电转换器件拾取存储在光盘上的数字音频信号，再经数字处理输出音频模拟信号。适用于宽频域、低失真、大动态范围及低噪声的音频节目源。

2）影碟机

拾取电信号的原理与 CD 激光唱机相同；差异在红光形成的聚焦点照射光盘上的部位不是信号坑，而是深度连续变化的向下凹的部位，产生强度不同的反射光，经光电转换器件直接拾取存储在光盘上的模拟信号。

3）数字磁带录放机

将数字化后的音频信号记录在磁带上进行存储；或把存储在磁带上的信号重放成模拟信号。当然，也可以数字音频信号输出，可以满足数字音频信号输入接口设备的需求。

2. 传声器

传声器（话筒或麦克风）的作用是将音源发出的声波产生的声压变化成音频电压。传声器在录音、扩音中均为关键器件，因为它是将声音转为电信号的第一环节，直接关系到声音的音质。

1）传声器的分类及基本原理

传声器根据换能原理可分为电动式（含动圈式、带式）、电容式（含一般电容式、驻极体式）、电磁式、半导体式、压电式等。目前使用较多的是电动式传声器和电容式传声器。

2）传声器的性能参数

① 传声器额定灵敏度：灵敏度表示传声器的声—电转换效率。规定为在自由声场中，传声器在频率为 1 kHz 的恒定声压下，在声源正向（声入射角为零）时，所测出的开路电压值。一般用 dB 表示。

② 传声器指向性：指向性是指在某一指定频率下，声波以 θ 入射时的传声器灵敏度与声波轴向（θ=0°）入射时灵敏度比值。根据传声器指向性特性图的形状，可分为无指向性、8 字形指向性、心形指向性、锐心形指向性和超心形指向性。

③ 传声器的频率响应：传声器在恒定声压和规定入射角声波的作用下，各频率声波的开路输出电压与规定的传声器开路输出电压之比，用 dB 表示，称为传声器的频率响应。

④ 传声器输出阻抗：传声器输出阻抗简称传声器阻抗，是从传声器输出端用频率 1 kHz 信号测出的内阻抗的模值。传声器分为高阻抗与低阻抗，高阻抗有 2 kΩ、10 kΩ、20 kΩ、50 kΩ；低阻抗常有 50 Ω、150 Ω、200 Ω、600 Ω 和 1 kΩ。我国标准及国际电工委员会标准推荐的优选值为 200 Ω、600 Ω 和 2 kΩ。

⑤ 瞬态响应：瞬态响应是传声器振动膜对一个波形的反应快慢的量度。此参数在不同类型传声器有所不同。

3）传声器的应用

（1）拾音：拾音就是通过传声器对传话对象进行音频输入。为了保证拾音的音质，对不同的音源（如普通讲话、歌手唱歌、乐器演奏等），传声器的选型及配置都有侧重点。具体优化方案可以参考相关书籍。

（2）传声器连线及频率补偿：为防止干扰信号，传声器连线建议使用优质带屏蔽的专用线缆，长度不宜超过 10 m；否则，会因线间电容过大而导致高频损耗。若现场实施困难，可在传声器终端串入均衡器进行频率补偿。

3. 扬声器

扬声器（喇叭或音箱）的作用是将电信号转换成声音信号，然后辐射到空中。这一过程包含换能、声辐射两大环节。扬声器可分为纸盆扬声器（锥形扬声器）、球顶扬声器、号角扬声器。

4. 功率放大器

功率放大器是广播系统的一个重要组成部分，它是经过压限、频率均衡、放大等环节处理后的音频信号产生功率输出，反馈给扬声器系统，推动扬声器单元向空间辐射声波。

1）功率放大器基本原理及组成

功率放大器基本原理是利用三极管的电流控制作用或场效应管的电压控制作用，向负载提供满足要求的输出功率。功率放大器种类繁多，具体电子电路原理可参看电子电路相关书籍。

功率放大器通常主要由三部分组成：前置放大器、驱动放大器和末级功率放大器。

前置放大器起匹配作用，其输入阻抗高（不小于 10 kΩ），可以将前面的信号大部分吸收过去，输出阻抗低（几十欧以下），可以将信号大部分传送出去；同时，它本身又是一种电流放大器，将输入的电压信号转化为电流信号，并给予适当的放大。

驱动放大器起桥梁作用，它将前置放大器送来的电流信号作进一步放大，将其放大成中等功率的信号驱动末级功率放大器正常工作。如果没有驱动放大器，末级功率放大器不可能送出大功率的声音信号。

末级功率放大器起关键作用，它将驱动放大器送来的电流信号形成大功率信号，带动扬声器发声，它的技术指标决定了整个功率放大器的技术指标。

2）功率放大器的分类

① 按元器件类型：功率放大器可以分为电子管功率放大器、晶体管功率放大器、场效管功率放大器和集成电路功率放大器等。

② 按工作类别：功率放大器主要可分为 A 类（甲类）、AB 类（甲乙类）、B 类（乙类）等。

3）功率放大器的应用

① 功率放大器的匹配：功率放大器的负载是呈现感性的低阻抗扬声器。二者之间的正确连接，包括阻抗、功率及阻尼系数匹配，特别是对较大功率输出至关重要；否则会影响播放质量甚至损坏设备。对于长距离高压传送音频信号，应在功放端加输出变压器，同时扬声器端也应加耦合变压器。

② 功率放大器的输出桥接：在实际工作中，因需要利用高功率扬声器增大功率，要求双声道并联成单声道而实现功率加倍时，可用桥接方法实现。

2.6.2　广播系统在城市轨道交通中的应用举例

1. 广播系统概述

控制中心调度人员、车站值班员及站台值班员可通过广播系统向车站旅客进行公众语音广播或通告地铁列车运行、播放安全及向导等服务信息，向工作人员发布作业通知；车辆段/停车场信号楼行车值班员、检修库值班员及运转值班员向库内流动生产人员发布作业命令。当车站或车辆段/停车场库内发生火灾等灾难时，广播系统可以兼作消防广播。

1）较近距离控制

广播控制台距通信机房理想距离为 0～700 m，在此距离范围内，广播控制台可实现所有广播功能。广播系统为广播控制台提供专用线缆，广播控制台对广播机柜进行相关的控制。专用线缆内部包括音频线、控制线、监听线和电源线。专用线缆型号为 DWZ-ZY-13。

2）远距离控制

超出 700 m 的距离，广播控制台如需控制广播机柜的相关操作，需通过 1 对光端机及光纤来实现相应功能。

具体措施：在控制室和通信机房分别放置 1 台光端机，通过光纤将 2 台光端机连接起来。将广播控制台的控制线和音频线连接到控制室的光端机上，并将通信机房的光端机接口连接到广播机柜的接线端子上，检测无误，广播控制台即可实现对广播机柜进行相关操作。

注：广播控制台的供电方式需在控制室本地取通信系统所提供的 24 V 电源，光端机的工作电压是直流 48 V 或者交流 220 V。

① 光端机的型号：SUN-TR1A1A’1D-S。

② 光端机的接口类型：光口，FC；音频及控制信号接口为工业端子。

③ 接口作用：光口是用来连接光路的（即光缆）；音频接口是用来连接音频信号的；监听接口是用来连接监听信号的；控制信号接口是用来连接控制信号的（接口方式为 RS-422）。

④ 光纤型号为单模（1～100 km）。

2. 系统组成

广播系统由控制中心广播子系统、车站广播子系统和车辆段广播子系统、停车场广播子系统组成，广播系统框图如图 2－6－1 所示。

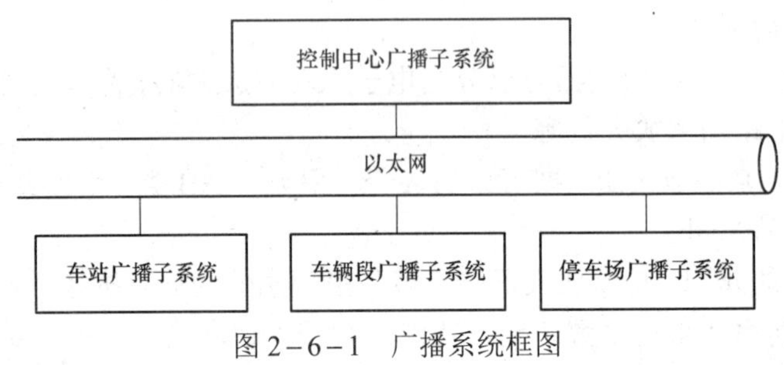

图 2－6－1　广播系统框图

1）控制中心

控制中心包括行车广播操作终端、防灾广播控制终端、中心广播机柜及系统管理维护终端。控制中心广播下发控制指令和音频信号到各车站，且在该中心设有网管计算机，集中监控全线车站、车辆段/停车场运行情况，并将故障传输到集中告警系统。另外，在控制中心设有与信号系统和时钟系统的接口。控制中心广播系统结构框图如图 2－6－2 所示，控制中心广播系统网及网管通道图如图 2－6－3 所示。

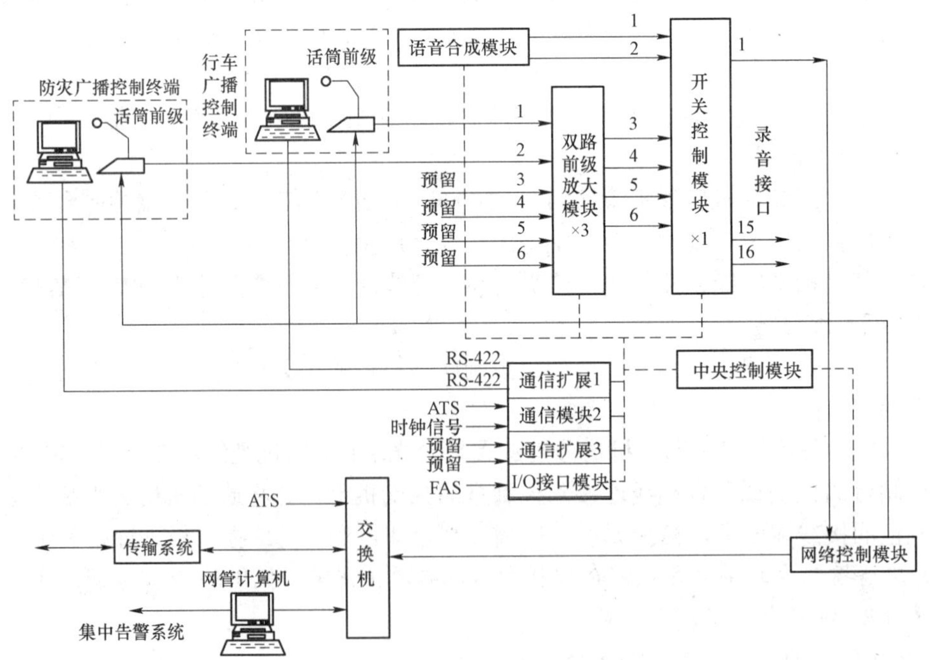

图 2－6－2　控制中心广播系统结构框图

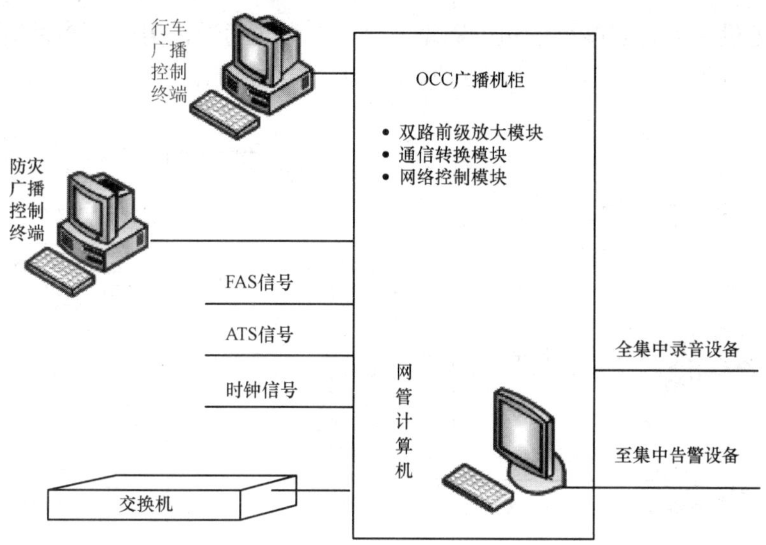

图 2-6-3　控制中心广播系统网及网管通道图

2）车站

哈尔滨地铁 1 号线一、二期工程广播系统共 18 个车站，每个车站包括广播设备机柜、行车广播控制台、站台无线手持终端、天线和扬声器网络。车站广播系统网如图 2-6-4 所示。

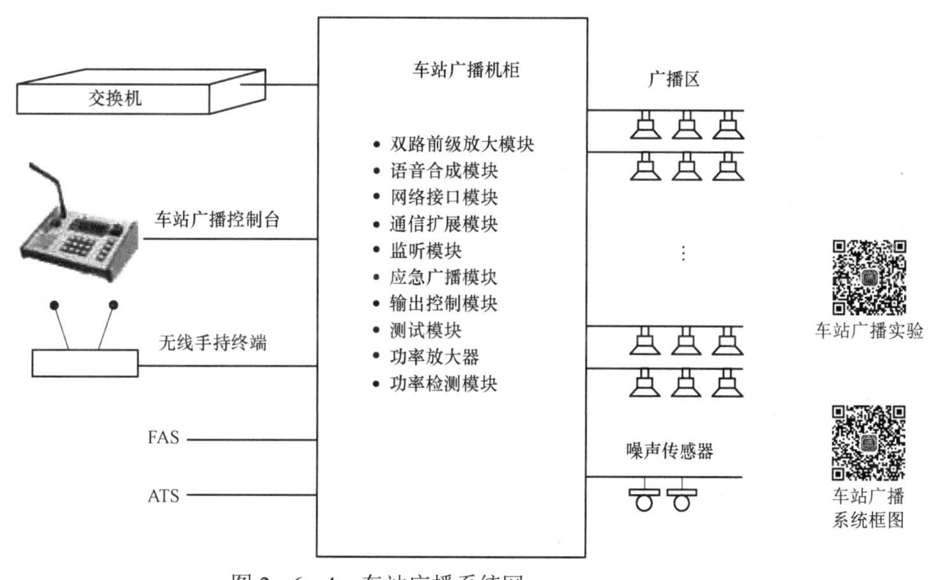

图 2-6-4　车站广播系统网

3）车辆段/停车场

哈尔滨地铁 1 号线一、二期工程广播系统包括一个车辆段和一个停车场广播系统。广播设备由设置在信号楼值班室内的行车广播控制台、列检运转广播控制盒、检修广播控制盒、扩音终端、扬声器网等组成。考虑到车辆段/停车场的空间比较开阔，地面高度较高，使用功率为 15 W 的号筒扬声器。

车辆段或
停车场广播
系统框图

停车场广播系统和车辆段广播系统都是独立的系统，只接受控制中心网管的管理。

传输系统提供从中心到停车场和车辆段各一个以太网通道，用于中心采集停车场和车辆段广播设备的监测信息。车辆段广播系统网如图 2－6－5 所示。

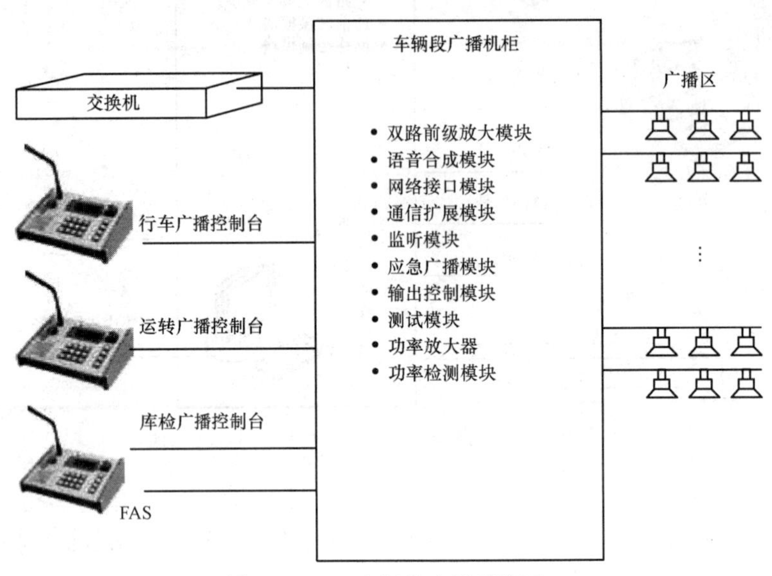

图 2－6－5　车辆段广播系统网

4）网管检测中心组成

（1）网管检测中心功能

控制中心的网管终端可通过传输系统提供的 10 Mbps 以太网通道，对中心、各车站、车辆段/停车场的广播设备进行统一监控和管理，具有集中维护和自诊断功能，可进行故障管理、性能管理、配置管理、安全管理，实时监测中心、车站、车辆段/停车场广播设备的运行状态；当某模块或设备出现故障时，能够发出声光报警，声音报警可人工清除；可完成集中维护和自诊断功能；可进行故障管理、性能管理、配置管理、安全管理、远程维护。

（2）故障定位功能

网管终端可显示全线的线路图，工作人员可以通过该图看到每个车站的状态。当某个车站设备有故障时，该车站所在点会闪光，发出告警。双击该故障点后，就可以直接进入该车站设备界面。此界面具有该车站的广播机柜面板及故障设备列表。在该列表上会显示故障设备名称，提示用户检查故障设备。当故障恢复后，故障线路图会停止闪烁。

（3）故障查询功能

通过网管终端可对系统发生的故障和操作进行全面记录。操作记录包括操作命令、操作开始时间和结束时间等；故障记录包括故障内容、故障产生时间和恢复时间、类型等。记录内容可保存一个月，记录存满自动覆盖。

检测控制中心、车辆段、停车场及各车站的每个模块和设备是否运行正常。如有故障，在网管终端显示出故障设备的具体位置和故障类型。

车站广播设备发生故障时，对工作不正常的功放及出现问题的广播区，通过中心网管终端进行操作。

车站广播设备发生故障或传输通道出现故障的情况下，中心网管终端将接收不到该站的有关信息。一定时间内若网管中心没有接收到相关数据，网管将提示该故障，并记录在网管日志里。

（4）网管系统安全管理功能

出于网管安全管理的考虑，特为网管中心设置了两种访问权限。

① 一般用户权限：一般用户除具有访问者的权限外，还可以读取并设置参数。可通过输入登录口令，进行登录。

② 超级用户权限：超级用户具有最高权限，不仅可以查询信息、设置参数，还可以管理用户，创建、修改和删除用户信息，为其他用户授权。

每个网管中心可设有多个超级用户权限。

（5）用户管理与用户授权

用户管理，包括用户信息的创建、修改与删除。每个用户分配一个密码。用户授权，即为指定用户赋予一个或多个的操作权限。广播系统网管用户密码管理如图 2－6－6 所示。

网络管理运行中对所有登录者、操作内容进行实时监视，监视过程用文件记录方式记录（含有时间、登入口令）并保存。该文件可查看、打印，不能删除。若硬盘被占满，系统将自动覆盖原有信息。

① 添加用户：只有在以系统管理员的身份登录时，才可以添加用户，并为用户分配相应的权限。具体操作是输入新的用户名，并输入登录密码，密码采用 MD5 单项加密算法在数据库中存储，确保用户密码的安全性，在下拉列表框里选择要给该用户赋予的权限，单击“保存”添加。广播系统网管用户添加如图 2－6－7 所示。

用户密码管理

用户名	密码	用户类型
user	user	普通用户
admin	admin	超级用户
user2	user2	普通用户
admin2	admin2	超级用户

删除(D)　保存(S)　退出(E)

图 2－6－6　广播系统网管用户密码管理

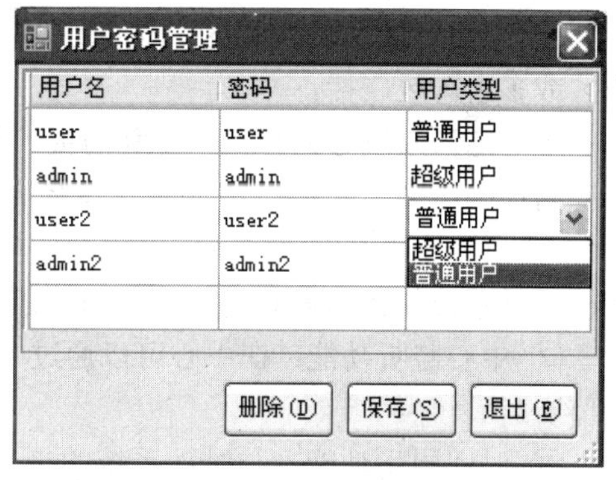

图 2－6－7　广播系统网管用户添加

② 用户登录鉴权：当一个用户登录网管系统时，系统将提示操作人员输入密码，并校验该密码是否正确。只有成功通过鉴权的用户才能登录本系统。

③ 用户信息修改：普通用户修改自己的信息，只能修改登录口令；系统管理员修改信息可以修改包括权限在内的所有信息。

④ 删除用户：系统管理员和普通用户可以执行该操作。下拉列表框中会显示已注册的用户，选择一个要删除的用户，单击删除按钮即可删除该用户，删除用户的同时将删除该用户的所有信息。广播系统网管用户删除如图 2－6－8 所示。

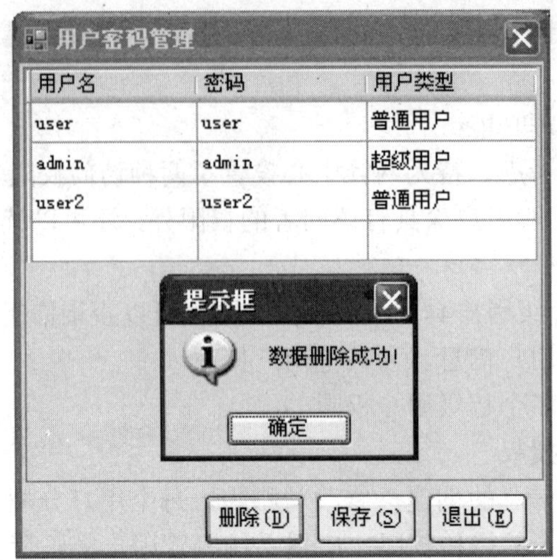

图 2-6-8　广播系统网管用户删除

⑤ 自动注销功能：当成功登录本系统的用户，在预先设置的时间间隔内没有执行任何操作，系统自动注销该登录。

为了便于地铁通信系统的集中管理，网管终端通过以太网接口向通信集中告警设备提供广播系统的故障信息。

3. 系统功能

广播系统包括两个相对独立的部分：正线广播系统、车站广播系统。

1）正线广播系统

① 中心广播功能：中心广播范围包括全线广播、任意一个车站广播、任意车站的任一个选区或多个选区广播。

中心广播系统分为行车广播和防灾广播。行车广播控制终端包括 1 个音频话筒和 1 台行车广播控制终端（台式机）；防灾广播控制终端包括 1 个音频话筒和防灾广播控制终端（台式机），音频信号通过模拟接口与广播设备柜连接，具有与防灾系统的接口，当防灾系统发现险情时广播系统收到防灾系统发送的信号即可自动广播。

② 中心监听功能：在中心可以通过中心广播控制终端，实现对任一车站的任意广播区进行监听。

③ 时间同步功能：与时钟系统的接口为一路 RS-422 接口，设置在控制中心广播机柜。通过该接口，广播系统可接收时钟系统发来的时间信息，并将时间信息发送到广播系统的各相关部分，各部分根据收到的信息自动校对时间，使广播系统的时间与时钟系统保持同步。

④ 中心网管功能：中心网管终端可对中心、各车站、车辆段/停车场的广播设备进行统一监控和管理，具有集中维护和自诊断功能，可进行故障管理、性能管理、配置管理、安全管理；实时监测中心、车站、车辆段/停车场广播设备的运行状态；当某设备出现故障时，能够发出声光报警，声音报警可人工清除。

2）车站广播系统

全线共有 18 个车站，每个车站设有 1 台广播控制台和无线手持终端。车站广播范围为：本站所有选区广播、多个选区广播或单个选区广播。

① 车站广播操作台功能：具有话筒广播、线路输入广播、语音广播、语音段选择等信源选择按键；具有选区、全占等按键；具有广播按键，并加装透明安全盖；对广播使用状态，有各级占用指示和选区占用的指示；具有监听选择图标，可对广播权限内的各广播选区进行监听，监听音量可调；所有的广播操作均有相应指示；具有广播自动录音功能，采用 mp3 格式循环录音，录音时长 1 h，不可人工擦抹；有与防灾系统的接口，当防灾系统发现险情等方面的问题时，广播系统可接收防灾系统发送的信号，可以自动广播；具有录音段记数显示，可按录音记数时段进行检索查询；语音信源采用 mp3 格式，总时长 2 h，可循环播放；信源电源由广播机柜接引。

② 人工广播：车站工作人员可通过广播控制台上的按钮设定广播区和信源，对指定的广播区进行广播。

③ 应急控制广播：当发生紧急事件或遇到广播核心设备故障时，操作员可以开启应急广播功能。当操作员按下应急广播按键时，人工广播将直接输出至各功率放大器，经放大后输出至全部广播区。在应急广播期间，其他自动广播将终止，直至操作员手动退出应急广播模式。

④ 站台广播功能：车站采用无线广播系统对上、下站台进行广播。每个车站的无线广播系统由 3 部分构成：无线手持终端、接收天线、无线接收器。

站台手持终端传来的音频信号由接收天线接收，接收天线安装在天花板上，并由一根信号传输线将无线信号引入机柜。机柜内无线接收机将接收到的信号进行处理，分发音频和控制信号至相应设备，完成逐级放大的功能，直至输送到广播区。

⑤ 车站监听功能：车站广播控制台具有监听功能。该设备设有监听电路及扬声器，可通过相应的操作，对本车站各广播区的广播内容进行选择监听，监听音量可调。

⑥ 背景音乐：背景音乐作为一路单独的音频输入车站广播机柜。当有其他音频输入时，背景音乐将自动降低音量或中止；当其他音频播放结束时，背景音乐的音量将自动恢复到其他音频进入之前的水平。

⑦ 功放自动检测功能：广播系统中所设置的功放检测模块，用于检测功率放大器的工作状态。当发现功放出现故障时，即发出切换控制信号，用备用功放替代故障功放的工作。并能够将故障信息及切换信息发送到控制中心，由中心的网管终端统一管理。

⑧ 负载保护功能：车站、车辆段/停车场的功率放大器与扬声器之间设有输出控制模块。该模块不仅具有防过载、断路等保护功能，还能对负载线路进行测试（开路或短路）。

⑨ 功放延时上电功能：具有功率放大器的广播机柜中设置可编程电源控制器，该设备能够延时对系统中的功率放大器逐一加电，以减少在开机时电源过大的冲击电流。维护人员可以对每台功放的上电间隔时间进行设定，可选定间隔时间为 1～10 s。

⑩ 提示音广播功能：在每次广播前，将会自动播放提示音。该提示音储存在语音合成模块 SD 卡中。

⑪ 自动广播功能：ATS 与 PA 系统仅在控制中心与 ATS 进行连接。

中心接收 ATS 信号后，该信号通过传输系统发送到不同车站，车站控制设备接收到 ATS 触发信号，在列车即将到达、到站、离站、晚点时，启动语音合成模块内的预存储语音内容，进行自动广播。

⑫ 优先级：整个 PA 系统包含控制中心、车站、车辆段/停车场等子系统，每个子系统都

具备多个信源。当高优先级广播时，能够自动打断低优先级的广播；而低优先级的广播则不能打断高优先级的广播。

正线广播优先级为：第一级，车站防灾调度员；第二级，中心防灾调度员；第三级，中心行车调度员；第四级，车站行车值班员；第五级，站台客运值班员；第六级，列车进站自动广播；第七级，语音广播。

网管计算机可设置全线广播系统的信源优先级。系统广播优先级的顺序可以通过软件进行调整，在控制中心的网管终端进行相应的设置即可，系统将按照新设定的结果运行。

⑬ 平行广播：系统中设置有 16×16 的矩阵开关控制模块，可以同时将不同的信源输入连接到不同的广播区输出，使得多个信源可同时对多个广播区进行广播；各路互不干扰，实现平行广播的功能。

⑭ 远程设置功放参数：车站、车辆段/停车场广播机柜的功率放大器与机柜内控制总线相连接，中央控制器可以通过总线读取功率放大器的相关数据，并发送至中心网管。用户在中心网管可以直接查看、配置、修改各车站、车辆段/停车场功率放大器的参数，远程完成对全线广播区输出的控制。

⑮ FAS 自动广播功能：广播系统与 FAS 系统通过 I/O 模块连接，广播设备在接到 FAS 的火灾报警信号后，PA 系统将在预定时间内自动广播预录信息，此时不需要人工干预。

⑯ 自动退出功能：话音广播完毕自动释放选区，退出广播状态（释放时间 5～10 s 可调）；其他各种音源广播完毕立即自动释放选区，退出广播状态。

⑰ 车站扬声器线路故障检测功能：具有本站扬声器线路故障检测功能，并有相应告警。扬声器网发生短路故障时，自动与功放单元断开连接。

⑱ 车站广播分区与扬声器安装方式：哈尔滨地铁 1 号线共 18 个车站，全部为地下站。

地下站广播按 9 个区域考虑：上行站台广播区、下行站台广播区、站厅广播区、办公广播区、出入口广播区、上行隧道广播区 1、上行隧道广播区 2、下行隧道广播区 1、下行隧道广播区 2。

办公广播区扬声器设于走廊内，安装方式采用吸顶式或吊挂式。

站厅广播区扬声器根据装修情况，安装方式有顶棚镶嵌式、吊挂式、吸顶式，扬声器应有外护罩。

站台广播区扬声器根据装修的情况，安装方式可采用吊顶镶嵌式、吊挂式、吸顶式、下垂式，扬声器应有外护罩。

隧道广播区设置号筒式扬声器。

扬声器网络（回路）的布置与车站广播区的划分一致，同时还要考虑每一回路扬声器额定功率的大小，以便于广播系统功率放大器的配备。

哈尔滨地铁 1 号线一、二期工程新建的 18 个车站，都采用 240 W 的功率放大器，每台功率放大器最大配置 3 W 扬声器 66 个，配置 5 W 扬声器 40 个，配置 15 W 扬声器 13 个。扬声器总功率不超过 200 W。

层高 2.5 m 左右的宜用 3 W 的扬声器，安装间距为层高的 2～2.5 倍；层高为 4 m 以上的，宜采用 3～5 W 的扬声器，安装间距为层高的 2～2.75 倍。隧道采用 5 W 号筒扬声器，每隔 40 m 左右安装一对。停车场/车辆段采用 15 W 号筒扬声器，安装间距为 25 m 左右。

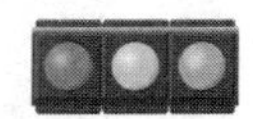

4. 主要技术指标及系统参数

1）系统技术指标及参数

① 频率特性：16～40 kHz，幅度衰减≤ ±2 dB。

② 谐波失真：16～40 kHz，幅度衰减≤2%。

③ 信噪比：线路≥70 dB，话筒≥50 dB。

2）广播控制台

① 输入电平：－60～－30 dB（话筒）。

② 输出电平：0～6 dB（线放）。

3）功率放大器

① 额定输出电压：100 V 或 120 V。

② 输出功率：100 W、120 W、200 W、240 W。

4）中央控制模块

接收并解析各设备/模块的信息，控制系统的运行；监测各设备/模块的状态，进行设备管理；可进行必要的操作，修改、设置模块的工作参数。

5）功率放大器

功率放大器用于将音频信号的功率进行放大，功率放大器的高度为 1 U（1 U=44.5 mm），宽度适合于 19 英寸标准机柜。在功放的前面板，有电源开关、音量控制旋钮、监听扬声器及状态信息显示窗口等。功率放大器为智能功放，具有过流、过压等保护功能，可检测自身的温度，当温度达到预定值时，能够自动打开风扇，风冷散热。每台功放的额定功率为 240 W。

6）广播控制盒

用于手动广播。操作员可以对广播区进行口播以及语音合成广播。广播操作台可设置为中心工作方式、车站工作方式及车辆段/停车场工作方式。

7）前级话筒

用于主控系统的话筒广播及监听。

8）电源模块

用于将输入的交流 220 V 交流电源变换为系统工作的直流 24 V 电源。

开关控制模块原理框图

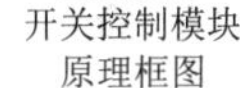

开关控制模块线路板图

9）开关控制模块

完成 16 路音频输入与 16 路音频输出的开关控制。

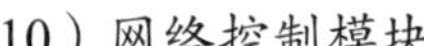

10）网络控制模块

用于完成以太网的连接，通过以太网传输数字音频及控制信息。将接收的模拟音频信号转换成数字信号，通过以太网传输；通过以太网接收数字音频数据，转换成模拟音频输出。通过内部的串口与主控模块交换信息。

11）语音合成模块

语音合成模块用于播放语音合成信息的内容。语音合成信息存储在卡中；存储格式为 mp3 格式。模块通过串口接收语音播放的控制信息，启动播放相应的语音段。

语音合成模块

12）双路前级放大模块

完成音频信号的音量、音调调节控制；完成信源之间的插播控制；具有两路音频处理电路；有测试信号输入/输出接口及控制电路，可以在线测试。

双路前级放大模块

双路前级放大模块原理框图

13）功放检测模块

接收功率放大器的状态信号。当状态信号发生变化时，通过串口将信息发出，同时在模块的面板有相应的显示。

14）测试模块

对系统中的音频进行测试。模块中有标准音频信号发生电路，可以发出标准音频信号，并接收被测模块的输出信号，对该信号进行测量，通过串口将测量结果发送至中央控制模块。

15）应急广播控制模块

用于应急广播控制。当启动应急广播时，本模块将操作台的音频信号直接连接到功率放大器，功率放大器的输出则与扬声器连接，保证在系统出现异常情况时能够进行话筒广播。

应急广播控制模块面板图

应急广播控制模块线路板图

应急广播控制模块原理框图

16）输出控制模块

用于将输入的音频信号与输出按照浮动或一一对应的方式进行连接，并对音频信号的电压值及电流值进行取样。

输出控制模块

17）总电源控制器

用于连接交流 220 V 电源输入，将电源转接至系统内部；可以直观地观察到电源电压及电流。

2.6.3 广播系统维护

1. 广播设备日检

广播设备日检主要包括以下项目。

① 记录机房温湿度，检查机房是否存在异常（无漏水，无积水，无鼠迹，无异味，无异响）。

② 清洁机柜：要确保广播机柜内无积尘，无污迹。

③ 检查机柜风扇：检查机柜顶部风扇是否正常，避免因风扇停止运行影响散热。

④ 检查线缆连接情况：确保线缆整齐，无松动，无破损。

⑤ 检查各功放工作状态。

⑥ 检查液晶屏状态显示是否正常。

⑦ 检查广播系统各板卡工作状态：确保各模块电源灯常绿，以太网模块电源灯常绿，LINK 灯绿闪，COM 灯绿闪，通信扩展模块电源指示灯常绿，输出控制模块电源灯常绿。

⑧ 检查电源时序控制器工作状态，正常时电源灯常红。

2. 广播设备月检

广播设备月检除了包括所有日检项目外，还包括以下检查广播控制盒工作状态。

① 检查各按键功能：确保各按键正常使用。

② 检查播音功能：确保各区域可以正常播音。

③ 检查麦克风有无松动：确保麦克风紧固，无松动。

④ 检查连线：确保连线无松动、氧化、破损和锈蚀。

3. 广播设备年检

广播设备年检除了包括所有月检项目外，还包括以下项目。

① 备用功放功能测试：关闭功放 1，检查备用功放是否自动启用。

② 广播电阻测试：各广播区的电阻值与基准值对比无较大改变；记录各测试区域数值（记录实测值，建立趋势表）。

4. 故障处理

案例　广播系统以太网控制模块故障

1）故障描述

2014 年 12 月 4 日，医大一院站广播系统发生故障，本站所有广播都无法使用；2014 年 12 月 6 日，理工大学站广播系统发生故障，本站所有广播都无法使用；2014 年 12 月 11 日，控制中心广播系统发生故障，现象是站下所有站都没有上下行广播。

2）故障分析

广播系统厂家分析是由于机房环境中的静电引起广播机柜中的以太网控制模块的运行程序跑死，相当于以太网控制模块当机，从而导致故障现象的发生。

3）故障处理

广播系统厂家重启以太网控制模块所在机箱的电源模块，使得以太网控制模块重启，故障现象消失，广播系统恢复正常工作。广播系统厂家建议更换以太网控制模块，并将故障以太网控制模块发回厂里做进一步的检测，以便能更好地查清故障原因。

广播系统故障汇总如表 2－6－1 所示。

表 2－6－1　广播系统故障汇总

故障地点	故障现象	发生时间	恢复时间	故障原因分析
哈达站	没有进站广播	13:07	13:40	广播无线手持台参数被更改，调整后恢复
铁路局站	下行无进站广播	20:10	20:20	在列车进站时，站务人员用手持台进行广播，打断了进站广播信息，站务人员误操作
哈工大站	上下行无进站广播	8:48	9:17	广播控制盒按键过快，导致手/自动未切换过来
西大桥站	站台层上下行没有进站广播	11:29	11:37	站务人员使用广播对讲机占用了信道，重启广播控制盒后恢复
烟厂站	上行站台 15:37 0108 车无进站广播	15:37	15:50	广播网管显示到站信息正常，故障自动恢复
西大桥站	人工广播和系统自动广播播放不了	21:15	次日 1:00	3011 电源模块内保险丝熔断所致，将备用保险丝更换到主用上之后恢复
铁路局站	站台上下行　无进站广播	6:55	10:30	电源模块故障导致其他板卡故障，更换电源模块后恢复正常
理工大学站	下行无进站广播，网管显示功率放大器 3 故障	18:00	18:43	功率放大器死机，重启第三功率放大器，恢复正常
工程大学站	上下行到站广播互反	7:42	11:30	以太网接口板卡数据传输错误，检修后恢复
博物馆站	上下行无进站广播	13:17	13:36	以太网接口模块死机，断电重启后恢复
工程大学站	人工广播不能用	7:58	11:07	前级放大模块程序运行死机，前级放大模块 1 与前级放大模块 2 经过两次对调后，测试人工语音广播恢复正常
哈达站	车控室广播控制盒人工口播不好使	23:08	次日 7:07	客运人员操作失误，把口播音量调制－40 dB，将音量调大恢复

2.6.4 车站广播故障维护仿真实验

实验图片

1. 实验概述

通过该实验，让学员了解车站广播系统故障的常见故障现象，并熟知处理故障的常用方法，掌握一定的处理和维护车站广播系统故障现场处置方案。

通信车站广播系统故障主要是广播控制主机故障和功放故障，控制主机故障时，影响全站的广播正常播放，通常是全站无广播；功率放大器在广播系统中用于对音频信号进行功率放大，驱动扬声器发出声音，当功放故障时，将会导致广播扬声器声音不正常或无声音。广播故障的处理流程如图 2–6–9 所示。

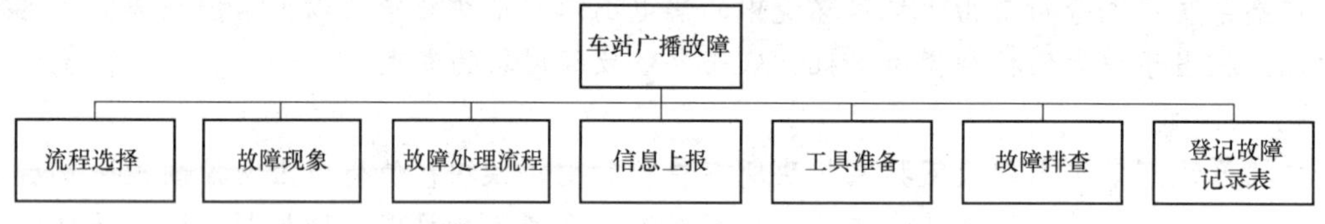

图 2–6–9　广播故障的处理流程

2. 实验步骤

1）自选流程

单击主界面的“监控故障”，进入如图 2–6–10 所示的界面。了解故障提示，单击关闭。

图 2–6–10　广播故障

如图 2–6–11 所示，进行流程自选，依次将其拖入左侧流程框。（提示：若选错可再单击该流程，则该流程会退回到备选区。）

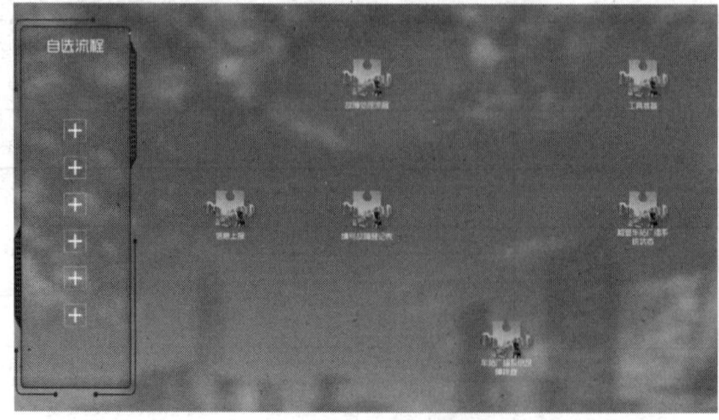

图 2–6–11　自选流程

检修作业务必符合标准流程，如图 2-6-12 所示。（提示：如自选流程和标准流程有差异，请按标准流程进行。）

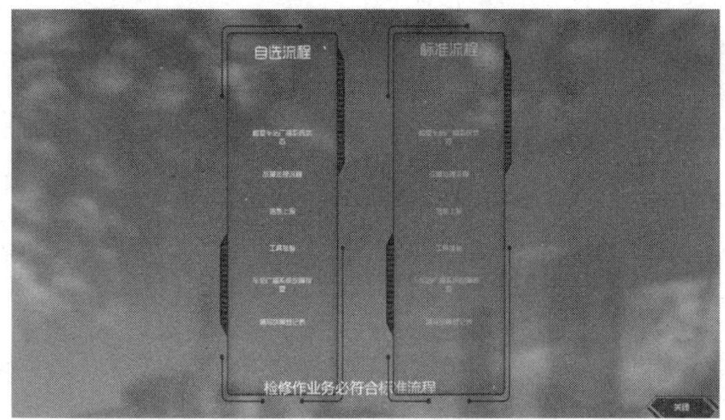

图 2-6-12　正确流程

2）故障现象

单击主界面的“广播故障”，进入如图 2-6-13 所示的界面。右下角有标准流程，单击其展开，查看详细流程。了解通信车站广播系统故障的表现形式，检查车站广播系统故障状态。

图 2-6-13　任务主界面

单击“检查车站广播系统”，会出现任务提示，移动到任务提示处并单击它，车站广播系统无法发出广播，出现广播无声音。故障现象如图 2-6-14 所示。

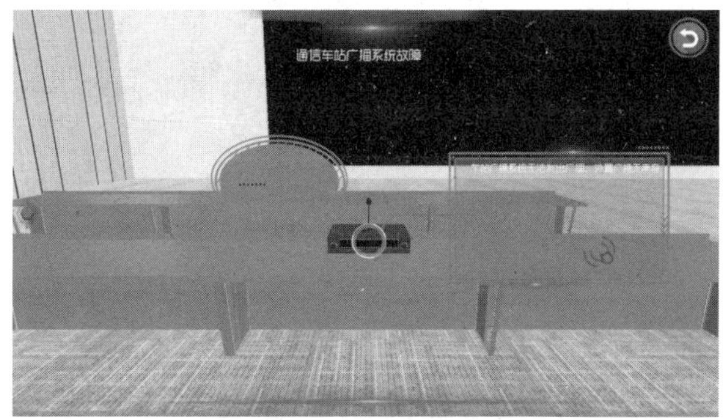

图 2-6-14　故障现象

3）故障处理流程

单击主任务流程中的“故障处理流程”，进入如图 2–6–15 所示的界面。

图 2–6–15　任务主界面

单击详细任务分解中的“故障处理流程”，单击紫色闪动手势后，会将故障流程收纳到右侧，再次单击即可展开。

通信车站广播系统故障处理流程图如图 2–6–16 所示。

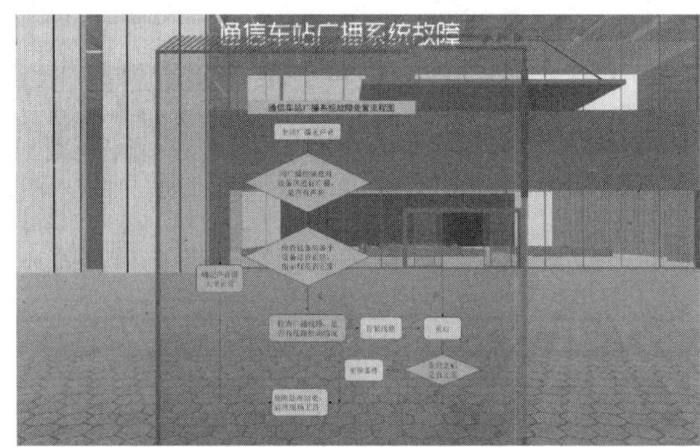

图 2–6–16　通信车站广播系统故障处理流程图

4）信息上报

单击主任务流程里的“信息上报”，进入如图 2–6–17 所示的界面。

图 2–6–17　任务主界面

根据系统指引，单击“信息上报”，会传送到任务地点附件，同时会出现任务提示，找到并单击任务提示。

（1）如图 2–6–18 所示，网管班组发现告警后，通知工班人员，并上报分公司生产调度。单击手型指引进行下一步。

图 2–6–18　发现告警

（2）如图 2–6–19 所示，综合调度通知相关受影响专业做好应急处置准备。单击手型指引进行下一步。

图 2–6–19　应急处置准备

（3）如图 2–6–20 所示，分公司生产调度将此情况通知通号分公司相关人员及综合调度。单击手型指引进行下一步。

图 2–6–20　通知通号分公司

（4）如图 2-6-21 所示，通号分公司应急抢修小组。单击手型指引进行下一步。

图 2-6-21　应急抢修小组

5）工具准备

根据任务指引，单击手型指引进入如图 2-6-22 所示的界面。

图 2-6-22　任务主界面

（1）根据系统指引，选中“工具”，单击后会将工具收纳到“工具栏”中，单击“水晶头”，如图 2-6-23 所示。

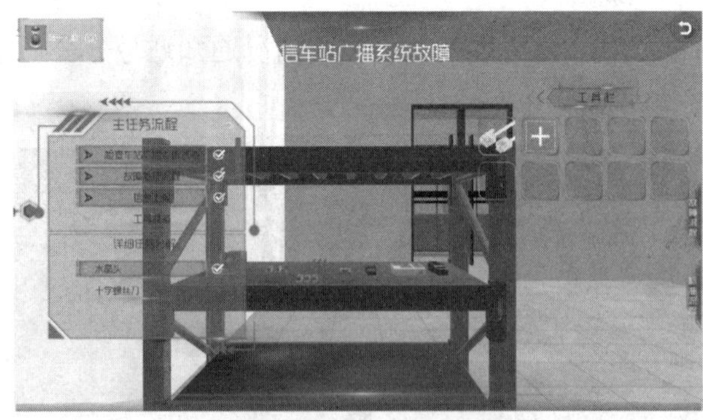

图 2-6-23　水晶头

（2）根据系统指引，单击下方工具——十字螺丝刀，如图 2-6-24 所示。

图 2-6-24　十字螺丝刀

6）故障排除

如图 2-6-25 所示，单击主任务流程中的“车站广播系统排查”，展开详细任务分解，并依次单击 3 个详细任务。

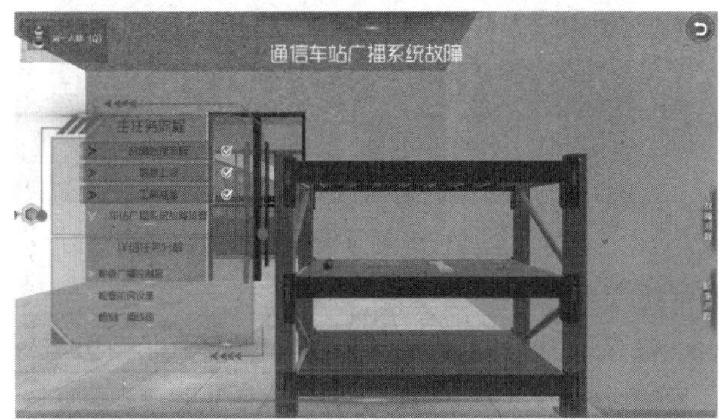

图 2-6-25　任务主界面

（1）单击检查广播控制盒

如图 2-6-26 所示，查看广播控制盒是否能够正常显示。单击手型指引进行下一步。

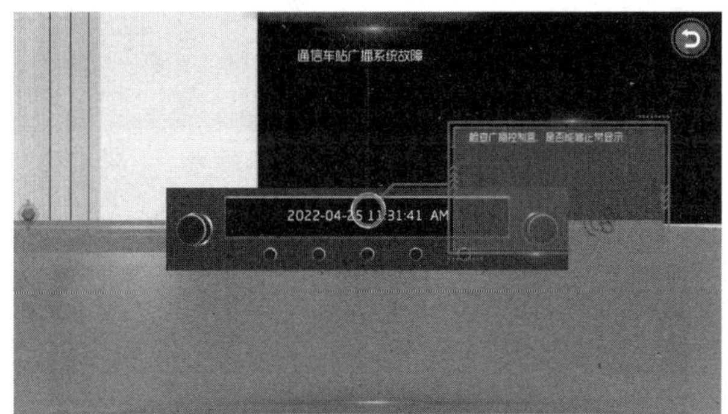

图 2-6-26　查看广播控制盒

（2）单击检查机房设备

如图 2-6-27 所示，机房中交换机设备正常工作，单击手型指引进行下一步。

图 2-6-27　交换机

如图 2-6-28 所示，电源系统运行正常。单击手型指引进行下一步。

图 2-6-28　电源系统

（3）单击检测广播台线缆

如图 2-6-29 所示，检查广播台线缆是否松动。单击手型指引进行下一步。

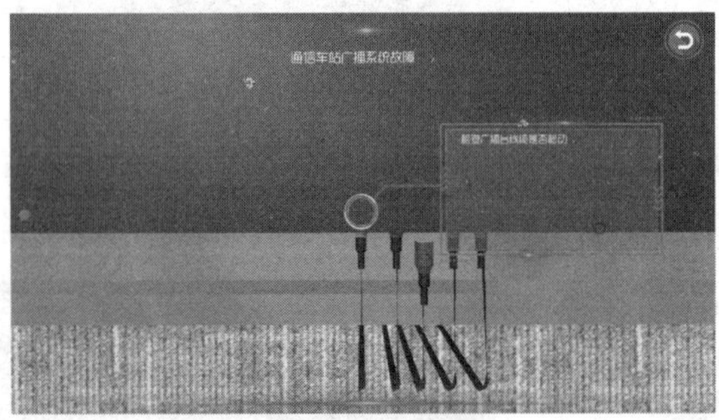

图 2-6-29　检查广播台线缆

如图 2-6-30 所示，检查发现广播台线缆松动。单击手型指引进行下一步。

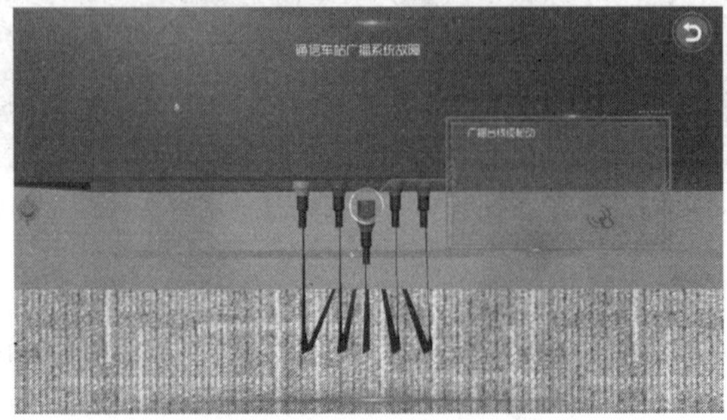

图 2-6-30　广播台线缆松动

如图 2-6-31 所示，进行紧固线缆。单击手型指引进行下一步。

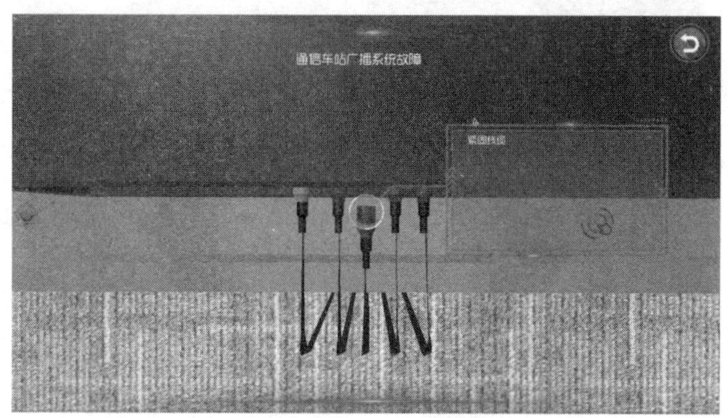

图 2-6-31　紧固线缆

进行上述一系列检查，广播台故障解决，如图 2-6-32 所示。单击手型指引进行下一步。

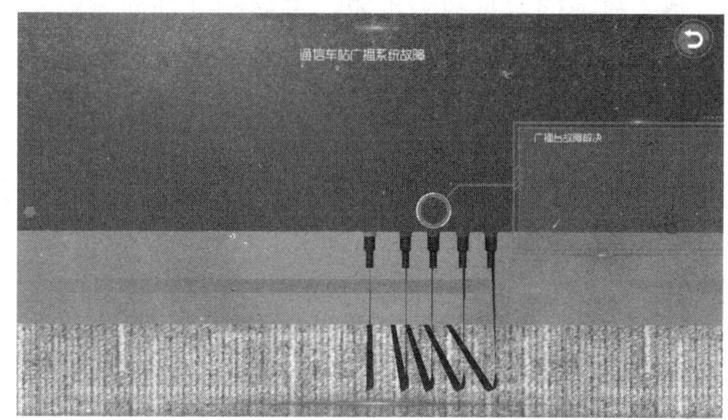

图 2-6-32　广播台故障解决

7）填写故障记录表

单击填写主任务流程中的“填写设备故障登记表”，进入如图 2-6-33 所示的界面。

图 2-6-33　任务主界面

如图 2-6-34 所示，单击“填写设备故障登记表”，传送到目标处，完成故障登记表填写。

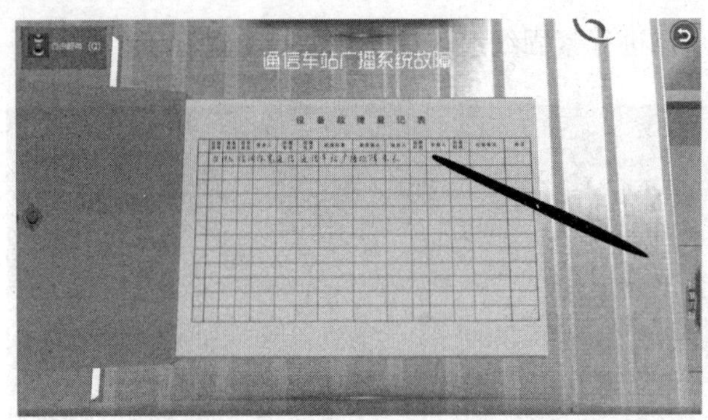

图 2-6-34　填写设备故障登记表

3. 实验总结

通信车站广播系统故障主要是广播控制主机故障和功放故障。控制主机故障时，影响全站的广播正常播放，通常是全站无广播。

了解通信车站广播系统故障的常见故障现象，并熟知处理问题的常用方法，掌握一定的处理和维护通信车站广播系统故障现场处置方案。

学习自评

根据以上内容，在表 2-6-2 空格里填写自评。

表 2-6-2　学生自评表

评价内容	
本部分内容学习收获	
需要继续深入学习内容	
学习中存在的问题或感悟	

任务 2.7 时 钟 系 统

任务布置

（1）掌握时钟系统所涉及的基本知识，理解 GPS 在时钟系统中地位；

（2）分析城轨通信系统中时钟系统主要功能，主要设备组成；

（3）根据附录 A 中城轨通信专业维护巡检表时钟系统部分模拟进行时钟系统日常巡检，掌握时钟系统日、月、年维护具体内容，分析时钟系统日、月、年维护项点的不同；

（4）根据所提供的故障案例，分析时钟系统故障解决思路，加深对时钟系统作用认识；

（5）学习中心母钟无法校时故障处理仿真实验，了解时钟系统常见故障现象，并熟知处理问题的常用方法，掌握一定的处理和维护时钟系统故障现场处置方案。

相关知识

2.7.1 时钟系统相关知识

时钟子系统是通信系统的重要组成部分之一。通过接受标准的时间信息，为用户的维护人员提供统一的标准时间，并为通信其他子系统及其他需要时间信息的系统提供统一的标准时间信号，使各系统的定时设备与本系统同步，从而实现标准时间的统一。时钟子系统的标准时间来源于 GPS，并使用该时间信号对系统各级设备进行逐级校时。一般时钟子系统中各级设备都配置高稳晶振，当接收不到上级设备发送来的时间信号时，可以依靠该晶振维持相对准确时间。

GPS（global positioning system）即全球定位系统，它可以通过人造卫星来测定全球范围内的移动或固定物体的位置。GPS 全球定位系统的发展，始于 1973 年 12 月美国国防部批准其海陆空三军联合研制新的军用卫星导航系统——NAVSTAR GPS 系统，即 GPS 系统。

GPS 系统设计的最初设想是用于军事目的，使之可在任何时间、任何地点提供三维位置、速度和时间等信息服务。GPS 系统的测距码包括 P 码和 C/A 码，其中 P 码供美国军方及特许用户使用，C/A 码开放供民使用。出于商业需要，美国政府对全球免费开放 GPS 系统；同时，出于战争及安全需要，又对于 GPS 信号进行区域控制。民用 GPS 接收装置只能接收卫星发射的 C/A 码广播信号。美国政府为其国家安全考虑，对 C/A 码的定位精度实施限制，使用时空基准误差的方式，降低用户 GPS 接收装置的定位精度。

GPS 接收模块示意图

时钟子系统主要应用 GPS 所提供的时间信息服务，为各系统提供统一的定时同步信号，使整个城市轨道交通系统执行统一的定时标准，确保通信系统及其他重要控制系统协调统一致。

石英晶体振荡器简称晶振，是为电路提供频率基准的元器件。石英晶片之所以能当振荡器使用，是基于它的压电效应：在晶片的两个极上加一个电场，晶体会产生机械变形；在石英晶片上加上交变电压，晶体就会产生机械振动，同时机械变形振动又会产生交变电场，虽然这种交变电场的电压极其微弱，但振动频率是十分稳定的。当外加交变电压的频率与晶片的固有频率（由晶片的尺寸和形态决定）相等时，机械振动的幅度将急剧增加，这种现象称为“压电谐振”。压电谐振状态的建立和维持都必须借助于振荡器电路才能实行。在电子学上，通常将含有晶体管元件的电路称作“有源电路”。晶体振荡器也分为无源晶振和有源晶振两种类型。无源晶振需要借助时钟电路才能产生振荡信号，并且晶振的信号电压根据起振电路而定，允许不同的电压，但无源晶振通常信号质量和精度较差，需要精确匹配外围电路（电感、电容、电阻等），如需要更换晶振时要更换外围的电路。有源晶振是一个完整的振荡器，可以提供高精度的频率基准，信号质量也较无源晶振要好。

2.7.2 时钟系统在城市轨道交通中的应用举例

地铁站时钟系统总结构实物图

1. 系统组成

1）时钟系统总体构成

① 时钟系统采用控制中心与车站/车辆段/停车场两级组网方式。由控制中心母钟（一级母钟）、车站母钟（二级母钟）、车辆段母钟（二级母钟）、停车场母钟（二级母钟）、时间显示设备（子钟）及传输通道、接口设备、电源和时钟系统网管等组成。在控制中心设置中心母钟（一级母钟），接收外时钟源，通过传输设备传送至车站/车辆段/停车场母钟（二级母钟），单元（子钟）时钟信号从二级母钟接引。

② 一级母钟设于控制中心通信设备室，其中高稳晶振工作钟采用主备用方式，主备工作钟能自动和手动倒换且可人工调整时间。

③ 二级母钟设于各车站/车辆段/停车场通信设备室内，用于接收一级母钟的校时信号，并驱动子钟。

④ 子钟设于控制中心调度大厅和各车站的车站控制室、警务室、票务室、变电所控制室、安全门设备室、会议交接班室、站长室、站区长室及其他与行车有关的处所，并在车辆段/停车场信号楼运转室、值班员室、停车列检库等有关地点设置子钟。

⑤ 时钟系统网管设备设于控制中心通信网管中心，用于管理时钟系统，实时监测一级母钟、二级母钟的工作状态，当控制中心、车站、车辆段、停车场时钟设备故障时，一级母钟、二级母钟可实时将告警信号发送到控制中心时钟系统网管设备。

⑥ 传输通道服务于一级母钟与二级母钟之间时钟信号和故障告警信号的发送和接收。哈尔滨地铁 1 号线各车站、车辆段、停车场分别为时钟系统提供一路以太网数据通道，用于传送自控制中心至各车站、车辆段、停车场的校时信号和网络管理信号。

⑦ 一级母钟至车站、车辆段、停车场二级母钟的传输通道是由传输系统提供以太网通道。二级母钟与子钟间通过电缆（信号线及电源线）连接。

⑧ 车站、车辆段、停车场时钟系统由二级母钟、时钟输入接口和子钟等设备构成。

时钟系统整体框图如图 2－7－1 所示。

2）中心级设备构成

时钟子系统中心级设备包括中心母钟、网管设备及设于控制中心（OCC）的数显式子钟，在室外设置 GPS 接收天线。中心级设备构成框图如图 2－7－2 所示。

3）车站级设备构成

时钟子系统车站设备、车辆段设备属于车站级设备。其中，时钟子系统车站设备主要由二级母钟、指针式子钟、数显式子钟构成，车辆段设备主要由二级母钟、数显式子钟构成。车站级设备构成框图如图 2－7－3 所示。

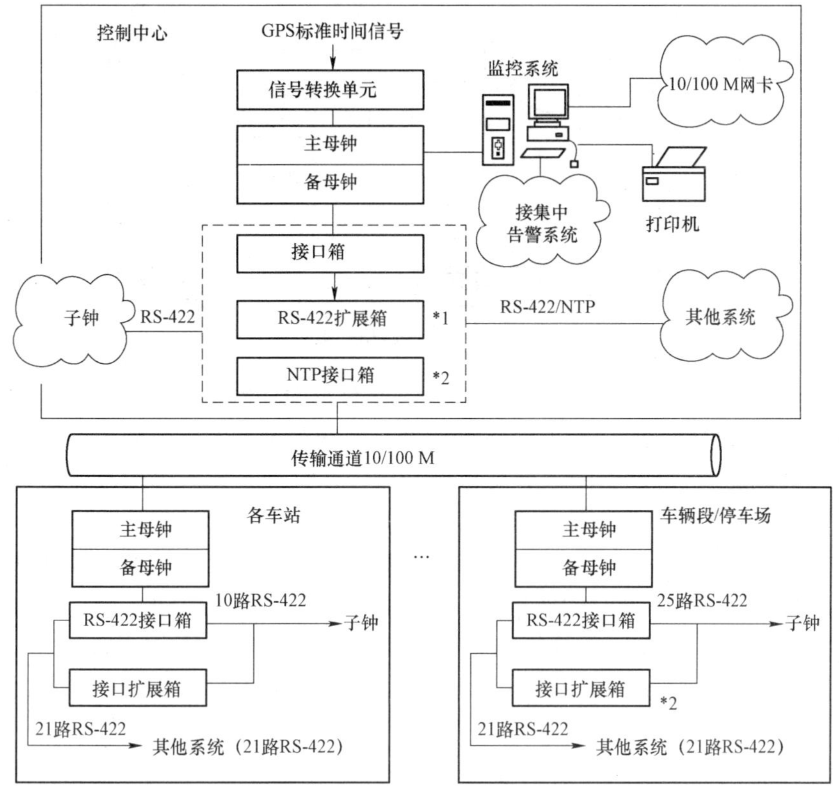

图 2－7－1　时钟系统整体框图

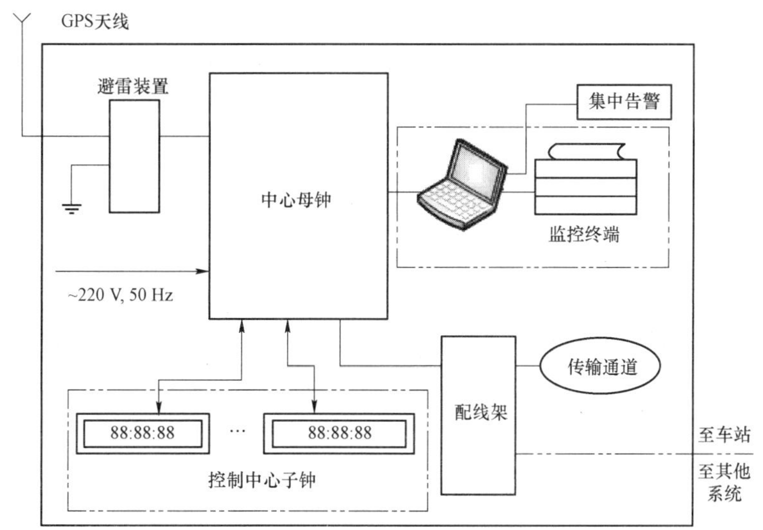

图 2－7－2　中心级设备构成框图

2. 系统功能

① 中心一级母钟能够接收外部标准时间信号来校准，以免产生累积误差。该标准信号由

哈尔滨地铁 1 号线设置的 GPS 接收机接收卫星时标信号。当接收外部标准时间信号的装置出现故障时，一级母钟利用自身的高稳定度晶振产生的时间信号仍可驱动二级母钟正常工作，并向时钟系统网管设备发出告警。

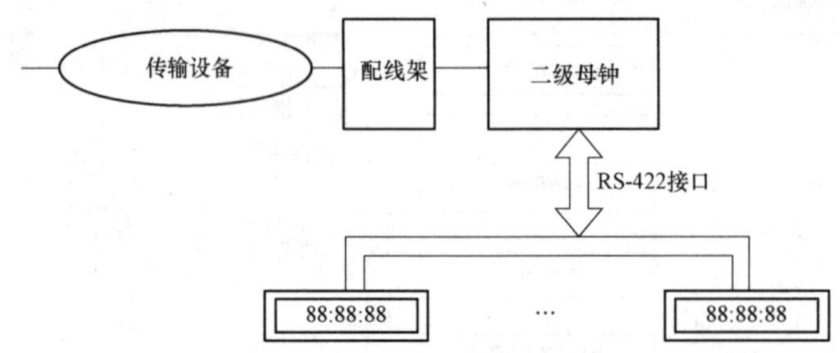

图 2-7-3　车站级设备构成框图

② 一级母钟定时向二级母钟发送校时信号，并负责向控制中心等有关处所的子钟提供标准时间信号。当一级母钟出现故障时，能向时钟系统网管设备发出告警信号。

③ 一级母钟和二级母钟之间的信号传输接口以及时钟系统网管信息传输接口均采用以太网接口；同时，一级母钟具有提供 NTP 接口的能力。

④ 一级母钟能够向列车自动监控系统（ATS）、FAS、AFC 等系统及其他通信系统发送年、月、日、时、分、秒标准时间信号。

⑤ 时钟系统具有网络集中监控管理功能，能够监测标准时间信号接收单元、各级母钟和子钟的工作运行状态，能够显示处于故障状态下标准时间信号接收单元、各级母钟和子钟的位置及故障内容，并自动发出声光报警。

⑥ 二级母钟能够接收一级母钟的校时信号，并能够发送校时信号，控制驱动所辖范围内的子钟。当一级母钟或传输通道出现故障时，二级母钟仍可驱动子钟正常工作，并向时钟系统网管设备发出告警。

⑦ 各车站/车辆段/停车场的子钟在本车站/车辆段/停车场的母钟的控制驱动下，向工作人员及乘客直接显示标准时间信息：时、分、秒。当二级母钟出现故障时，子钟仍可正常自运行工作，并向时钟系统网管设备发出告警。

⑧ 系统设备工作时间：24 h 连续不间断工作。

⑨ 网管功能。

在控制中心设置时钟系统监测管理终端即中心监控计算机，可进行系统性能管理、配置管理、故障管理、安全管理。监控界面采用全中文显示，并具有良好的人机对话界面以及优良的开放性和可扩充性，能够很方便地对需要显示的二级母钟和子钟的数量进行更改；通过以太网接口与一级母钟相连，具有集中维护功能和自诊断功能。

中心监控计算机能够实时检测一级母钟、二级母钟，标准时间信号接收装置、子钟等设备的运行数据、工作状态，并能进行相应显示。对系统的故障状态进行声光报警、显示、打印、存档。

⑩ 母钟对子钟的控制功能。

时钟系统对子钟的控制方式有两种：一是通过母钟（一级母钟和二级母钟）前面板按键对子钟进行控制，对数字式子钟可以进行对时、复位、校时等操作；二是通过监控终端对子

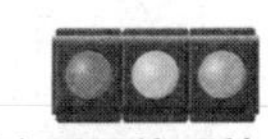

钟进行加快、减速、对时、追时、复位等各种操作。

在重新接收到有效的控制数据之后，子钟将按照接收到的指令自动调整到位。数字式子钟校准在 1 s 内完成。

数字式子钟的校对原理：数字式子钟接收到校对指令后，按照接收到的时间直接替换自身时间并外部显示，校对过程瞬间完成。数字式子钟的校对过程较简单，直接输入钟号，按“校对”即可。

数字钟的复位：数字钟在接到复位指令后，能自动复位，初始化内存数据，初始化后显示 12 时 00 分 00 秒。

数字钟的加快和减慢：数字钟在接到加快和减慢指令后，能自动刷新显示要求显示的时间。

模拟式子钟的追时过程：模拟式子钟接收到目标时间后，首先判断自身时间与目标时间的差异，计算出追赶与后退最短调整路径，最长追时距离为 6 h，然后单独控制时针和分针——开始以 60 倍速率正追或反拨，当追到标准时间后自动恢复到正常运行状态，即完成该过程。

模拟式子钟的复位：模拟子钟在接到复位指令后，能自动复位，初始化内存数据，初始化后自动追时到 08:00 后，开始正常走时。

模拟式子钟的加快和减慢：通过母钟或监控计算机可以实现加快（快拨）和减慢（倒拨）当前时间，找到目的时间后自动恢复正常走时速度。

在模拟式子钟的照明方式上采用了寿命长、亮度高、节能型产品 LED 发光二极管。

模拟式子钟照明的开关可通过远程自动或手动控制，照明的亮度可通过远程自动或手动分五级控制。可在控制管理工作站上任意设置一个或多个照明区间，并且可以指定不同照明区间的亮度级别，分为照明关闭、微光、普通亮度、高亮度、超高亮五级控制，且照明区间与照明强度可以任意组合。

2.7.3　时钟系统维护

1. 时钟设备日检

时钟设备日检包括以下项点。

① 记录机房温湿度，检查机房是否存在异常（无漏水，无积水，无鼠迹，无异味，无异响）。

② 清洁机柜：要确保机柜清洁，无灰尘。

③ 检查机柜风扇：运行正常。

④ 检查线缆连接及紧固情况。

⑤ 检查母钟工作状态，主要检查：母钟面板显示时间正确，TRP 灯闪烁，电源指示灯红色常亮，TR4、TR3、TR2、TR1 指示灯红绿交替闪烁，SAT、CPU 灯闪烁，机箱背面电源板开关灯常亮。

2. 时钟设备月检

时钟设备月检除进行日检所有项目外，还应检查母钟面板的按钮能否调整时间。

母钟指示灯图 1

母钟指示灯图 2

3. 时钟设备年检

时钟设备年检除进行日检所有项目外，还应包括以下项点。

① 检查母钟面板的按钮能否调整时间：母钟面板的按钮可以正确调整时间。

② 主、备母钟切换测试：主备母钟能正常切换。

③ 二级母钟复位测试：能自动校正回正确时间。

4. 故障处理（见表 2-7-1）

表 2-7-1　关于控制中心时钟 GPS 天线故障分析处理

<table>
<tr><td colspan="2">故障日期：3 月 7 日</td><td>填写专业：通信</td><td>故障地点：控制中心综合弱电机房</td></tr>
<tr><td colspan="2">故障影响范围：全线时钟</td><td>填写系统：时钟</td><td>故障处理人员：网管工班</td></tr>
<tr><td>故障描述</td><td colspan="3">此次故障首先的现象是时钟网管终端发出 GPS 告警（图 2-7-4），主母钟停止工作切换至备母钟。在没有 GPS 信号校的情况下，备母钟采取自振荡走时。
同时 BITS 的时间是由 GPS 信号直接校的，并不是由母钟输送的信号，在没有 GPS 信号输入的情况下，BITS 的走时与母钟的走时不一致。此次故障造成 BITS 的时间与母钟的时间相差 1 min 左右。
在模拟子钟方面，由于之前备母钟没有设置模拟子钟背光照明时间，所以站下模拟子钟背光设备照明时长改变，发生模拟子钟背光照明熄灭的情况
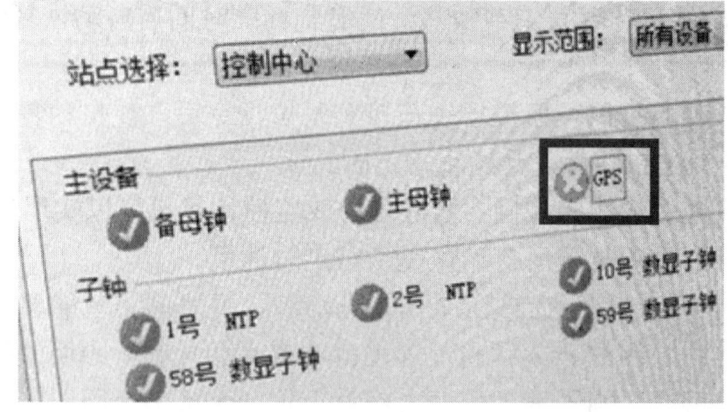

图 2-7-4　时钟网管终端发出 GPS 告警</td></tr>
<tr><td>故障分析</td><td colspan="3">此次故障的原因主要是时钟系统的 GPS 天线损坏，导致主母钟接收不到 GPS 信号。网管终端 GPS 告警，维修人员开始判断是 GPS 天线与主母钟之间的 GPS 信号接收机发生故障，于是将 GPS 信号接收机更换。在更换后，3 月 7 日 22：14：40 时钟网管终端又发生告警，显示为 GPS 天线和主母钟告警，主母钟停止工作切换至备母钟。
由于主备母钟的时间精度为 0.000 000 001，自走时衰减为 0.01 s/d，同时时钟系统所有的二级母钟设备均为同一个段里的点对点传输，所以暂不影响运营。BITS 采取自走时的方式，虽然与时钟存在误差，但对传输系统暂时没有影响</td></tr>
<tr><td>故障处理过程</td><td colspan="3">由于 GPS 天线和线缆是专门为地铁特殊定制的，为减少故障点采取 GPS 天线和线缆一体化的设计，天线和线缆无法拆开，所以重新更换 GPS 天线后还需要由楼顶穿下一根 1/2 馈线。首先，把线缆连接到 GPS 信号接收机上，观察指示灯状态，经过大概 5 min 左右，红色指示灯开始闪烁，证明 GPS 信号接收机已收到 GPS 天线的信号，GPS 天线无问题；然后，将 GPS 信号接收机与主母钟之间的线缆进行连接，将主母钟与备母钟重新启动，主母钟和备母钟开始自检，大概经过 20 min 后，主母钟和备母钟自检完毕，时间恢复正常，同时 BITS 时间也恢复正常。时钟网管终端告警信息消除（图 2-7-5），整个故障处理完毕
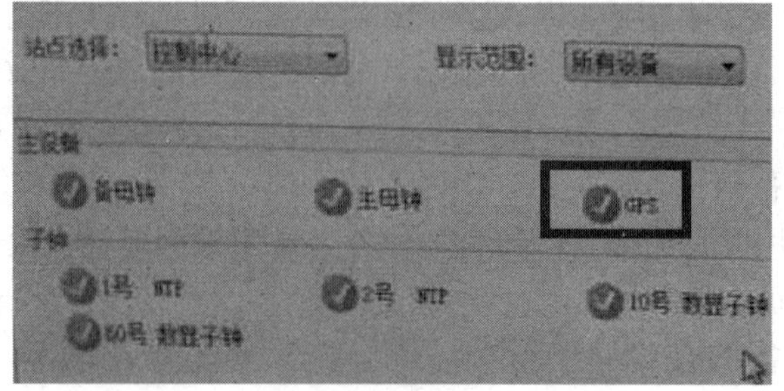

图 2-7-5　时钟网管终端告警信息消除</td></tr>
</table>

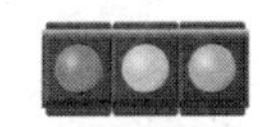

2.7.4　中心母钟无法校时故障处理仿真实验

实验图片

1. 实验概述

通过该实验，让学员了解时钟系统常见故障现象，并熟知处理问题的常用方法，掌握一定的处理和维护时钟系统故障现场处置方案。

本次实验的实验内容为完成时钟系统故障处理。

2. 实验步骤

进入“实验平台”，出现实验项目引导界面，选择中心母钟故障，进入实验。进入实验后出现实验介绍，单击“跳过”，完成对中心母钟故障的处理流程的学习。时钟系统故障的处理流程如图 2-7-6 所示。

图 2-7-6　时钟系统故障的处理流程

1）自选流程

单击主界面的监控故障，进入如图 2-7-7 所示的时钟系统故障界面。了解故障提示，单击“关闭”。

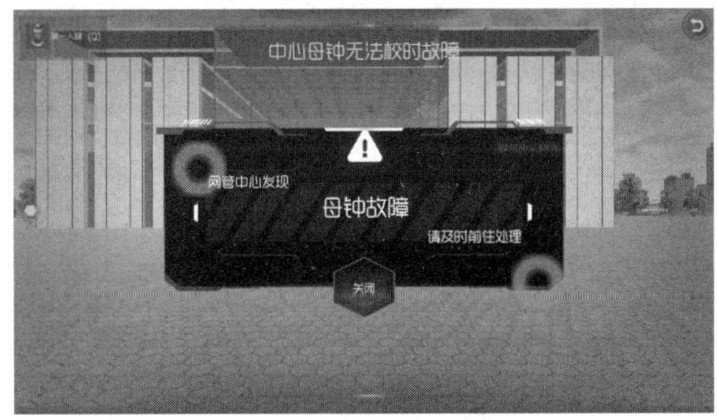

图 2-7-7　时钟系统故障

如图 2-7-8 所示，进行流程自选，依次将其拖入左侧流程框。（提示：若选错可再单击该流程，则该流程会退回到备选区。）

图 2-7-8　自选流程

检修作业务必符合标准流程，标准流程如图 2-7-9 所示。（提示：如自选流程和标准流程有差异，请按标准流程进行。）

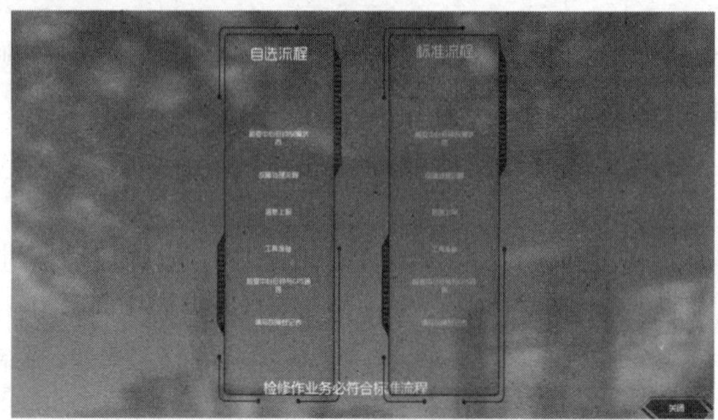

图 2-7-9　标准流程

2）检查中心母钟故障现象

单击主任务流程中的“检查中心母钟故障现象”，再单击详细任务分解中的“检查中心母钟故障现象”，会传送到如图 2-7-10 所示的位置，并且出现任务提示。右下角有“标准流程”，单击其展开后，查看详细流程。

图 2-7-10　任务主界面

单击“检查中心母钟故障状态”的任务提示，中心母钟无法校时，中心母钟时间错误，故障现象如图 2-7-11 所示。

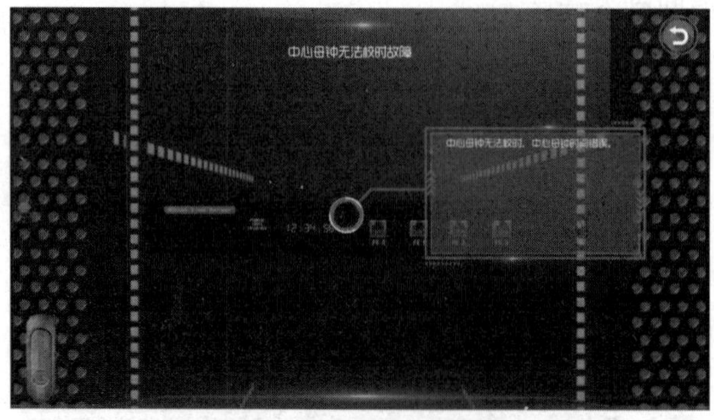

图 2-7-11　故障现象

3）故障处理流程

单击手型指引进入如图 2-7-12 所示的任务界面，完成中心母钟无法校时故障的主要流程学习。

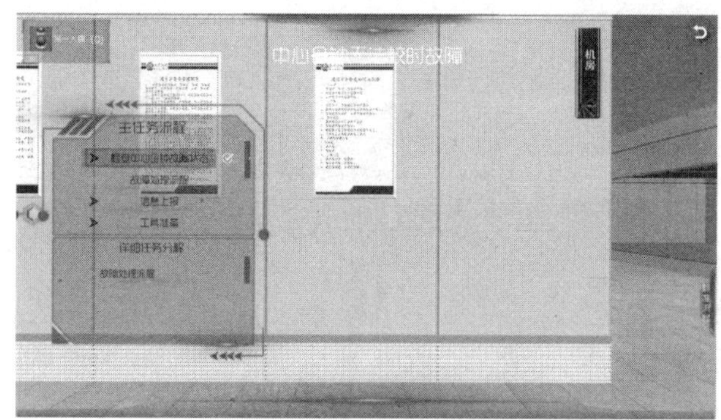

图 2-7-12　任务 2 主界面

单击详细任务分解中的“故障处理流程”，单击紫色闪动手势后，会将故障流程收纳到右侧，再次单击即可展开。

中心母钟无法校时故障处理流程图如图 2-7-13 所示。

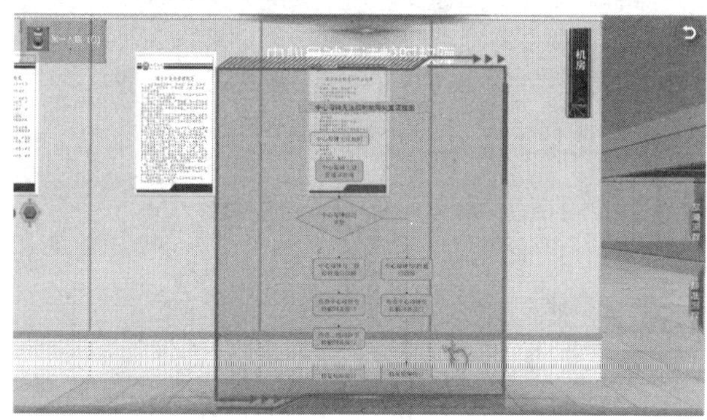

图 2-7-13　中心母钟无法校时故障处理流程图

4）信息上报

根据任务指引，单击手型指引进入如图 2-7-14 所示的任务界面，完成中心母钟无法校时故障信息上报的主要流程学习。

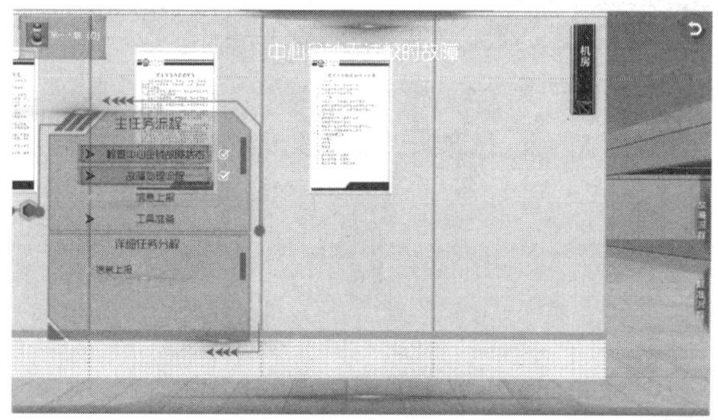

图 2-7-14　任务 3 主界面

根据系统指引，单击详细任务分解中的“信息上报”，并且单击出现的任务提示。

（1）如图 2-7-15 所示，网管班组发现告警后，通知工班人员，并上报分公司生产调度。单击手型指引进行下一步。

图 2-7-15　发现告警

（2）如图 2-7-16 所示，综合调度通知相关受影响专业做好应急处置准备。单击手型指引进行下一步。

图 2-7-16　应急处置准备

（3）如图 2-7-17 所示，分公司生产调度将此情况通知通号分公司相关人员及综合调度。单击手型指引进行下一步。

图 2-7-17　通知通号分公司

（4）如图 2-7-18 所示，通号分公司应急抢修小组。单击手型指引进行下一步。

图 2-7-18　应急抢修小组

5）工具准备

根据任务指引，单击手型指引进入如图 2-7-19 所示的任务界面。学习和了解每个工具的用途。

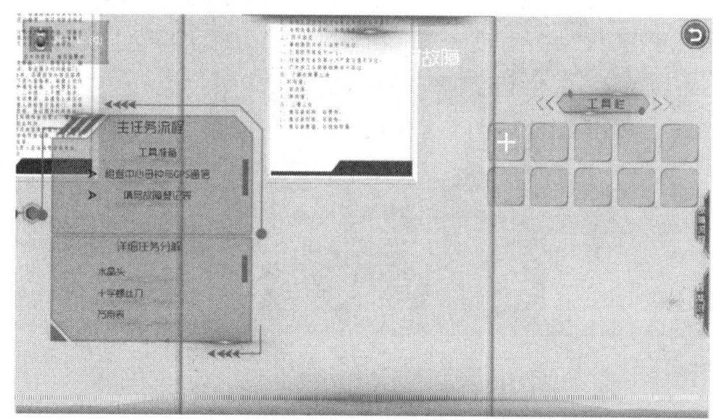

图 2-7-19　任务主界面

（1）如图 2-7-20 所示，根据系统指引，单击下方工具，选择“水晶头”。

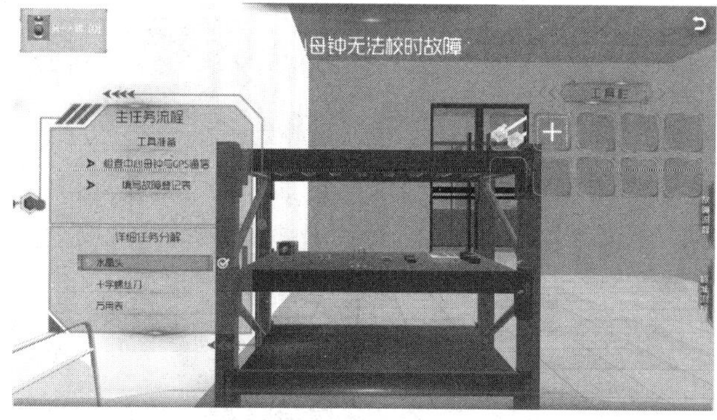

图 2-7-20　水晶头

（2）如图 2-7-21 所示，根据系统指引，单击下方工具，选择“十字螺丝刀”。

图 2-7-21　十字螺丝刀

（3）如图 2-7-22 所示，根据系统指引，单击下方工具，选择“万用表”。

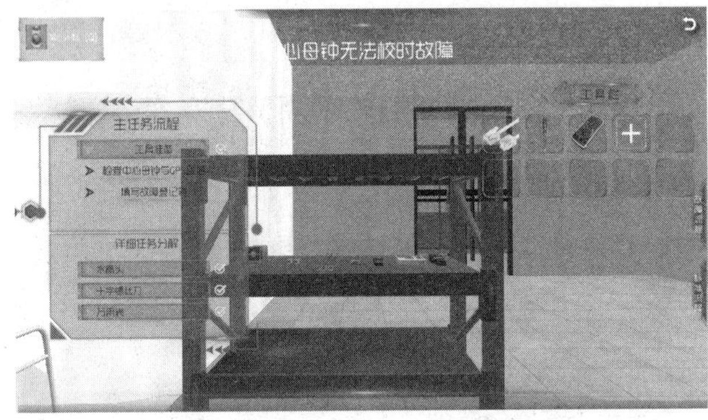

图 2-7-22　万用表

6）检查中心母钟与 GPS 通信

根据任务指引，单击手型指引进入如图 2-7-23 所示的任务界面，完成排查中心母校无法校时故障的主要内容，学习和了解排查中心母钟无法校时故障的步骤。

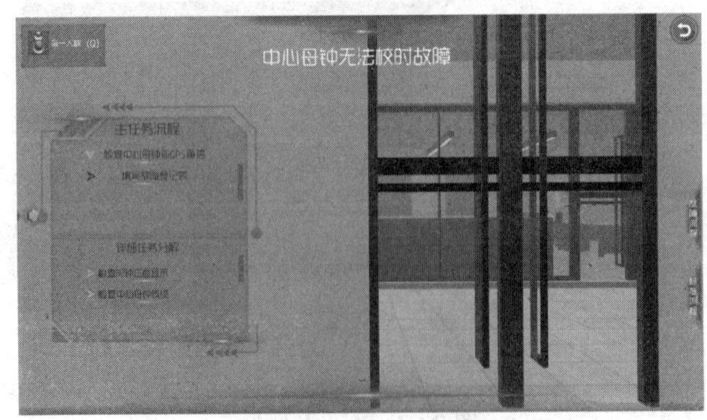

图 2-7-23　任务主界面

① 单击详细任务分解中的“检查时钟正面显示”，会出现任务提示，移动到目标处，单击任务提示。无法自动校时，单击手型指引进行下一步。时钟设备如图 2-7-24 所示。

图 2-7-24　时钟设备

② 单击“检查中心母钟线缆”。如图 2-7-25 所示，检查线缆是否脱落，单击手型指引进行下一步。

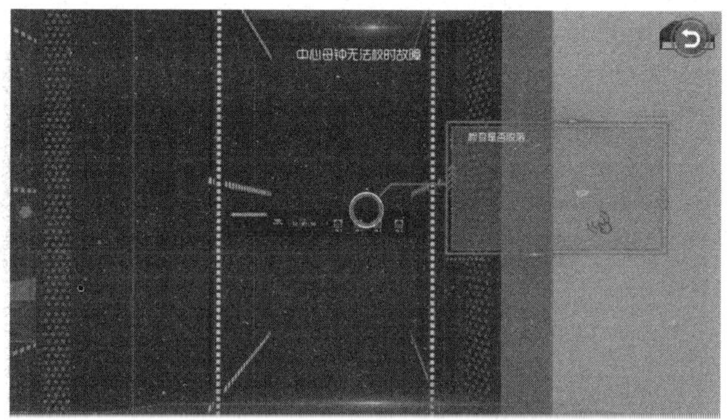

图 2-7-25　检查线缆是否脱落

③ 如图 2-7-26 所示，进行接口连接紧固，单击手型指引进行下一步。

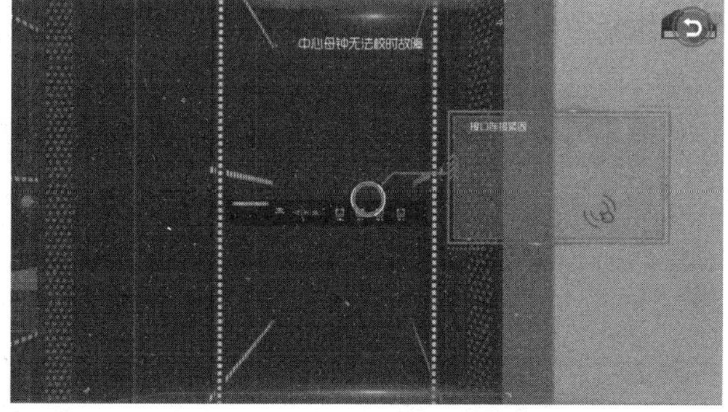

图 2-7-26　接口连接紧固

7）登记故障记录表

根据任务指引，单击手型指引进入如图 2-7-27 所示的任务界面，完成时钟系统故障信息填写的相关流程学习。

图 2-7-27　任务主界面

如图 2-7-28 所示，单击详细任务分解中的“填写设备故障登记表”，单击出现的任务提示。

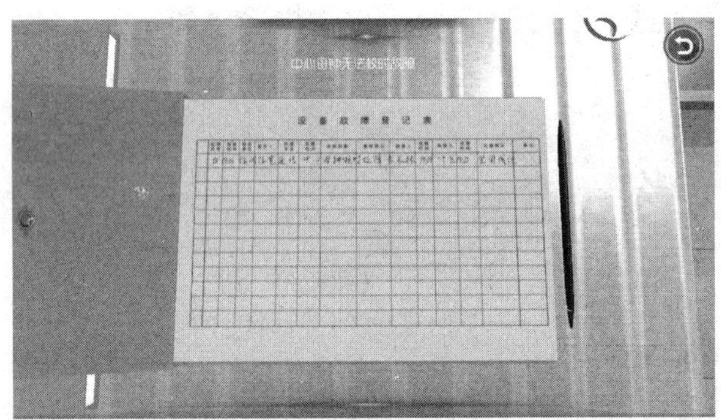

图 2-7-28　填写设备故障登记表

3. 实验总结

随着对城市轨道交通系统运营效率更高的要求，时钟系统以它高可靠性、高精度性、高集成控制的特性，为各个车站内中心调度员、车站值班员、各个部门工作人员和广大乘客提供了统一的标准时间信息，同时为其他各个系统提供统一的时间信号，使各机电系统的定时设备与时钟系统同步，从而实现统一的时钟基准。时钟系统逐渐成为城轨交通现代化管理、监测的重要技术手段之一。

学习自评

根据以上内容，在表 2-7-2 空格里填写自评。

表 2-7-2　学生自评表

评价内容	
本部分内容学习收获	
需要继续深入学习内容	
学习中存在的问题或感悟	

任务 2.8　电 源 系 统

(1) 掌握电源系统所涉及的基本知识；

(2) 分析城轨通信系统电源子系统交流配电柜原理图，掌握交流型控制器指示灯含义；

(3) 根据附录 A 中城轨通信专业维护巡检表电源系统部分模拟进行电源系统日常巡检，掌握电源系统日、月、年维护具体内容，分析电源系统日、月、年维护项点的不同；

(4) 根据所提供的故障案例，分析电源系统故障解决思路，提升对电源系统的认识；

(5) 学习电源设备日常保养仿真实验，掌握电源设备日常维护工作流程。

2.8.1　电源系统相关知识

专用通信系统在轨道交通运营中担任着重要工作，而电源系统为通信系统提供动力保证，是轨道交通专用通信系统必不可少的子系统，一旦通信电源发生故障而停止供电，必将造成各子系统通信中断。因此，电源系统的安全可靠性极为重要，要求能为各系统设备提供不间断、无瞬变的供电。

在控制中心、车辆段、停车场对各弱电系统（包括信号系统、通信系统、AFC、FAS、BAS 等）分别独立设置设备机房和相应配置用房，各系统独立设置电源系统；而在车站则采用弱电系统合设机房，由通信电源系统统一供电。

电源网管系统具备对通信设备机房环境的监控功能。电源网管系统同时输出告警信息至中心集中告警系统。

通信不间断电源子系统为通信系统提供专用不间断电源，以保证在市电中断时，各通信子系统仍可正常工作一段时间。其中传输子系统、公务电话子系统、有线调度子系统、站内及轨旁电话子系统、无线通信子系统等一般需供电 4 h，其他子系统一般需供电 1 h。

各车站、车辆段、控制中心的通信不间断电源子系统分别由各处变电所引入两路独立的三相五线制交流电源至各通信电源室的交流配电柜，其中一路为主用，另一路为备用。

当外电停电时，不间断电源设备则通过配备的一组蓄电池经逆变器向负载连续供电一段时间。不间断电源设备具有手动/自动旁路功能。当负载端发生过载或者温度过高及逆变器发生损坏的情况下，不间断电源设备将自动无间断地切换到电子旁路继续供应负载；当不间断电源设备内部的电子部件损坏维修时，为了不影响对负载的供电，可人为将不间断电源设备切换到手动旁路。不间断电源设备能显示工作状态和报警状态，并提供本地和远端监控功能的通信接口。

电源系统由 UPS 电源、智能交流切换配电柜、蓄电池、通信交流配电柜、蓄电池架、电源集中监控系统 6 部分组成。

1. UPS 电源

UPS 电源由交流电输入单元、整流器、逆变器、静态开关、手动旁路开关、交流电输出

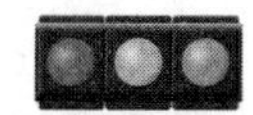

单元和监控模块组成。正常供电时，UPS 可看成一台稳频稳压电源，输入电源既向蓄电池组充电，又向逆变器供电，逆变器输出纯净的交流电源向负载供电，停电时，由蓄电池组经逆变器向负载供电。

UPS 安装维护实验

2. 智能交流切换配电柜

交流切换单元（一次配电）：交流两路市电输入经保护开关 Q1、Q2 输入至切换单元 Q3，Q3 对所输入的两路市电选择供电质量好的一路分配给 UPS 电源，另一路预留作为备用，备用开关的容量和数量在技术联络会上确定。当主用回路供电出现异常时，自动切换到备用回路。F1、F2 为防雷器，可以有效抑制浪涌电压对系统的危害。

交流配电单元（二次配电）：2Q1 为交流输出配电单元的输入开关，F3 为 2 次配电防雷器。UPS 输出经 2Q1 到 3Q1～3QN 各分路输出开关上，具体容量、数量在设计联络会上确定。

车站交流切换配电柜二次配电单元配置分时下电功能，当 UPS 电源在市电缺失而转为电池供电时，智能配电系统可依据负载重要程度对各支路负载采取分时、分级的顺序先后关闭对负载的供电，其中：信号、FAS、BAS、AFC 等系统的备用时间为 1 h，通信系统设备的备用时间为 2 h（不下电），可现场设置分时下电时间。

3. 蓄电池

负极为海绵状金属铅，正极为二氧化铅，中间硫酸电解质参与电池内线路导电和电化学反应。

蓄电池操作与维护实验

充电时将电能转变成化学能贮存起来，放电时将化学能转变成电能释放出去。放电时正负极板有效物质均变成硫酸铅，使电池内硫酸含量减少，充电时正负极板又分别转化成二氧化铅和海绵状金属铅，释放出硫酸，使电池内硫酸含量增加。

蓄电池在充电过程中和充电终止时会出现水被电解的现象，通常情况下，正极出现氧气，负极出现氢气。由于电池采用免维护极板，使负极上氢气析出时电位提高，加上反应区域和反应速度的不同，使正极出现氧气先于负极出现氢气。

由于阀控式胶体蓄电池的特殊结构，使电池内部保留一定压力和气体，保证上述反应循环进行；同时在使用中控制蓄电池保持一定的充电电压，使负极过电位达不到析氢值，也就从两个方面抑制了负极氢气的析出，控制了电池内水分的消耗，延长了蓄电池的浮充、循环使用寿命。

4. 通信交流配电柜

通信交流配电柜原理：Q1、Q2 为交流输入配电开关，接交流切换配电柜输出的 2 路市电（同源），F1、F2 为交流输入配电防雷器。2Q1 至 2Q2 为输出分路，分配给通信系统各交流用电设备。通信交流配电柜原理如图 2－8－1 所示。

整流器将输入的交流电源转变成直流电源，为逆变器供电，同时为电池充电。

逆变器将整流器输出的直流电压转变成干净稳定的交流正弦波电源，并给负载供电。如果 UPS 为在线工作模式，负载将一直由逆变器提供电源。逆变器采用 IGBT 技术。IGBT 的主要特点是高开关频率（>20 kHz）、低能耗及低噪声。

静态开关用于负载在逆变器与旁路之间无间断切换，在以下情况下静态开关动作：① 手动关闭逆变器；② 逆变器超出过载能力范围；③ 内部温度过高；④ 逆变器故障；⑤ 直流电压超出设定范围。

UPS 配置以下开关装置，这些开关都可在柜前操作：整流器输入开关、旁路输入开关、负载开关、维修旁路开关，电池开关位于电池柜内或挂壁安装。

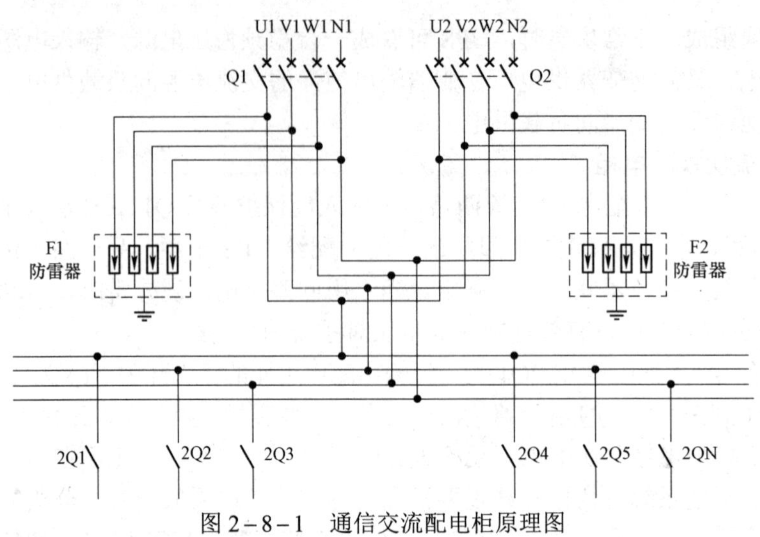

图 2－8－1　通信交流配电柜原理图

2.8.2　电源系统在城市轨道交通中的应用举例

1. 电源系统概述

哈尔滨地铁 1 号线一、二期工程在控制中心、车站、车辆段、停车场通信设备室内设置电源系统设备。相关设备包含电源集中监控设备、三进三出在线式 UPS 电源、电源切换配电柜、通信交流配电屏、阀控式全密封免维护胶体蓄电池、UPS 电池架等。

2. 电源系统构成

电源系统为不间断供电系统。系统的交流输入由各变电所引接，按一级负荷供电，两路独立的三相交流电源经交流电源切换设备后接入 UPS，经 UPS 输出的交流电源分路后分配给交流供电设备。UPS 设备负责输出纯净的交流电源。在信号设备集中站电源系统蓄电池组按 2 组配置，每组蓄电池容量为计算总容量的 1/2；在其余地点按 1 组配置。

控制中心、车站、车辆段及停车场的电源设备的运行是各自独立的，但各车站、车辆段及停车场电源设备的运行状态及故障告警信息将通过传输系统传送到中心进行统一监测。

专用电源系统设备主要包括 UPS（含蓄电池组）、电源切换配电柜、通信交流配电屏、蓄电池架等。

哈尔滨地铁 1 号线在正线 18 座车站的通信电源室设置 UPS 电源设备（信号设备非集中站采用单机 UPS 设备，信号设备集中站采用由 2 台 UPS 构成“1＋1”冗余并联设备）、蓄电池组、电源切换配电柜及通信交流配电屏，为综合弱电机房、车控室内各弱电系统设备进行供电（其中信号系统含转辙机设备），其中：信号、FAS、BAS、AFC 等系统的备用时间为 1 h，通信系统设备的备用时间为 2 h。

信号设备集中站弱电系统总用电量为 119 kVA，采用由 2 台 120 kVA UPS 构成的“1＋1”冗余并机设备。其中：通信设备为 40 kVA，信号设备为 65 kVA，AFC 设备为 6 kVA，FAS/BAS 设备为 8 kVA。

信号设备非集中站弱电系统总用电量为 94 kVA，采用 1 台 100 kVA UPS 设备。其中：通信设备为 40 kVA，信号设备为 40 kVA，AFC 设备为 6 kVA，FAS/BAS 设备为 8 kVA。

在车辆段、停车场及控制中心的通信电源室各设置 1 套 UPS 电源设备（单机）、蓄电池组和电源切换配电柜，实现对通信设备的供电。其中：控制中心 UPS 容量为 80 kVA；车辆段 UPS 容量为 60 kVA；停车场 UPS 容量为 60 kVA。备用时间均为 2 h。

车站电源设备统一设置于弱电综合设备室，蓄电池组设于弱电电源室；车辆段、停车场及控制中心电源设备设于通信设备室，蓄电池组设于通信电源室。

1）UPS 电源系统

UPS 电源设备采用在线双变换式工作方式，正常情况下，供给负载的电源是外供交流电源经 UPS 整流、逆变后输出的 380/220 V 交流电源，只有当设备出现故障时，才自动切换至旁路交流电源，并且保证经整流、逆变后的交流电源与外供交流电源同相。

在信号设备集中站采用由 2 台 UPS 构成的“1 + 1”冗余并机设备对负载进行供电。2 台 UPS 的输出直接并联成 1 路输出给配电设备为负载提供能量，输入则来自通信交流切换配电柜提供的电源。“1 + 1”冗余并机供电方式中每台 UPS 单机输出功率等于负载总用电功率的 50%，整个系统可提供负载总用电功率的 200%。

2）车站电源切换配电柜

（1）交流切换配电柜的组成

由动照专业提供两路三相五线制交流电源，引至电源切换配电柜。电源切换配电柜实现两路输入电源自动切换，并为 UPS 电源输入供电，预留检修及备用交流分路。UPS 设备负责输出纯净的交流电源并由电源切换配电柜分配给各系统 380 V 及 220 V 耗电设备供电。

设备非集中站交流负载为 94 kVA；设备集中站交流负载为 119 kVA。

DPJ 系列交流切换配电柜（ATS 配电柜）设备由交流切换单元、输入和输出配电单元、防雷单元、控制和检测单元组成。车站电源切换配电柜提供不低于 15 路交流输出端口，车辆段、停车场及控制中心电源切换配电柜提供不低于 30 路交流输出端。

（2）系统原理图

交流切换配电柜原理如图 2－8－2 所示。

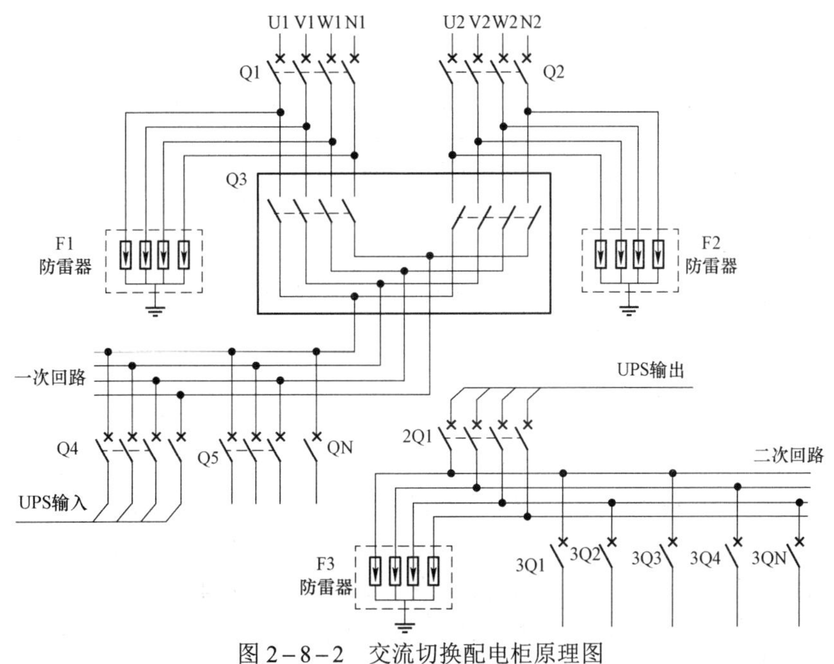

图 2－8－2 交流切换配电柜原理图

（3）DKD31 控制器

交流配电系统采用 DKD31 交流型控制器，其外观示意图如图 2－8－3 所示。控制器面板配有红（FLT）、绿（RUN）指示灯。绿灯亮，表示系统工作正常；红灯闪亮，表示系统（告警）故障。

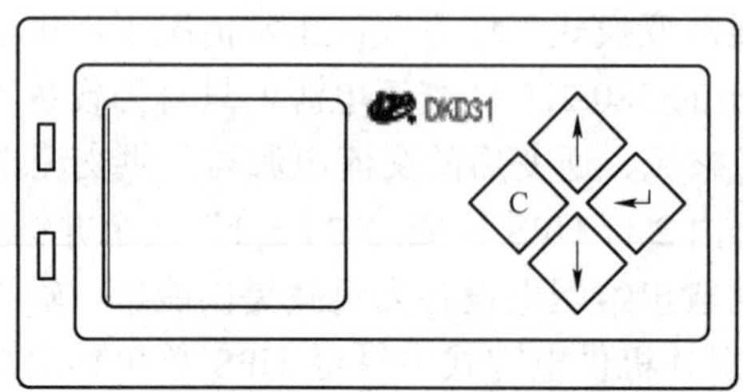

图 2－8－3　DKD31 交流型控制器外观示意图

DKD31 交流型控制器指示灯说明见表 2－8－1，按键功能说明见表 2－8－2。

表 2－8－1　DKD31 交流型控制器指示灯说明

标识	表示内容	颜色	说　　明
FLT	故障指示灯	红色	出现任一告警时有 1 s 亮、1 s 灭的闪烁，无告警时灭
RUN	运行灯	绿色	当系统工作正常时，运行灯亮

表 2－8－2　DKD31 交流型控制器按键功能说明

标识	名称	说　　明
↑	上键	在数值修改时为“增加”键，其他状态为“向上”选择键
↓	下键	在数值修改时为“减少”键，其他状态为“向下”选择键
↵	确认键	进入下一级菜单，或者进入数值修改状态，或者确认数值存储
C	退出键	返回上级菜单，或者放弃数值更改

3）通信交流配电柜

通信电源柜安装实验

车站通信交流配电柜设备由输入和输出配电单元、防雷单元、手/自动开关、控制和检测单元、故障告警装置组成。车站通信交流配电柜为各车站提供不低于 30 路交流输出端口。

控制中心、车辆段、停车场由动照专业提供两路三相五线制交流电源，引至电源切换配电柜。电源切换配电柜实现两路输入电源自动切换，并为 UPS 电源输入供电，预留检修及备用交流分路。UPS 设备负责输出纯净的交流电源并由电源切换配电柜分配给各系统 220 V 耗电设备供电。

控制中心交流负载为 80 kVA。车辆段、停车场交流负载为 40 kVA。

DPJ 系列交流切换配电柜（ATS 配电柜）设备由交流切换单元、输入和输出配电单元、防雷单元、控制和检测单元组成。车辆段、停车场及控制中心电源切换配电柜提供不低于 30 路交流输出端。

交流切换配电柜的核心部件是双电源转换开关（ATS 开关）。

4）蓄电池

蓄电池采用阀控式全密封免维护胶体蓄电池。哈尔滨地铁 1 号线为每套 UPS 设置备用时长为 2 h 的蓄电池组。

5）电源集中监控系统

电源集中监控系统与传输系统的接口为 10/100 M 以太网接口。传输系统在控制中心、各车站、车辆段、停车场为电源集中监控系统提供一个 10/100 M 以太网接口，接口位置为控制中心、各车站、车辆段、停车场综合配线架的外侧。

电源监控系统采用分级收敛、逐级汇接的拓扑结构，可由监控中心 CSC、现场监控单元 FSU、监控模块 SM 构成树状网络拓扑，电源监控系统是一个相对独立系统。

6）接地

电源系统的总体接地位于交流切换配电柜上，电源系统内部设备（UPS、监控、蓄电池架）地线均引至交流（切换）配电柜。交流（切换）配电柜引出一路地线接入通信系统的地线盘。

7）电源集中监控系统

（1）监控状况

哈尔滨地铁 1 号线一、二期工程电源监控系统的建设目的是通过对车站、车辆段、停车场、控制中心通信设备室内的 UPS 电源、蓄电池组、低压配电设备等动力设备进行集中监控和管理，确保通信机房安全，保证设备可靠运行，减少维护运营成本，维护通信网络的安全畅通。

动环监控安装实验

（2）传输网资源

根据哈尔滨地铁 1 号线一、二期工程电源监控系统工程技术要求和传输网资源状况，确定电源监控系统采用 10/100 M 以太网接入方式。

电源监控系统各级间的接入方式如下。

① 监控中心 CSC 与现场监控单元 FSU 之间均采用 10/100 M 以太网通信方式（IP 通信方式）接入。

② 现场监控单元 FSU 与监控模块 SM 之间采用 RS-232/485 方式接入。

（3）监控项目

动力设备：UPS、UPS 蓄电池组、交流切换配电柜、通信交流配电柜。

（4）监控内容见表 2－8－3～表 2－8－5。

表 2－8－3　UPS 监控内容

遥信	1. 同步/不同步状态；2. UPS/旁路供电；3. 蓄电池组电压低；4. 市电故障；5. 整流故障；6. 逆变故障；7. 旁路故障
遥测	1. 交流输入电压；2. 蓄电池组电压；3. 输出电压；4. 输出电流；5. 输出频率

表 2-8-4　蓄电池组监控内容

遥信	1. 蓄电池组总电压高/低；2. 单体蓄电池电压高/低；3. 标示电池温度；4. 充电电流
遥测	1. 蓄电池组总电压；2. 单体蓄电池电压；3. 标示电池温度；4. 每组蓄电池充、放电电流

表 2-8-5　低压配电系统监控内容

遥信	1. 开关状态；2. 输入过压/欠压告警；3. 缺相告警；4. 输出过流告警；5. 频率过高/过低告警
遥测	1. 输入电压；2. 输入电流；3. 输入频率（可选）

3. 设备功能

1）UPS（单机）

① UPS 由输出隔离变压器、整流器、逆变器、静态开关、手动旁路开关、监控模块和蓄电池组组成，当交流正常供电时，UPS 可看成一台稳频稳压电源，输入电源既向蓄电池组充电，又向逆变器供电，逆变器输出洁净的交流电源。停电时，由蓄电池组经逆变器向负载供电。

② UPS 采用在线双变换工作方式。正常情况下，供给负载的电源是外供交流电源经 UPS 整流、逆变后输出的 380 V 交流电源。只有当设备出现故障时，才自动或手动切换至旁路交流电源，并且保证经整流、逆变后的交流电源与外供交流电源同相。

③ UPS 能为通信设备提供质量良好的交流不间断电源。采用三进三出在线式 UPS，具有手/自动旁路功能，并考虑旁路时安全供电方式，具有输出过流及短路保护功能。

④ 当输出电流达到过载点时，设备自动关机或旁路开关工作，过载消除后，重新开机，设备正常工作。

⑤ 由换相、开关操作和负载通断等引起的浪涌电压超过输出电压门限时，设备自动关机保护用电设备。

⑥ UPS 的逆变控制、相位同步、输入整流控制、逻辑控制等采用 DSP 数字控制技术。

⑦ UPS 风机转速随负载容量大小的不同而智能调整。

⑧ 电池欠压保护点根据负载容量动态调节。轻载则保护点高，避免轻载状态电池深度放电。UPS 具备电池极性接反保护功能。

⑨ 蓄电池组具有独立的开关控制。无市电情况下，允许用电池启动 UPS。停电后，UPS 转由电池供电，电池组电能放完后 UPS 自动关机，当市电恢复正常后 UPS 可自动开机启动，恢复对设备的供电，同时对电池组进行充电。

⑩ UPS 具有对蓄电池限流充电、过放电保护功能。

⑪ UPS 具有电池定期自动或手动维护功能（充放电）。

2）“1 + 1”冗余并机 UPS 设备

为了提高输出功率或提高可靠性，MATER PLUS 系列 UPS 最多可实现 8 台 UPS 并机运行。

如果并机系统中的一台或者几台设备停止时不影响负载供电，则称此并机系统为冗余并机系统。

并机系统中的所有 UPS 同时自动均分负载。

并机系统内 UPS 的通信通过 RS-485 串口实现。通信电缆采用双冗余的闭环连接，通信系统中的任何单点断开都不会影响整个系统的通信功能。

“在线系统扩展”可以保证现有 UPS 正常工作的情况下增加一台新的 UPS。新增加 UPS 能自动配置并完成并机操作，不会引起负载断电。

并机操作系统可以操作每台 UPS 连接独立电池组，也可以配置公用电池组。

3）电源切换配电柜

① 电源切换配电柜主要功能是将引入的两路交流电源，分配一路作为主用输出，另一路作为备用输出，当主用回路停电时，自动切换至备用回路输出。电源切换配电柜可实现两路交流自动切换，主路优先自投自复，并可以实现手动切换，具有短路保护功能；两路切换装置自动转换或手动转换时有可靠的机械和电气双重互锁；最小切换时间低于 100 ms，可以有效避免因输入相位错误引起的事故。

② 将动照专业提供的两路交流市电，选择出供电质量比较好的一路输出给 UPS 电源和各交流负载；各输出分路使用断路器作为过流保护装置；输出分路断路器装有检测装置。

③ 输入和输出具有过载、短路保护功能。

④ 交流 2 次配电输出单元：将 UPS 单元输出端接入配电装置的输入端进行分配，输出至有关通信、信号、FAS、BAS、AFC 等各弱电系统配电设备。

⑤ 监控单元具有友好的人机界面，显示器采用全中文菜单式，能够显示系统运行状态，可设置交流电压异常门限值，可对交流过压、欠压、缺相、停电、输出分路故障进行告警。

⑥ 监控部件中具有频率、电压、电流指示部件。

⑦ 能显示系统输出电压、电流、频率及各分路状态，并通过集中监控系统上传至集中监控网管。

⑧ 输入电源电路具有过压、欠压、过流和缺相保护装置及运行状态显示；在交流电源停电、供电恢复、缺相时，具有声光告警信号；告警信号发生后，可以手动切断可闻告警信号。故障消除后可以自动恢复，并能储存历史故障记录以便维护人员查阅。

⑨ 数字模块精确控制分时下电功能，DPJ 系列交流切换配电柜采用单片机和时间继电器混合型控制机制，检测信号量大，可靠性和抗干扰性强，设置精度和控制精度高达秒级。

⑩ 采用 PC 级自动转换装置，带载转换及耐受故障电流能力高。

⑪ 加装防雷装置，有效避免浪涌电压的影响。

⑫ 具有 RS-232 智能通信接口，可实现远程监控。

⑬ 告警发生时，有声光告警信号，并通过集中监控系统上传至集中监控网管，可在故障没有排除前手动切断声音。

⑭ 可以储存告警记录，方便维护人员查阅和分析。

4）通信交流配电柜

① 通信交流配电柜由交流输入、交流配电及监控单元组成。

② 输入和输出具有过载、短路保护功能。

③ 交流配电单元：将 UPS 输出的两路交流电（同源）分配给各用电负载。

④ 监控单元具备友好的人机界面、全中文菜单，方便现场维护。

⑤ 当系统过压、欠压、过电流、频率超限、分路故障时，具有可闻可见的告警信号，并能手动消除声音信号，故障消除后能自动恢复，并能储存历史故障记录以便维护人员查阅。故障告警信息可通过监控系统上传至集中监控网管。

⑥ 具有 RS-232 智能通信接口，可实现远程监控。

⑦ 两路交流完全并联，任何一路线路故障或检修，都不影响其后端用电负载。

⑧ 各输出分路使用断路器作为过流保护装置。

⑨ 各输出分路断路器装有检测装置。

⑩ 加装防雷装置，有效避免浪涌电压的影响。

⑪ 可检测交流电压、电流、频率，并通过集中监控系统上传至集中监控网管。

5）蓄电池

蓄电池采用 POWER.COM SB 系列阀控式密封免维护胶体蓄电池，蓄电池没有腐蚀性气体析出。其主要功能是在市电正常时将电能转换成化学能并储存；当市电异常或停电时，将储存的化学能转换为电能，为各用电负载提供后备电源。

根据工程需求，UPS 电源的蓄电池总备用时间为信号、FAS、BAS、AFC 系统 1 h，通信系统 2 h。

6）电源集中监控系统

电源集中监控系统可对控制中心、车站、车辆段、停车场的电源切换配电柜、通信交流配电屏、UPS 等设备进行监控。

2.8.3 电源系统维护

1. 电源设备日检

① 在 UPS 液晶显示屏上查看信息面板上的历史告警记录，查看告警内容有无更新，判断设备是否正常。

② 检查交流切换柜（双电源自动转换开关）双路市电输入状态：主电源“正常”指示灯黄色常亮；主电源“工作”指示灯绿色常亮；备用电源“正常”指示灯黄色常亮；备用电源“工作”指示灯常灭；切换模式指示灯“自动”常绿。

③ 蓄电池组检查电池外观是否有漏液及破损等，外观正常。

2. 电源设备月检

1）检查蓄电池组

清洁蓄电池组确保无灰尘，检查设备紧固件是否牢固，检查蓄电池组表面有无渗漏液体，检查蓄电池组地线是否完好正常，蓄电池工作温度是否在 25±5℃。

2）检查 UPS 机柜及交流配电柜

检查 UPS 机柜确保无灰尘，检查设备紧固件是否牢固，检查机柜内线缆及连接和机柜地线是否完好正常，检查线缆标签是否准确，检查配电柜空开位置是否正常。另外，检查并记录参数（读取 UPS 信息面板）。

① 浮充电压［（405±1.5）V］。

② 输出三相电压［220 V（1±1%）］（A、B、C 相）。

③ 输出三相电流（A、B、C 相）。

3. 电源设备年检

1）检查蓄电池组

电源故障处理实验

清洁蓄电池组确保无灰尘，检查设备紧固件是否牢固，检查蓄电池组表面有无渗漏液体，检查蓄电池组地线是否完好正常，电池组清灰，保持电池无灰尘；检查电池浮充电压，浮充状态（405±1.5）V；每节电池端电压浮充状态

(2.25 V)；电池组总电流记录实测值（直流值）；每节电池内阻检查一致性（同列数据相差小于 1 mΩ）。

2）检查 UPS 机柜及交流配电柜

检查 UPS 机柜确保无灰尘，检查设备紧固件是否牢固，检查机柜内线缆及连接和机柜地线是否完好正常，检查线缆标签是否准确，记录参数（读取 UPS 信息面板）：浮充电压、输出三相电压（A、B、C 相）、输出三相电流（A、B、C 相）。检查双路电源Ⅰ、Ⅱ端切换情况。

① Ⅰ端下电，Ⅱ端切换为主用。

② Ⅰ端上电，Ⅱ端切换为备用。

③ 切换后所有设备运行正常。

电源系统典型检修流程如图 2－8－4 所示。

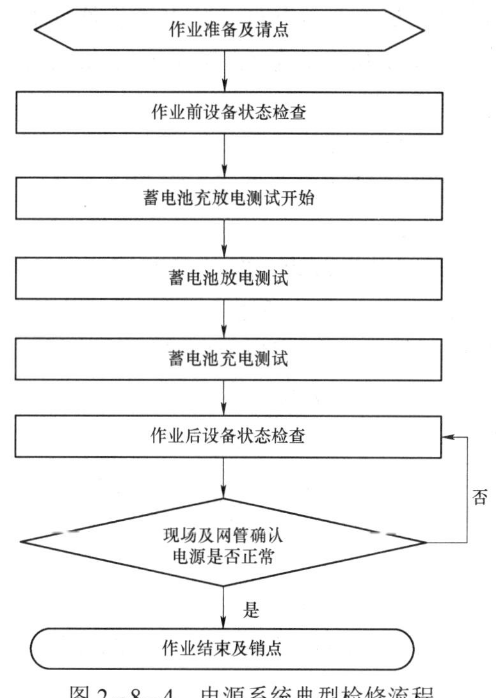

图 2－8－4　电源系统典型检修流程

4. 故障处理

案例　某站通信专用 UPS 故障

1）故障描述

2016 年 11 月 18 日（周五）07:40，通信综合电源系统故障，故障造成通信传输、无线、专用电话、PIS（乘客信息）、PA（广播）和 CCTV 视频监控系统关机重启，医大一院站通信传输业务中断 10 min，供电电力监控、AFC、FAS 专业均受到不同程度影响。UPS 逆变器发生故障自动切旁路供电过程中引起 1 路市电供电侧跳闸，同时切换到 2 路市电自动旁路给负载供电。

2）故障分析及处理

2016 年 11 月 18 日（周五）07:40，通信网管工班发现电源监控终端告警，告警内容是医大一院站 UPS 逆变器通信故障。

太平桥工班接到网管工班通知，立即派人前往现场。现场情况：通信综合弱电机房内 1 路市电掉电，同时已切换到 2 路市电供电。UPS 发生告警，已切换到自动旁路给负载供电。机房内 PIS 系统和 CCTV 系统死机，其他通信系统正常。通信网管终端显示各个系统均有告警，但无法判断是由于专用传输掉电造成的还是系统掉电造成的。信号系统未发生告警，系统运行正常。FAS/BAS 系统掉电后发生告警（可能是由于通信传输掉电造成的），2 路市电供电后恢复，系统恢复正常。AFC 系统未发生告警，系统正常。

根据现场的故障情况，联系厂家技术人员后，建议重启 UPS，尝试恢复设备。

18 日 23:30，太平桥工班将所有受电侧系统下电，并将 UPS 重新启动，但故障未恢复，而且自动旁路也无法切换。当晚将 UPS 切换到手动维修旁路给系统供电，维持次日运营。

根据厂家人员分析故障现象后，怀疑是逆变器控制板卡损坏。21 日 23:30，太平桥工班将所有系统再次下电，更换 UPS 逆变器控制板卡、电源主控板卡，但重启 UPS 设备后仅自动旁路功能得以恢复，逆变器仍处于故障状态。当晚将 UPS 切换到手动维修旁路给系统供电，维持次日运营。

28 日 23:30，太平桥工班再次将所有受电侧系统下电，更换 UPS 逆变器的其他三块板卡，并将 UPS 内部进行清灰作业。但重启 UPS 设备后，故障未恢复。当晚将 UPS 切换到手动维修旁路给系统供电，维持次日运营。

UPS 厂家技术工程师根据现场传递回的 UPS 历史数据分析，得出的结论是发现前期 UPS 的负载端出现过一次短路现象，回馈的电流高达 150%，从而导致 UPS 内部部分元器件受损，同时逆变桥同臂支路的两个驱动发生共导，极大可能地损坏了 IBGT 部分。

医大一院站通信 UPS 处于手动维修旁路状态，此状态下一旦市电发生波动极容易引起两路市电切换，并造成负载侧各设备系统掉电。

由于维修 UPS 设备专业集成度较高，且内部逆变元件为大容量储能元件（电容），自主维护能力不足以应对此次故障，并且存在一定的危险性，需要专业技术人员进行维修。经过与厂家协商，厂家技术工程师于 12 月 22 日到达医大一院站，对 UPS 设备进行了现场检测，确认 UPS 内部逆变器 A 相输出滤波电容损坏，A 相输出保险丝损坏，B 相输出保险丝损坏。更换库存备件后，厂家技术工程师对 UPS 设备再次进行检测，确认无误后，对 UPS 进行正常开机操作，经过观察，UPS 工作正常，告警消除。

2.8.4 电源设备日常保养仿真实验

实验图片

通信电源系统，特指连接车站输变电设备，为通信专业各系统供电的设备系统。主要包括交流配电屏、不间断电源、高频开关电源和相关蓄电池组。通信电源系统维护主要包括日常维护、二级保养及小修保养。本实验内容为电源设备日常保养维护，其工作流程如图 2-8-5 所示。

图 2-8-5 电源设备日常保养维护工作流程

1. 电源系统设备日常保养项目

电源系统设备日常保养项目见表 2-8-6 所示。

表 2-8-6　电源系统设备日常保养项目

设备名称	修程	周期	工作内容	检查标准
通信电源系统机柜	日常保养	每周	1. 清洁机柜表面和内部设备	表面清洁，无灰尘
			2. 检查各模块指示灯状态	对照《设备指示灯说明表》进行状态检查
			3. 检查机柜内部温度	无过热现象
电源柜	日常保养	每周	1. 清洁设备表面	表面清洁，无灰尘
			2. 检查设备工作状态	处于整流模块直接输出到设备功能状态
			3. 检查显示屏、面板是否有告警提示	无故障告警显示
			4. 检查整流模块风扇运行状态	风扇运行状态正常
UPS	日常保养	每周	1. 清洁设备表面	表面清洁，无灰尘
			2. 检查 UPS 工作状态	处于正常工作模式
			3. 检查 UPS 显示屏、面板是否有告警提示	无故障告警显示
			4. 检查 UPS 机柜安装情况	安装稳固，无倾斜，周围地板无凹陷
			5. 检查 UPS 风扇运行状态	风扇运行状态正常
动力柜	日常保养	每周	1. 清洁动力柜表面	表面清洁，无灰尘
			2. 检查机柜有无故障显示	无故障告警显示
			3. 检查系统供电模式	自动一路供电
蓄电池组	日常保养	每周	1. 清洁蓄电池架	表面清洁，无灰尘
			2. 检查蓄电池外观	外形正常，表面无鼓起、凹陷现象，无漏液，排气孔无封堵
			3. 检查蓄电池表面温度	无过热现象
			4. 检查蓄电池极耳防护	极耳护套安装完好
			5. 清洁蓄电池巡检仪（如有）	表面清洁，无灰尘

2. 电源设备日常保养仿真实验内容

1）简要实验步骤

① 进入“实验平台”，出现实验项目引导界面，选择“7. 通信电源保养”，进入实验。

② 进入实验后出现实验介绍，单击“跳过”。

③ 来到任务场景，分别单击主任务流程中的“准备工具”“进入机房，填写机房登记”“日常保养”“二级保养”“小修保养”，填写检修记录表，展开详细任务分解。再分别单击详细任务中的任务，出现任务提示，根据提示完成场景、设备、系统的探索。

2）具体操作步骤

（1）准备毛刷工具和无纺布

单击主界面中的“电源保养”，进入如图 2-8-6 所示的界面。

图 2-8-6　通信电源系统维护保养规程选择界面

分别单击“毛刷”和“无纺布”任务，如图 2-8-7 和图 2-8-8 所示，再单击其后出现的任务提示，随后会出现将其收纳到工具栏的动画。

图 2-8-7　毛刷

图 2-8-8　无纺布

（2）进入机房，填写机房登记

如图 2-8-9 所示，单击左侧任务栏“进入机房，填写机房登记表”主任务，展开详细任务分解，单击后出现系统提示。

图 2-8-9　填写机房登记表选择界面

如图 2-8-10 所示，单击右下角“填写机房登记表”，选择任务选项，模拟填写通号分公司进出设备房登记表的相关信息流程。

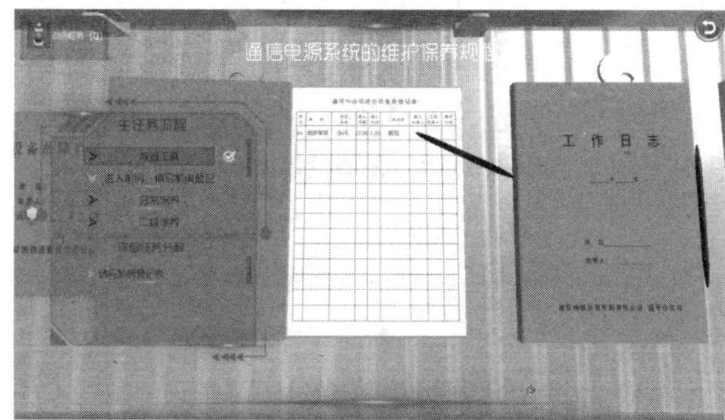

图 2-8-10　填写机房登记表

（3）日常保养

单击“日常保养”，展开详细任务分解，如图 2-8-11 所示。

图 2-8-11　通信电源系统日常保养选择界面

分别单击详细任务分解中的“通信电源系统机柜”“电源柜”“UPS”“动力柜”“蓄电池组”。

① 单击“通信电源系统机柜”，再分别单击“清洁设备”“检查指示灯状态”“检查机柜温度”，如图 2-8-12～图 2-8-14 所示。

图 2-8-12　清洁设备

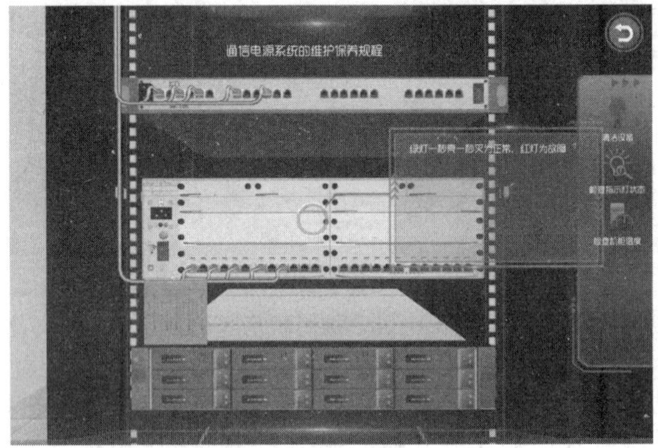

图 2-8-13　检查指示灯状态

图 2-8-14　检查机柜温度

② 单击“电源柜”，再分别单击“清洁设备”“检查设备状态”“检查面板告警”“检查整流模块状态”，如图 2-8-15～图 2-8-18 所示。

图 2-8-15　清洁设备

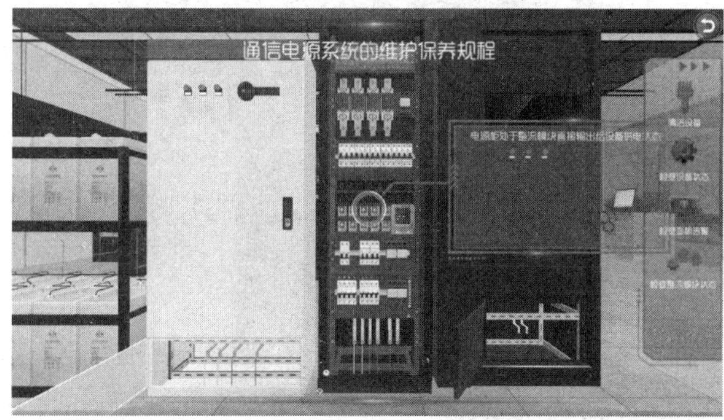

图 2-8-16　检查设备状态

图 2-8-17　检查面板告警

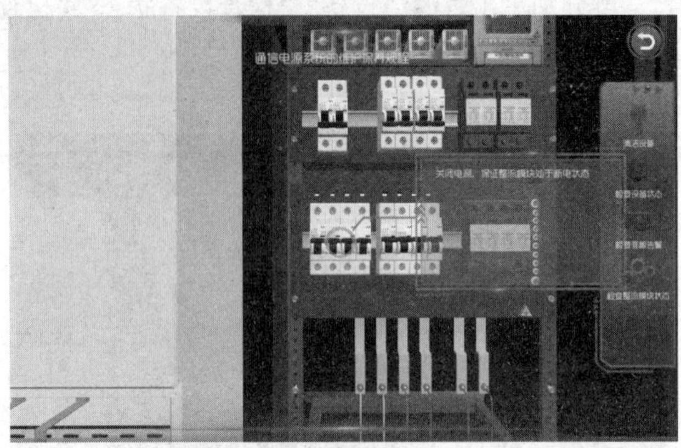

图 2-8-18　检查整流模块状态

③ 单击“UPS”，再分别单击“清洁设备”“检查 UPS 工作状态”“检查面板告警”“检查 UPS 机柜安装”“检查 UPS 运行状态”，如图 2-8-19～图 2-8-23 所示。

图 2-8-19　清洁设备

图 2-8-20　检查 UPS 工作状态

图 2－8－21　检查面板告警

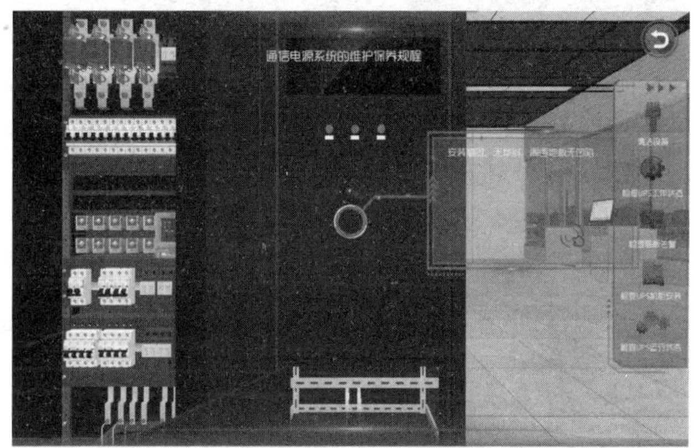

图 2－8－22　检查 UPS 机柜安装

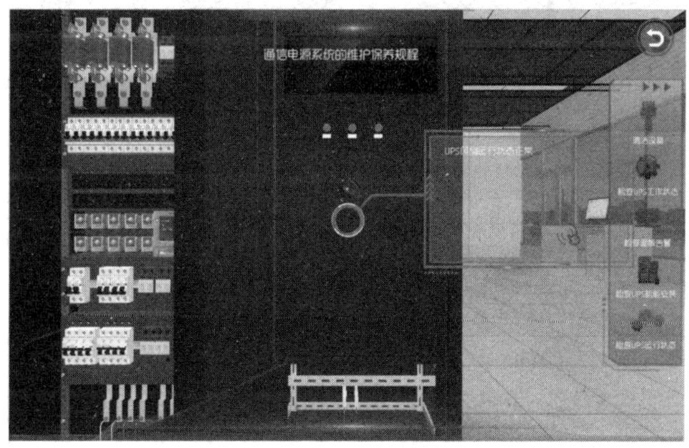

图 2－8－23　检查 UPS 运行状态

④ 单击“动力柜”，再分别单击“清洁设备”“检查机柜故障显示”“检查系统供电”，如图 2－8－24～图 2－8－26 所示。

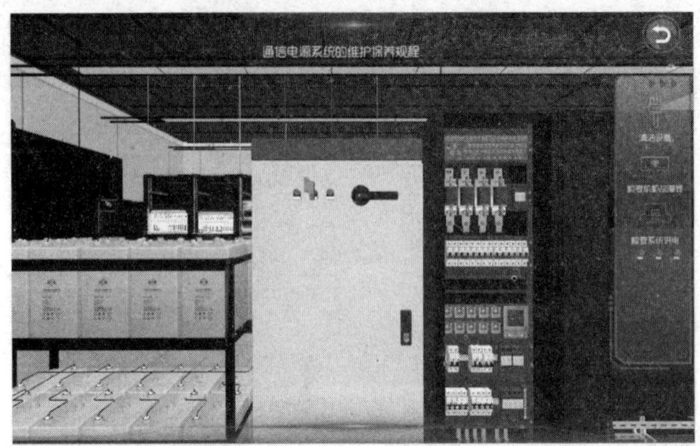

图 2-8-24　清洁设备

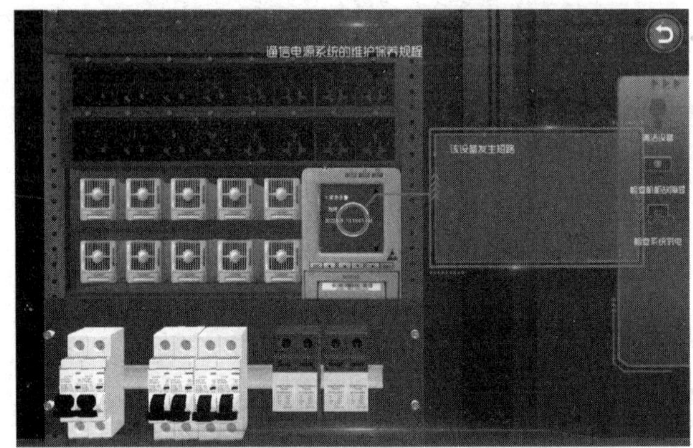

图 2-8-25　检查机柜故障显示

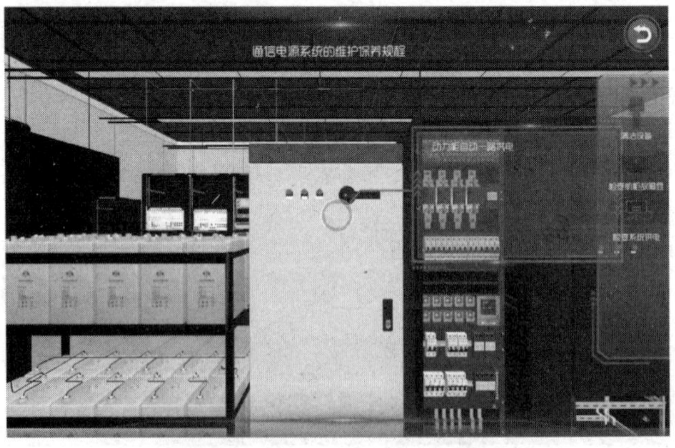

图 2-8-26　检查系统供电

⑤ 单击“蓄电池组”，再分别单击“清洁蓄电池”“检查蓄电池外观”“检查蓄电池温度”“检查蓄电池极耳防护”，如图 2-8-27～图 2-8-30 所示。

图 2－8－27　清洁蓄电池

图 2－8－28　检查蓄电池外观

图 2－8－29　检查蓄电池温度

图 2-8-30　检查蓄电池极耳防护

（4）填写检修记录表

如图 2-8-31 所示，单击主任务流程中的“填写工作日志表”（工作日志表也称为检修记录表）出现任务提示，如图 2-8-32 所示。

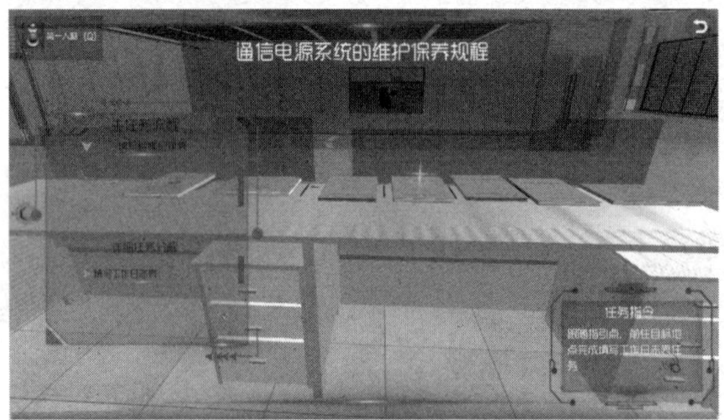

图 2-8-31　填写工作日志表选择界面

图 2-8-32　填写工作日志表

3. 电源设备日常保养仿真实验总结

对通信电源设备的日常保养、二级保养、小修保养是通信设备正常运行的保障，需要对运行容易产生的故障进行预警，才能够保证通信电源设备的正常运行。

学习自评

根据以上内容，在表 2－8－7 空格里填写自评。

表 2－8－7　学生自评表

评价内容	
本部分内容学习收获	
需要继续深入学习内容	
学习中存在的问题或感悟	

任务 2.9 乘客信息系统

（1）描述 PIS 系统组成和系统功能；

（2）分析乘客信息系统与其他子系统接口位置；

（3）根据附录 A 中城轨通信专业维护巡检表 PIS 系统部分模拟进行 PIS 系统日常巡检，掌握 PIS 系统日、月、年维护具体内容，分析 PIS 系统日检和月检维护项点的不同；

（4）根据所提供的故障案例，分析 PIS 系统故障解决思路，分析在各子系统中故障软件和硬件所占的大致比例；

（5）学习 PIS 系统安装、调试、组网实验，掌握 PIS 系统的安装与调试，并能进行组网验证。

2.9.1 乘客信息系统相关知识

现代城市轨道交通系统的运营管理越来越注重对乘客服务质量的提高，乘客信息系统，也称为 PIS（passenger information system）系统，就是依托多媒体网络技术，以计算机技术为核心，以车站和车载显示终端为媒介向乘客提供信息服务的系统。

乘客信息系统在地铁出入口、站厅、站台、电梯和扶梯的上下端口、列车车厢内等乘客可视的空间设置等离子显示器、液晶显示器、单行或多行发光二极管显示器、彩色发光二极管显示器、投影墙等现代视频显示装置，并利用这些装置进行信息展示。

城市轨道交通正在由以车辆为中心的运营模式发展为以乘客服务为中心的运营模式，乘客信息系统的建设得到足够重视。2003 年，韩国大邱市轨道交通发生的火灾惨剧震惊世界，从反面证明了与乘客息息相关的乘客信息系统的重要性。

我国目前拥有或正在建设轨道交通的城市包括北京、上海、广州、深圳、大连、天津、长春、武汉、重庆、南京、杭州、苏州、哈尔滨、沈阳和成都等。北京、上海、广州、深圳、天津和香港地铁都已经开通了乘客信息系统，且在北京、广州和深圳等已开通车载实时传输乘客信息服务系统。另外，如南京、武汉、沈阳、重庆和成都等国内城市的地铁，在设计中都采用了乘客信息系统。

乘客信息系统在正常情况下，可提供列车时间信息、政府公告、出行参考、广告等实时多媒体信息；在火灾及阻塞、恐怖袭击等非常情况下，提供动态紧急疏散指示。乘客信息系统为乘客提供了上述各类信息，使乘客能够安全、高效地乘坐城市轨道交通，也使城市轨道交通能够高效、安全地运营。

现代城市轨道交通已不仅仅是一种交通工具，而已成为能为人们提供出行、广告、通信、购物、娱乐等多种服务的新型城市活动空间。现代城市轨道交通系统的运营管理越来越注重对乘客的服务，越来越多地以对人的服务为中心。随着技术的进步，各种服务功能将实现相互渗透、优势互补，共同为社会提供多样化的服务。

乘客信息系统是运用现代科技的网络技术与多媒体技术进行信息的多样化显示，通过控制中心、广告制作中心、车站控制等系统，实现对所需信息的实时编辑、制作、传递，同时在车站通过等离子或液晶显示器进行信息显示。向乘客发布各种更直观、更形象的有用信息，可以提供列车到发时间、政府公告、出行参考、股票等多种资讯信息，提高了城市城轨为乘客提供服务的水平和服务质量。

将乘客信息系统技术引入地铁，就是将数字多媒体技术与各种广告信息有机地结合起来，在城轨空间建立动态电视信息系统，使城轨运营进一步扩大服务功能，提高服务质量，创造更大经济效益和社会效益，从而使城轨公司达到经济、客运安全、客运服务等多方面的效益。

综上所述，乘客信息系统采用成熟可靠的网络技术和多媒体传输、显示技术，在指定时间将指定的信息显示给指定人群。

随着城市信息化进程的推进，乘客信息系统的建立和功能拓展已经成为提升轨道交通服务水平的重要举措。同时，由于城市轨道交通已经逐步形成网络化运营态势，多条线路融会贯通，使得交汇点越来越多，势必对乘客信息发布的信息量、及时性、智能化及网络化管理提出更高的要求。因此，在未来的乘客信息系统里，能进行大量不同类别的信息处理，显示效果清晰、明确，支持多种发布方式，支持智能化综合管理和协助应急处理将成为发展趋势。

未来的信息显示方式将越来越多，除图像、文字、声音外，还将有大量的流媒体等多种信息的显示方式，因此，视觉和画质更好、更经济美观的显示终端设备将被大量采用。

未来应加大动态信息的宣传和普及力度。目前国内轨道交通乘客信息系统大都未能与城市其他公共服务平台实现有效的数据交换和共享，因此，城市轨道交通乘客信息系统应强化与其他系统间的信息联动力度。乘客信息系统应该具有智能化的特点，能够智能化地处理故障。统一标准、统一制式、统一接口也是未来乘客信息系统发展的必然趋势。

目前，国内外的乘客信息系统大多是控制单条线路或某公司所管辖的线路，由于线路之间可能会存在换乘或最佳路径的选择，为乘客提供一个良好的信息平台是轨道交通发展的必然趋势。总之，未来的乘客信息系统中的各子系统应能实现信息互通、资源共享。

随着城市信息化进程的加快，乘客信息系统信息发布的方式也将多元化。多元化的特点主要体现在获取方式多元化和信息发布方式多元化。传统的信息发布方式以广播方式为主，这种模式不能满足日益增加的乘客需求，交互式信息发布才能够适应未来的发展。交互联动的特点则主要体现在信息获取的及时性、个性化和便捷化。

1. 系统组成

乘客信息系统从结构上可分为 5 个子系统：线网播控子系统、控制中心子系统、车站子系统、网络子系统和车载子系统。

2. 系统功能

1）信息管理

乘客信息系统信息包括来自外部系统的信息和系统生成的信息。信息包括视频类信息、图片类信息、文本类信息。

武汉地铁 3 号线 PIS 系统 1　武汉地铁 3 号线 PIS 系统 2

线网播控中心 PCC 负责对采集的信息进行审查并按不同类型编辑信息模块、播出列表和播出内容。对播出节目审查、核对，根据播出列表将节目发送至各线路播控中心子系统。

根据信息的类型及用途进行实时或批量处理，及时保存所采集的信息，以满足系统监控、运营管理及决策分析的需求。

在数据信息传输时应对其进行加密及解密，以防止在采集、传输过程中数据丢失，确保信息完整性。

2）参数管理

系统管理参数主要包括预定义信息、信息优先级设定、多区域屏幕分割、播出节目单、播放及显示信息预览、系统运营开始及结束时直播延时时间等。

3）视频节目制作和管理

系统通过配置的非线性编辑器可以简单对广告视频进行编制。系统具备视频节目管理功能，能将视频节目播出的信息根据内容、时间、媒体类型等不同的组合自动进行分类统计并以报表输出。

控制中心应能够根据计划和实际播出情况进行差异分析。

4）统计和报表

控制中心具备将系统采集的信息进行归类统计并输出报表日志的功能，主要包括账户和权限管理类报表、信息播放类报表、设备管理类报表、维修维护管理类报表、广告播放类报表、系统操作类报表、系统登录报表等。

5）接口功能

线网控制中心可实现与外部信息源接口及轨道交通内部相关专业接口，接口内容主要包括接口设置、接口方式、通信协议及接口测试。具体接口范围如下。

外部信息源包括有线电视、有线数字电视、文字新闻、天气预报、股市行情、数字地图、公交地铁换乘信息等。

轨道交通内部系统有信号系统、时钟系统、综合监控系统、供电系统（低压配电）、通信系统（传输与时钟）、其他线路乘客信息系统等。

6）设备管理和维修管理

设备管理包括设备运营状态的监视、系统设备认证、设备编码、IP 地址的分配等。

设备的维修管理包括设备故障信息的统计和分析、故障修复日志、维修工区管理、维修专用工具设备管理、备品/备件库存管理等。

7）网络管理及设备监视

控制中心、车站、车辆段、无线接入点、服务器、磁盘柜、各类工作站、播放控制器具备故障自诊断功能。

设置在控制中心内的网管工作站，可对上述设备的运行状态和故障信息进行集中监控。

系统可修改网络设备参数，诊断网络设备故障。

通过网络监控功能对系统网络状态及数据传输状态进行分析统计，生成系统网络运行报告。

通过安全设备、防病毒软件、下载各种安全补丁、防病毒软件在线升级及其他安全设施和手段实现系统的网络安全。

8）后台系统的监控和维护

系统具备后台监控和后台维护的功能。后台监控包括日志管理、数据库监控。后台维护包括诊断、预警、报警功能，便于系统维护人员尽快发现并准确判定故障位置和原因，及时处理排除故障。

系统具备备份与灾难恢复功能。

2.9.2　乘客信息系统在城市轨道交通中的应用举例

1. 系统概述

乘客信息系统是依托多媒体网络技术，以计算机系统为核心，以车站和车载显示终端为媒介向乘客提供信息服务的系统。乘客信息系统在正常情况下，提供乘车须知、城轨首末车服务时间、列车到站时间、列车时刻表、管理者公告等运营信息及政府公告、出行参考、媒体新闻、赛事直播、广告等公共媒体信息；在紧急情况下，本着运营信息优先使用的原则，可提供动态辅助性提示。车载设备负责接收系统无线传输的信息，经处理后转发给车辆部门，以便其在列车乘客车厢内以音频、视频方式播放，使乘客通过正确的服务信息引导，安全、便捷地乘坐城轨。

2. 系统构成

哈尔滨地铁 1 号线乘客信息系统由控制中心子系统、车站子系统和网络子系统（含有线网络子系统和车地无线子系统）组成。

3. 接口要求

乘客信息通过各种接口与其他系统交换信息。

① 与信号专业接口。乘客信息系统中心子系统中心服务器直接与信号系统网络接口连接，接口在信号系统配线架外侧。

② 与传输子系统接口。乘客信息中心子系统在控制中心与传输系统的接口在机房内传输子系统配线架外侧。乘客信息车站子系统在车站、停车场、车辆段与传输系统的接口在通信设备室传输子系统配线架外侧。

③ 与时钟子系统接口。乘客信息中心子系统中心服务器直接与时钟子系统串行端口连接，接口分界在时钟子系统配线架外侧。

④ 与电源子系统接口。电源系统在控制中心、车辆段、停车场和各车站为本系统提供 220 V 交流电源。乘客信息与电源系统的接口位置在通信配电柜侧。

⑤ 与接地系统接口。乘客信息的接地分界点，在通信机房内通信接地端子排处。

⑥ 与集中告警系统接口。乘客信息与集中告警系统的接口位置在控制中心集中告警设备输入端。

安装乘客信息系统设备及敷设相关线缆等，包括但不限于以下内容：轨旁无线接入点设备（含天线、无线适配器、光电转换器）；控制中心机柜、中心交换机、工作站、服务器、编码器、视音频矩阵、网管等相关设备；车站/停车场/车辆段机柜、交换机、服务器、显示器、显示屏等相关设备；乘客信息系统设备间线缆敷设；车站/停车场/车辆段各前端设备线缆的敷设；区间光缆和电力电缆的敷设、机房引入及终端；车站视频传输电缆、显示屏电源线、显示屏控制线；ODF 光纤分配柜的安装及布放尾纤；乘客信息系统设备与其他子系统设备间配线（均配至 ODF、数据配线单元、VDF、MDF、RJ-45 架）及跳接。

2.9.3　乘客信息系统维护

1. 乘客信息系统设备日检

① 记录机房温湿度，检查机房是否存在异常。

② 清洁机柜：要确保机柜清洁，无灰尘。

③ 检查机柜风扇：运行正常。

④ 检查视频流服务器工作状态：前端显示屏常亮，显示器可查看当前视频播放配置界面。

⑤ 检查视/音频切换矩阵：前面板屏显示数字信息。

⑥ 检查服务器的工作状态：确保硬盘绿色指示灯常亮或闪烁，显示器可查看设备系统界面；充电的图标绿色指示灯常亮；红色指示灯不规律闪烁，显示器可查看设备系统界面。

⑦ 检查视频转换分配器 DA：PWR 绿色指示灯和 SDI 绿色指示灯常亮。

⑧ 检查电源控制器的工作状态，确保电源绿色指示灯常亮；输出绿色指示灯有数据输出时亮；命令绿色指示灯接到数据时闪烁；控制绿色指示灯要求输出时亮。

2. 乘客信息系统设备月检、年检

① 记录机房温湿度，检查机房是否存在异常（无漏水，无积水，无鼠迹，无异味，无异响）。

② 清洁机柜：要确保机柜清洁，无灰尘。

③ 检查机柜风扇：检查机柜顶部风扇是否正常，避免因风扇停止运行影响散热。

④ 检查线缆连接及紧固情况：确保线缆整齐，无松动，无破损；连线的连接紧固，对应机柜地线牢固；各类标牌字迹清晰齐全；紧固件牢固。

⑤ 检查视频流服务器工作状态：前端显示屏常亮，显示器可查看当前视频播放配置界面。

⑥ 检查视/音频切换矩阵：前面板屏显示数字信息。

⑦ 检查服务器的工作状态，确保硬盘绿色指示灯常亮或闪烁，显示器可查看设备系统界面；充电的图标绿色指示灯常亮；红色指示灯不规律闪烁，显示器可查看设备系统界面。

⑧ 检查视频转换分配器 DA，确保 PWR 绿色指示灯和 SDI 绿色指示灯常亮。

⑨ 检查电源控制器的工作状态，确保电源绿色指示灯常亮；输出绿色指示灯有数据输出时亮；命令绿色指示灯接到数据时闪烁；控制绿色指示灯要求输出时亮。

3. 故障处理

案例 1　PIS 故障分析及解决方案

1）故障描述

哈尔滨地铁 1 号线于 2013 年年底开通后，乘客信息系统（PIS）也投入了运营。PIS 开通的初期，由于设备刚开始运行和线缆接头等工程原因导致了较高的设备故障率。根据故障统计，从 2014 年开始，每月 PIS 平均故障在 27 次左右。

经过对故障现象的具体分析，以及持续不断地整改，从 2014 年 10 月份开始 PIS 故障有了较大幅度的减少，从原来每月 27 次减少到了 15 次以下。接头故障已经得到有效整改，偶尔才会显现，而显示屏待机故障经过遥控代码的改进，也初步显现效果。

地铁现场专业技术人员对系统运行情况进行了仔细检测，调取和分析了设备的运行日志，针对故障发生率较高的播放控制器和电源控制器故障进行详细分析，并提出对应的解决方案。

2）播放控制器故障分析及解决方案

（1）故障分析

播放控制器在 PIS 开通初期也出现较多起的设备故障，故障现象表现为：设备未启动、有版式无视频、画面错位、声音存在噪声、无输出等，经过长时间的持续整改，设备未启动故障基本解决，整体的故障次数有所减少，但尚未起到根本性解决效果。

经过对板卡的运行日志进行分析，发现个别批次的 LCD 播放控制器的板卡对输入数据进行处理时容易受到外部环境的干扰，解码时容易出现误码，严重的则导致无法检测到输入数据，这是导致有版式无视频、画面错位、声音存在噪声及无输出的根本原因。

（2）解决方案

播放控制器故障的原因基本上得到定位，提出以下解决方案。

① 应急解决方案。

跟踪故障高发的设备，更换板卡，以降低已锁定的故障设备的故障发生率。

② 升级解决方案。

对全线的播放控制器内部板卡功能调整、软件升级，全面降低故障发生的风险。

协调生产厂家，对实现播放的板卡功能进行调整；针对上述调整，重新开发板卡的输入数据处理软件，包括底层驱动和上层应用程序；完成测试和验证新的处理软件的功能后，全线更新软件。该升级方案全部实施将从根本上减少播放控制器故障。

3）电源控制器故障分析及解决方案

（1）故障分析

在某月车站故障中，电源控制器发生故障为 6 次，其中有 4 次是由于备品备件准备不足导致的重复性错误。

（2）解决方案

为哈尔滨地铁项目紧急调配了电源控制器备品备件，由于备品备件原因导致的重复故障可以避免。

继续跟踪电源控制器故障，查清是否因 LCD 屏遥控器人为关机的现象掩盖了电源控制器的故障。

在车站系统软件中增加电源控制器的误码校验功能，在平时的系统运行中，能对电源控制器的工作日志进行记录，通过日志分析能对系统的运行情况有进一步的掌控。

案例 2　BNC 头问题导致故障

1）故障描述

第一组屏显示屏接收到的视频信号不稳定，信号过弱引起闪屏、卡屏、间歇性黑屏现象。

2）故障分析

设备房播放控制器到第一组屏传输距离远，加上 BNC 头问题引起信号衰减过大。

① 设备间到第一组屏的传输距离约为 300 m，传输距离远。

② 使用的 BNC 头质量不过关，BNC 头与设备接触不良。

BNC 头制作工艺不过关，现场处理的几个故障，施工方做的 BNC 头，256 辫的铜丝保留下来的不到几十辫，影响信号强度，插拔过程中还容易断开。

3）故障处理

购买组装式 BNC 头，重做设备房到第一组屏之间的 BNC 头。

2.9.4　PIS 系统安装、调试、组网实验

实验图片

1. 实验概述

通过本次实验，让学员掌握车载 PIS 系统的工作原理，主要是多媒体视频的播放及车载视频的上传与下载。通过完成 PIS 系统搭建，实现相关功能。本实验主要完成 PIS 系统的安

装与调试、组网验证。

2. 实验步骤

1）设备安装

根据任务指引 1，单击进入如图 2-9-1 所示的界面。根据指引进入站点机房安装对应设备，光标放置在设备图标上可查看所需安装设备。

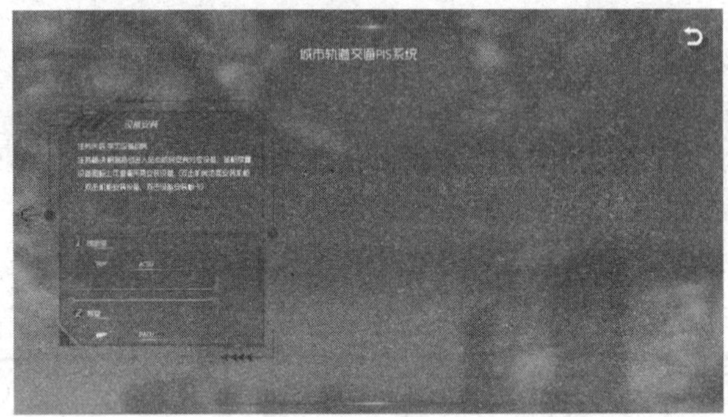

图 2-9-1　任务 1 主界面

① 根据系统指引，单击图 2-9-1 中“司机室”，进行 ACSU 设备安装。

在右栏分类列表中选中需要安装的设备，拖出安装在机柜即可，如图 2-9-2 所示。

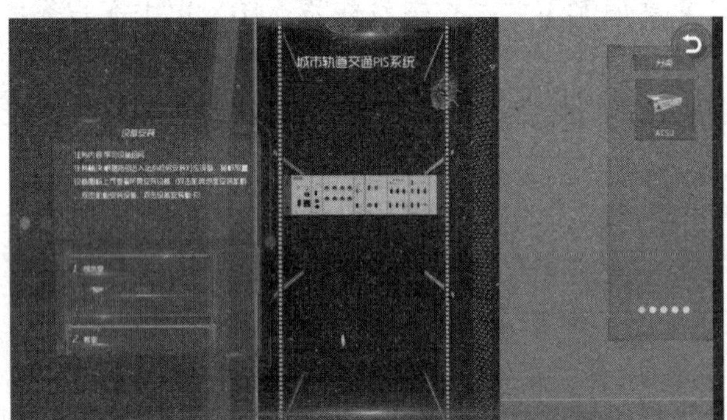

图 2-9-2　安装 ACSU 设备

② 根据系统指引，单击图 2-9-2 中“客室”，进行 PACU 设备安装。

在右栏分类列表中选中需要安装的设备，拖出安装在机柜即可，如图 2-9-3 所示。

图 2-9-3　安装 PACU 设备

③ 根据系统指引，单击图 2-9-4 中“中心机房”，进行 PIS 设备和路由器设备安装。

通过单击键盘 Q 键，切换第一人称或自由视角。在第一人称模式下，使用 W、S、A、D 键进行前、后、左、右移动，进入安装区域，单击“地面”可看到界面右栏机柜，选中并拖出安装在地面即可，机柜安装效果如图 2-9-4 所示。

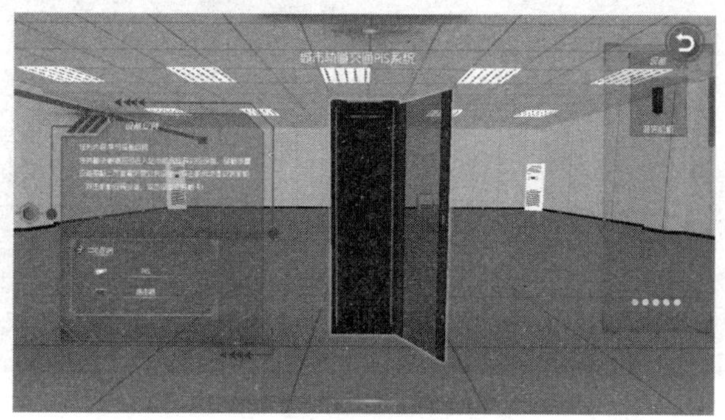

图 2-9-4　机柜安装效果

双击选中“通信机柜”，根据左栏指引安装对应设备，右栏分类包含设备、中间设备、终端、电源、仪器，根据指引需求找到需要安装的设备，选中拖出安装在机柜即可，设备安装效果如图 2-9-5 所示。

图 2-9-5　设备安装效果

2）设备连线

根据任务指引 2，单击进入如图 2-9-6 所示的界面。

设备安装完成后，根据指引，单击左边任务框中“设备”即可进入场景选中设备，单击“设备接口”进行连线。

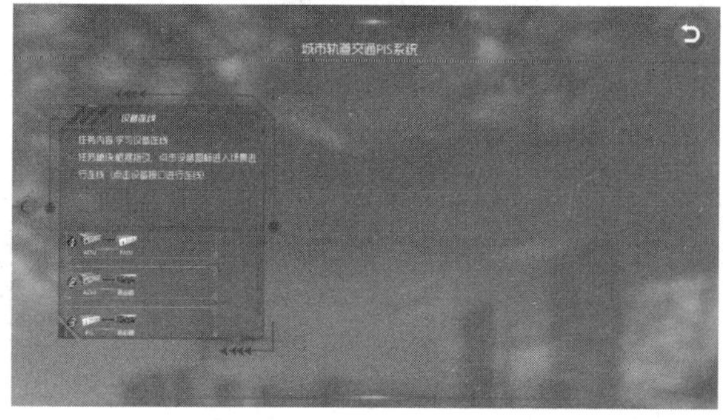

图 2-9-6　任务 2 主界面

第一步：通过 ACSU 设备上的网线接口与 PACU 设备上的网线接口连接。连接完成之后，在左栏列表中可以看到相关提示，完成后如图 2－9－7 所示。

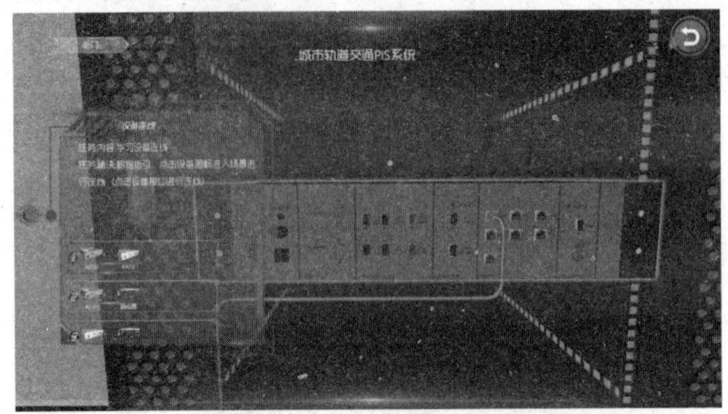

图 2－9－7　ACSU 设备与 PACU 设备连接

第二步：通过 ACSU 设备上的 WiFi 接口与路由器设备上的 WiFi 接口连接。连接完成之后，在左栏列表中可以看到相关提示，完成后如图 2－9－8 所示。

图 2－9－8　ACSU 设备与路由器设备连接

第三步：通过 PIS 设备上的网线接口与路由器设备上的网线接口连接。连接完成之后，在左栏列表中可以看到相关提示，完成后如图 2－9－9 所示。

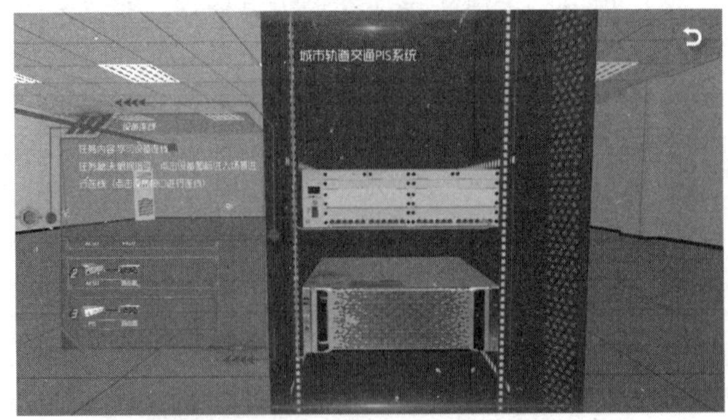

图 2－9－9　PIS 设备与路由器设备连接

3）系统调试

根据任务指引 3，单击进入如图 2-9-10 所示的界面。在网管中心进行集中网管，查看连线拓扑图。

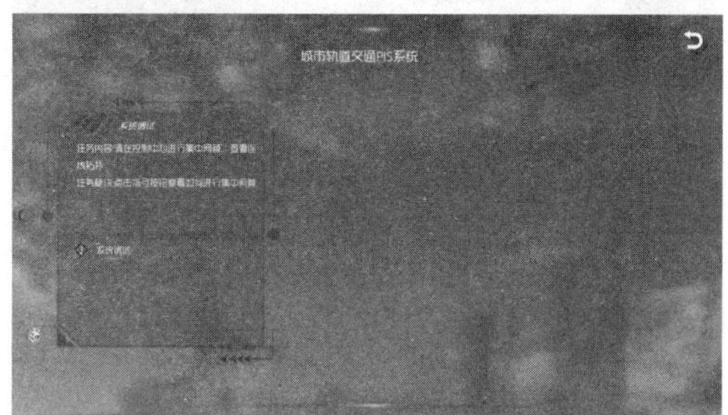

图 2-9-10　任务 3 主界面

路由器设备和 PIS 设备参数配置信息，如图 2-9-11 所示。

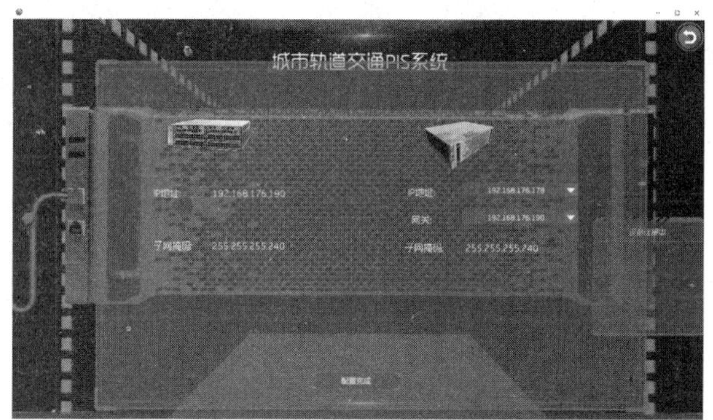

图 2-9-11　参数配置信息

4）组网验证

根据任务指引 4，单击进入如图 2-9-12 所示的界面，进行组网验证。

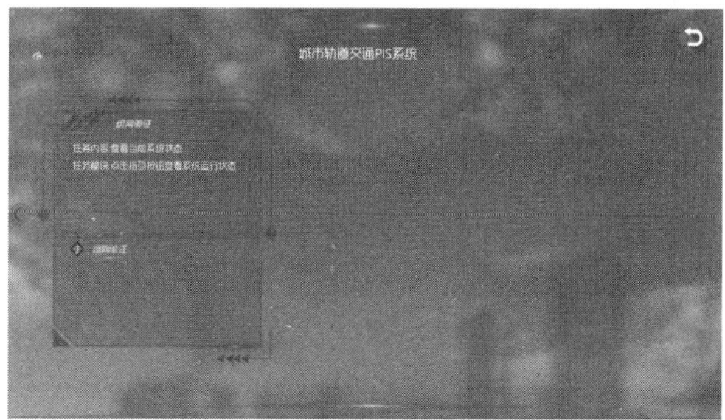

图 2-9-12　任务 4 主界面

有列车运营信息显示，系统验证成功，如图 2-9-13 所示。

图 2-9-13　系统验证成功信息

3. 实验总结

PIS 系统是应用在轨道交通工具上，为乘客和中央控制室提供包括音频广播平台、视频节目播放平台、应急情况报警、告警平台和紧急呼叫平台，也为中央控制室提供视频监控、监听监视存储和干预系统。

学习自评

根据以上内容，在表 2-9-1 空格里填写自评。

表 2-9-1　学生自评表

评价内容	
本部分内容学习收获	
需要继续深入学习内容	
学习中存在的问题或感悟	

任务 2.10　办公数据网络

任务布置

（1）掌握办公数据网络所涉及的基本知识，理解网络拓扑结构等基本概念；

（2）分析城市轨道交通办公数据网络系统主要功能、设备组成，对小型数据网络进行 IP 地址分配；

（3）根据附录 A 中城轨通信专业维护巡检表办公数据网络系统部分模拟进行该系统日常巡检；

（4）根据所提供的故障案例，分析办公数据网络系统故障解决思路；

（5）学习静态路由配置仿真实验，掌握路由器静态路由基本配置方法。

相关知识

2.10.1　办公数据网络相关知识

办公数据网络是办公自动化系统（OA）的基础信息网络平台，综合布线系统是一个完整的集成化通信传输（分布式）系统，通过使用符合规范标准的布线部件，采用超五类屏蔽双绞线与 8 芯光缆混合布线方式，模块化组合压接连接车站、车辆段、停车场内的语音设备、数据设备、电子通信设备和网络交换设备等，并能使这些设备与外部通信网络相连接，为语音、数据及多媒体应用提供实用的、可靠的、灵活的、可扩展的介质通路，为信息基础链路的开通使用摄供可靠保障。办公数据网络本质上是一种计算机网络，其功能和特点也是计算机网络所具备的，由于计算机网络的通识性易于被大家所接受，接下来介绍计算机网络知识。

1. 计算机网络概述

计算机网络，是指将地理位置不同的具有独立功能的多台计算机及其外部设备，通过通信线路连接起来，在网络操作系统、网络管理软件及网络通信协议的管理和协调下，实现资源共享和信息传递的计算机系统。

简单来说，计算机网络就是通过电缆、电话线或无线通信将两台以上的计算机互联起来的集合。

计算机网络的发展经历了面向终端的单级计算机网络、计算机网络对计算机网络和开放式标准化计算机网络 3 个阶段。

计算机网络通俗地讲就是由多台计算机（或其他计算机网络设备）通过传输介质和软件物理（或逻辑）连接在一起组成的。总体来说计算机网络的组成基本上包括计算机、网络操作系统、传输介质（可以是有形的，也可以是无形的，如无线网络的传输介质就是看不见的电磁波）及相应的应用软件 4 部分。

2. 计算机网络的主要功能

计算机网络的主要功能是实现计算机之间的资源共享、网络通信和对计算机的集中管理。

除此之外还有负荷均衡、分布处理和提高系统安全与可靠性等功能。

1）资源共享

① 硬件资源：包括各种类型的计算机、大容量存储设备、计算机外部设备，如彩色打印机、静电绘图仪等。

② 软件资源：包括各种应用软件、工具软件、系统开发所用的支撑软件、语言处理程序、数据库管理系统等。

③ 数据资源：包括数据库文件、数据库、办公文档资料、企业生产报表等。

④ 信道资源：通信信道可以理解为电信号的传输介质。通信信道的共享是计算机网络中最重要的共享资源之一。

2）网络通信

通信信道可以传输各种类型的信息，包括数据信息和图形、图像、声音、视频流等各种多媒体信息。

3）集中管理

计算机在没有联网的条件下，每台计算机都是一个“信息孤岛”。在管理这些计算机时，必须分别管理。而计算机联网后，可以在某个中心位置实现对整个网络的管理。如数据库情报检索系统、交通运输部门的订票系统、军事指挥系统等。

4）均衡负荷

当网络中某台计算机的任务负荷太重时，通过网络和应用程序的控制和管理，将作业分散到网络中的其他计算机中，由多台计算机共同完成。

5）分布处理

把要处理的任务分散到各个计算机上运行，而不是集中在一台大型计算机上。这样，不仅可以降低软件设计的复杂性，而且还可以大大提高工作效率和降低成本。

3. 计算机网络的结构组成

一个完整的计算机网络系统是由网络硬件和网络软件所组成的。网络硬件是计算机网络系统的物理实现，网络软件是网络系统中的技术支持。两者相互作用，共同完成网络功能。

网络硬件：一般指网络的计算机、传输介质和网络连接设备等。

网络软件：一般指网络操作系统、网络通信协议等。

1）主计算机

在一般的局域网中，主机通常被称为服务器，是为客户提供各种服务的计算机，因此对其有一定的技术指标要求，特别是主、辅存储容量及其处理速度要求较高。根据服务器在网络中所提供的服务不同，可将其划分为文件服务器、打印服务器、通信服务器、域名服务器、数据库服务器等。

2）网络工作站

除服务器外，网络上的其余计算机主要是通过执行应用程序来完成工作任务的，我们把这种计算机称为网络工作站或网络客户机，它是网络数据主要的发生场所和使用场所，用户主要是通过使用工作站来利用网络资源并完成自己作业的。

3）网络终端

网络终端是用户访问网络的界面，它可以通过主机联入网内，也可以通过通信控制处理机联入网内。

4）通信处理机

一方面，它作为资源子网的主机、终端连接的接口，将主机和终端联入网内；另一方面，它又作为通信子网中分组存储转发结点，完成分组的接收、校验、存储和转发等功能。

5）通信线路

通信线路（链路）是为通信处理机与通信处理机、通信处理机与主机之间提供通信信道。

6）信息变换设备

对信号进行变换，包括调制解调器、无线通信接收和发送器、用于光纤通信编码解码器等。

4. 网络软件的组成

在计算机网络系统中，除了各种网络硬件设备外，还必须具有网络软件。

1）网络操作系统

网络操作系统是网络软件中最主要的软件，用于实现不同主机之间的用户通信，以及全网硬件和软件资源的共享，并向用户提供统一的、方便的网络接口，便于用户使用网络。目前网络操作系统有三大阵营：UNIX、NetWare 和 Windows。目前，我国最广泛使用的是 Windows 网络操作系统。

2）网络协议软件

网络协议是网络通信的数据传输规范，网络协议软件是用于实现网络协议功能的软件。

目前，典型的网络协议软件有 TCP/IP 协议、IPX/SPX 协议、IEEE802 标准协议系列等。其中，TCP/IP 是当前异种网络互连应用最为广泛的网络协议软件。

3）网络管理软件

网络管理软件是用来对网络资源进行管理及对网络进行维护的软件，如性能管理、配置管理、故障管理、计费管理、安全管理、网络运行状态监视与统计等。

4）网络通信软件

是用于实现网络中各种设备之间进行通信的软件，使用户能够在不必详细了解通信控制规程的情况下，控制应用程序与多个站进行通信，并对大量的通信数据进行加工和管理。

5）网络应用软件

网络应用软件是为网络用户提供服务，最重要的特征是它研究的重点不是网络中各个独立的计算机本身的功能，而是如何实现网络特有的功能。

5. 计算机网络的拓扑结构

当我们组建计算机网络时，要考虑网络的布线方式，这也就涉及了网络拓扑结构的内容。网络拓扑结构指网络中计算机线缆及其他组件的物理布局。

局域网常用的拓扑结构有星形、环形、树状、网状结构等。拓扑结构影响着整个网络的设计、功能、可靠性和通信费用等许多方面，是决定局域网性能优劣的重要因素之一。

1）星形拓扑结构

每个节点都由一个单独的通信线路连接到中心节点上。中心节点控制全网的通信，任何两台计算机之间的通信都要通过中心节点来转接，因此中心节点是网络的瓶颈。这种拓扑结构又称为集中控制式网络结构，是目前使用最普遍的拓扑结构，处于中心的网络设备是跨越式集线器也可以是交换机。

2）环形拓扑结构

环形拓扑结构是以一个共享的环形信道连接所有设备，称为令牌环。在环形拓扑中，信号会沿着环形信道按一个方向传播，并通过每台计算机。而且，每台计算机会对信号进行放大后，传给下一台计算机；同时在网络中有一种特殊的信号称为令牌。令牌按顺时针方向传输。当某台计算机要发送信息时，必须先捕获令牌，再发送信息。发送信息后再释放令牌。

环形结构有两种类型，即单环结构和双环结构。令牌环（token ring）是单环结构的典型代表，光纤分布式数据接口（FDDI）是双环结构的典型代表。

环形结构的显著特点是每个节点用户都与两个相邻节点用户相连。

3）树状拓扑结构

树状结构是星形结构的扩展，它由根节点和分支节点所构成。

优点：结构比较简单，成本低；扩充节点方便灵活。

缺点：对根节点的依赖性大，一旦根节点出现故障，将导致全网不能工作；电缆成本高。

4）网状结构与混合状结构

网状结构是指将各网络结点与通信线路连接成不规则的形状，每个节点至少与其他两个节点相连，或者说每个节点至少有两条链路与其他节点相连。大型互联网一般都采用这种节构，如我国的教育科研网 CERNET、Internet 的主干网都采用网状结构。

混合状结构是由以上几种拓扑结构混合而成的，如环星状结构，它是令牌环网和 FDDI 网常用的结构。

6. 计算机网络的分类

由于计算机网络自身的特点，其分类方法有多种。根据不同的分类原则，可以得到不同类型的计算机网络。

按网络所覆盖的地理范围的不同，计算机网络可分为局域网（LAN）、城域网（MAN）、广域网（WAN）。

按照网络中计算机所处的地位的不同，可以将计算机网络分为对等网和基于客服机、服务器模式的网络。

按照传播方式不同，可将计算机网络分为“广播网络”和“点－点网络”两大类。

按传输介质分类可分为有线网和无线网。

2.10.2 办公数据网络在城市轨道交通中的应用举例

1. 概述

1）系统目标

办公数据网络是哈尔滨地铁 1 号线一、二期工程办公自动化系统（OA）的基础信息网络平台，近期构建一、二期工程范围内的数据交换网，并预留后期 OA 系统核心交换能力。

综合布线系统是一个完整的集成化通信传输（分布式）系统，通过使用符合规范标准的布线部件（配线柜/架、连接器、信息插座、插头、适配器、传输电子器件、电气保护设备和线路管理支持硬件），采用超五类屏蔽双绞线与 8 芯光缆混合布线方式，模块化组合压接连接车站、车辆段、停车场内的语音设备、数据设备、电子通信设备和网络交换设备等，并能使这些设备与外部通信网络相连接，为哈尔滨地铁 1 号线的语音、数据及多媒体应用提供实用的、可靠的、灵活的、可扩展的介质通路，为哈尔滨地铁 1 号线的信息基础链路的开通使用，提供可靠保障。

2）一般要求

① 办公数据网络应能覆盖哈尔滨地铁1号线一、二期工程全部车站、控制中心、车辆段及停车场，满足轨道交通办公自动化系统（OA）的需求。

② 办公数据网络应提供可靠的、冗余的、可扩展的、灵活的信道。

③ 办公数据网络应按可靠性、可用性和经济性相结合的原则考虑。

④ 综合布线系统应能满足正线语音及数据业务。

2. 系统构成

哈尔滨地铁1号线一、二期工程办公数据网络涵盖控制中心办公大楼、太平桥车辆段、哈尔滨南站停车场、18座正线车站共计21个OA局域网，各局域网间利用传输系统提供的1个共线的以太网传输通道以构成完整的办公数据传输网络。全网在控制中心统一设置1套网管以监管所辖网络设备的运行状态。

综合布线系统由车站综合布线系统和车辆段/停车场综合布线系统两个部分构成。其中车站综合布线系统由工作区子系统、水平子系统、垂直干线子系统、设备间子系统和管理子系统组成，车辆段/停车场综合布线系统由工作区子系统、水平子系统、垂直干线子系统、设备间子系统、管理子系统和建筑群子系统组成。

1）办公主网构成

哈尔滨地铁1号线一、二期工程办公数据网络呈树形结构，由3级以太网交换机构成。其网络核心设在控制中心办公大楼，由一对冗余配置的万兆核心层以太网交换机组成，形成各局域网间的信息交换中枢，OA系统的核心计算设备与之直连，同时为OA系统预留外部系统接口条件。在办公信息点密集的车辆段、停车场局域网，各设置一对冗余配置的汇聚层以太网交换机，用户汇接本OA局域网接入设备，同时上联至控制中心核心交换机，形成3级网络架构。在车站及车辆段的局域网，部署百兆3层以太网接入交换机汇接办公PC终端设备。局域网间利用通信专业提供的传输通道共同构成OA信息网络。OA组网结构图如图2-10-1所示。

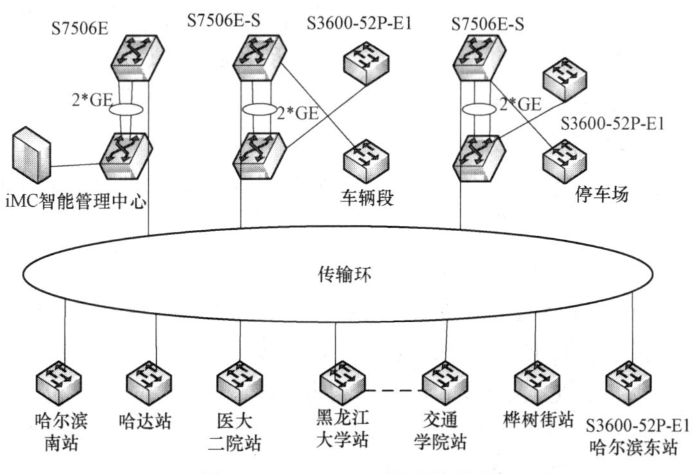

图2-10-1　OA组网结构图

2）控制中心局域网方案

控制中心大楼含主楼及裙楼，各楼层需设置单台接入层以太网交换机，沟通本楼层办公信息点与汇聚交换机。中心大楼裙楼 1～5 层是弱电系统设备管理楼层，由控制中心大楼楼宇智能化系统在每层设置一台接入层以太网交换机。各层接入交换机及汇聚交换机由控制中心大楼楼宇智能化系统提供。

3）车辆段、停车场局域网方案

哈尔滨地铁 1 号线 OA 系统在太平桥车辆段、哈南停车场内凡设置办公信息点的单体建筑，根据其信息点数量，在一层或每层设置接入层以太网交换机，沟通本楼办公信息点与汇聚交换机。各单体接入交换机与汇聚交换机使用单模光纤进行连接，距离按 3 km 考虑。

哈尔滨地铁 1 号线 OA 系统在车辆段、停车场办公单体建筑内部署了 H3C S7506E－S 万兆多业务三层交换机。采用双主控、双电源设计，双机冗余部署，保证了设备运行的稳定性和可靠性。汇聚交换机具备 384 Gbps 整机交换容量、288 Mpps 数据包转发能力，整机 8 个槽位、6 个扩展业务插槽。

4）车站局域网方案

接入交换机主要是为终端信息点提供高速以太接入端口，以实现用户的集中接入功能。

在综合弱电机房设置车站办公网络接入交换机，直接与通信传输系统提供的 100BASE－T RJ-45 接口跳连。

哈尔滨地铁 1 号线 OA 系统采用 S3600EI 系列智能弹性 3 层以太网交换机，为用户提供高速接入服务，在接入层提供速率限制，抑止广播、QoS 功能，保证接入网络的实时业务可靠转发。

针对哈尔滨地铁 1 号线各车站 OA 用房分布状况的分析，车站办公管理区大多集中在站厅层一端，与综合弱电机房处于同一布线区域内。而且哈尔滨地铁 1 号线车站办公网络采用单级星型结构，即只设一层网络交换机，各 OA 信息点一般与交换机直连。当与机房距离超过 100 m 的信息点连接时，通过在信息点处再部署一台小的起中继功能的交换机，将信息点与机房设备连接起来。中继交换机可通过电接口或者光接口与机房交换机相连。

5）车站综合布线系统构成

在各个车站的办公室、设备用房、站台、站厅等处统一设 5 类综合布线信息插座，为车站内语音、数据、图像提供标准的、统一的、可灵活设置的通道。

所有的信息插座通过超五类屏蔽电缆和 24 口网络配线模块连接，并根据不同的需求在配线模块上进行跳接，实现语音、数据的不同应用。

各车站综合布线信息点数 120 点，设 24 口水平配线单元 5 个、100 对 110 型语音配线单元 1 个、理线架 3 个（含接地装置）。

6）车辆段/停车场综合布线系统构成

车辆段/停车场为多座单体建筑单体组成的综合布线系统，其中建筑群总配线间设置于车辆段/停车场的通信设备室，其他单体建筑通过 8 芯单模光缆和市话电缆与通信设备室相连接。

每个大型建筑单体内设 OA 配线间，部分楼层设置楼层 OA 配线间，负责本建筑物内所有信息点的设置、跳接，建筑单体各 OA 配线间内采用 8 芯单模光缆和 3 类大对数电缆（通过通信管道进入建筑时需加避雷单元）进行连接。

每个建筑物内根据房间的不同需求统一设置 5 类信息插座，所有信息插座通过超五类屏蔽电缆与各分配线间内的 24 口水平配线模块连接。并根据实际需求进行跳接，满足语音、数据的不同应用需求。

车辆段/停车场内信息点数按 1 840 个考虑，这个数量已充分考虑车辆段/停车场单体建筑数量和位置变化所引起的信息点数量和缆线数量的变动。

7）网络管理

办公数据网络统一设置 1 套网管系统，用以监管所辖网络设备的运行状态。网管系统设备设置在控制中心 OA 机房。

8）网络规模与性能要求

办公数据网络的核心交换机和汇聚交换机均采用双路互备冗余配置。核心交换机与汇聚交换机之间使用 1 000 Mbps 接口，与接入交换机连接使用 100 Mbps 接口。哈尔滨地铁 1 号线的通信传输系统为控制中心、车辆段、停车场、车站提供出口流量依次为 400 Mbps、200 Mbps、200 Mbps、20 Mbps×18，提供端口标准依次为 1 000 Mbps×2、1 000 Mbps×2、1 000 Mbps×2、100 Mbps×1 以太网接口。

为了与哈尔滨地铁 1 号线延伸线及其他 4 条规划线路构成同一 OA 网络，哈尔滨地铁 1 号线提供的核心交换机选型具备不低于 5 倍的扩容能力，包括处理能力和主板、接口板槽位的扩展能力。

9）办公网络系统 IP 地址规划和网络优化的方案

（1）IP 地址分配原则

IP 地址空间分配，要与网络拓扑层次结构相适应，既要有效地利用地址空间，又要体现出网络的可扩展性和灵活性，同时能满足路由协议的要求，以便于网络中的路由聚类，减少路由器中路由表的长度，减少对路由器 CPU、内存的消耗，提高路由算法的效率，加快路由变化的收敛速度，同时还要考虑到网络地址的可管理性。具体分配时要遵循以下原则。

① 唯一性：一个 IP 网络中不能有两个主机采用相同的 IP 地址。

② 简单性：地址分配应简单易于管理，降低网络扩展的复杂性，简化路由表项。

③ 连续性：连续地址在层次结构网络中易于进行路径叠合，缩减路由表，提高路由算法的效率。

④ 可扩展性：地址分配在每一层次上都要留有余量，在网络规模扩展时能保证地址叠合所需的连续性。

⑤ 灵活性：地址分配应具有灵活性，以满足多种路由策略的优化，充分利用地址空间。

主流的 IP 地址规划方案分为纯公网地址、纯私网地址和混合网络地址 3 种。

当哈尔滨地铁办公网络以私网地址分配或采用混合网络地址接入时，要求网络提供地址变换功能，过滤掉私网地址。

（2）IP 地址规划方案

地址编码规范：哈尔滨地铁办公网络的 IP 地址进行严格的编码，每位代表不同的含义。IP 地址编码规则如图 2－10－2 所示。

通过地址标识可以清楚地区分出 IP 地址的来源，便于路由聚类和访问控制。从图 2-10-2 也可以看出，通过规划，可以从 IP 地址分析出 IP 地址的来源、用途等，这将为网络的维护带来方便。

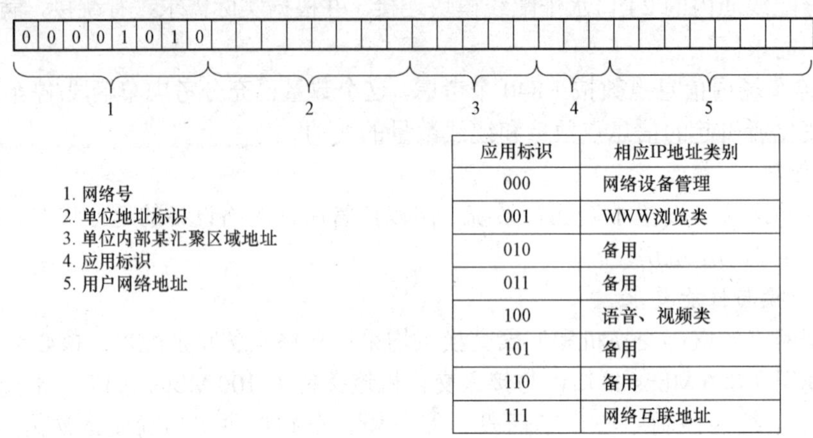

应用标识	相应IP地址类别
000	网络设备管理
001	WWW浏览类
010	备用
011	备用
100	语音、视频类
101	备用
110	备用
111	网络互联地址

图 2－10－2　IP 地址编码规则

3. 安装调试要求

1）综合布线系统

① 综合布线系统为开放式结构，能支持综合信息（话音、数据、多媒体）传输和连接，实现多种设备配线的兼容。一套综合布线系统能支持几乎所有的数据处理（计算机）的供应商的产品，支持各种计算机网络的高速和低速的数据通信，能传输所有标准的模拟和数字的语音信号，具有传输 ISDN 的功能，能传输模拟图像、数字图像及会议电视等的多媒体信号。

② 综合布线系统满足所支持的语音、数据、多媒体等系统的传输速率和传输标准的要求；系统为数据及高清晰度图像信息提供高速（100 Mbps）的传输能力。

③ 综合布线系统在设备布局需要发生变化时实施灵活的线路管理；各种拓扑结构的网络计算机、数据终端设备、传真、电话（公务电话、专用电话）设备及话音设备等插入标准插座内。当这些设备的位置发生变化时，只需进行简单的跳线而不需敷设和安装新的电缆和插座即可完成。

④ 综合布线系统保证系统能很容易地扩充和升级，而不必更改整体配线系统，每个子系统都是相互独立的单元组，对每个分支单元系统的改动都不会影响其他子系统。

⑤ 提供有效的工具和手段，简单、方便进行线路故障的分析、检测和故障隔离，当故障发生时，迅速找到故障点并加以排除。

2）网络性能调试、管理办法

在哈尔滨地铁 1 号线 OA 办公网络中，通过 QoS 策略，路由规划设计，VLAN 合理设计等方法对整个 OA 网络进行建设和优化，以保证业务网络的高性能，同时结合 IMC 智能管理平台进行全网的智能管理。

在哈尔滨地铁 1 号线 OA 办公网络路由规划上，建议用户使用动态路由协议，可以保证路由协议实时根据网络状况更新，避免人工参与。

同时为了保证各业务之间互不干扰，可以将不同的业务划分到不同的 VLAN 里去，进行业务隔离，避免业务之间的互相干扰。可以根据访问业务特征，将不同的业务识别出来，划分到不同的 VLAN 中，保证各业务之间互不干扰。

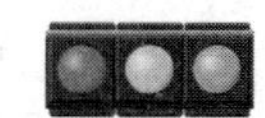

整个网络管理使用 iMC 智能网管平台，为用户提供了实用、易用的网络管理功能，在网络资源的集中管理基础上，实现拓扑、故障、性能、配置、安全等管理功能，不仅提供功能，更通过流程向导的方式告诉用户如何使用功能满足业务需求，为用户提供了网络精细化管理最佳的工具软件。对于设备数量较多、分布地域较广并且又相对较为集中的网络，iMC 平台提供分级管理的功能，有利于对整个网络进行清晰分权管理和负载分担。iMC 平台除了涵盖网络管理功能外，还是其他业务管理组件的承载平台，共同实现了管理的深入融合联动。

由于哈尔滨地铁 1 号线 OA 办公网络可能会有多个部门接入网络中，同时也会有多种业务接入，这些不同的部门，不同的业务都存在隔离需求，通过 VLAN 技术，将不同的部门和不同的业务放在不同 VLAN 网络中，实现逻辑上的隔离，避免彼此之间的相互独立，相互影响。VLAN 技术可以在物理连接的基础上形成不同的逻辑连接。通过对交换机的端口进行划分，可形成不同的 VLAN。同一个 VLAN 内的数据可以互通，不同的 VLAN 是相互隔离的。通过 802.1q 协议可以实现不同交换机之间同一个 VLAN 内的主机互通。

整体网络可靠、稳定、安全，能保证买方平时的办公需求，验收标准也因以此为基本原则，可靠、稳定、安全的运行是最基本的要求，同时网络建成后的运行质量、效果，参照国家相关单位的标准，要满足国家要求，保证哈尔滨地铁 1 号线 OA 办公网络稳定、安全、可靠地运行。

4. 设备技术要求

1）总体要求

综合布线系统采用超五类屏蔽双绞线、光缆和铜缆混合布线方式，所有线缆均满足阻燃、低烟、无卤、无毒的要求，其中水平电缆为超五类屏蔽线缆，垂直干线采用 3 类大对数电缆。

综合布线系统的所有设备（各种线缆、跳线、信息模块、配线柜/架、理线器、信息面板等）均采用统一品牌产品，其中各种跳线（光跳线、语音跳线、数据跳线、工作区跳线）采用布线厂商工厂内预制并经过测试的产品。

① 各车站、车辆段、停车场的综合布线系统采用星状拓扑结构。

② 所有光缆的纤芯在配线间内的光纤配线柜/架上与 ST 接头通过尾纤进行熔接，并配备 ST 耦合器。

③ 语音配线柜/架、光纤配线柜/架的空架上配备盲板。

④ 当电缆从建筑物外进入建筑物时，采用过压过流保护措施，并符合 ITU/T K.20 协议的规定。

2）以太网交换机的一般要求

① 核心、汇聚交换机是模块化的，可灵活支持模块的扩展；根据网络扩展的需要，设备支持灵活、方便的端口数目扩展方式。

② 设备支持热插拔；热插拔元件至少包括连接模块、上行模块、风扇和电源等。

③ 设备具有高可靠性。

④ 有完善的服务体系和服务队伍，能够提供设备安装、调试及维护。

⑤ H3C 具有合法的知识产权。

⑥ 光接口距离配置要求：交换机光接口配置满足系统组网要求及各节点距离要求，并已考虑适当的预留（至少预留 15%的长度余量）。

⑦ 与主楼以太网交换设备良好兼容。

⑧ 核心交换机交换容量与包转发能力说明如下。

核心交换机 S7506E 的交换容量为 768 Gbps，包转发能力为 492 Mpps。

S7506E 整机提供 8 个槽位，每个槽位 96 Gbps 交换容量，因此整机提供 768 Gbps 的交换容量。

每个槽位 96 Gbps 交换容量，可以保证 48 个 GE 线速。S7506E 可提供 6 个业务槽位，可保证 288 个 GE 线速。

每个 GE 口转发能力必须达到 1.5 Mpps，才能达到线速转发。S7506E 整机提供 288 个 GE 线速转发口，两个引擎还可提供 4 个万兆接口线速转发，故整机可以提供 492 Mpps 的包转发能力。

3）核心交换机

S7506E 核心交换机是一对大型机箱式三层以太网交换机，冗余、互通、负载均衡配置。网络恢复时间小于等于 50 ms。

S7506E 支持不间断转发和优雅重启，提供毫秒级的切换时间；支持等价路由，可帮助用户建立多条等值路径，实现流量的负载均衡及冗余备份；支持 RRPP 快速环网保护协议；支持 Smart－Link 协议，保证双上行网络拓扑的业务毫秒级快速切换。通过上述技术，H3C S7506E 可以在承载多业务的情况下不间断运行。

智能弹性架构技术（IRF）可以把多台 S75E 虚拟成一个“联合设备”使用，配置如同一台机器，而且扩展端口数量和交换能力；同时也通过多台设备之间的互相备份增强了设备的可靠性，提供毫秒级的链路收敛能力，简化了管理过程，降低了管理成本，并可根据实际需求平滑扩容网络容量。

此核心交换机 S7506E 可用插槽数为 8 个，目前核心层用了 3 个插槽，汇聚层用了 4 个插槽，以后的业务扩容只需增加相应的接口板即可，如 48 端口的千兆电接口板卡、24 端口的千兆光接口板卡等。

4）汇聚交换机

S7506E-S 汇聚交换机为一对机箱式三层以太网交换机，冗余、互通、负载均衡配置。网络恢复时间小于等于 50 ms。

此汇聚交换机 S7506E-S 可用插槽数为 8 个，目前核心层用了 3 个插槽，汇聚层用了 4 个插槽，以后的业务扩容只需增加相应的接口板即可，如 48 端口的千兆电接口板卡、24 端口的千兆光接口板卡等。

5）接入交换机

H3C S3600-52P-EI 接入交换机要求是一台固定配置的以太网交换机。

6）综合布线系统传输速率

① 连接车辆段、停车场信号楼到各建筑物单体配线间的 8 芯单模光缆传输速率大于等于 1 000 MHz。

② 连接工作区信息插座和水平配线柜/架的超五类屏蔽电缆的传输性能支持不低于 100 MHz。

7）网络配线单元

网络配线单元主要性能要求如下（不限于此）：19 英寸机架型 RJ-45 接口标准的屏蔽模

块化配线单元，每个端口带接地端子；配线单元背后线路板具有防尘、防撞保护；网络配线单元与水平电缆的端接使用工具端接；具有明显的、可方便更换的、永久的标识；网络配线单元前后都配备合理数量的理线架；接口数量为 24 口（车站、停车场用）。

8）语音配线单元

语音配线单元的主要技术指标不低于以下要求（不限于此）：模块化结构，根据话音容量需求模块组合；采用标准通用接口语音配线模块；标准的 110 型配线单元；配有合理数量的理线架和明显的标识标签；接口数量为 100 对。

9）光纤配线单元

光纤配线单元用于停车场/车辆段信号楼至各建筑单体配线间，其主要性能要求如下：配线单元背后线路板具有防尘、防撞保护；光纤主干与跳线明显分开，能方便地保护和管理松散的光纤线缆；具有明显的、可方便更换的、永久的标识；能提供空间来盘绕光纤，固定，接续，并保证足够的弯曲半径，以避免信号衰减；接口数量为 12 口。

10）高速数据跳线

高速数据跳线为 6 类 4 对屏蔽跳线，RJ-45 模块化插头到 RJ-45 模块化插头，用于配线间配线柜/架至网络交换机间、工作区信息插座至终端设备间的连接。

高速数据跳线符合 6 类性能，完全兼容于所有声音和数据应用，采用串音消除技术以得到最佳的近端串音性能：芯线规格为 0.5 mm 24 AWG，4 对；跳线长度为 1 m、2 m、5 m；EIA/TIA 标准为 6 类；最大衰减要求 100.0 MHz 跳接线不大于 26.4 dB/100 m；最小近端串音衰减要求 100.0 MHz 跳接线不小于 32 dB/100 m；平均特性阻抗为 100 Ω。

11）语音跳线

语音跳线分为以下两种：模块化话音跳线，3 类 2 对 UTP 线缆，快速跳接插头到 RJ-45 模块化插头；插接式话音跳线，3 类 1 对或 2 对 UTP 线缆，快速跳接插头到快速跳接插头。

语音跳线主要件能要求如下（不限于此）：具有 1、2 对线规格，跳接线符合 3 类 UTP 线缆性能，内必须装有排斥特征以防止极性反接和分裂的线对，完全兼容于所有声音和数据应用；采用串音消除技术以保证最佳的近端串音性能；语音跳线芯线规格为 0.5 mm 24 AWG，芯线对数为 1 对或 2 对；EIA/TIA 标准为 3 类；最大衰减要求 16.0 MHz 连接插头不大于 0.4 dB；最小近端串音衰减要求 16.0 MHz 跳接线不小于 32 dB/100 m，连接插头不大于 40 dB；平均特性阻抗为 100 Ω。

12）光跳线

多模光跳线的主要技术指标不得低于以下要求（不限于此）：光跳线采用布线厂家原厂生产并经测试的产品，不得现场制作；类型为 ST－SC；长度为 3 m；插入损耗小于等于 0.5 dB；回波损耗小于等于－40 dB；装配类型为双芯；插芯材料为陶瓷；安全方面要求阻燃型外皮；符合 ISO 11801 中对光跳线的要求。

13）光纤尾纤

光纤尾纤的主要技术指标不低于以下要求（不限于此）：尾纤采用光跳线采用布线厂家原厂工厂生产并经测试的产品，不得现场制作；尾纤长度为 1 m；符合 ISO 11801 中对尾纤的要求。

14）系统供电及接地要求

良好的接地系统是网络设备稳定可靠运行的基础，是设备防雷击、抗干扰、防静电的重要保障。

接地电阻要求：室内单独接地电阻要求小于 5 Ω，联合接地电阻要求小于 1 Ω，并且采取共用接地的方法将工作地（交、直流工作地）、设备保护地统一为一个接地装置。

设备接地可采用单独接地或联合接地。单独接地采用线缆截面积不小于 6 mm^2的黄绿双色塑料绝缘多股铜芯导线。联合接地采用截面 40 mm × 4 mm 的铜排作为汇流排，从汇流排向下引线采用 40 mm× 4 mm 的热镀锌扁钢或线径不小于 35 mm^2的黄绿双色塑料绝缘铜芯导线。设备采用不小于 6 mm^2的黄绿双色塑料绝缘多股铜芯导线接到联合接地体上，防雷器接地线为不小于 25～35 mm^2的多股铜导线。

2.10.3 办公数据网络维护

1. 办公数据网络日常检修

办公数据网络主要进行日常检修维护，主要项目有以下内容。

1）检修 H3C S3600-52P-EI 接入交换机

清洁机柜表面使其无积尘；PR1 灯黄色常亮，设备运行正常无告警；检查设备线缆连接状态，机柜线缆完好无破损，配线无脱落，线缆标识完整。

2）检修 H3C S7506E 核心交换机

清洁机柜及设备表面，机柜内外和设备清洁，无积尘；检查设备各板卡工作状态，ACTIVE、FAN、PWR 指示灯常绿，RUN 绿灯闪亮，主备电源指示灯 INPUT、OUTPUT、FAN 常绿；检查风扇状态，风扇转动正常，无异响，无松动；检查网管软件运行状态及告警信息，软件操作及信息显示正常。

2. 故障处理

案例　OA 网络不稳定故障

1）故障描述

2017 年 3 月 20—30 日地铁运营部门发生网络不稳，严重时用 ping 命令测外网地址丢包严重。

2）故障分析

经多方面分析，最终定位为有不明人员对运维网络出口进行攻击，能够确认的攻击手段有端口扫描、IPScan、Telnet 暴力破解。

3）故障处理

关闭 telnet 功能，禁止非内网用户 ping 命令测试连通情况，使用安全性更高的 SSH 协议管理路由器，最终解决方案为将防火墙调整至路由器外侧。

2.10.4 静态路由配置仿真实验

实验图片

静态路由配置知识

1. 实验概述

静态路由是指用户或网络管理员手工配置的路由信息。当网络拓扑结构或链路状态发生改变时，需要网络管理员手工配置静态路由信息。相比较动态路由协议，静态路由无须频繁地交换各自的路由表，配置简单，比较适合小型、简单的网络环境。本实验通过华为 eNSP 仿真软件进行静态路由配置，实现该网络端间互通。静态路由配置拓扑如图 2-10-3 所示。

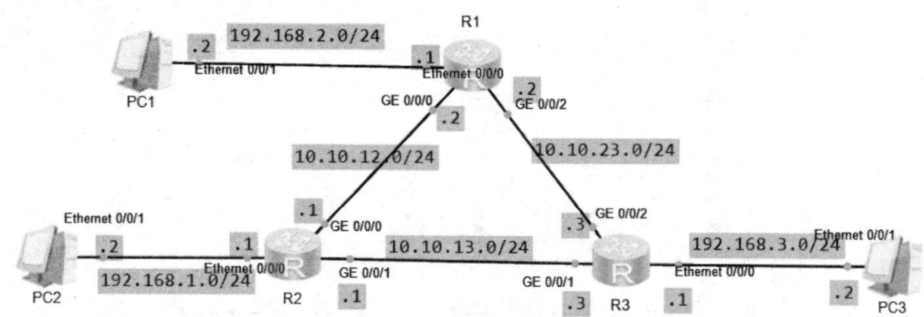

图 2-10-3　静态路由配置拓扑

2. 实验步骤

1）终端 IP 地址配置

终端 IP 地址配置如图 2-10-4～图 2-10-6 所示。

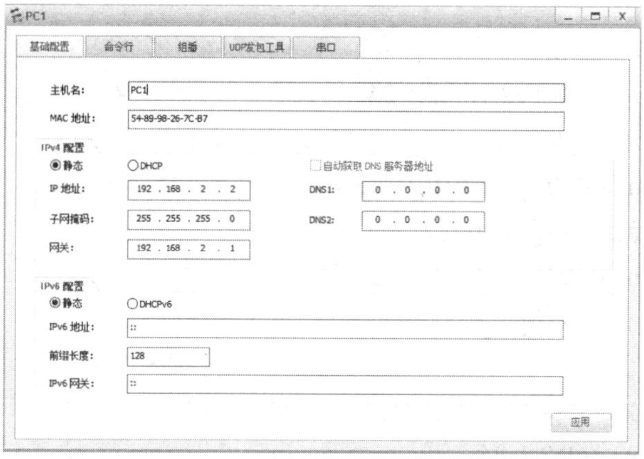

PC1
基础配置　命令行　组播　UDP发包工具　串口
主机名：PC1
MAC 地址：54-89-98-26-7C-B7
IPv4 配置
◉静态　○DHCP　□自动获取 DNS 服务器地址
IP 地址：192 . 168 . 2 . 2　DNS1：0 . 0 . 0 . 0
子网掩码：255 . 255 . 255 . 0　DNS2：0 . 0 . 0 . 0
网关：192 . 168 . 2 . 1
IPv6 配置
◉静态　○DHCPv6
IPv6 地址：::
前缀长度：128
IPv6 网关：::
应用

图 2-10-4　PC1 IP 地址配置

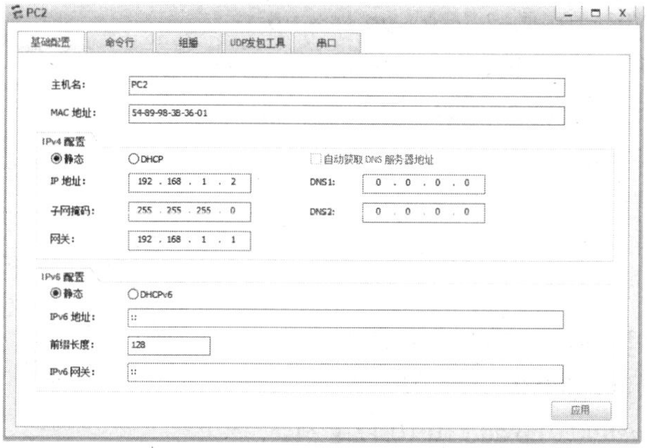

PC2
基础配置　命令行　组播　UDP发包工具　串口
主机名：PC2
MAC 地址：54-89-98-3B-36-01
IPv4 配置
◉静态　○DHCP　□自动获取 DNS 服务器地址
IP 地址：192 . 168 . 1 . 2　DNS1：0 . 0 . 0 . 0
子网掩码：255 . 255 . 255 . 0　DNS2：0 . 0 . 0 . 0
网关：192 . 168 . 1 . 1
IPv6 配置
◉静态　○DHCPv6
IPv6 地址：::
前缀长度：128
IPv6 网关：::
应用

图 2-10-5　PC2 IP 地址配置

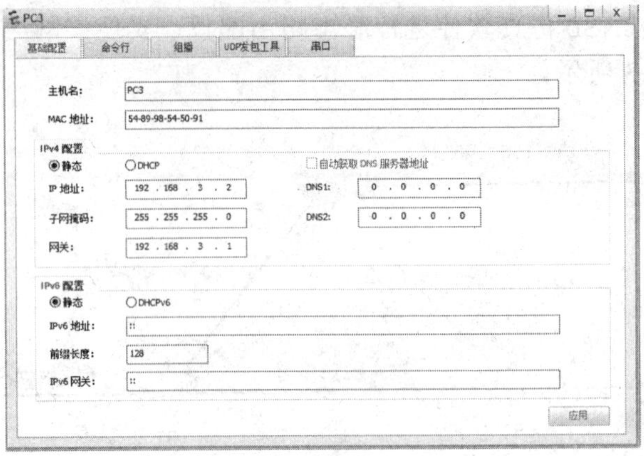

图 2-10-6　PC3 IP 地址配置

2）路由器设备名称及端口 IP 地址配置

（1）R1 路由器配置

```
<Huawei>sy
[Huawei]sy R1
[R1]int e0/0/0
[R1-Ethernet0/0/0]ip add 192.168.2.1 24
[R1-Ethernet0/0/0]int g0/0/0
[R1-GigabitEthernet0/0/0]ip add 10.10.12.2 24
[R1-GigabitEthernet0/0/0]int g0/0/2
[R1-GigabitEthernet0/0/2]ip add 10.10.23.2 24
[R1-GigabitEthernet0/0/2]q
[R1]dis ip int b
Interface              IP Address/Mask     Physical    Protocol
Ethernet0/0/0          192.168.2.1/24      up          up
Ethernet0/0/1          unassigned          down        down
GigabitEthernet0/0/0   10.10.12.2/24       up          up
GigabitEthernet0/0/1   unassigned          down        down
GigabitEthernet0/0/2   10.10.23.2/24       up          up
```

（2）R2 路由器配置

```
[Huawei]sy R2
[R2]int e0/0/0
[R2-Ethernet0/0/0]ip add 192.168.1.1 24
[R2-Ethernet0/0/0]int g0/0/0
[R2-GigabitEthernet0/0/0]ip add 10.10.12.1 24
[R2-GigabitEthernet0/0/0]int g0/0/1
[R2-GigabitEthernet0/0/1]ip add 10.10.13.1 24
```

```
[R2-GigabitEthernet0/0/1]q
[R2]dis ip int b
Interface            IP Address/Mask      Physical    Protocol
Ethernet0/0/0        192.168.1.1/24       up          up
Ethernet0/0/1        unassigned           down        down
GigabitEthernet0/0/0 10.10.12.1/24        up          up
GigabitEthernet0/0/1 10.10.13.1/24        up          up
GigabitEthernet0/0/2 unassigned           down        down
```

（3）R3 路由器配置

```
[Huawei]sy R3
[R3]int e0/0/0
[R3-Ethernet0/0/0]ip add 192.168.3.1 24
[R3-GigabitEthernet0/0/1]int g0/0/2
[R3-GigabitEthernet0/0/2]ip add 10.10.23.3 24
[R3-GigabitEthernet0/0/2]int g0/0/1
[R3-GigabitEthernet0/0/1]ip add 10.10.13.3 24
[R3-GigabitEthernet0/0/1]q
[R3]dis ip int b
Interface            IP Address/Mask      Physical    Protocol
Ethernet0/0/0        192.168.3.1/24       up          up
Ethernet0/0/1        unassigned           down        down
GigabitEthernet0/0/0 unassigned           down        down
GigabitEthernet0/0/1 10.10.13.3/24        up          up
GigabitEthernet0/0/2 10.10.23.3/24        up          up
```

3）静态路由配置

（1）R1 路由器

```
[R1]ip route-static 192.168.1.0 24 10.10.12.1
[R1]ip route-static 192.168.3.0 24 10.10.23.3
```

（2）R2 路由器

```
[R2]ip route-static 192.168.2.0 24 10.10.12.2
[R2]ip route-static 192.168.3.0 24 10.10.13.3
```

（3）R3 路由器

```
[R3]ip route-static 192.168.1.0 24 10.10.13.1
[R3]ip route-static 192.168.2.0 24 10.10.23.2
```

4）终端间互通测试

PC1 到 PC3 的测试如图 2-10-7 所示。

PC1

基础配置 命令行 组播 UDP发包工具 串口

```
From 192.168.3.2: bytes=32 seq=3 ttl=126 time=79 ms
From 192.168.3.2: bytes=32 seq=4 ttl=126 time=93 ms
From 192.168.3.2: bytes=32 seq=5 ttl=126 time=62 ms

--- 192.168.3.2 ping statistics ---
  5 packet(s) transmitted
  5 packet(s) received
  0.00% packet loss
  round-trip min/avg/max = 62/90/125 ms

PC>ping 192.168.1.2

Ping 192.168.1.2: 32 data bytes, Press Ctrl_C to break
From 192.168.1.2: bytes=32 seq=1 ttl=126 time=141 ms
From 192.168.1.2: bytes=32 seq=2 ttl=126 time=78 ms
From 192.168.1.2: bytes=32 seq=3 ttl=126 time=78 ms
From 192.168.1.2: bytes=32 seq=4 ttl=126 time=62 ms
From 192.168.1.2: bytes=32 seq=5 ttl=126 time=63 ms

--- 192.168.1.2 ping statistics ---
  5 packet(s) transmitted
  5 packet(s) received
  0.00% packet loss
  round-trip min/avg/max = 62/84/141 ms

PC>
```

图 2-10-7　PC1 到 PC3 的测试

3. 实验总结

静态路由是指由管理员手动配置和维护的路由。静态路由配置简单，并且无须像动态路由那样占用路由器的 CPU 资源来计算和分析路由更新。静态路由一般适用于结构简单的网络。在复杂网络环境中，一般会使用动态路由协议来生成动态路由。不过，即使是在复杂网络环境中，合理地配置一些静态路由也可以改进网络的性能。IP route-static ip-address {mask|mask-length} interface-type interface-number [nexthop-address]命令用来配置静态路由。参数 IP address 指定了一个网络或者主机的目的地址，参数 mask 指定了一个子网掩码或者前缀长度。如果使用了广播接口如以太网接口作为出接口，则必须指定下一跳地址；如果使用了串口作为出接口，则可以通过参数 interface-type 和 interface-number（如 Serial 1/0/0）来配置出接口，此时不必指定下一跳地址。

学习自评

根据以上内容，在表 2-10-1 空格里填写自评。

表 2-10-1　学生自评表

评价内容	
本部分内容学习收获	
需要继续深入学习内容	
学习中存在的问题或感悟	

模块自测

任务 2.1

1. 一个传输速率为 100 Mbps 的局域网，监测 5 min 发现 5 个误码比特出现，试计算该局域网的误码率。

2. 简述城市轨道交通公司通信系统中传输子系统的功能。

3. 简述电源系统的功能。

4. 画出光纤通信系统组成图。

任务 2.2

一、选择题

1. SDH 帧为块状帧结构，由 9 行 ×（　　）*N* 列字节组成。

A. 200　　B. 240　　C. 270　　D. 280

2. SDH 每帧周期为（　　）μs。

A. 125　　B. 100　　C. 8 000　　D. 500

3. 一个 VC-4 时隙包含（　　）个 VC-3 时隙，一个 VC-3 时隙可以容纳（　　）个 34 M 信号。

A. 1，3　　B. 1，1　　C. 3，1　　D. 3，3

4. 下列哪些不是 SDH 的指针？（　　）

A. AU-PTR　　B. TU-PTR　　C. TU-12 PTR　　D. VC-4 PTR

5. STM-*N* 帧的段开销中 RSOH 称为（　　）。

A. 复用段开销　　B. 再生段开销　　C. 通道开销　　D. 低阶开销

6. 传输网络中某一节点失效不影响全线其他各节点之间的业务通道通信，不影响其他系统的业务切换，切换时间不超过（　　）ms。

A. 20　　B. 30　　C. 40　　D. 50

二、简答题

1. 简述 2 M 信号复用进 STM-1 的过程。

2. 城市轨道交通传输系统应具备所需的各种业务接入功能，请叙述能为哪些系统提供传输通道。

任务 2.3

一、填空题

1. 出入市话网的方式采用（　　　　　　）（　　　　　　）自动出入方式。

2. 公务电话系统车辆段与控制中心采用（　　　　　　）通道连接。

3. 公务电话系统车辆段和停车场使用（　　　　　　）设备进行交换。

4. 专用电话站内使用的终端包括（　　　　　　）和调度分机。

二、简答题

1. 简述调度电话系统的组成。
2. 简述公务电话系统组网的构成。
3. 简述专用电话系统组网的构成。

任务 2.4

一、填空题

1. 地铁区间一般采用（　　　　　　）延伸基站的覆盖范围。
2. 专用无线系统中，地铁站厅一般采用（　　　　　　）天线进行无线信号覆盖。
3. TETRA 标准中，系统的双工间隔为（　　　　　　）MHz。
4. TETRA 标准中，单个频点的无线宽带为（　　　　　　）kHz。
5. 专用无线系统与（　　　　　　）系统的接口可以获取列车位置信息。

二、简答题

1. 简述无线系统的组成。
2. 无线系统的作用有哪些？
3. 无线系统基站控制器的正常状态是怎样的？

任务 2.5

一、填空题

1. 哈尔滨地铁 1 号线一期的视频按照 D1 分辨率存储，D1 分辨率是（　　　　　　）。

2. 哈尔滨地铁 1 号线一期的 CCTV 车站的磁盘阵列每套可插入（　　　　　　）块硬盘，每块硬盘的容量是（　　　　　　）。存储视频的时间是（　　　　　　）天。

3. CCTV 系统分 3 个子系统，分别为（　　　　　　）、（　　　　　　）、（　　　　　　）。

4. 多功能控制器具有（　　　　　　）、（　　　　　　）、（　　　　　　）功能。

二、简答题

1. CCTV 系统有哪些主要功能？
2. 画出 CCTV 车站子系统组成图。
3. 车站一个摄像机显示黑屏，可能有哪几种情况？需要用什么工器具？

任务 2.6

一、填空题

1. 哈尔滨地铁广播系统由（　　　　　　）、停车场广播设备、车辆段广播设备组成。

2. 哈尔滨地铁广播系统与时钟系统的接口类型：（　　　　　　）。

3. 哈尔滨地铁广播系统中，功率放大器以（　　　　　　）的热备方式。

4. 哈尔滨地铁广播系统的扬声器总功率均不能大于（　　　　　　）。

5. 一般来说，哈尔滨地铁广播系统车站上的广播区可分为（　　　　　　）、（　　　　　　）、（　　　　　　）办公用房、出入口、换乘通道等 6 个区域。

6. 广播系统与集中告警系统的接口类型：（　　　　　　）。

7. 广播控制盒采用（　　　　　　）供电方式。

二、简答题

1. 写出哈尔滨地铁 1 号线广播系统正线优先级顺序。
2. 简述广播设备中电源模块的作用。

任务 2.7

一、填空题

1. 一级母钟对二级母钟是（　　　　　　）的关系，不是绝对的指挥关系，当一级母钟或传输通道出现故障时，二级母钟将依靠自身（　　　　　　）指挥子钟运转。

2. 时钟系统主要由一级母钟、（　　　　　　）、系统网管设备、（　　　　　　）、传输通道、接口设备、（　　　　　　）组成。

3. 系统为通信设备提供同步时钟信号，通常采用（　　　　　　）方式，由高精度的上级时钟去同步低精度的下级时钟。

4. 子钟通过（　　　　　　）接口，采用直接电缆方式与中心母钟或二级母钟相连。

5. 母钟具有（　　　　　　）接口和（　　　　　　）接口，向其他系统提供标准时间信号。

二、简答题

二级母钟的母钟箱中的主备机的信号板前面均有 5 个指示灯，其从上到下依次有什么工作指示？

任务 2.8

一、填空题

1. UPS 的中文全称是（　　　　　　）。
2. 220 V 单向正弦交流电是指电压（　　　　　　）值为 220 V。
3. 单节蓄电池正常的浮充电压为（　　　　　　）V。
4. 电源系统主要包括蓄电池组、UPS 主机和（　　　　　　）。

二、简答题

1. 请画出哈尔滨地铁 1 号线所使用的 UPS 的系统结构图。
2. 简述 UPS 关机步骤。
3. 简述蓄电池的工作原理。

任务 2.9

一、填空题

1. 哈尔滨地铁 1 号线每个车站设备机柜中有（　　　　　　）台播放控制器。
2. 哈尔滨地铁 1 号线乘客信息系统的设备集成商是（　　　　　　）。
3. 乘客信息系统总编播中心的简称是（　　　　　　）。
4. 哈尔滨地铁 1 号线每列车上都配置有 2 个（　　　　　　）。
5. 在乘客信息系统中，直播时的视频源放在（　　　　　　）设备。
6. 通信机房内的乘客信息设备使用的是（　　　　　　）伏特的电压。

二、简答题

某站的站台，出现一组黑屏和一块单屏蓝屏，其他屏幕正常显示画面，请分析可能的故障原因。

任务 2.10

一、选择题

1. 如果要将两计算机通过双绞线直接连接，正确的线序是（　　）。
   A. 1—1、2—2、3—3、4—4、5—5、6—6、7—7、8—8
   B. 1—2、2—1、3—6、4—4、5—5、6—3、7—7、8—8
   C. 1—3、2—6、3—1、4—4、5—5、6—2、7—7、8—8
   D. 两计算机不能通过双绞线直接连接
2. 与 10.110.12.29 mask 255.255.255.224 属于同一网段的主机 IP 是（　　）。
   A. 10.110.12.0　B. 10.110.12.30　C. 10.110.12.31　D. 10.110.12.32
3. 某公司申请到一个 C. 类 IP 地址，但要连接 6 个子公司，最大的一个子公司有 26 台计算机，每个子公司在一个网段中，则子网掩码应设为（　　）。
   A. 255.255.255.0　B. 255.255.255.128
   C. 255.255.255.192　D. 255.255.255.224
4. 224.0.0.5 代表的是（　　）地址。
   A. 主机地址　B. 网络地址　C. 组播地址　D. 广播地址
5. 路由选择协议位于（　　）。
   A. 物理层　B. 数据链路层　C. 网络层　D. 应用层
6. 在局域网中，MAC 指的是（　　）。
   A. 逻辑链路控制子层　B. 介质访问控制子层
   C. 物理层　D. 数据链路层
7. 255.255.255.224 可能代表的是（　　）。
   A. 一个 B 类网络号　B. 一个 C 类网络中的广播
   C. 一个具有子网的网络掩码　D. 以上都不是
8. 在 Internet 上浏览时，浏览器和 WWW 服务器之间传输网页使用的协议是（　　）。
   A. IP　B. HTTP　C. FTP　D. Telnet

模块 3 工器具仪表使用和基本技能训练

模块导学

作为一名通信检修工，在上岗前不但要接受专业知识的系统性培训，还要接受专业基本技能和通用工具及仪器仪表的操作培训。首先应该了解专业基本技能、各类工器具与仪器仪表的用途及使用方法，然后要掌握器具仪表的基本操作方法。在经过理论与实操相结合的培训之后，能熟练使用工器具与仪器仪表并能更好地运用到设备检修和设备维护中，从而提升自己的实操技能。

模块目标

1. 思政目标

（1）领悟内化党的二十大精神的思想引领、价值塑造，坚定学生理想信念，培养吃苦耐劳精神；

（2）学思结合、知行合一，增强学生勇于探索的创新精神、善于解决问题的实践能力；

（3）培养学生一丝不苟、严谨认真的工作作风。

2. 知识技能目标

（1）加强对工器具与仪器仪表的认知；

（2）了解通用工具的用途、使用方法及注意事项；

（3）了解仪器仪表的用途及操作方法；

（4）能正确使用各种螺丝刀类、钳类、尺类、表类等通用工具；

（5）能正确使用光纤熔接机、OTDR、光功率计等测量光纤专业仪表；

（6）能正确熟练使用天馈线分析仪、通过式射频功率计等无线系统专用测量仪表；

（7）能正确熟练使用 2 M 误码测试仪、钳形电流表等各类仪表；

（8）掌握网线接头、2 M 线接头和光缆熔接等基本专业技能。

任务 3.1　通用工具使用

任务布置

（1）掌握螺丝刀、钢卷尺、斜口钳、压线钳、打线刀、电烙铁、万用表、电动起子 8 种通用工具使用方法；

（2）根据工具使用步骤，能操作相关工具。

相关知识

通用工具是日常使用频率较高的一类工具，易学习，易操作，基本不分专业。下面介绍螺丝刀、钢卷尺、斜口钳、压线钳、打线刀、电烙铁、万用表、充电式起子 8 种通用工具的用途及注意事项。

1. 螺丝刀

螺丝刀一般分为一字形螺丝刀和十字形螺丝刀，是一种用来拧转螺丝钉以迫使其就位的工具，主要用于拧螺丝的松紧度。

2. 钢卷尺

钢卷尺是日常生活中常用的工具，用于测量较长工件的尺寸或距离。

3. 斜口钳

斜口钳主要用于剪切导线及元器件的多余引线，还常用来代替一般剪刀来剪切绝缘套管、尼龙扎带等。

4. 压线钳

压线钳是用来压制水晶头的一种工具。常见的电话线接头和网线接头都是用压线钳压制而成的。压线钳不仅用于压制网线，还可以利用它来完成剪线、剥线和压线 3 种任务。

5. 打线刀

打线刀适用于 MDF 配线架或交接箱配线、电话模块，确保剪线、切线。

6. 电烙铁

电烙铁是焊接中的常见工具，是电子制作和电器维修的必备工具，主要用途是焊接元件及导线。电烙铁分为内热式、外热式和快热式（感应式）3 种。

7. 万用表

万用表是用来测量交直流电压、电阻、直流电流等的仪表，是电工和无线电制作的必备工具。在通信系统中主要用于检测电子、电气元件或电路的电压、电流、电阻等数值。例如，在通信公务电话故障处理过程中，使用万用表测量在配线架上的用户电压，将测量值与标准范围相比较，判断用户电路工作是否正常。

8. 充电式起子

充电式起子可充电，体积小，功能多，使用方便，可用于简易安装、家具组装、电器维修。它可以弯曲，满足多种环境包括狭窄空间的作业需求。

实作部分

1. 螺丝刀的使用

使用时，右手握住螺丝刀，手心抵住柄端，螺丝刀与螺钉同轴心，压紧后用手腕扭转；拆卸时，螺钉松动后用手心轻压螺丝刀，用拇指、中指、食指快速扭转。

2. 钢卷尺的使用

使用钢卷尺测量时，将尺钩挂在被测件边缘即可。使用时不要前倾后仰、左右歪斜。

3. 斜口钳的使用

使用钳子时用右手操作，将钳口朝内侧，便于控制钳切部位，用小指伸在两钳柄中间来抵住钳柄张开钳头，这样分开钳柄灵活。

4. 压线钳的使用

压线钳共有三个压头和两个剥线口，最后还有一个剪线用的剪刀。压头上有 8P、6P、4P 之分：8P 是压网线用的，6P 是压电话线用的，4P 是压电话听筒用的。剥线口分半圆和平口之分，半圆口是剥网线用的，剥线长度应离断口 13 mm 左右；平口是剥电话线的，剥线长度应离断口 8 mm 左右。剪刀是剪线用的，电话线同网线是一样可以剪断的。

压线钳的外观如图 3－1－1 所示。

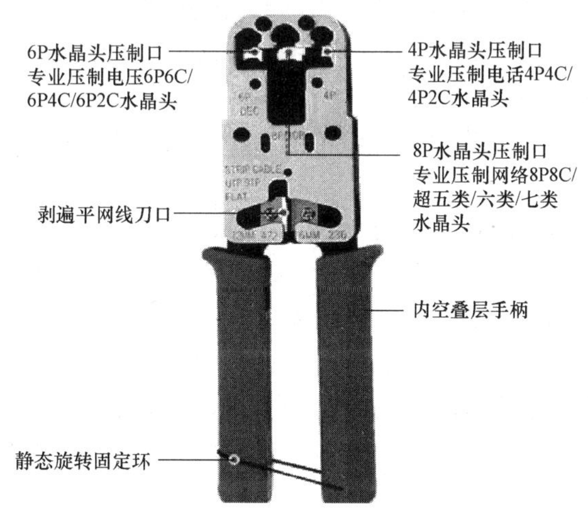

图 3－1－1　压线钳的外观

刀口分为两侧：一侧整齐，另一侧有缝隙，配合起来用于剥线。

5. 打线刀的使用

在配线模块卡线时，先把线用手压进卡线口里，然后把带尖刀口的卡刀一侧（切线用的）对准要切断的一端并垂直压进卡口，听到“咔哒”响后就进去了。

打线刀的局部外观如图 3－1－2 所示。

① 刀头——用于模块的卡线，将线放好后用工具压住模块和线，有刀的一面向外。用力压下去，会听到“咔”的一声，将线卡在模块里面，向外的刀头会把多出来的线直接剪掉。

② 卡刀——当模块内的线未卡到底时，可用插刀卡紧。

③ 勾线刀——当模块内的线需要拆除时使用。

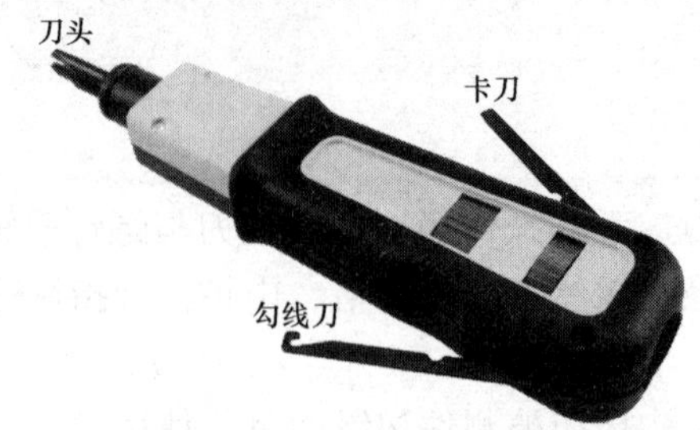

图 3-1-2　打线刀的外观

6. 电烙铁的使用

1）使用方法

① 使用前，应认真检查电源插头、电源线有无损伤，并检查电烙铁头是否松动。将烙铁头清理后插上电源。

② 在需要焊接处点上助焊剂。

③ 右手持电烙铁，左手用尖嘴钳或镊子夹持原件或导线。焊接前，电烙铁要充分预热。电烙铁头刃面上要吃锡，即带上一定量焊锡。

④ 将电烙铁头刃面紧贴在焊点处。电烙铁与水平面大约呈 60°，以便于融化的锡从电烙铁头上融化到焊点上。电烙铁头在焊点处停留的时间控制在 2～3 s。焊接过程中，电烙铁不能到处乱放，不焊时应放在烙铁架上。（注意：电源线不可搭在电烙铁头上，以防烫坏绝缘层而发生事故。）

⑤ 抬开电烙铁头，左手仍持元件不动（小的元件用镊子夹住焊锡），带焊点处的锡冷却凝固后，才可松开左手。

⑥ 拔去电源，将电烙铁放在烙铁架上。冷却后，再将电烙铁收回工具箱。

2）注意事项

新电烙铁使用前，应用细砂纸将电烙铁头打光亮，通电烧热，蘸上松香后用电烙铁头刃面接触焊锡丝，使电烙铁头上均匀地镀上一层锡，以便于焊接和防止电烙铁头表面氧化。旧的电烙铁头如严重氧化而发黑，可用钢锉锉去表层氧化物，使其露出金属光泽后，重新镀锡，才能使用。

7. 万用表的使用

1）使用前的准备

① 应认真阅读使用说明书，熟悉电源开关、量程开关、插孔、特殊插口的作用。

② 明确要测量的对象，然后将功能选择开关拨在需要测试挡的位置，切不可弄错挡位。例如，测量电压时误将选择开关拨在电流挡或电阻挡时，容易把表头烧坏。

③ 明确要测量的范围。在测量前应尽量了解被测对象值的大致范围，选择适合的量程；如无法估计范围，应当将量程置于最大挡位，在测量过程中再根据实际情况缩小至适当量程。

2）使用方法

① 交流电压测试：挡位打到交流电压挡，红、黑表笔插入正确的位置测试即可。测试时一定要清楚测试电路的火线和零线的位置。

② 直流电压测试：挡位打到直流电压挡，红、黑表笔插入正确的位置测试即可。

③ 短路或断路测试：挡位打到蜂鸣器挡，红、黑表笔插入正确的位置测试即可。如果线路短路可以听到蜂鸣声，断路则听不到蜂鸣声。

④ 电阻测试：挡位打到电阻挡，红、黑表笔插入正确的位置测试即可。

8. 电动起子的使用

1）改变转向

使用正逆转开关可以改变机器的转向。如果按住了起停开关，则无法改变转向。

① 正转：适用于拧入螺丝，把正逆转开关从左推到底。在按下起停开关而且马达开始转动后，正转指示灯便会亮起。

② 逆转：适用于拧松或拧出螺丝，把正逆转开关向右推到底。在按下起停开关而且马达开始转动后，逆转指示灯便会亮起。

2）开关/关闭

操作电动工具时先按下电动工具的起停开关，并持续按着。轻按或把起停开关按到底时灯会亮起，在照明状况不佳的环境中可以借此照亮操作位置。放开起停开关便可关闭电动工具。

3）全自动的主轴锁定功能

如果未按下起停开关主轴会被锁定。因此，即使蓄电池没电了，也可以使用本电动工具拧入螺丝，换句话说，也可以使用本机器当作螺丝起子。当主轴被堵住时，如果继续按住起停开关超过 15 s，可能会损坏电动工具。

任务 3.2　光功率计使用

掌握光功率计基本知识，并能使用光功率计。

1. 光功率计的功能

光功率计是指用于测量绝对光功率或通过一段光纤的光功率相对损耗的仪器。在光纤系统中，测量光功率是最基本的测量。在光纤测量中，光功率计是重负荷常用表。通过测量发射端机或光网络的绝对功率，一台光功率计就能够评价光端设备的性能。用光功率计与稳定光源组合使用，则能够测量连接损耗及检验连续性，并帮助评估光纤链路的传输质量。

2. 注意事项

① 经常保持传感器端面清洁，要做到无油脂、无污染。使用不清洁或非标准的适配器接头时，不能插入端面；否则会造成损失，整个系统会大打折扣。

② 尽可能坚持使用适配器。

③ 小心插拔光适配器接头，避免端口造成划痕。

④ 定期清洁传感器表面。清洁传感器表面时，请使用镜头纸，加洗液后沿圆周方向轻轻擦拭。

⑤ 使用过程中，如果发现电池电量不足，请立即关闭光功率计更换电池。

⑥ 若长期不使用请取出电池，防止电池受潮而影响其测量。

⑦ 一旦光功率计不用时，立即盖上防尘盖，保护端面清洁，防止长期暴露在空气中附着灰尘产生测量误差。

实作部分

光功率计的操作步骤与演示图片见表 3-2-1，操作流程见图 3-2-1。

表 3-2-1　光功率计的操作步骤与演示图片

序号	操作步骤	演示图片
1	找到要测量传输设备的光口	
2	在 ODF 处找到要测量传输设备的光口所对应的尾纤； 两根光纤分别插在光缆接头盒取下红帽后的两端，然后将光纤的另两端分别插在光源和光功率计的两端	
3	把对应尾纤的 FC 接口连接到光功率计测量口上。（注意：清洁所有的连接端面，包括所需的光纤适配器）	

续表

序号	操作步骤	演示图片
4	打开光功率计；通过 λ 键来选择正确的工作波长。设定至 dBm 挡，得到此时测得的光功率值	
5	测量典型场景分析： 以 20 km 的光缆线路为例，存在的损耗有光纤传输损耗（一般为 0.2 dB/km）、尾纤接头损耗（一般每个为 0.3 dB）、光纤熔接点的损耗（一般每 2 km 光纤有 1 个熔接点，每个熔接点损耗为 0.1 dB）、光纤配线架损耗（一般每个为 2 dB）和光学损耗裕量（一般为 2 dB），则该段光线路详细损耗如下： ① 光纤的传输损耗：20 km × 0.2 dB/km=4.0 dB； ② 尾纤接头损耗：2 × 0.3 dB=0.6 dB； ③ 光纤熔接点的损耗：10 × 0.1 dB=1.0 dB； ④ 光纤配线架损耗：2 × 2.0 dB=4.0 dB； ⑤ 光学损耗裕量：2.0 dB； 光线路总损耗预算：4.0 dB + 0.6 dB + 1.0 dB + 4.0 dB + 2.0 dB=11.6 dB	

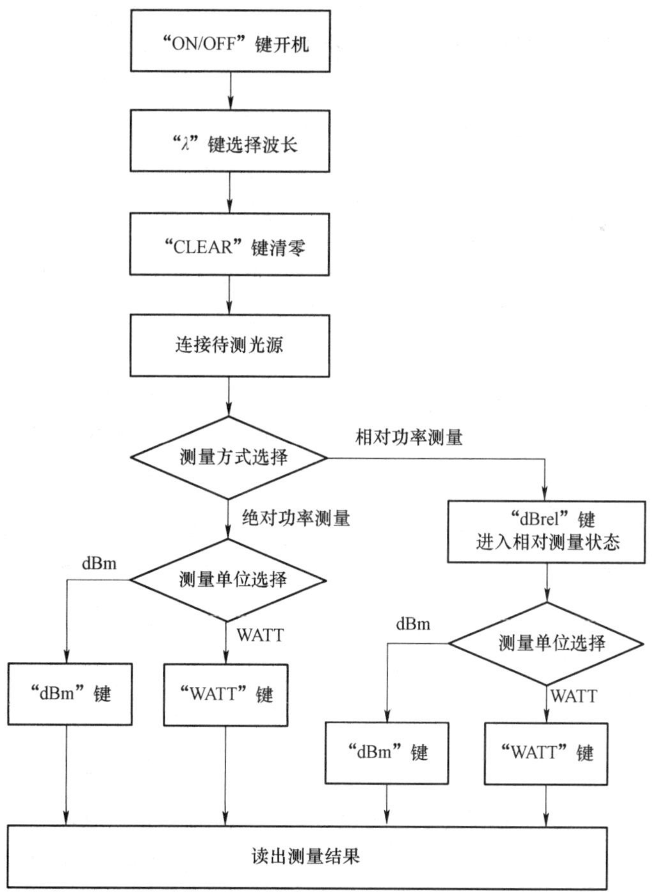

图 3－2－1　光功率计操作流程

任务 3.3　光纤熔接及光纤熔接机使用

任务布置

掌握光纤熔接机基本知识，并能使用光纤熔接机进行光纤熔接。

相关知识

光纤熔接机主要用于光通信中光缆的施工和维护，所以又叫光缆熔接机。一般工作原理是利用高压电弧将两光纤断面熔化的同时用高精度运动机构平缓推进，让两根光纤融合成一根，以实现光纤模场的耦合。

光纤熔接机主要应用于：

① 电信运营商、通信工程公司等单位的光缆线路施工、维护、应急抢修；

② 光器件的实验、生产与测试；

③ 科研；

④ 各大院校中有关光纤通信专业的教学研究。

实作部分

各种工具及其作用见表 3－3－1，有关操作步骤及演示图片见表 3－3－2。

表 3－3－1　各种工具及其作用

工　具	作　用
光纤熔接机	用来熔接光纤
光纤切割刀	用来制作光纤端面
剥线钳	用来剥去光纤束管和涂覆层
热缩套管	放在光纤熔接处保护光纤
酒精棉球	用来清理光纤
卫生纸	用来清理光纤上的油层
标签	给光缆和尾纤做标记
十字螺丝刀	用来拆卸尾纤盒
尾纤盒	用来盘放熔接好的尾纤，起保护作用
笔	用来写标签
剪刀	用来剪去光缆和尾纤中的保护丝线等

表 3-3-2　操作步骤及演示图片

序号	操作步骤	演示图片
1	开剥光缆 ① 光缆外护套开剥：直通头断接外护套开剥 1 500 mm，分歧头剖接外护套开剥 2 300 mm； ② 光缆内护套预留 10 mm； ③ 加强芯预留 130 mm； ④ 光缆固定卡边缘距外护套切口 5 mm； ⑤ 光缆绝缘在线监测开剥长度 20 mm	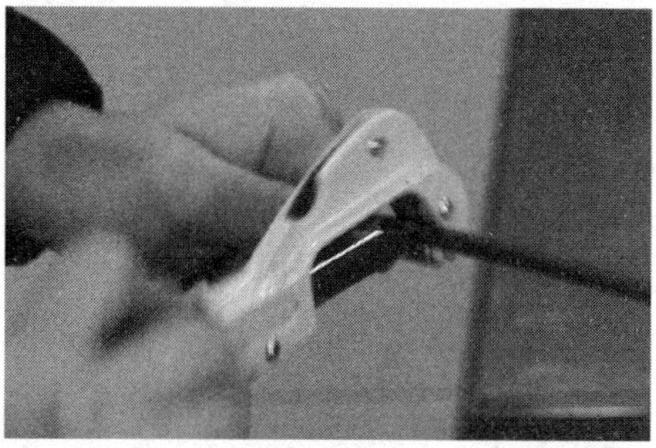
2	剥出光纤	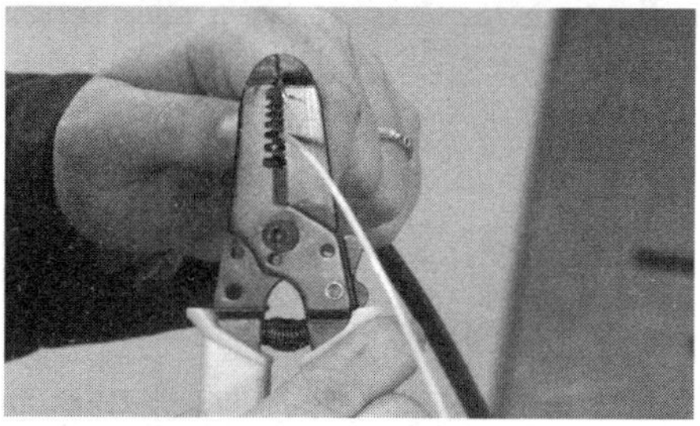
3	光缆固定 ① 光缆或加强芯固定尺寸正确、牢固，不得松动； ② 加强芯必须折弯后再剪去多余的部分，固定螺帽必须拧紧	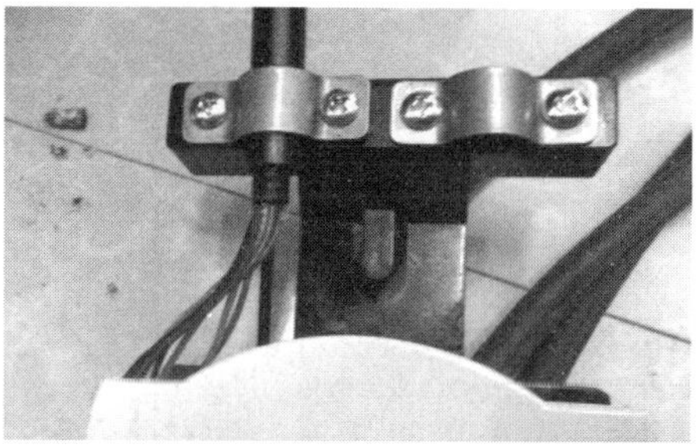
4	光纤熔接之前需要进行端面的制备。光纤端面的制备包括剥覆、清洁和切割，共 3 个环节。 光纤涂层的剥除，要掌握“平、稳、快”三字剥纤法。平，即持纤要平，左手捏紧光纤，使之成水平；稳，即剥纤钳要握得稳；快，即剥纤要快	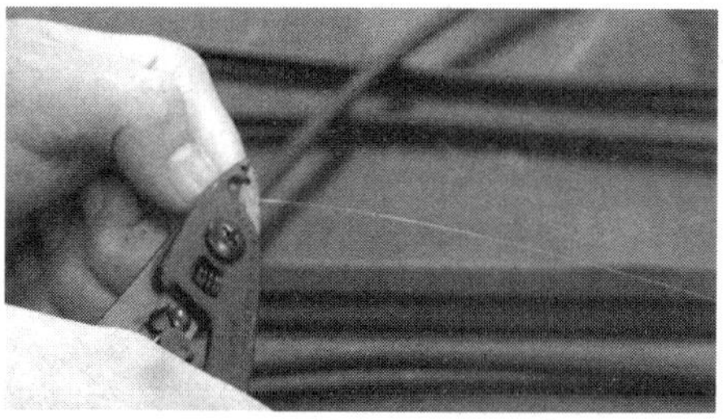
5	裸纤的清洁 将棉花撕成层面平整的扇形小块，沾少许酒精，折成 V 形，夹住已剥覆的光纤，顺光纤轴向擦拭，力争一次成功，一块棉花使用 2～3 次后要及时更换	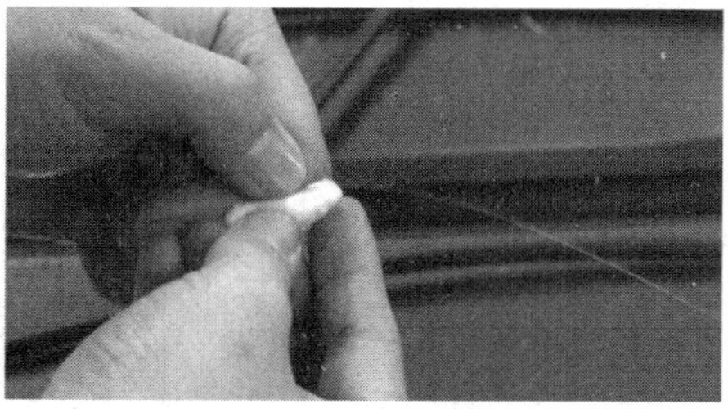

续表

序号	操作步骤	演示图片
6	裸纤的切割 首先要清洁切刀和调整切刀位置，切刀的摆放要平稳。切割时，动作要自然、平稳，勿重、勿急，避免断纤、斜角、毛刺、裂痕等不良端面的产生。裸纤的清洁、切割和熔接的时间应紧密衔接，不可间隔过长，特别是已制备的端面切勿放在空气中。移动时要轻拿轻放，防止与其他物件擦碰	
7	熔接（1） 先将 2 根同色标、端面制备完毕的光纤放入熔接机的 V 形槽中，保持 15～20 μm 距离	
8	熔接（2） 盖好防护盖，启动熔接机的自动熔接开关进行熔接。 光纤熔接中，选用自动熔接，盖好防风盖，按主机面板上右侧带箭头绿色按键，光纤熔接自动进行熔接	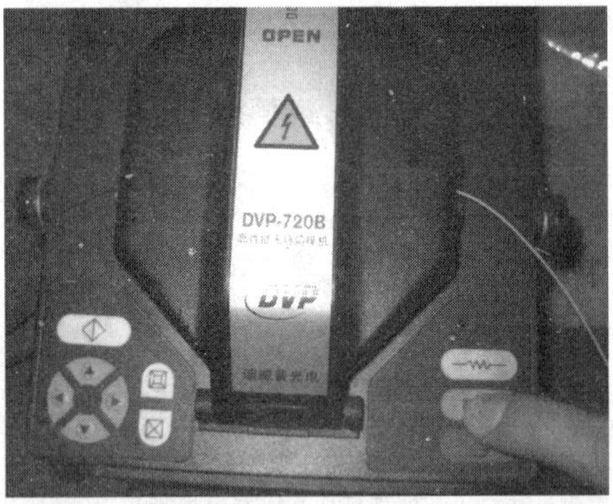
9	熔接（3） 在光纤熔接过程中，一般选择自动熔接，即放好光纤后，按熔接机右侧带箭头的绿色按键，光纤熔接机会自动对准；在精确对准后，自动放电熔接并计算熔接损耗	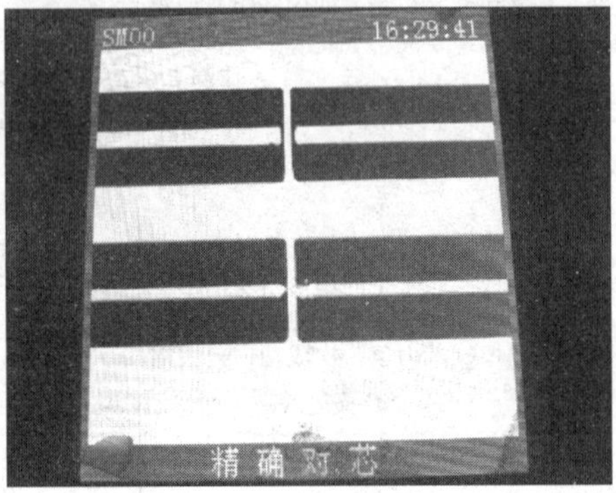

续表

序号	操作步骤	演示图片
10	熔接（4） 光纤停止移动后，用电弧使接头熔化连接在一起。放电时间为：多模 2～4 s，单模 1 s。接头损耗：接头损耗小于 0.05 dB	
11	光纤熔接好后，按右侧红色复位键，打开防风盖，取出熔接好的光纤，并盖好防风盖	 
12	在施工中采用光纤热缩保护管（热缩管）来保护光纤接头部位。热缩管应在剥覆前穿入，具体过程如下。 ① 将预先穿置光纤某一端的热缩管移至光纤接头处，让熔接点位于热缩管中间，轻轻拉直光纤接头，放入加热器内	

续表

序号	操作步骤	演示图片
12	② 放置好后，按下面板右侧黄色加热键开始自动加热，40～60 s 内加热完成，加热指示灯自动熄灭。 ③ 加热好后不要急着拿出，待热缩管晾一会定形后再取出	
13	盘纤 ① 先中间后两边，即先将热缩后的套管逐个放置于固定槽中，然后再处理两侧余纤，如个别光纤过长或过短时，可将其放在最后，单独盘绕。光纤（束管）盘留时，盘圆大小一致，走向自然。弯曲半径大于 40 mm，无小圈。 ② 尽量沿直径最大的位置盘绕，使各圈大小均匀。尼龙扎带绑扎适度，不能影响束管的自由伸缩	
14	盘纤是一门技术。科学的盘纤方法，可使光纤布局合理，附加损耗小，经得住时间和恶劣环境的考验，且可避免挤压造成的断纤现象	
15	盒体安装及密闭： ① 盒体密封区域清洁必须彻底； ② 缆身胶条缠绕区域必须进行打毛并清洁； ③ 缠绕的密封带必须进行拉伸缠绕，缠绕尺寸大小合适，嵌入盒体时自然落位； ④ 盒体的密封条不得拉细安放； ⑤ 两端预留孔必须用挡圈和胶条进行封堵； ⑥ 盒体紧固件按照对角均匀的要求进行紧固 	

任务 3.4　OTDR 使用

任务布置

掌握 OTDR 功能知识，根据实作部分使用 OTDR 测量相关数据。

相关知识

光时域反射仪（OTDR）是通过对测量曲线的分析，了解光纤的均匀性、缺陷、断裂、接头耦合等若干性能的仪器。它根据光的后向散射与菲涅耳反射原理制作，利用光在光纤中传播时产生的后向散射光来获取衰减的信息，可用于测量光纤衰减、接头损耗、光纤故障点定位以及了解光纤沿长度的损耗分布情况等，是光缆施工、维护及监测中必不可少的工具。

实作部分

光纤故障处理：OTDR 的使用

OTDR 操作步骤及演示图片见表 3－4－1。

表 3－4－1　OTDR 操作步骤及演示图片

序号	操作步骤	演示图片
1	开机，进入主界面，单击“OTDR”进入 OTDR 测试界面；对于 OTDR 使用经验丰富的人来说，在测试模式中可以选择“手动测试”；否则，可以选择“自动测试”	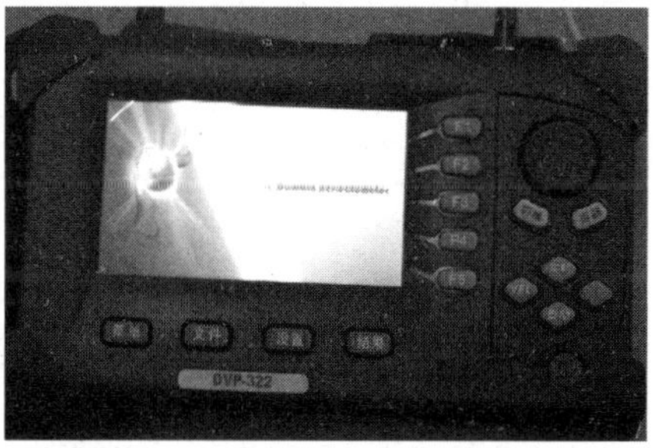
2	用酒精棉清洁尾纤接头	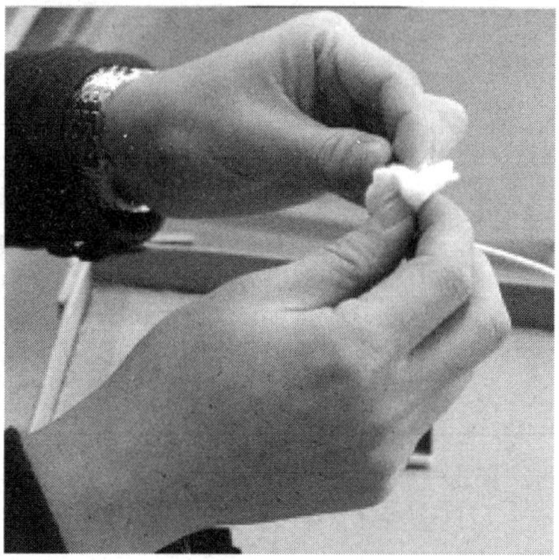

续表

序号	操作步骤	演示图片
3	尾纤连接到 OTDR 测试接口上	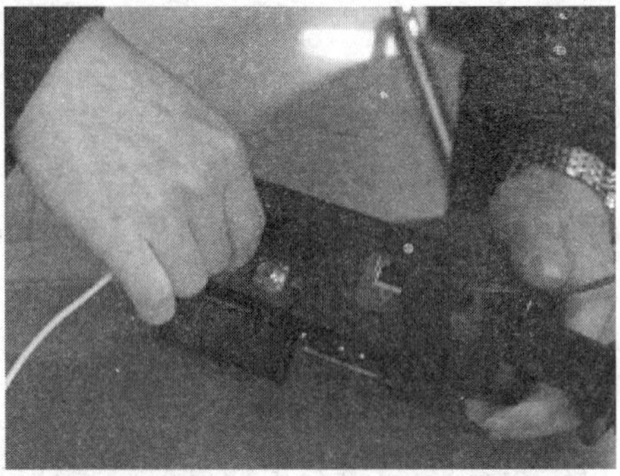
4	红光接口测线路。（注意：红光不要对准眼睛，以免灼伤眼睛。先接线，后开机，使尾纤尽量平直，不能打弯、打结）	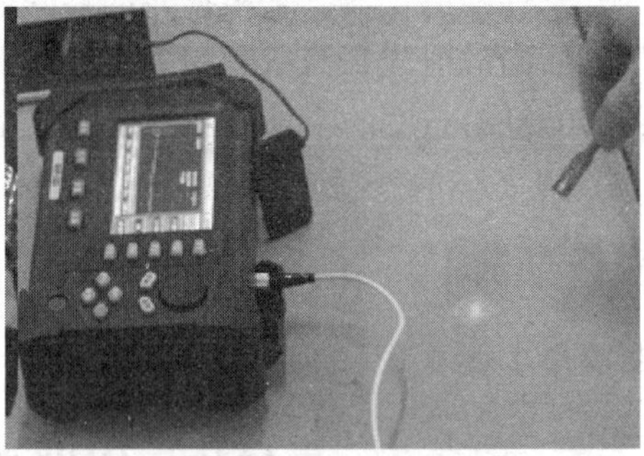
5	激光接口测光纤长度	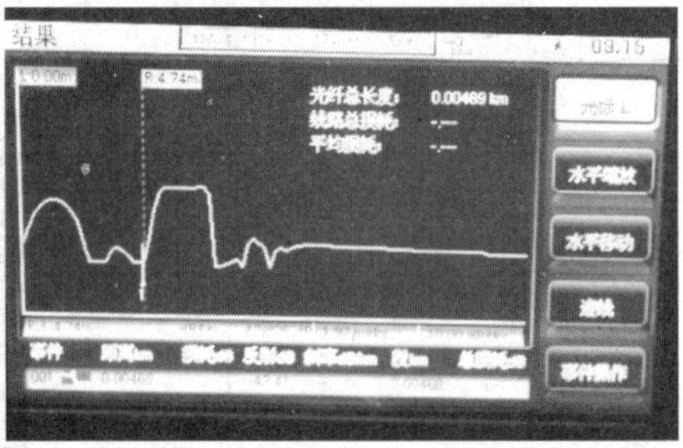
6	参数设置（手动模式，波长，脉冲宽度，长度范围：盲区）；调整光标，读出光纤长度和衰耗	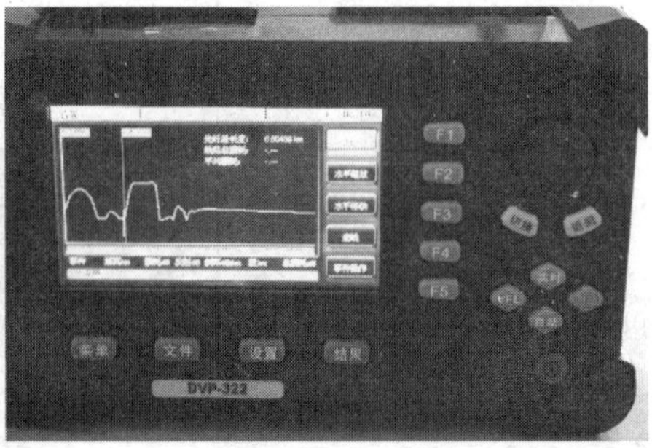
OTDR 测试光缆能将光纤的完好情况和故障状态，以一定斜率直线（曲线）的形式清晰地显示在仪表液晶屏上。根据事件表的数据，能迅速地查找确定故障点的位置和判断障碍的性质及类别，对分析光纤的主要特性参数能提供准确的数据		

续表

序号	操作步骤	演示图片
7	正常测试曲线分析 判断曲线是否正常的方法： （1）线主体斜率基本一致，且斜率较小，说明线路衰减常数较小，衰减的不均匀性较好； （2）无明显“台阶”，说明线路接头质量较好； （3）尾部反射峰较高，说明远端成端质量较好	A 1.623 km　29.720 km B
8	异常测试曲线分析 （1）曲线有大台阶 曲线中有明显“台阶”，若此处是接头，则说明此接头接续不合格或者该光纤在收容盘中弯曲半径太小或受到挤压；若此处不是接头，则说明此处光缆受到挤压或打了急弯	A 7.805 km　52.064 km B 大台阶
9	（2）曲线有段斜率较大 此段曲线斜率明显较大，说明此段光纤质量不好，衰耗较大	斜率大
10	（3）曲线远端没有反射峰 此段曲线尾部没有反射峰，说明此段光纤远端成端质量不好或者远端光纤在此处折断	
11	（4）正增益现象曲线 正增益是由于在熔接点之后的光纤比熔接点之前的光纤产生更多的后向散光而形成的。事实上，光纤在这一熔接点上是有熔接损耗的。常出现在不同模场直径或不同后向散射系数的光纤熔接过程中。在实际的光缆维护中，要求接头平均损耗值小于等于 0.08 dB	正增益

任务 3.5　通过式射频功率计使用

掌握通过式射频功率计功能知识，并根据实作部分进行操作使用。

1. 通过式射频功率计的功能

通过式射频功率计是利用某种耦合装置，如定向耦合器、耦合环、探针等从传输的功率中按一定的比例耦合出一部分功率，送入功率计度量，传输的总功率等于功率计指示值乘以比例系数。通过式射频功率计是通过在线测量，得到系统实际工作时发射功率的仪表。

作为射频功率测量的工业标准，通过式射频功率计的作用是任何其他功率测试手段所无法替代的。通过式射频功率计实际上是一种信号激励装置，采用了一个无源的二极管射频传感器。在同轴线的一侧装有一个定向的二极管半波检波电路，并将其接到一个已校正的表头以读出有效值功率。检波电路与传输线通过介质耦合，并根据置于传输线旁传感器的方向，取样出正向和反射功率。

2. 通过式射频功率计主要特点

① 通过式射频功率计具有大功率测量能力。理论上来说，只要传输线可以通过的功率，通过式射频功率计都可以测量。所以，广播电视上动辄上千瓦的功率，都是由通过式射频功率计来测量的。

② 通过式射频功率计很难做到宽带，这是由于里面的定向耦合器的限制。

③ 由于定向耦合器的耦合度存在，通过式射频功率计不能用于太小的功率测量。

3. 注意事项

① 设置的功率范围不得小于实际功率值。

② 正、反向功率探头不可装反，且不可空置。

③ 腔体与被测对象的连接要注意输入、输出口，不可接反。

实作部分

通过式射频功率计操作步骤及演示图片见表 3－5－1。

表 3－5－1　通过式射频功率计操作步骤及演示图片

序号	操作步骤	演示图片
1	选择并取出通过式射频功率计	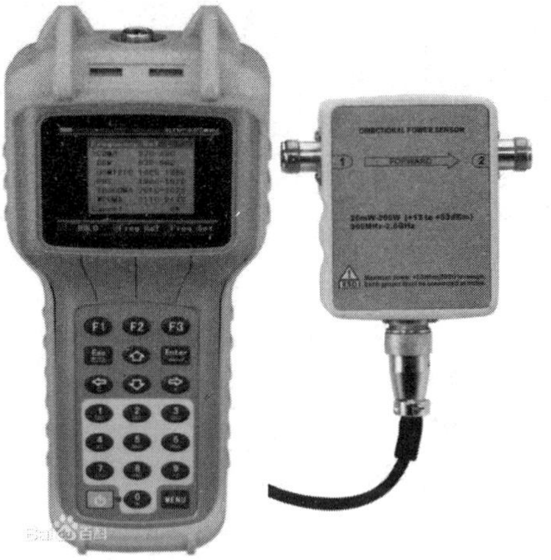
2	将功率计与腔体进行连接	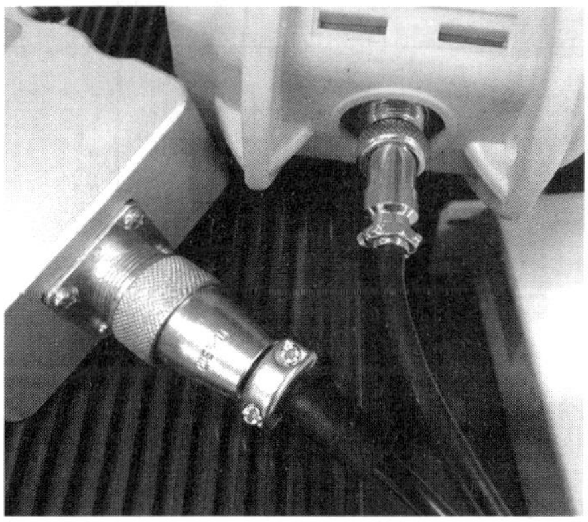
3	将发射机与腔体连接	

续表

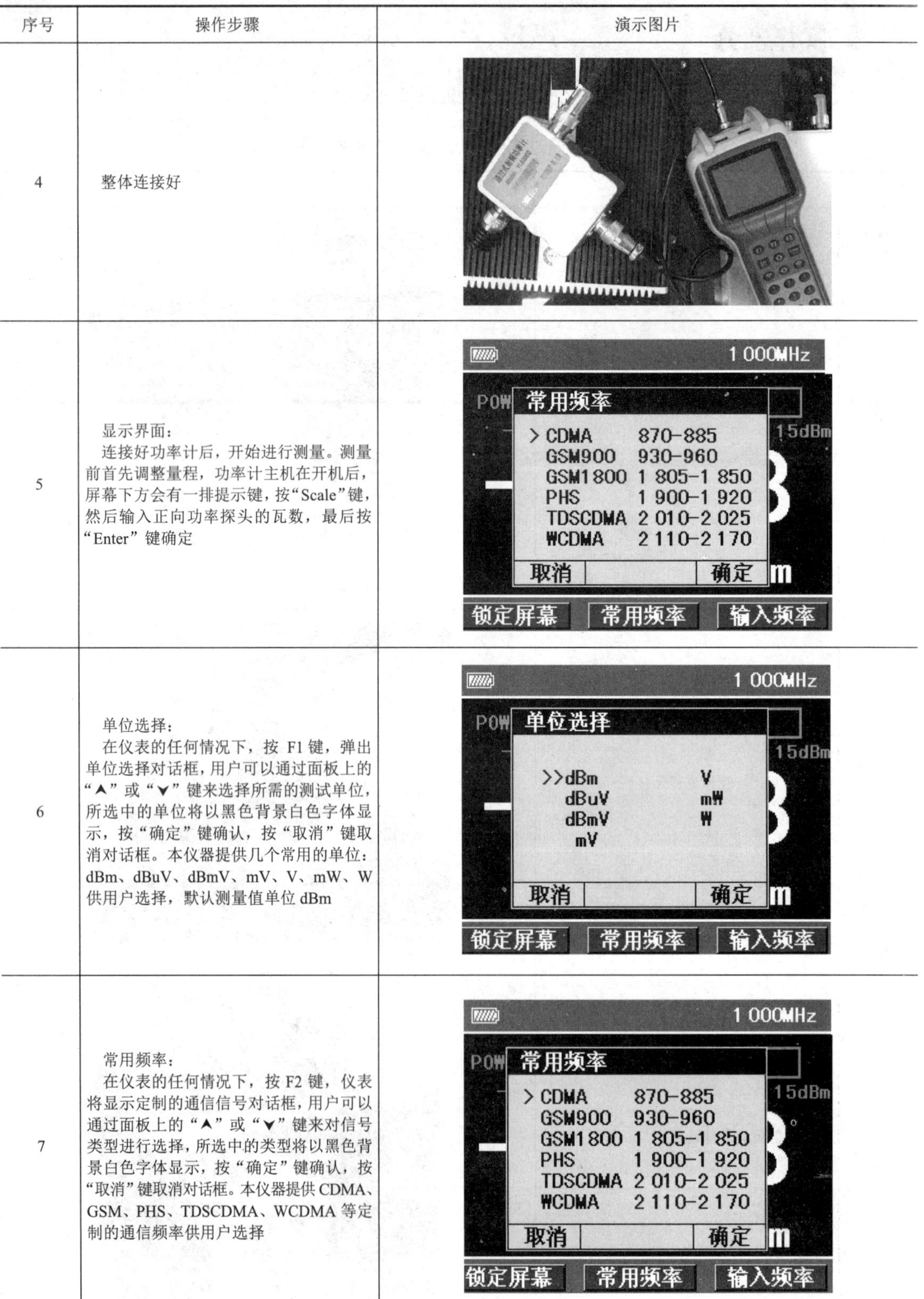

序号	操作步骤	演示图片
4	整体连接好	
5	显示界面： 连接好功率计后，开始进行测量。测量前首先调整量程，功率计主机在开机后，屏幕下方会有一排提示键，按“Scale”键，然后输入正向功率探头的瓦数，最后按“Enter”键确定	
6	单位选择： 在仪表的任何情况下，按 F1 键，弹出单位选择对话框，用户可以通过面板上的“∧”或“∨”键来选择所需的测试单位，所选中的单位将以黑色背景白色字体显示，按“确定”键确认，按“取消”键取消对话框。本仪器提供几个常用的单位：dBm、dBuV、dBmV、mV、V、mW、W供用户选择，默认测量值单位 dBm	
7	常用频率： 在仪表的任何情况下，按 F2 键，仪表将显示定制的通信信号对话框，用户可以通过面板上的“∧”或“∨”键来对信号类型进行选择，所选中的类型将以黑色背景白色字体显示，按“确定”键确认，按“取消”键取消对话框。本仪器提供 CDMA、GSM、PHS、TDSCDMA、WCDMA 等定制的通信频率供用户选择	

续表

序号	操作步骤	演示图片
8	频率校准： 在仪表的任何情况下，按“F3”键，仪表显示屏显示频率校准输入对话框的界面，按“<”或“>”键移到要输入或改变数字的位置，通过面板输入数字即可输入频率。按“确定”键确认，按“取消”键取消对话框。 仪器内部存有丰富的频率校准参数，因此，在仪器的使用过程中，为了准确地测量所关注信号的幅度或功率，一定要及时输入被测信号的频率值	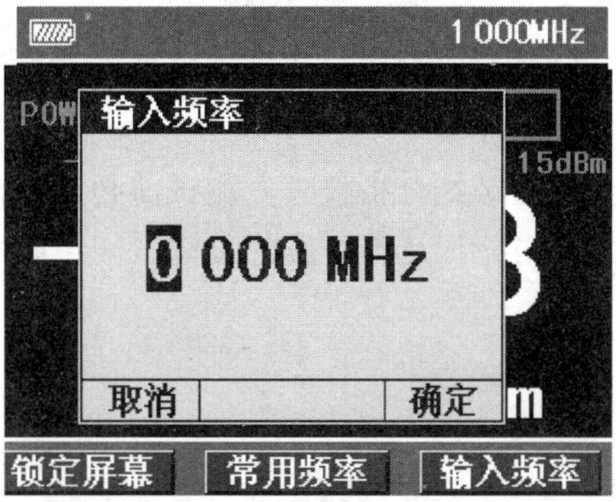
9	按液晶屏上显示读出功率数值	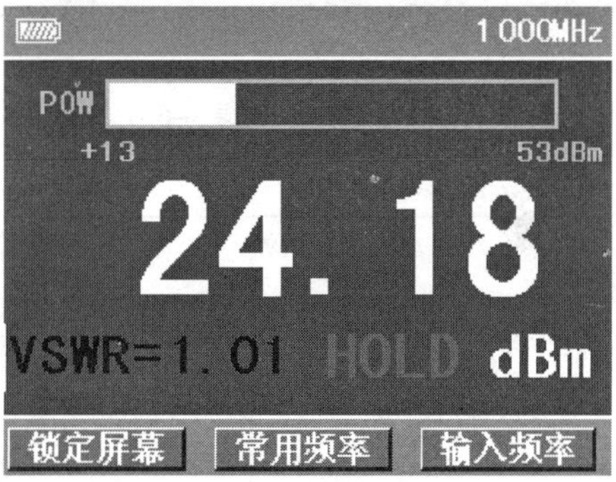

任务 3.6　天馈线测试仪使用

任务布置

掌握天馈线测试仪功能知识，并根据实作部分进行操作使用。

相关知识

1. 天馈线测试仪的功能

天馈线测试仪是测试天线和馈线的驻波比和匹配性的一种仪表，也叫驻波比测试仪。天馈线测试仪的主要功能有驻波比测试、故障定位、电缆损耗测试、射频功率测试。

天馈线测试仪主要测试的参数是电压驻波比和回波损耗。

电压驻波比（VSWR）：表示行驻波的电压峰值与电压谷值之比。驻波比越大，反射功率越高，传输效率越低。在铁路 GSM-R 中要求 VSWR＜1.5。

回波损耗（RL）：是反射系数的倒数，以 dB 表示。RL 的值为 0 到无穷大，回波损耗越小，表示匹配越差；反之，则匹配越好。0 表示全反射，无穷大表示完全匹配。在通信系统维护规则中要求回波损耗大于 14 dB（对应 VSWR=1.5）。

2. 天馈线测试仪的用途

① 测量区间漏缆信号的强弱。

② 判断测试区间漏缆信号是否正常。

3. 注意事项

① 使用天馈线分析仪时，测试前必须进行校验。

② 测试时，应选择对应的测试区间距离范围。

实作部分

下面以 BIRD 公司生产的 SK4500 天馈线测试仪为例进行校准操作使用，校准操作步骤及演示图片见表 3–6–1。

表 3–6–1　校准操作步骤及演示图片

序号	操作步骤	演示图片
1	准备仪表	
	检查仪表接口	
2	打开仪表	

续表

序号	操作步骤	演示图片
3	选择频率范围，在触摸屏上触摸“起始”	
4	输入起始频率。例如，测试 GSM-R 基站天线，可设置为 F1=800 MHz	
5	触摸“终止”	
6	输入终止频率 F2=1 000 MHz	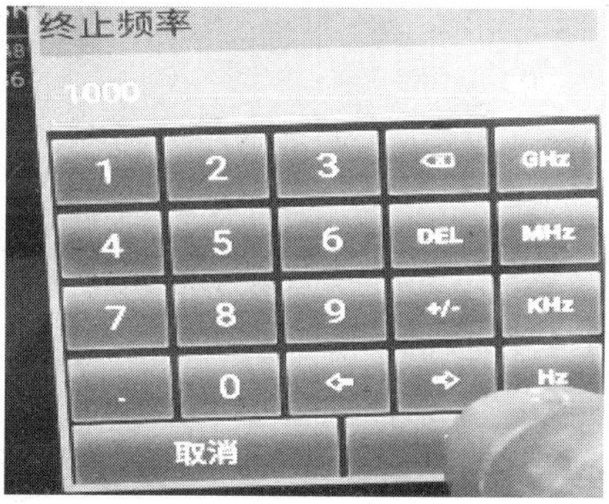
7	设定完频率之后，进行校准件校准	

续表

序号	操作步骤	演示图片
8	选择“校准”	
9	选择“开路校准”	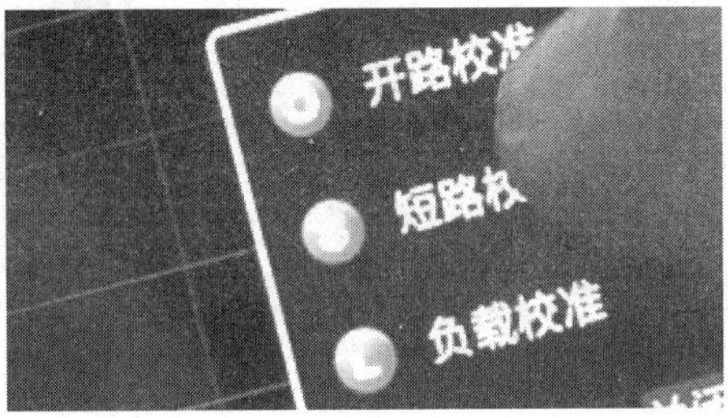
10	将校准件的 OPEN 接口连接到仪表的 RF OUT 接口	 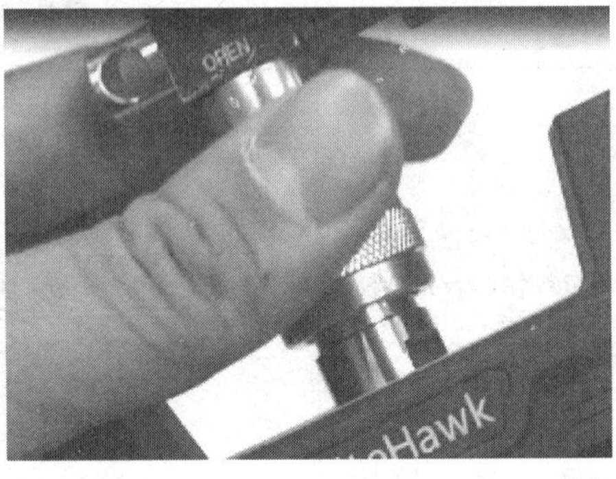

续表

序号	操作步骤	演示图片
11	再次单击“开路校准”，等屏幕上出现一条稳定的轨迹，可进行短路校准	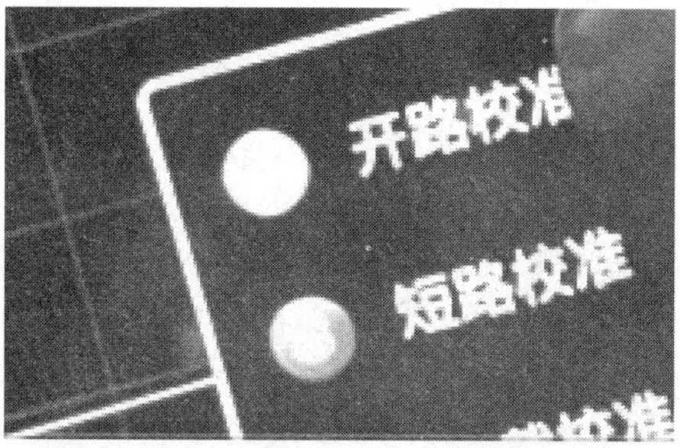
12	开路校准完成后，将校准件的 SHORT 接口连接到仪表的 RF OUT 接口，进行短路校准	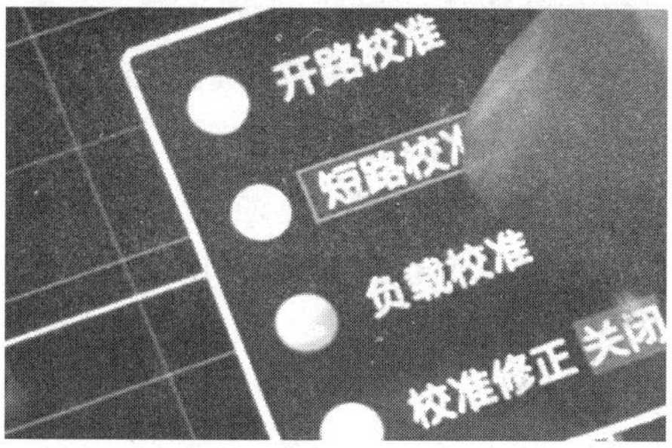
13	短路校准后，将校准件的 LOAD 接口连接到仪表的 RF OUT 接口，进行负载校准	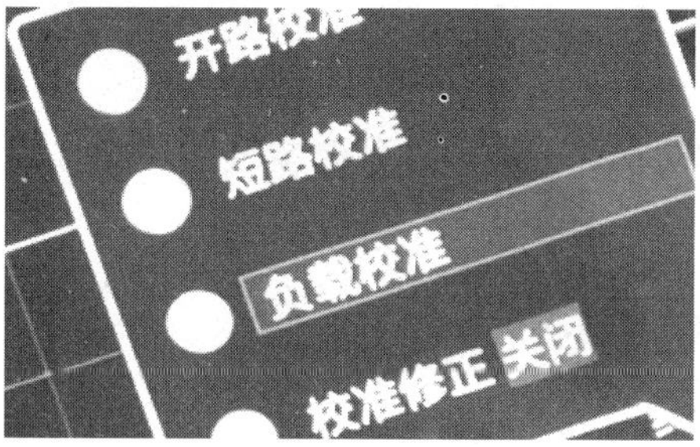
14	理想负载校准测试曲线表示为 1，仪表校准已完成，可以进行后续天馈线测试。 仪表校准完成后拔去校准件，将需要测试的天线通过软跳线或 1/2 的转接头与仪表的 RF OUT 接口连接。 根据测得的天馈线驻波比和回波损耗曲线图判断是否合格	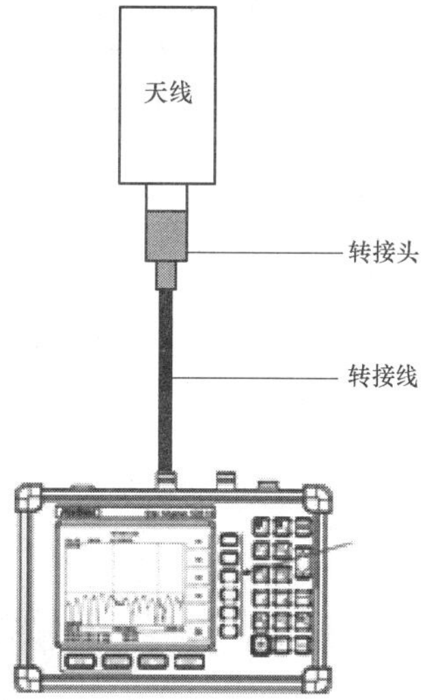 天线 转接头 转接线

任务 3.7　2 M 误码测试仪使用

任务布置

掌握 2 M 误码测试仪功能知识，并根据实作部分的步骤进行操作使用。

相关知识

1. 2 M 误码测试仪的功能

2 M 误码测试仪是适用通信设备现场开通、运行维护的手持式通信仪表，可对 2 Mbps 通道进行误码测试、告警检测、故障查找、定位，集误码测试、帧结构分析、信令分析、信号分析等多种功能于一体，可方便地完成成帧/非成帧误码测试、在线测试、时隙分析、$N\times 64$ kbps 通道测试、通过测试等应用，是通信设备维护、检修、开通、研发十分有效的通信测试工具。

2. 注意事项

① 为保证测试的可靠性，在每次测试前需对仪表进行自检，自检通过后再进行正式测试。

② 使用过程中应该注意收光功率，不能过高或过低，否则会引起再生段误码及其他低阶段误码。

③ 长时间使用会造成设备温度过高，此时应及时降温或者暂停。

实作部分

下面以 XG2128 2 M 误码测试仪为例进行操作，见表 3－7－1。

表 3－7－1　操作介绍或步骤与演示图片或介绍

序号	操作介绍或步骤	演示图片或介绍
1	设备外观（1）	75 Ω（输出接口） 12VDC接口 120 Ω接口 75 Ω（输入接口） USB接口 LED告警和状态指示灯 LCD显示屏 仪器仪表综合测量实验

续表

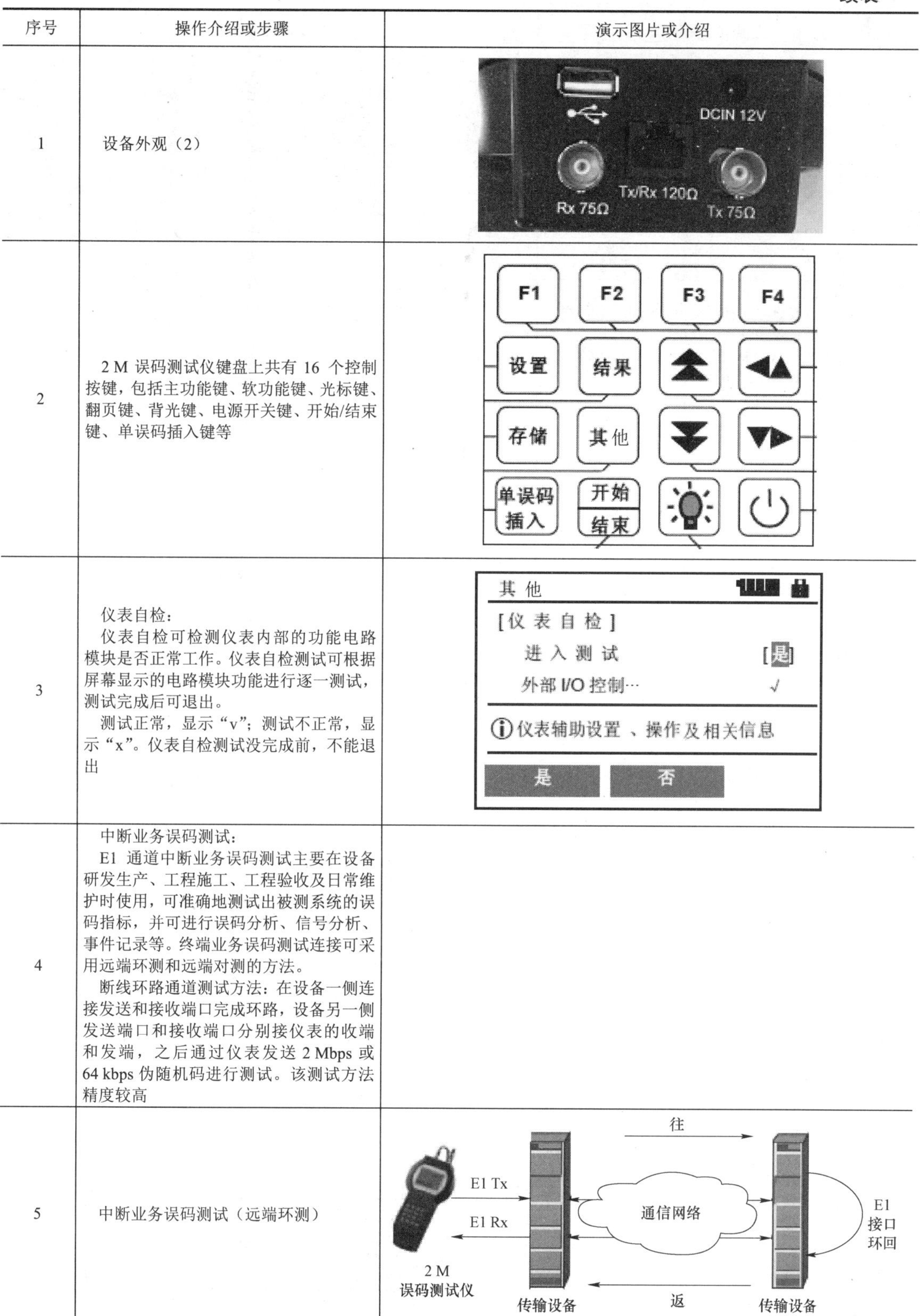

序号	操作介绍或步骤	演示图片或介绍
1	设备外观（2）	
2	2 M 误码测试仪键盘上共有 16 个控制按键，包括主功能键、软功能键、光标键、翻页键、背光键、电源开关键、开始/结束键、单误码插入键等	
3	仪表自检： 仪表自检可检测仪表内部的功能电路模块是否正常工作。仪表自检测试可根据屏幕显示的电路模块功能进行逐一测试，测试完成后可退出。 测试正常，显示“v”；测试不正常，显示“x”。仪表自检测试没完成前，不能退出	
4	中断业务误码测试： E1 通道中断业务误码测试主要在设备研发生产、工程施工、工程验收及日常维护时使用，可准确地测试出被测系统的误码指标，并可进行误码分析、信号分析、事件记录等。终端业务误码测试连接可采用远端环测和远端对测的方法。 断线环路通道测试方法：在设备一侧连接发送和接收端口完成环路，设备另一侧发送端口和接收端口分别接仪表的收端和发端，之后通过仪表发送 2 Mbps 或 64 kbps 伪随机码进行测试。该测试方法精度较高	
5	中断业务误码测试（远端环测）	

续表

序号	操作介绍或步骤	演示图片或介绍
6	中断业务误码测试（远端对测）	
7	仪表设置选择终接模式功能，具体根据被测设备的情况进行设置。终接模式主要完成 2 Mbps 通道中断业务非成帧或成帧误码测试的相关参数设置。不同帧类型的设置有所不同。 下面以终接模式（非成帧）为例进行设置。 “非成帧”数据是在连续数据流中的二进制数据，没有内部帧结构，采用 HDB3 或 AMI 线路编码。仪表发送端产生一伪随机二进制序列或固定二进制码型的非成帧数据（测试码流），并送入被测系统，在接收端将送来的信号解码并进行比较，进行误码测试、误码分析等	
8	在帧类型为“非成帧”模式下，在设置界面第 1 页，将光标移到线路接口、帧类型、测试图案、图案极性等参数设置的位置，并通过按“F1”“F2”“F3”“F4”键进行相应的参数选择	
9	按“下翻页”键进入终接模式（非成帧测试）设置界面第 2 页，按“光标右下移”键，将光标移到发送时钟、误码插入、统计间隔、结果存储、测试周期参数设置的位置，并通过按“F1”“F2”“F3”“F4”键进行相应的参数选择。 设置完成后按“开始/结束”键，并按“结果”键，进入相关结果界面	

续表

序号	操作介绍或步骤	演示图片或介绍
10	基本分析结果界面	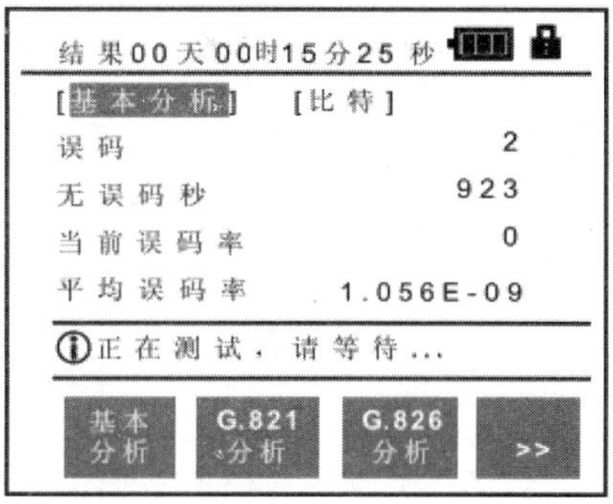 结 果 00 天 00时15分25 秒 [基 本 分 析] [比 特] 误 码 2 无 误 码 秒 923 当 前 误 码 率 0 平 均 误 码 率 1.056E-09 正 在 测 试 ， 请 等 待 ... 基本分析 G.821分析 G.826分析 >>
11	G.821 分析结果界面： ● 误码秒：在 1 s 周期有 1 个或更多差错比特。 ● 严重误码秒：可用时间内的严重误码秒计数，如果 1 s 内的误码率大于或等于 10^{-3}，则这 1 s 判为严重误码秒	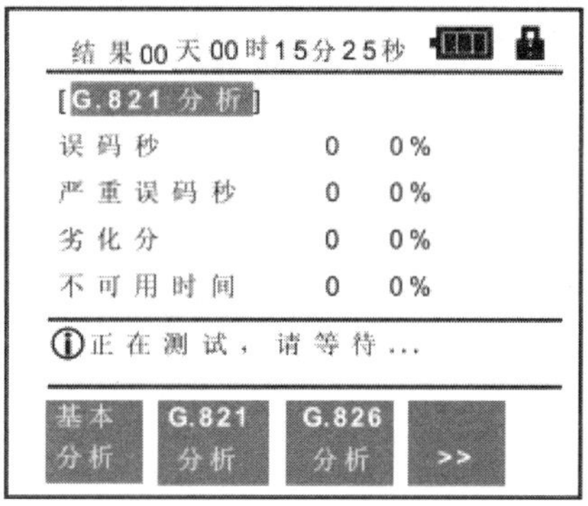 结 果 00 天 00 时15分25秒 [G.821 分 析] 误 码 秒 0 0% 严 重 误 码 秒 0 0% 劣 化 分 0 0% 不 可 用 时 间 0 0% 正 在 测 试 ， 请 等 待 ... 基本分析 G.821分析 G.826分析 >>
12	告警秒结果界面： 信号丢失，用来检测到信号丢失的总秒数	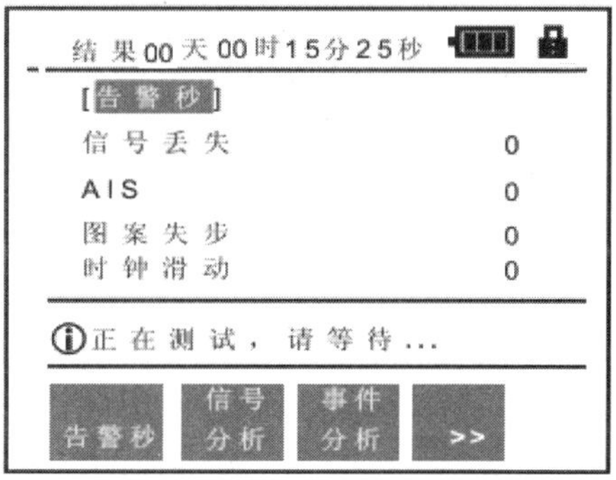 结 果 00 天 00 时15分25秒 [告 警 秒] 信 号 丢 失 0 AIS 0 图 案 失 步 0 时 钟 滑 动 0 正 在 测 试 ， 请 等 待 ... 告警秒 信号分析 事件分析 >>
13	信号分析结果界面： 接收信号电平，测量接收信号电平范围为：−43～−2.5 dB	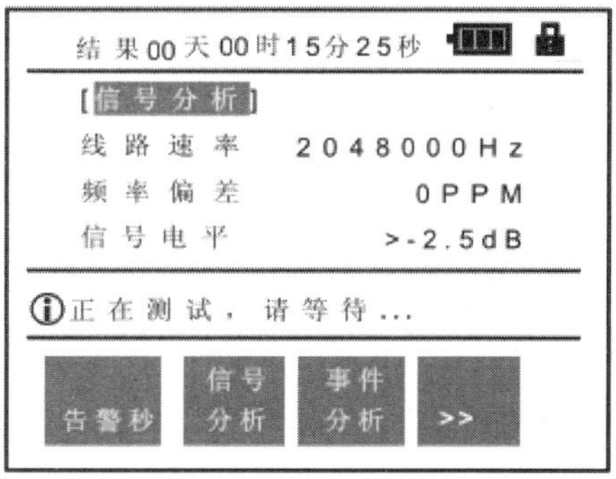 结 果 00 天 00 时15分25秒 [信 号 分 析] 线 路 速 率 2048000Hz 频 率 偏 差 0PPM 信 号 电 平 >-2.5dB 正 在 测 试 ， 请 等 待 ... 告警秒 信号分析 事件分析 >>

续表

序号	操作介绍或步骤	演示图片或介绍
14	在不能中断被测通道传输业务的场合，如 2 Mbps 通道正在传输实时信息、移动基站的连接等，通过在线业务测试功能，根据测得的信息可得到误码测试结果。在线误码测试可采用跨接模式或通过模式，用户可根据实际情况选择使用（如在 DDF 数字配线架上有三通接头时建议使用跨接模式，在 DDF 数字配线架上无三通接头时可采用通过模式）	
15	跨接模式误码测试 2 M 误码测试仪选择为跨接模式，仪表的接收端被置为高阻状态（>2 KΩ），将仪表的接收端连接到 DDF（数字配线架）上 2 Mbps 发送或接收端口，根据线路信号的形式选择 PCM30、PCM30CRC、PCM31、PCM31CRC 帧结构，进行仪表设置。设置完成后按“开始/结束”键，并按“结果”键，进入相关结果界面	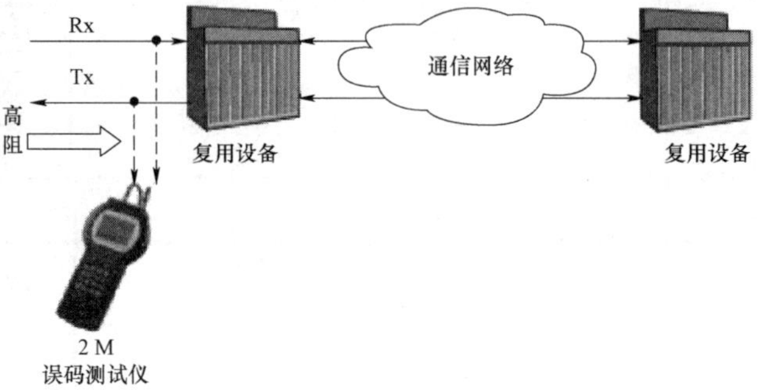 Rx Tx 高阻 通信网络 复用设备 复用设备 2 M 误码测试仪
16	通过模式误码测试 2 M 误码测试仪选择为通过模式，2 Mbps 信号将直接通过仪表进行传输，根据线路信号的形式选择 PCM30、PCM30CRC、PCM31、PCM31CRC 帧结构，进行仪表设置。设置完成后按“开始/结束”键，并按“结果”键，进入相关结果界面	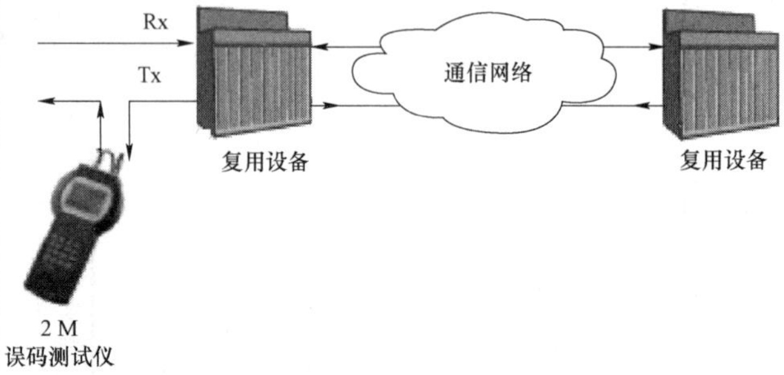 Rx Tx 通信网络 复用设备 复用设备 2 M 误码测试仪
17	“跨接模式”结果界面和“通过模式”结果界面包括误码计数、M.2100 分析、告警秒、信号分析、事件记录、时隙分析等，按“F1”“F2”“F3”“F4”键进行相应的结果界面选择	
18	基本操作步骤： ① 用测试电缆将被测设备和仪表连接好，并配置好被测设备； ② 按电源开关键开机； ③ 进入主界面后通过相应的按键选择，设置好参数； ④ 按“开始/结束”键仪表进入测试状态，再次按下此键可结束测试； ⑤ 在测试过程中按“结果”键可查看当前的测试状态	

续表

序号	操作介绍或步骤	演示图片或介绍
18	远端环测接线连接误码仪，Rx 接设备 Tx，Tx 接设备 Rx	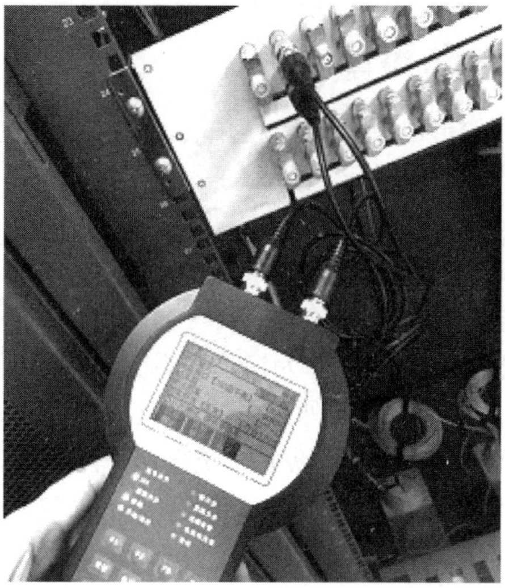
19	结果存储	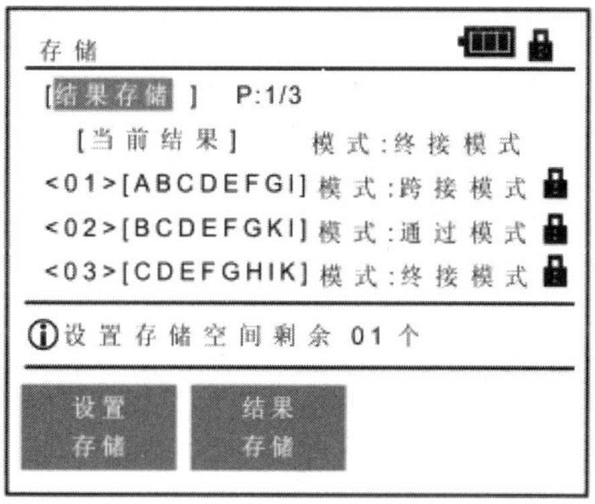
20	测量分析： 系统产生的误码越少越好。但单纯的误码个数并不能确切地描述传输系统传输质量的优劣。例如，A 系统在 10 h 中测得的误码为 100 个，B 系统在 10 h 中测得的误码为 150 个。但是，A 系统产生的 100 个误码是零散的，B 系统产生的 150 个误码只是在 1 s 之内，如果按照产生的误码秒计算，A 系统将可能有 100 个误码秒，而 B 系统却只有 1 个误码秒。就其传输质量而言，当然是 B 系统优于 A 系统	

任务 3.8　钳形电流表的使用

任务布置

掌握钳形电流表功能，并根据实作部分的步骤进行操作使用。

相关知识

1. 钳形电流表简介

钳形电流表的简称为钳形表，是一种不需要断开电路就能直接测量电路的交流电流的便携式测量仪表，因其外形上有一个钳形的活动开口所以被称为钳形电流表。一般的钳形表均不具备测量 1 kV 或以上的交直流电压下电流的功能，建议不要测量高于此电压的参数，以免造成人身触电事故。

2. 钳形电流表的用途

钳形电流表是常用的测试仪表之一，是将可以开合的磁路套在载有被测电流的导体上测量电流值的仪表。由电流互感器和电流表组成。

3. 注意事项

① 测量前要正确检查钳形电流表的外观情况，一定要检查表的绝缘性能是否良好，确保外壳应无破损，手柄应清洁干燥。

② 钳形电流表在转换量程时应脱离被测导线。

③ 测量时应注意身体各部分与带电体保持安全距离，低压系统安全距离为 0.1～0.3 m；测量高压电缆各相电流时，电缆头线间距应在 0.3 m 以上，且绝缘性能良好。

实作部分

钳形电流表的操作步骤与演示图片见表 3–8–1。

表 3–8–1　钳形电流表的操作步骤与演示图片

序号	操作步骤	演示图片
1	钳形表测量交直流电流	Hz ~ A　电源仪器使用实验

续表

序号	操作步骤	演示图片
2	钳形表测量电压	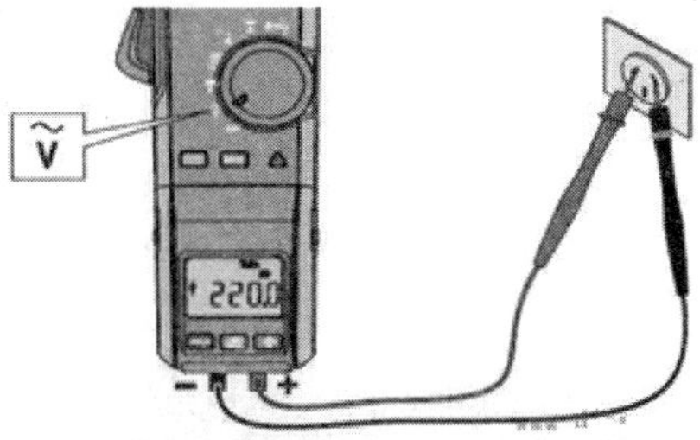
3	使用钳形电流表测试电流具体方法： ① 将开关调整至合适的量程； ② 选择 AC 交流电流档。 如果进行直流电流测量，需先将仪表归零	
4	按住钳口开关、张开夹钳并将待测导线夹入夹钳中；闭合夹钳并用钳口上的对准标志将导线居中。 只能将被测电路的单根电源线穿过钳口，可分两次分别测试两根电线，两次被测值理论上应相等，否则线路不正常，泄漏电流较大	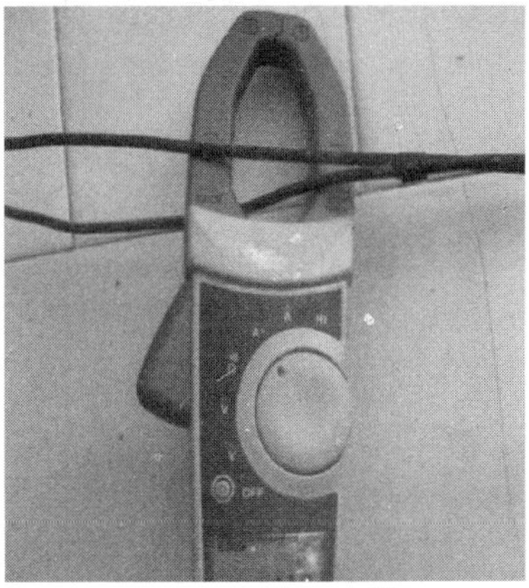
5	右图接入方法错误，这样测量的不是电路的消耗电流，而是电路的泄漏电流；正常情况下结果为零	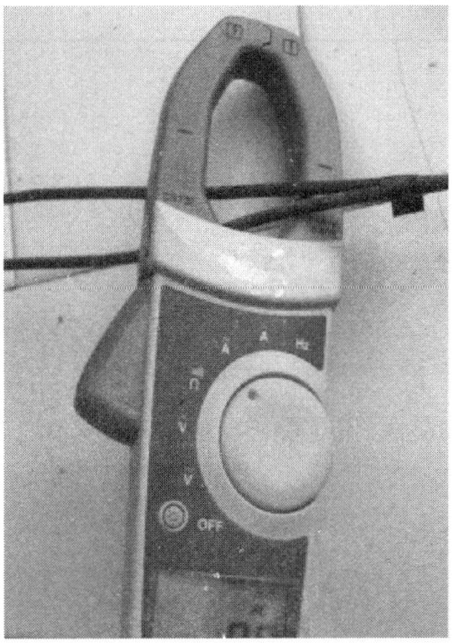

续表

序号	操作步骤	演示图片
6	如需测试电器的启动电流，应在步骤 5 的基础上按下“INRUSH”键后再启动电器	
7	启动电器后，读取显示屏上的读数，得到实测的启动电流	

任务 3.9　水晶头（RJ-45 接口）制作

任务布置

掌握 T568A 和 T568B 两种双绞线接口制作标准，并根据实作部分的步骤进行 RJ-45 接口制作。

相关知识

双绞线的制作方式有两种国际标准，分别为 EIA/TIA568A、EIA/TIA568B，双绞线的连接方法也主要有两种，分别为直通线缆、交叉线缆。

不同标准表现在不同线序上：

568A：白绿，绿，白橙，蓝，白蓝，橙，白棕，棕。

568B：白橙，橙，白绿，蓝，白蓝，绿，白棕，棕。

这种顺序是指水晶头入线口向下，弹片向外，金属脚面向自己从左向右排。

简单地说，直通线就是水晶头两端都同时采用 T568A 标准或者 T568B 标准的接法；而交叉线则是水晶头一端采用 T586A 标准制作，而另一端则采用 T568B 的标准制作。

实作部分

水晶头（RJ-45 接口）制作的操作步骤及演示图片见表 3-9-1。

表 3–9–1　水晶头（RJ-45 接口）制作的操作步骤及演示图片

序号	操作步骤	演示图片
1	准备工具：网线、RJ-45 水晶头、压线钳、网线测试仪	
2	利用压线钳的剪线刀口剪裁出需要使用到的双绞线长度	

续表

序号	操作步骤	演示图片
3	把双绞线的灰色保护层剥掉：可以利用压线钳的剪线刀口将线头剪齐，再将线头放入剥线专用的刀口，稍微用力握紧压线钳慢慢旋转，让刀口划开双绞线的保护塑料皮	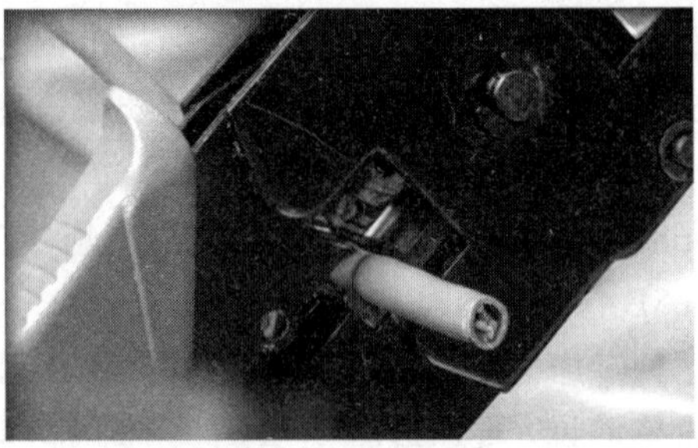
4	把一部分的保护胶皮去掉：在这个步骤中需要注意的是，压线钳挡位离剥线刀口长度通常恰好为水晶头长度，这样可以有效地避免剥线过长或过短。若剥线过长，网线不能被水晶头卡住，容易松动；若剥线过短，则因有保护层塑料的存在，网线芯线不能完全插到水晶头底部，造成水晶头插针不能与网线芯线完好接触	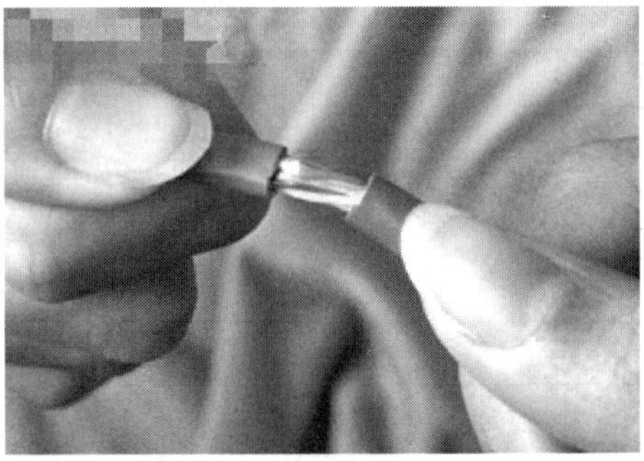
5	4 对 8 条芯线，4 对全色芯线的颜色为棕色、橙色、绿色、蓝色。每对线都是相互缠绕在一起的，制作网线时必须将 4 个线对的 8 条细导线逐一解开、理顺、扯直，然后按照规定的线序排列整齐	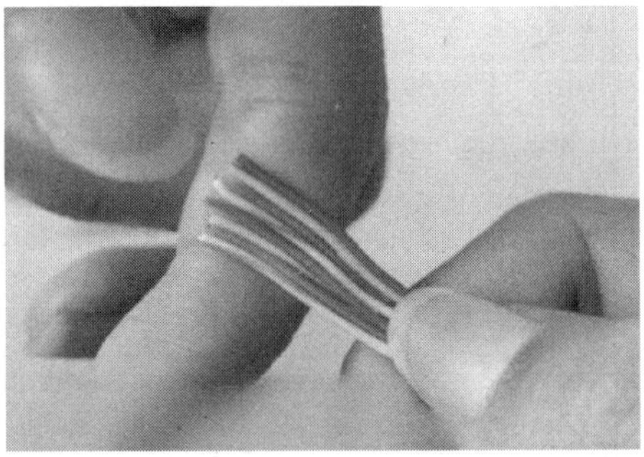
6	由于线缆之前是相互缠绕的，因此线缆会有一定的弯曲，因此应该把线缆尽量扯直，并尽量保持线缆平扁	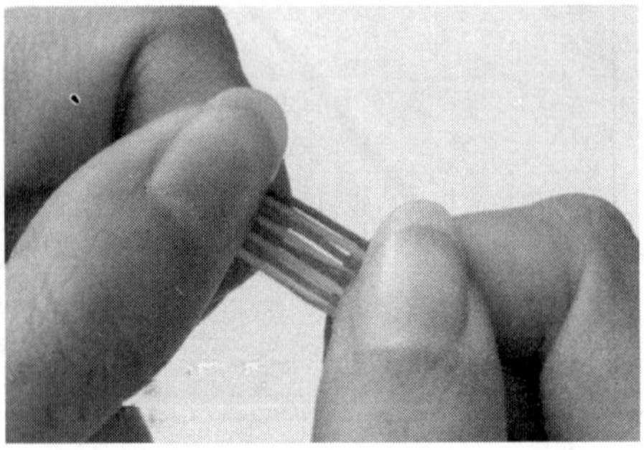

续表

序号	操作步骤	演示图片
7	利用压线钳的剪线刀口把线缆顶部裁剪整齐。需要注意的是，裁剪时应该是水平方向插入，否则线缆长度不一样会影响到线缆与水晶头的正常接触。若之前把保护层剥下过多，可以在这里将过长的细线剪短，保留的去掉外层保护层的部分约为 15 mm	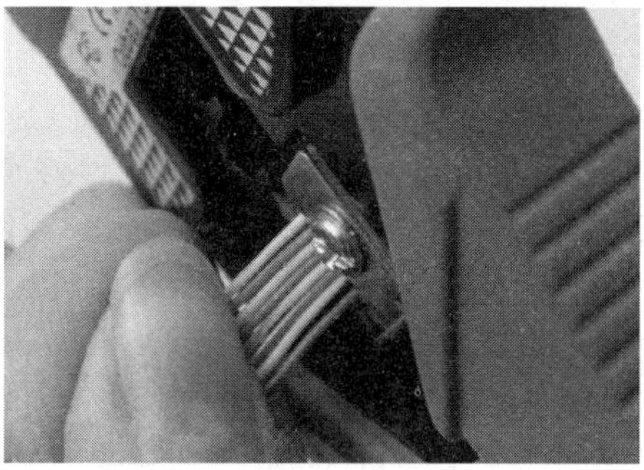
8	把整理好的线缆插入水晶头内。需要注意的是，要将水晶头有弹簧片的一面向下，有方形孔的一端对着自己。此时，最左边的是第 1 脚，最右边的是第 8 脚，其余依次顺序排列。插入时需要注意缓缓用力，把 8 条线缆同时沿 RJ-45 头内的 8 个线槽插入，一直插到线槽的顶端	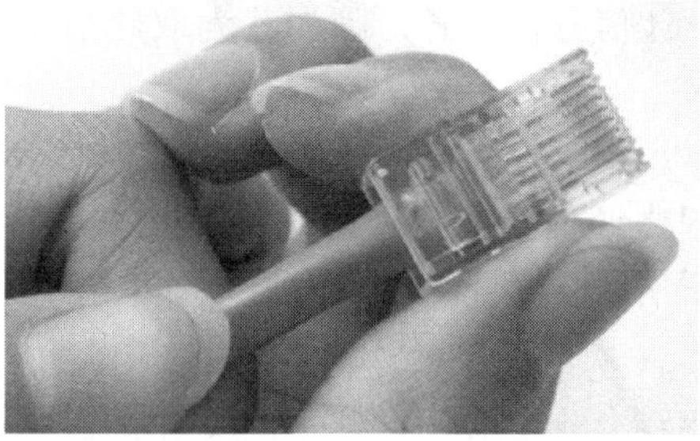
9	把水晶头插入压线钳的 8 P 槽内压线口，把水晶头插入后，用力握紧压线钳，使得水晶头凸出在外面的针脚全部压入水晶头内，受力之后听到轻微的“啪”的一声	
10	测试水晶头：把在 RJ-45 两端的接口插入测试仪的两个接口之后，打开测试仪，若测试的线缆为直通线缆，测试仪上的 8 个指示灯应该依次为绿色闪过，证明网线制作成功；若测试的线缆为交叉线缆，其中一侧同样是 8 个指示灯依次闪动绿灯，而另一侧则会按照 3、6、1、4、5、2、7、8 的顺序闪动绿灯。若出现任何一个灯为红灯或黄灯，则都证明存在断路或接触不良现象	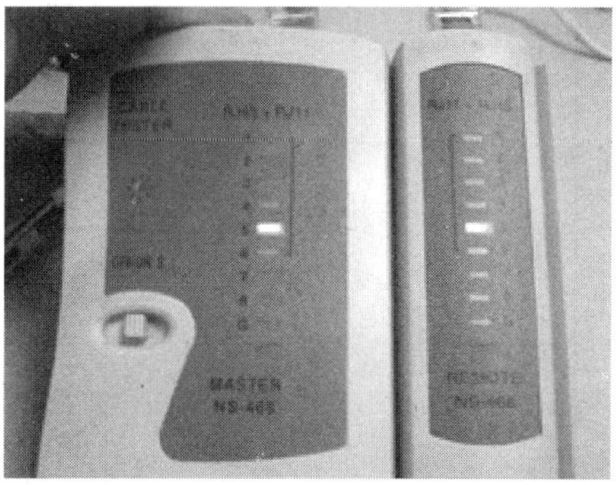

任务 3.10　2 M 线接头制作

任务布置

掌握 2 M 线接头相关知识，并根据实作部分的步骤进行 2 M 线接头制作。

相关知识

在数字通信中，PCM30/32 的传输速率为 2.048 Mbps，因此简称 2 M。实际工作中也称为 E1，表示为欧洲制式一次群。

2 M 信号传输时，因为其为双向信息，物理特性上为一收一发，故所制作的 2 M 线为一对。

常用中继电缆有两种：75 Ω同轴电缆，120 Ω双绞线电缆。

国内通信行业均使用 75 Ω同轴电缆作为中继传输介质，其结构为：由一根空心的外圆柱导体和一根位于中心轴线的内导线组成，内导线和圆柱导体及外界之间用绝缘材料隔开。

传输系统中的这些电缆和接头常用于交换机中继模块与 DDF 的连接、光网络设备的电接口与 DDF 的连接以及适配器与 DDF 的连接等。

2 M 同轴线运用得十分广泛，接头制作的工艺对通道业务的稳定非常重要，其具体制作步骤如下。

实作部分

2 M 线接头操作步骤及演示图片见表 3–10–1。

表 3–10–1　2 M 线接头操作步骤及演示图片

序号	操作步骤	演示图片
1	准备：75 Ω同轴电缆一根，其长度根据具体需要确定，一般为传输设备出厂附件；同轴插头（L9 – J 连接头）一对；电烙铁、工具刀、专用的压线钳各一把	

续表

序号	操作步骤	演示图片
2	将同轴缆外皮拨开	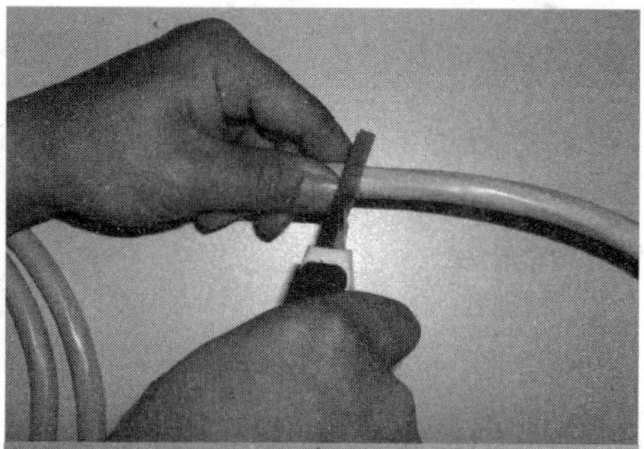 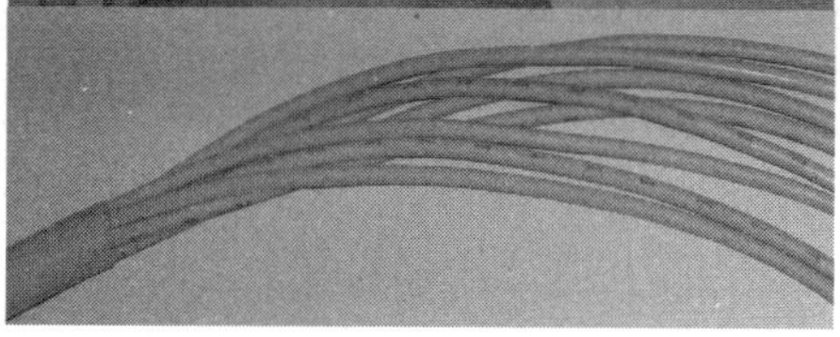
3	将 2 M 头尾部外套拧开，并将尾部外套、压接套管套在同轴线上	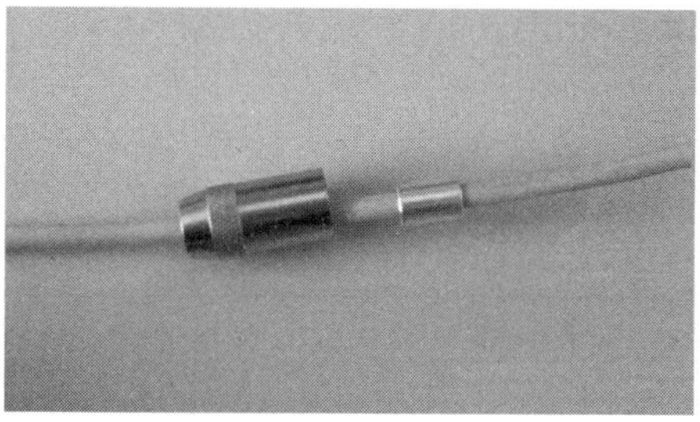
4	用开线钳将同轴缆外皮剥去 12 mm，剥时力量适当，注意不得伤及屏蔽网。 2 M 同轴线是成对使用的，其中一根用作发信，另一根用作收信，应对其用途做了定义后做好标签	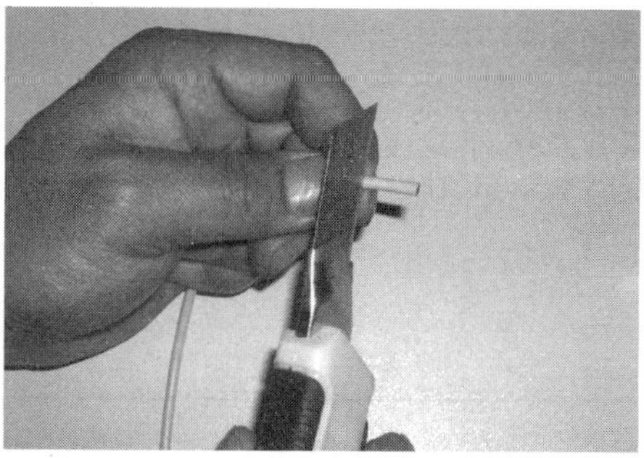
5	将露出的屏蔽网从左至右分开，用斜口钳剪去 4 mm，使屏蔽网长度为 8 mm	

续表

序号	操作步骤	演示图片
6	用开线钳将内绝缘层剥去 2 mm，注意不要伤及同轴缆芯线	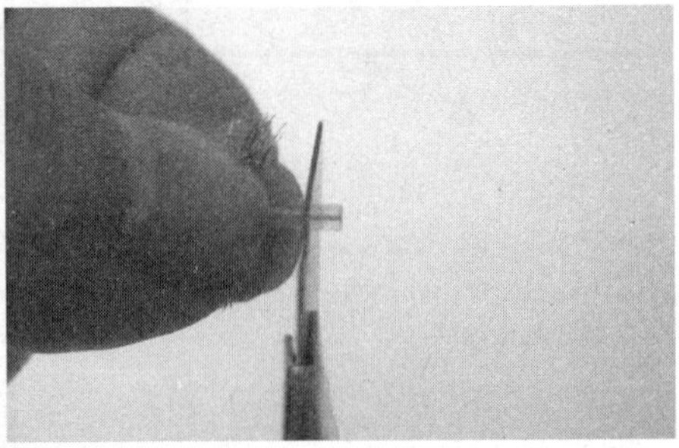
7	将剥好的同轴线穿入同轴插头压接套管内	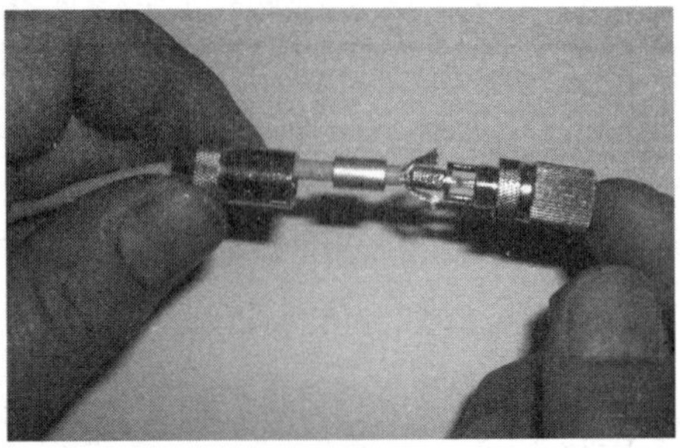
8	将同轴缆芯线插入同轴体铜芯杆，涂少许焊锡膏在同轴芯线上，用电烙铁沾锡点焊，焊接时间不得太长，以免破坏内绝缘，导致同轴芯线接地，要求焊点光滑、整洁，不虚焊	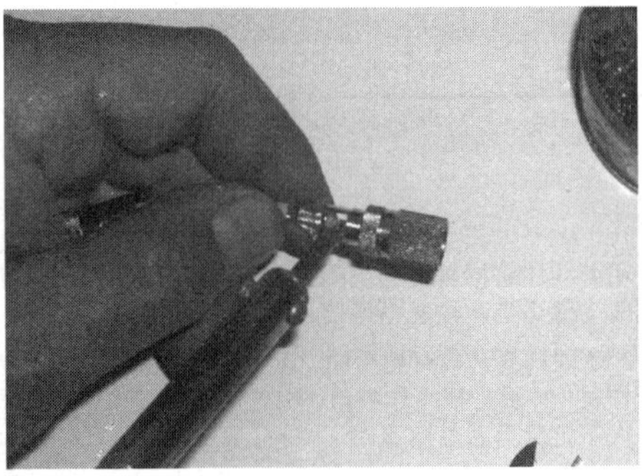
9	将屏蔽层贴附在同轴体接地管上，使屏蔽网尽可能大面积地与接地管接触，将压接套管套在屏蔽网上，保持压接套管与接地管留有 1 mm 的距离，并保证屏蔽层不超出导压接管	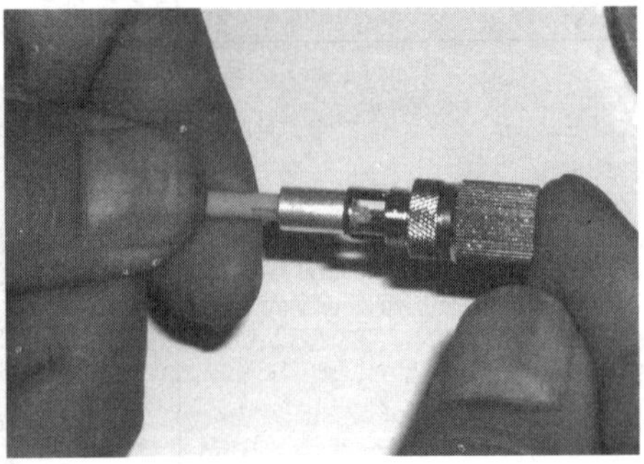

续表

序号	操作步骤	演示图片
10	用压线钳将压接管与接地管充分压接，但用力适当，不得压裂接地管	
11	用压线钳压好 2 M 头	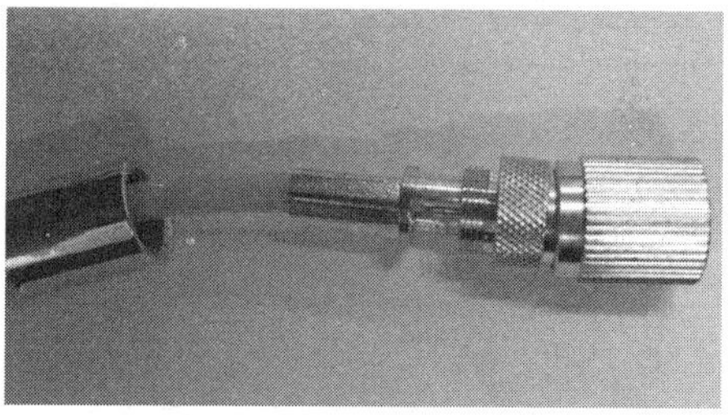
12	将同轴插头外套旋紧在同轴体上，即完成接头制作。 用相同的方法做好同轴线的另一端同轴头。将同轴头剩余的部件装好，2 M 线接头制作完毕	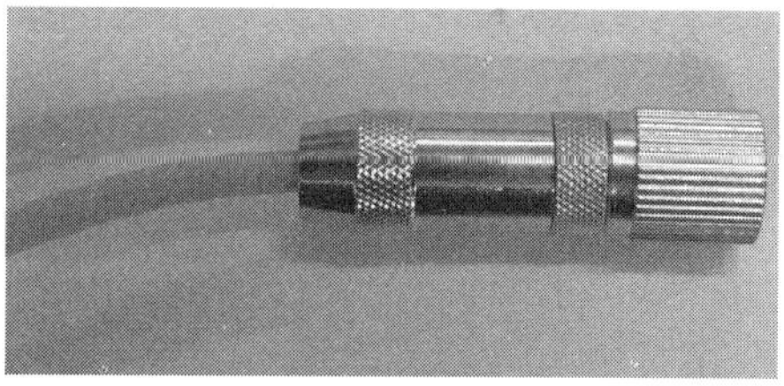
13	2 M 同轴电缆接头测试：将数字万用表选调到二极管测试挡。 （1）用红、黑表笔分别接触两端接头的芯线时，万用表发出蜂鸣声（表明芯线连通）	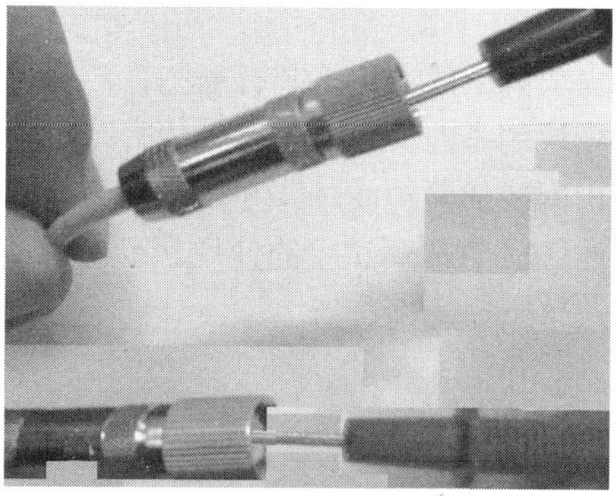

续表

序号	操作步骤	演示图片
13	（2）用红、黑表笔分别接触两端外壳时，万用表发出蜂鸣声（表明屏蔽层连通）。 （3）用红、黑表笔分别接触一端外壳，一端芯线时，万用表不发出声响（表明芯线与屏蔽层开路）。 若符合以上三步操作，则说明制作的接头合格	

模块自测

一、填空题

1. 螺丝刀分为（　　　　　）（　　　　　　）。
2. 万用表是用来测量（　　　　　）（　　　　）（　　　　　）的仪表。
3. 压线钳可用于制作（　　　　）（　　　　　　）（　　　　　　）。
4. 蓄电池内阻测试仪的参数有（　　　）（　　　）（　　　　）（　　　　）。
5. 电阻测试过程中，接地电阻标准为（　　　　）Ω。

二、简答题

1. 本模块列举的通用工具有哪些？
2. 本模块列举的仪器仪表有哪些？
3. 写出网线的两种线序，并简述网络测试仪的用途。
4. 简述 2 M 误码测试仪的使用。

附录 A

城轨通信专业维护巡检表

在学习了相应的专业知识和技能后，作为一名通信检修工，日常的检修应根据如表 A-1 至表 A-5 所示的内容来开展工作。

表 A-1　通信检修工正线工班日检记录表

系统	设备名称	检修内容	检修标准	检修结果
传输系统	传输系统设备（optix3500）及附属设备（含有：机柜节点光纤终端盒 ODF 架，DDF 架、FC 接头 MDF 架，单板：PQ1、D75S、SL16、XCS、AUX、PIU、EMR0、EFT8）	清洁机柜	机柜内外和设备清洁，无积尘	是 □ 否 □
		检查系统设备运行状态、单板状态显示是否正常	根据网管或本地单板维护手册判断状态正常（PQ1、D75S、SL16、XCS、AUX、PIU、EMR0、EFT8 显示灯绿色为正常）	是 □ 否 □
		检查机柜内光纤及电缆是否完好、无破损	机柜线缆完好，无破损 ODF 架内尾纤完好，无破损 配线无脱落 线缆标识完整	是 □ 否 □
公务电话系统	Coral500&3000 交换机机柜	清洁机柜	清洁，无灰尘	是 □ 否 □
		检查系统运行状态	系统运行正常，无告警	是 □ 否 □
		检查系统线缆连接状态	各类连线的标牌字迹清晰，标牌齐全，电缆无老化、破损	是 □ 否 □
		检查 2 M 数字中继板状态	LOS、RAI、CRC、GEN 状态灯全灭	是 □ 否 □
		清洁配线架	清洁，无积尘	是 □ 否 □
专用电话系统	MDS3400 交换机	清洁机柜外部	清洁，无积尘	是 □ 否 □
		检查系统板卡状态及系统运行状态	网管终端各个板卡状态正常，无异常告警；MPU 板、DTL 板等 ACT 灯正常	是 □ 否 □
		清洁配线架外部	清洁，无积尘	是 □ 否 □
		检查连接线缆表面状态	各类连线标牌字迹清晰，标牌齐全，电缆无老化、破损	是 □ 否 □

续表

系统	设备名称	检修内容	检修标准	检修结果
专用无线系统	无线车站设备	清洁机柜外部	清洁，无积尘	是 □ 否 □
		检查 MTS4 基站机柜各模块状态	各个指示灯的状态指示设备运行正常	是 □ 否 □
		检查基站电源状态	各个指示灯的状态指示设备运行正常	是 □ 否 □
		检查基站防雷器状态	防雷器指示正常	是 □ 否 □
CCTV 系统	闭路电视监控设备（多功能控制器、编码器、交换机）	清洁机柜外部	清洁，无灰尘	是 □ 否 □
		检查设备运行状态	系统运行正常，无告警	是 □ 否 □
		检查主要设备指示灯状态	主要设备指示灯均正常显示，且系统无告警	是 □ 否 □
		观察电源指示灯状态	电源指示灯显示正常	是 □ 否 □
广播系统	广播机柜设备	清洁机柜外表面	清洁，无积尘	是 □ 否 □
		查看设备运行状态	设备运行正常，无告警	是 □ 否 □
		模块指示灯情况	各指示灯显示正常，无告警指示	是 □ 否 □
时钟系统	时钟机柜设备	清洁设备表面	清洁，无积尘	是 □ 否 □
		检查时钟设备状态	设备运行正常，无告警	是 □ 否 □
		检查电源空开状态	闭合	是 □ 否 □
电源系统	电源 UPS（雷乐士）设备	检查 UPS 运行状态	显示屏幕正常，风扇无异响，设备内部无异响，无烟雾散出	是 □ 否 □
		清洁 UPS 机柜表面	清洁，无积尘	是 □ 否 □
		检查 UPS 机柜面板指示灯	UPS 输入输出绿灯长亮，其他指示灯熄灭	是 □ 否 □
		查看输入电压、输出电压和电流	从机柜面板显示屏读取输入/输出电压及电流且数据正常	是 □ 否 □
		检查 UPS 机柜风扇	UPS 机柜风扇转动正常且无异常响动	是 □ 否 □

续表

系统	设备名称	检修内容	检修标准	检修结果
电源系统	交流配电柜	清洁机柜外表面	清洁，无灰尘	是 □ 否 □
		检查各开关状态	开关状态无异常	是 □ 否 □
		检查设备运行状态	设备运行正常，无告警	是 □ 否 □
PIS系统	车站PIS设备（LCD屏、电源时序控制器、视频分配器、LCD控制器、服务器等）	清洁机柜表面	清洁，无积尘	是 □ 否 □
		检查设备运行状态	设备运行正常，无告警	是 □ 否 □
		检查信息播放及进站信息	信息播放正确，进站信息准确	是 □ 否 □
OA系统	接入交换机H3C S3600-52P-EI	清洁机柜表面	清洁，无积尘	是 □ 否 □
		检查设备指示灯工作状态	设备运行正常无告警	是 □ 否 □
		检查设备线缆连接状态	机柜线缆完好，无破损；配线无脱落；线缆标识完整	是 □ 否 □
通信机房	设备房检查内容	机房安全检查	无重大安全隐患	是 □ 否 □
		机房温湿度检查	温湿度状态正常	是 □ 否 □
		机房照明、电器开关检查	完好	是 □ 否 □
		机房环境检查	无漏水，无裂沉痕迹	是 □ 否 □
		设备房鼠迹检查	无鼠迹	是 □ 否 □

表A-2 通信检修工正线月检记录表

系统	设备名称	检修内容	检修标准	检修结果
公务电话系统	Coral500&3000交换机机柜	清洁机柜内部	清洁，无灰尘	是 □ 否 □
		检查系统运行状态	系统运行正常，无告警	是 □ 否 □
		检查MDF线缆连接状态，整理线缆	线缆连接稳固，线缆整洁	是 □ 否 □
		检查2M数字中继板状态	LOS、RAI、CRC、GEN状态灯全灭	是 □ 否 □
		核对配线表，整理、核实、更新台账	更新配线表、台账	是 □ 否 □

续表

系统	设备名称	检修内容	检修标准	检修结果
专用电话系统	MDS3400 交换机	清洁机柜内部	清洁，无积尘	是 □ 否 □
		整理线缆，卡紧松动的线缆	线缆整洁，牢固	是 □ 否 □
		测试设备侧出线口电压测量（更改记录）	出线口电压正常	是 □ 否 □
		拆除无用跳线，走线整洁、规范	整齐美观	是 □ 否 □
		核对配线表，整理、更新台账	更新配线表、台账	是 □ 否 □
		检查专用电话调度台	调度台呼叫正常，通话清晰	是 □ 否 □
CCTV 系统	闭路电视监控设备（多功能控制器、交换机、服务器、编码器/二画面、四画面、多级调用控制器）	清洁机柜外部及设备表面	清洁，无灰尘	是 □ 否 □
		检查图像叠加字符是否正确	叠加字符准确	是 □ 否 □
		检查机柜内视频接头牢固，电缆无破损	视频接头牢固，电缆无破损	是 □ 否 □
		检查电源线及接头	电源线无破损，接头无损坏	是 □ 否 □
		检查各设备连接线及接头状态	各类线缆连接牢固，接头完好	是 □ 否 □
		检查各设备运行状态	各设备运行正常无告警	是 □ 否 □
		核对电源线分配、摄像机位置对应标签	标签齐全，准确	是 □ 否 □
		整修、整理台账	更新台账	是 □ 否 □
广播系统	广播机柜设备	清洁机柜外表面	清洁，无灰尘	是 □ 否 □
		查看设备运行状态	系统运行正常，无告警	是 □ 否 □
		模块指示灯情况	设备指示灯均正常显示，且系统无告警	是 □ 否 □
		检查设备机柜内配线、标识	配线整洁，无破损；标识准确齐全	是 □ 否 □
		对设备机柜断电重启	重启后设备各功能正常	是 □ 否 □

续表

系统	设备名称	检修内容	检修标准	检修结果
电源系统	交流配电柜	清洁机柜外表面	清洁，无积尘	是 □ 否 □
		检查机柜内配线	配线整洁，无破损	是 □ 否 □
		查看机柜面板故障情况	故障已处理，故障记录清除	是 □ 否 □
		检查空开位置	空开位置正常	是 □ 否 □
		核对空开标签	空开标签准确	是 □ 否 □
	蓄电池	检查蓄电池是否有漏液、裂痕异常情况	蓄电池无漏液，无裂痕，无异味	是 □ 否 □
		检查电池间连接线缆及接头	连接线缆无破损，接头牢固	是 □ 否 □
		测量电池组浮充电压	浮充电压正常	是 □ 否 □
		检查温度传感器连接线状态	传感器连接线连接牢固，无脱落	是 □ 否 □
		清洁蓄电池表面及电池架	清洁，无积尘	是 □ 否 □

表A－3　通信检修工正线区间巡检记录表

区间名称：XX站至YY站

序号	设备名称	检修内容	检修标准	检修结果
1	区间电缆、光缆、漏缆	检查卡具状态	卡具紧固线缆，无弯曲，无松脱	是 □ 否 □
		检查支架状态	牢固，无松动	是 □ 否 □
		检查线缆外护套	外护套无破损	是 □ 否 □
		检查绑扎情况	牢固，无松动	是 □ 否 □
		检查线缆周围环境	无明显强酸强碱环境	是 □ 否 □
		检查线缆的固定及托架的状态	光电缆无松动，托架无损坏	是 □ 否 □
		检查线缆标识并及时补充	标示完整	是 □ 否 □
		检查线缆有无损伤，表面有无腐蚀	无被腐蚀，无氧化	是 □ 否 □

续表

序号	设备名称	检修内容	检修标准	检修结果
2	轨旁电话	检查轨旁电话外观	外观无破损	是 □ 否 □
		测试通话功能	语音清晰	是 □ 否 □
		检查轨旁电话盒牢固情况	轨旁电话盒盖固定牢固	是 □ 否 □
3	AP 箱及天线	检查设备运行状态	设备正常工作	是 □ 否 □
		检查线缆及接头情况	牢固，无松动	是 □ 否 □
		查看 AP 箱及天线固定是否正常	设备固定完好	是 □ 否 □
4	区间扬声器	检查广播朝向	朝向准确	是 □ 否 □
		检查扬声器周围是否有异物	无异物附着	是 □ 否 □
		检查接线盒线缆	牢固，无松动	是 □ 否 □
5	端门电话	检查端门电话外观	外观无破损	是 □ 否 □
		测试通话功能	语音清晰	是 □ 否 □
		检查端门电话盒牢固情况	端门电话盒盖固定牢固	是 □ 否 □

表 A－4　通信网管中心日检记录表

系统	设备名称	检修内容	检修标准	检修结果
传输系统	机柜节点光纤终端盒 ODF 架，DDF 架、FC 接头 MDF 架，单板：PQ1、D75S、SL16、XCS、AUX、PIU、EMR0、EFT8	清洁机柜卫生	机柜内外和设备清洁，无积尘	是 □ 否 □
		检查各站点设备及单板状态显示是否正常	根据网管或本地单板维护手册判断状态正常（PQ1、D75S、SL16、XCS、AUX、PIU、EMR0、EFT8 显示灯绿色为正常）	是 □ 否 □
		检查机柜内光纤及电缆是否完好，无破损	机柜线缆完好，无破损 ODF 架内尾纤完好无破损，配线无脱落，线缆标识完整	是 □ 否 □
		检查风扇工作状态	风扇运转正常，无异响	是 □ 否 □
		检查传输网管软件工作状态	软件操作及信息显示正常	是 □ 否 □

续表

系统	设备名称	检修内容	检修标准	检修结果
公务电话系统	Coral3000 交换机	清洁机柜卫生	清洁，无积尘	是 □ 否 □
		检查系统运行状态	绿灯亮	是 □ 否 □
		检查系统线缆连接状态	字迹清晰，标牌齐全，电缆无老化、破损	是 □ 否 □
		检查 2M 数字中继板状态	LOS、RAI、CRC、GEN 状态灯全灭	是 □ 否 □
		清洁配线架	清洁，无积尘	是 □ 否 □
		检查公务电话操作监控终端软件及告警状态	软件操作及信息显示正常	是 □ 否 □
专用电话系统	MDS3400 交换机	清洁机柜外部	机柜外部无积尘	是 □ 否 □
		检查系统板卡状态及系统运行状态	DTL 板、MPU 板、EXT 板、DSL 板、ASL 板、MIL 板、DCL 板、DRV 板、ADJ 板、RING 板指示灯显示是否正常	是 □ 否 □
		清洁配线架外部	线缆表面无积尘	是 □ 否 □
		检查连接线缆表面状态	跳线无脱落，线缆表面无破损	是 □ 否 □
		检查网管软件（含录音）运行状态	软件操作及信息显示正常	是 □ 否 □
		查看网管终端告警信息	故障告警信息记录正确，无错漏	是 □ 否 □
专用无线系统	无线二次开发设备（CAD）、中心交换设备	清洁机柜外部	机柜外部无积尘	是 □ 否 □
		检查 MSO、服务器等设备工作状态	服务器电源指示灯常亮	是 □ 否 □
		检查机柜内线缆状态	柜内线缆及背板线缆完好，无破损，无脱落	是 □ 否 □
		专用网管终端告警状态	查看告警信息	是 □ 否 □
		检查网管软件运行状态	软件操作及信息显示正常	是 □ 否 □
闭路电视系统	多功能控制器、解码器、交换机、四画面、电源控制器	清洁机柜外部	机柜外部无积尘	是 □ 否 □
		检查设备运行状态	查看各设备指示灯是否正常，有无告警	是 □ 否 □
		检查主要设备指示灯状态	指示灯常绿	是 □ 否 □
		观察电源指示灯状态	电源指示灯常红	是 □ 否 □

续表

系统	设备名称	检修内容	检修标准	检修结果
广播系统	广播设备	清洁机柜外表面	机柜外部无积尘	是 □ 否 □
		查看设备运行状态	电源模块、中央控制模块、IO 接口模块、以太网接口模块、语音合成模块、前级放大模块、开关控制模块、通信扩展模块指示灯正常，无告警	是 □ 否 □
		模块指示灯情况	电源模块、中央控制模块、IO 接口模块、以太网接口模块、语音合成模块、前级放大模块、开关控制模块、通信扩展模块、POWER 电源指示灯常绿	是 □ 否 □
		查看网管软件工作状态	软件操作及信息显示正常	是 □ 否 □
		检查网管终端告警记录	故障告警信息记录正确，无错漏	是 □ 否 □
时钟系统	时钟设备	清洁机柜外部	机柜外部无积尘	是 □ 否 □
		查看设备运行状态	查看各设备工作指示灯是否正常，有无告警	是 □ 否 □
		查看主备一级母钟状态	主：SAT 指示灯常红，CPU、GPS、TR1、TR3 指示灯闪绿，TR2 指示灯闪红 备：TR1、TR2、TR3 指示灯闪红，CPU、SAT、GPS 指示灯闪绿	是 □ 否 □
		查看空开电源状态	空开开关位置正确	是 □ 否 □
		查看网管软件工作状态	软件操作及信息显示正常	是 □ 否 □
		查看网管终端告警信息	故障告警信息记录正确，无错漏	是 □ 否 □
电源系统	电源 UPS（雷乐士）设备	检查 UPS 运行状态	显示屏幕正常，风扇无异响，设备内部无异响，无烟雾散出	是 □ 否 □
		清洁 UPS 机柜表面	洁净，无积尘	是 □ 否 □
		检查 UPS 机柜面板指示灯	UPS 输入输出绿灯长亮，其他指示灯熄灭	是 □ 否 □
	交流配电柜	清洁机柜外表面	机柜外部无积尘	是 □ 否 □
		检查各开关状态	空开开关位置正确	是 □ 否 □
		检查设备运行状态	按键好使，屏幕显示正常	是 □ 否 □
		检查网管软件运行状态及告警信息	软件操作及信息显示正常	是 □ 否 □

续表

系统	设备名称	检修内容	检修标准	检修结果
乘客信息系统	乘客信息系统中心设备	检查车站、列车远程控制软件运行状态	软件操作及信息显示正常	是 □ 否 □
		检查播放节目效果	声音、图像、到站信息正常	是 □ 否 □
		检查设备运行状态	设备正常工作，无告警	是 □ 否 □
OA系统	H3C S7506E 核心交换机	清洁机柜及设备表面	机柜内外和设备清洁，无积尘	是 □ 否 □
		检查设备各板卡工作状态	ACTIVE、FAN、PWR 指示灯常绿，RUN 绿灯闪亮 主备电源指示灯：INPUT、OUTPUT、FAN 常绿	是 □ 否 □
		检查风扇状态	风扇转动正常，无异响、无松动	是 □ 否 □
		检查网管软件运行状态及告警信息	软件操作及信息显示正常	是 □ 否 □
集中告警系统	集中告警终端	清洁集中告警终端	设备表面无积尘、无污点、无水迹、无杂物	是 □ 否 □
		检查设备运行状态	各设备电源指示灯正常，显示器显示正常、清晰，打印机反应灵敏，输出内容清晰无误，键盘鼠标操作正常	是 □ 否 □
		检查连接线缆状态	设备各种连线和紧固件完好，连接牢固	是 □ 否 □
		核查故障告警信息	故障告警信息记录正确，无错漏	是 □ 否 □
大屏系统	DLP 显示设备	清洁机柜及设备表面	机柜内外和设备清洁，无积尘	是 □ 否 □
		光栅的光学拼缝	两线相切部分小于 2/3 线	是 □ 否 □
		屏幕颜色的检查。屏幕各单元白、红、绿、蓝、青、紫、黄色	固定在一个点观看各颜色的整体均匀性，各单元颜色数值偏差小于 3.0	是 □ 否 □
通信机房	通信机房	机房安全检查	地板下无积水，天花板不漏水，无异味，无异响	是 □ 否 □
		机房温湿度检查	状态正常	是 □ 否 □
		机房消防设备检查	消防器材齐全且完好	是 □ 否 □
	通信机房	机房照明、电器开关检查	照明设备完好，开关位置正确	是 □ 否 □
		机房环境检查	墙壁无渗水，无破损，办公家具和桌柜完好	是 □ 否 □

续表

系统	设备名称	检修内容	检修标准	检修结果
通信机房	通信机房	检查封堵状况	完好	是 □ 否 □
		设备房鼠迹检查	无鼠迹	是 □ 否 □

表 A-5　通信检修工车辆段日检记录表

系统	设备名称	检修内容	检修标准	检修结果
传输系统	传输系统设备（optix3500）	检查、清洁机柜	机柜内外和设备清洁，无积尘	是 □ 否 □
		检查系统运行状态	根据网管或本地单板维护手册判断状态正常（PQ1、D75S、SL16、XCS、AUX、PIU、EMR0、EFT8 显示灯绿色为正常）	是 □ 否 □
		检查机柜内光纤及电缆是否完好，无破损	机柜线缆完好，无破损 ODF 架内尾纤完好，无破损 配线无脱落 线缆标识完整	是 □ 否 □
公务电话系统	Coral3000 交换机机柜	清洁机柜	机柜内外和设备清洁，无积尘	是 □ 否 □
		检查系统运行状态	系统运行正常，无告警	是 □ 否 □
		检查系统线缆连接状态	各类连线的标牌字迹清晰，标牌齐全，电缆无老化、破损	是 □ 否 □
		检查 2 M 数字中继板状态	LOS、RAI、CRC、GEN 状态灯全灭	是 □ 否 □
		清洁配线架	清洁，无积尘	是 □ 否 □
专用电话系统	MDS3400 交换机	清洁机柜外部	机柜内外和设备清洁，无积尘	是 □ 否 □
		检查系统板卡状态及系统运行状态	各个板卡状态正常，无异常告警，MPU 板、DTL 板等 ACT 灯正常	是 □ 否 □
		清洁配线架外部	清洁，无积尘	是 □ 否 □
		检查连接线缆表面状态	各类连线的标牌字迹清晰，标牌齐全，电缆无老化、破损	是 □ 否 □
专用无线系统	无线基站设备（Motorola）	清洁机柜外部	清洁，无积尘	是 □ 否 □
		检查 MTS4 基站机柜各模块状态	各个指示灯的状态指示设备运行正常	是 □ 否 □
		检查基站电源状态	各个指示灯的状态指示设备运行正常	是 □ 否 □
		检查基站防雷器状态	防雷器指示正常	是 □ 否 □

续表

系统	设备名称	检修内容	检修标准	检修结果
闭路电视系统	闭路电视监控设备（多功能控制器、编码器、交换机	清洁机柜外部	清洁，无积尘	是 □ 否 □
		检查设备运行状态	系统运行正常，无告警	是 □ 否 □
		检查主要设备指示灯状态	见各设备维修规程	是 □ 否 □
		观察电源指示灯状态	指示灯明亮，电源接入正常；反之查看电源情况	是 □ 否 □
	闭路电视监控设备（多功能控制器、交换机、服务器、编码器/二画面、四画面、多级调用控制器）	清洁机柜外部及设备表面	清洁，无积尘	是 □ 否 □
		检查图像叠加字符是否正确	字符显示正确，无乱码	是 □ 否 □
		检查机柜内视频接头牢固，电缆无破损	连接紧固，无松动，电缆外皮无破损	是 □ 否 □
		检查电源线及接头	接头连接牢固，无松动	是 □ 否 □
		检查各设备连接线及接头状态	接头连接牢固，无松动	是 □ 否 □
		检查各设备运行状态	见各设备维修规程	是 □ 否 □
		核对电源线分配、摄像机位置对应标签	标签准确，清晰	是 □ 否 □
		更新台账	完成	是 □ 否 □
广播系统	广播设备	清洁机柜外表面	机柜表面无积尘，无污迹	是 □ 否 □
		查看设备运行状态	系统运行正常，无告警	是 □ 否 □
		模块指示灯情况	各指示灯显示正常，无告警指示	是 □ 否 □
时钟系统	时钟	清洁机柜外部	清洁，无积尘	是 □ 否 □
		查看设备运行状态	系统运行正常，无告警	是 □ 否 □
		查看主备二级母钟状态	设备状态正常，无告警	是 □ 否 □
		查看空开电源状态	闭合	是 □ 否 □

续表

系统	设备名称	检修内容	检修标准	检修结果
电源系统	电源 UPS（雷乐士）设备	检查 UPS 运行状态	显示屏幕正常，风扇无异响，设备内部无异响，无烟雾散出	是 □ 否 □
		清洁 UPS 机柜表面	UPS 机柜表面清洁，无积尘	是 □ 否 □
		检查 UPS 机柜面板指示灯	UPS 输入输出绿灯常亮，其他指示灯熄灭	是 □ 否 □
	交流配电柜	清洁机柜外表面	配电柜表面清洁，无积尘	是 □ 否 □
		检查各开关状态	所有已使用空开处于闭合状态	是 □ 否 □
		检查设备运行状态	运行正常	是 □ 否 □
OA 系统	H3C S7506E 核心交换机	清洁机柜外表面	机柜表面清洁，无积尘	是 □ 否 □
		检查设备各板卡工作状态	运行正常，无告警	是 □ 否 □
		检查风扇状态	运行正常	是 □ 否 □
通信机房	通信机房	机房安全检查	机房无异常	是 □ 否 □
		机房温湿度检查	状态正常	是 □ 否 □
		机房消防设备检查	状态正常	是 □ 否 □
		机房照明、电器开关检查	完好	是 □ 否 □
		机房环境检查	状态正常	是 □ 否 □
		检查封堵状况	封堵	是 □ 否 □
		设备房鼠迹检查	否	是 □ 否 □

表A-6 通信车辆段车载日检记录表

系统	设备名称	检修内容	检修标准	检修结果
专用无线系统	车载台	检查、清洁车载台终端各部件外观	车载电台各部件完好	是 □ 否 □
		检查、测试车载电台终端状态与功能	车载电台各项显示及功能良好	是 □ 否 □
		检查控制头、话筒、扬声器等车载电台附件	无损坏，功能正常	是 □ 否 □
PIS	车载PIS设备（车载LCD播放控制器、车载天线、网桥）	清洁设备表面	清洁，无积尘	是 □ 否 □

参 考 文 献

[1] 上海申通地铁集团有限公司轨道交通培训中心. 城市轨道交通通信技术［M］. 北京：中国铁道出版社，2012.

[2] 韦乐平，李英灏. SDH及其新应用［M］. 北京：人民邮电出版社，2001.

[3] 孙学康，毛京丽. SDH技术［M］. 2版. 北京：人民邮电出版社，2009.

[4] 张文冬. 程控数字交换技术原理［M］. 北京：北京邮电大学出版社，1995.

[5] 陈海涛. 光传输线路与设备维护：华为版［M］. 北京：人民邮电出版社，2011.

[6] 杨威，王杏元. 网络工程设计与安装［M］. 3版. 北京：电子工业出版社，2012.

[7] 刘南平，吉红. 通信电源［M］. 西安：西安电子科技大学出版社，2005.

[8] 陈蓓. 通信工［M］. 北京：中国铁道出版社，2002.

[9] 郑祖辉，丁锐，郑岚，等. 数字集群移动通信系统［M］. 2版. 北京：电子工业出版社，2008.

[10] 刘良华，代才莉. 移动通信技术［M］. 北京：科学出版社，2018.

[11] 人力资源和社会保障部教材办公室，广州市地下铁道总公司. 通信检修工［M］. 北京：中国劳动社会保障出版社，2009.